Шамбалын Нууцыг Тайлахуй

Цагийн хүрдний ялгуулсан Жонангийн урсгалын дэлгэн
толилуулж буй энх тайван ба төгс зохицлын
гүнзгий хийгээд нууц хураангуй оршвой

Шар Ханбрүл Жамбал Лодой

зохиож

Англи хэлэнд хөрвүүлсэн: Жо Флумерфелт
Монгол хэлэнд хөрвүүлсэн: Самдангийн Отгонтөгс
Орчуулгын редактор: Сүхбаатарын Дэмбэрэл

Dzokden
SAN FRANCISCO, USA

Зохиогч: Shar Khentrul Jamphel Lodrц \ Шар Ханбрүл Жампэл Лодой\
Англи хэл дээр хянан засварласан: Дамбий Жанцэн
Монгол орчуулгыг: Самдангийн Отгонтөгс
Хянан засварласан: Сүхбаатарын Дэмбэрэл

Анхны Хэвлэл

ISBN Хатуу хавтас 978-1-958229-34-7
ISBN Цаасан хавтас \Монгол хэл дээрх хэвлэл\ 978-1-958229-53-8
ISBN ePub 978-1-958229-35-4
Нэрс: \Shar Khentrul Jamphel Lodro\ Шар Ханбрүл Жамбал Лодой, зохиолч

Хэвлэлийн газар:
DZOKDEN \Зогдэн\

Энэхүү бүтээлийг дан ганц сайн дурыхнаас бүтсэн ашгийн бус байгууллага болох Зогдэнгоос эрхлэн гаргав. Манай байгууллага Буддын ном сургаалыг нэвтрүүлэхдээ дэлхийн сүсэг бишрэлийн аливаа нэгэн урсгалыг үл онцлон, ялгавар үгүй үнэн уламжлалт үзлийг баримтлахын хажуугаар Барууны соёлд мөн хүртээмжтэй болгох зорилготой. Төвөдийн алслагдмал оронд ховор эрдэнэ мэт хадгалагдан бидний үед уламжлагдаж ирсэн Цагийн хүрдний сургаалыг баримтлагч Жонангийн ёсыг дэлгэрүүлэхэд бид тусгайлан зорьж байгаа билээ.

Дэлгэрэнгүй мэдээлэл авах, үйл ажиллагааны хуваарь, сургалтын материал авах болон хандив өргөхийг хүсвэл бидэнд хандана уу:

Dzokden
3436 Divisadero Street
San Francisco, CA 94123
United States of America

www.dzokden.org
office@dzokden.org

Гарчиг

རྒྱལ་ཀུན་སྐུ་གསུངས་ཁམས་གསུམ་ཚོགས་ཀྱི་རྒྱལ་པོ་བརྗེ་ཆེན་སྐྱེད་རྗེའི་གཉེན། །
བདག་ལ་བཀའ་དྲིན་སངས་རྒྱས་ལས་ལྷག་མ་ལུས་འགྲོ་བའི་གཏན་ཏུ་གཉེན། །
བརྩེ་མེད་གདུང་ཕུགས་དག་པོས་དུས་ཀུན་ཞབས་ཀྱི་བརྟོ་གཏུག་གིས་མཆོད། །
རང་སྲུང་དོན་ཀྱི་ཉླ་ལ་དང་བདེ་ཆེན་ཞིང་ནས་བདག་ཅག་སྐྱོངས། །

རྒྱལ་བ་ཀུན་གྱིས་ཐུགས་ས་སྤྱར་བསྔགས་པ། །
རྒྱལ་བསྟན་གསང་ཆེན་ལུགས་དང་ཁྱད་པར་རྒྱུད་ཀྱི་རྒྱལ། །
དཔལ་མཆོག་དུས་ཀྱི་འཁོར་ལོ་ཞི་རང་གསང་བ་གསུམ། །
དཔལ་གྱི་མགུལ་དང་གཏི་བོའི་ཞལ་ནས་གསུངས་ལ་གུས། །

བརྗེ་ཆེན་སྙིང་རྗེས་དཔག་མེད་དམ་བཅའ་འབྱམས་ཀྱི་ཚོགས་གཉིས་མཐུ་དཔུང་གིས། །
བྱང་ཆེན་སྤྱལ་ལ་ཞེས་ཞིང་མཆོག་ཀུན་ལས་ཁྱད་མཆར་དབེ་མེད་པ། །
སྐྱལ་ཆེན་འགྲོ་བའི་བསོད་ནམས་ས་ཆེན་སེམས་དཔའི་སྐྱོན་ལས་རྒྱ་མཚོ་ཡིས། །
རྒྱ་ཆེན་སྤྱལ་ལ་འདི་འཛིང་སྐྱིང་འདི་ཡི་འགྲོ་བསྐུལ་བ་སྲད། །

ཟོན་ཏེ་ཞིང་འདིའི་བདེ་དགག་སྐྱོང་ལ་དུས་ཀྱི་འཁོར་བོའི་ཚོས་ལོ་ནའི། །
ཐབ་བརྗེད་གོསམས་པ་མཆོག་གི་ཉེན་འབྲེལ་གནད་གསལ་ས་ལུས་ཀུན་དགོས་ན། །
དེ་ཉིད་ཚོས་རྒྱལ་རིགས་སྲུན་བརྐྱད་པ་རྒྱལ་བ་རྗེ་དང་ཐབ་ཚོས་ལས། །
ས་ཆེན་འདི་ནུ་མེད་པས་འཕགས་བོན་རྩ་བརྐྱད་བླ་བའི་རྣམ་ཤར་བགོད། །

སྐྱ་བརང་ནས་བསྲང་འཁྲུལ་ཡི་ཚོས་རྒྱལ་རིགས་སྲན་ཀུན། །
དུས་ཞབས་ཆེ་རྒྱུད་འཕགས་ཡུལ་གྲུབ་ཆེན་གསུ་ཅན་མགས་གྲུབ་གཉིས་སྲན་པ། །
ཀུན་སྤྱང་བརྒྱུད་སྤྱན་གྲུབ་མཆོག་རྟོ་ནང་བླ་ཀུན་ལ་འདུད། །
ཁྱེད་པར་ཀུན་མཉེན་རྟོན་པ་བའི་སྤྱན་དུས་ཀྱི་མཐར་ཡང་སྲུག་གིས་མཆོད། །

བྱང་བོགས་བསྐུལ་ལ་ཞེས་མཆན་སྤྱན་འཛོངས་སྐྱིང་ཡངས་པའི་ཚོན་ལ་གུགས། །
སྟོན་ཏྲོན་དུས་པའི་གཞུན་ནུ་གསགས་ཞིང་དེ་དབས་མགས་པའི་དགའ་ན་གུགས། །
ཕན་ནུ་གཉིས་དང་མཆོག་དམ་ཀུན་ཀྱི་བཅན་དངོས་ཀུན་ལབས་གསས་ལ་མཆོ། །
ཟོན་ཏེ་དེ་ཉིད་གསལ་བོར་བཤད་པ་དུ་དུང་དགུན་གྱི་བརྟོའི་དགེ། །

བསྐོམ་ཆེན་རྟོགས་པ་ལ་རང་སྲུང་རྟེན་པས་བརྟོད་པ་བུལ། །
མགས་རྟོམ་རྟོག་གིས་ཚོག་འབྲིའི་རེ་སྨོས་ཡུལ་ལས་འདས། །
དད་པ་འཆམ་གྱིས་གནས་ལུགས་རྟོ་ལ་རེག་པ་དགའ། །
འབྲས་བུ་མོ་གཤམ་བུ་མོའི་འགྱུང་བགལ་ས་ཡིན་ནམ། །

བྱང་ཆེན་འབྲུ་ལ་ཡི་ཟབ་གསང་དོན། །
ཞིང་འདིའི་འགྲོ་བ་ཁོ་ནའི་བསོད་ནམས་སྤལ། །
ཡིན་ཀྱང་མ་ཞིས་འཆོར་ལས་འབྱུང་བ་ཞིག །
སྲིད་ན་དགོན་པས་དེ་ཉིད་ཤེས་པ་གལ། །

མཐའ་ལས་གཏིང་བྲལ་ཞིས་བྱའི་གནས་ལུགས་འདི། །
འདི་ཞིས་རྟོ་རྗེའི་ཚོག་ཞིག་མེད་མོ་ཀུང་། །
ཡུན་རིང་རྒྱུ་བཞིན་གོསམས་ཞིང་སྐྲོ་བ་ཡིས། །
ཤེས་ཚམ་འགྲོལ་ན་པན་དུ་ངེས་བས་ཐིས། །

ཉེན་འབྱུང་ཚོས་ཀྱི་ཡིན་ལུགས་འདེན་པའི་དོན། །
རང་ཀློས་ནུས་པའི་དགལ་བ་སྟེན་པའི་འཁྲར། །
བན་བདེ་ཁོ་ནར་དམིགས་ནས་བུས་ལ། །
མཆོག་གསུམས་འབགས་པས་ཐུགས་རྗེའི་མཐུ་དཔུང་སྐྲོལ། །

Мөргөл

Ялгуулсан бүгдийн биелэл гурван орны номын хаан, энэрэл хайрын их сан, Надад зарлигийн ачаар бурханаас ч үлэмж хамаг амьтны баттай нөхөр, Бүх Бурхдыг нийлүүлсэнээс ч илүүтэй талархал хүлээм, тэсэж үл болом хүсэн санахын эрхээр өлмийн лянхуад тэргүүнээ гудайлган мөргөмүү. Аяндаа үзэгдэх Шамбал хийгээд дээд амгалангийн орноос биднийгээ ивээн соёрх.

Ялгуулсан бүгдэд Удамбар Цэцэг адил ховор хэмээн шагшигдсан, Ялгуулсаны шашны их нууц тарни ба ялангуяа увдисын хаан, цогт дээд гадаад, дотоод, нууц гурван Цагийн хүрдэн, Бурхан багшийн зарлигаар Дүйнхор ядмын гол нигуураас айлдсан эрхэм тэр сургаал дор бишрэн мөргөмүү.

Энэрэл хайрын хэмжээлшгүй их сахил тангарагийн хүч болоод буян хишиг ба билиг билгүүний хоёр чуулганыг зуу мянга дахин хураасны хүчээр биелэн гарсан Хойд зүгийн гайхамшиг Шамбалын орныг юутай ч зүйрлэхийн аргагүй билээ, их хувь төгөлдөр амьтны буян, Дээд газрын Бодьсадва нарын далай их ерөөлөөр зөвхөн энэ л ертөнцийн хүмүүст зориулагдан бүтсэн агуу Шамбалын орон нь гайхамшигтай болой.

Гэвч энэ ариун орны амгаланг биеэр мэдрэхийн тулд зөвхөн Цагийн хүрдний ном, түүний гүн нарийн дадал, дээд шүтэн барилдлагын нууц оньс бүгдийг хоцроолгүй хэрэгтэй гэвэл Номын Ригдэн хаадын дамжлага Ялгуулсан Жонангийн гүн номоос, Энэтхэг Төвөдийн язгуур үндэсний их багш нар хэрхэн уламжлагдан ирсэн намтар түүхийг танилцуулан зохиов.

Шамбалын орны анхны хаан Сучандра болон бусад Ригдэн Хаадууд, Их Бага хоёр Калачакрапад, Хутагтын орны их шид бүтээлчид, Цастын орны их эрдэмтэн, номч төгөлдөр болон Жонангийн дамжлагын их багш нар, ялангуяа, Дөрвөн шүтээний их багш хамгийг мэдэгч хоёрдугаар Будда дор бишрэнгүйгээр мөргөмүү.

Хойд зүгийн Шамбал хэмээх энэ нандин нэр дэлхий даяар алдаршсан, Өнгөрсөн цагийн дээдсийн бүтээл, эдүгээ цагийн мэргэдийн зарлигд алдаршсан, өрнө, дорно хоёр хийгээд дээд, доод бүгдийн засдаг магад бүгдийн өндөрт алдарсан, гэвч түүнийг тодорхой айлдсан тайлбар олно гэдэг өвлийн лянхуа олохын адил нэн ховор билээ.

Агуу бясалгагч нарын шинжилж олсон тэр үнэнийг үгээр илэрхийлэн буулгана гэдэг амаргүй, Мэргэн хэмээн бардсан нэгний түмэн үгээр дүрсэлсэн ч хэтийдсэн хэрэг, гагц сүсэг төдийгөөр үнэний мөн чанарыг ухамсарлана гэдэг бэрх, эдгээр шалтгааны учир, Шамбалын ариун орныг тайлбарласан бүтээлийг олох нь үр хүүхэдгүй эхийн төрөөгүй охины гоо үзэсгэлэнг хэлэлцэхтэй адил боломжгүй ажгуу.

Умардын ариун газар Шамбалын нууцхан болоод гүнзгий энэ сургаалыг гагцхүү энэ ертөнцийн амьтан буян, хувь төгөлдөр тул сонсох аз завшаантай ч төө буруу төсөө ойлголт, үл мэдэхийн гэмээр олдохуй яа бэрх ховор учраас тэр мэт мэдэх нь чухал хэмээн сэтгэнэм.

Хязгааргүй их мэдлэгийн энэ эх булгийг үгээр илэрхийлэн цаасан дээр буулгана гэхэд миний бие тэрхүү Очирт нандин үгсийг эзэмшээгүй байж болох хэдий ч энэ сэдэв дээр өнө удаан төвлөрөн бясалган өнгөрөөсний хирээр өөрийн талаас зарим нэг ашигтай зүйлийг та бүгдэдээ зайлшгүй дуулгаж чадах нь гарцаагүй юм.

Алив үзэгдлийн шүтэн барилдлагын үнэнийг
Аугаа их бишрэл зүтгэлээр батлахыг хүснэм,
Амьтны тусад зорихоос өөр санаа үгүйн тул
Ачит Гурван Эрдэнэ энэрч өршөөлөө хайрлах болтугай!

Ханбрүл Ринбүчи
2016 оны 1 сар

Редакторын Үг

2015 оны сүүлээр Ханбрүл Ринбүчи дэлхийг тойрсон хагас жилийн аянаа дуусгах шатандаа орж байв. Энэ аялалын туршид тэрээр олон хүнтэй учирч Шамбалын орны гарал үүслийн тухай сургаалаа таниулан явахдаа хүмүүс энэ талаар маш бага мэдлэгтэй болохыг олж мэдсэн байна. Хүн болгон Шамбалын талаар ямар нэгэн байдлаар сонссон байдаг ч чухам бидний аж амьдралд хэрхэн холбогддогийг огт мэддэггүй нь илэрхий байв.

Үүнээс улбаалан Австралид эргэж ирсэн цагаасаа Ринбүчи Шамбалын орны тухай, түүний гүн гүнзгий учир холбогдлын талаар суурьтай мэдлэг олгох юмсан гэсэн шинэхэн мөрөөдөлд автах болсон билээ. Бид энэ номын бүтэц агуулгын талаар ярилцаж байхад түүний шамбалын тухай мэдлэгийн цар хүрээ миний өмнө сонсож байснаас ч хэтийдсэн болох нь надад илэрхий мэдэгдэж байв. Энэ сэдвийн хүрээнд Ринбүчи Шамбалын орныг нарийн, үе шаттай, олон түвшинд нь дүрслэн гаргасан төдийгүй үйлийн үрийн хууль хийгээд сэтгэл, оюун санаандаа хэрэгжүүлэх үндсэн арга, тэдгээрийн гүн гүнзгий сургаалыг ч мөн тусган харуулжээ.

Энэ номыг бичиж эхлээд удаагүй байх үед бид энэ төсөлтэй хамт урд нь ажиллаж байсан номоо нэгтгэхээр шийдсэн юм. Ринбүчи багш өөрийн эртний мөрөөдөл гэж хэлж болох Цагийн хүрдний үүсэл хөгжил, сургаалыг өөрийн шавь нартаа зааж сурган, амьдралдаа хэрэгжүүлж болох Жонангийн урсгалын түүхийг бичихийг хүсэж байсан юм. Эндээс цааш уламжлаад Жонангийн урсгалын гол сургаал болох Цагийн хүрдний сургаалыг бас дашрамд нь хөндөх бололцоо гарсан гэж хэлж болно. Шамбалын орныг Жонангийн урсгалтай хослуулан үзүүлснээр нэг ёсондоо онол, дадлага хоёрыг холбож Шамбалын орныг яагаад манай дэлхийтэй холбоотой болохыг харуулах бололцоо давхар нээгдсэн гэж хэлж болно. Төвөдийн түүх намтрыг сайн мэддэг хүмүүсийн хувьд энэ ном жаахан өвөрмөц санагдаж болох хэдий ч Жонангийн мастеруудын намтрыг тус тусад нь өгүүлэхийн оронд хоорондоо ямар уялдаа холбоотойг нь харуулж, уг урсгалын өөрийнх нь түүхийн нэг томоохон хэсэг болохыг үзүүлэхээр зорьсон билээ. Энэ чиг хандлага нь Жонангийхний хөгжил хувьслыг илүү тод томруун үзүүлж цаг хугацааны туршид үүсэж байсан чухал асуудлыг хэлэлцэх боломжийг бидэнд олгож байгаа юм.

Түүнчлэн шашин шүтлэгтэй хамааралгүй шахам "бидний ертөнц" хэмээн нэрлэдэг энэ дэлхийн зарим түүхэн үйл явдлууд мөн энд тусгагдсан болохыг анзаарч болно. Энд Жонангийн урсгал бусад Төвөдийн урсгалуудтай хэрхэн харилцаж ирсэн ээдрээтэй нөхцөл байдлыг тодруулж өгсөн юм. Ийм чиг хандлага нь бидний амьдарч буй ертөнцийн юмс үзэгдэл харилцан шүтэн барилдаж байдгийг тодруулж, хүний сэтгэлийн олон янз байдал нь энх тайван эсвэл зөрчил тэмцлийг өдөөж байдгийг тод жишээг харуулж байгаа юм. Энэхүү өргөн сэдэв агуулга нь Жонангийн урсгал болон Цагийн хүрдний хөгжил хувьсал, Шамбалын орон хийгээд бидний амьдарч буй ертөнц хоорондын харилцаа хамаарлыг үзүүлэхэд тус болно гэдэгт найдаж байна.

Энэ гайхамшигт сургаалыг дүрслэн үзүүлэх үйлсэд Ханбрүл Ринбүчитэй хамтран ажиллах болсноо би их нэр төрийн хэрэг хэмээн үзэж туйлаас баяртай байна. Энэ хүний цуцахыг мэдэхгүй хичээл зүтгэл, Бурханы номын гүн гүнзгий мэдлэг, эцэс төгсгөлгүй олон асуултуудад минь уйгагүй тайлбарлан ойлгуулж өгсөн нугаршгүй тэвчээртэйд нь гүн талархал илэрхийлмээр байна. Түүний ухаалаг, энэрэнгүй сургаал намайг ямар их зүйлд сургаж, ач тус болсныг үгээр илэрхийлэх арга үгүй билээ.

Мөн энэ төслийг биелэл болоход гүн туслалцаа үзүүлсэн Белграв хотын иргэдийн нийгэмлэг болон Холли, Дороти, Жулия, Пат, Кэрол, Сара нарт үнэт зөвлөгөө өгч байсанд нь талархал илэрхийлье. Номыг мөн давхар хянах үйлсэд тусалж ирсэн Ванесса Мэсонд баярласнаа онцгойлон хэлмээр байна.

Бидний бусад бүх номын адилаар энэ ном ч мөн "ид дундаа" гэдэг тодотголтой гарч байгаа тул аль нэгэн үл ойлгогдох эсвэл нэмэн сайжруулж болох зүйл гарвал эргэлзэх юмгүй бидэнтэй холбогдоорой. Би хувьдаа Ринбүчигийн айлдвар сургаалд итгэж сүсэглэн, үнэн зөв орчуулахыг оролдсон хэдий ч мунхгийн харгайгаар алив нэгэн алдаа гаргасан бол өршөөхийг хүсье.

Номыг бүтээх явцад миний буян хишиг арвидан дэлгэрч Шамбалын орны энх амгалан тэнцвэртэй байдал энэ дэлхийн амьтан болгоны сэтгэл зүрхэнд цэцэглэхийн шалтаан болоосой, бас биднийг Цагийн хүрдний дардан замд найдвартай дагуулах Жинхэнэ оюун санааны Номын Их Ринбүчи багштайгаа тогтоосон барилдлага хэзээд үл тасрах болтугай, энэ номыг уншсан бүхэн Алтан Эринтэй золгон, ашид зовлон, тэмцлээс ангижирч амгаланг олох болтугай.

Жое Флумерфелт
2016 оны 4 сар
Белграв, Австрали

Орчуулагчийн Зурвас

2018 оны 8 дугаар сард Ханбрүл Ринбүчийг АНУ-ын Вашингтон Ди Си орчимд айлчлан ирэхэд нь золоор учирч хадаг барин шавь орсноос хойш харамгүй нигүүлсэх сэтгэлээр буулгасан ван авшгийг нь удаа дараа хүртэж, Очирт хөлгөний сургаалыг дагаснаас хойш гурван жилийн нүүр үзэж байгаа бөгөөд эрдэнийн дээд эрхэм багшдаа хэмжээлшгүй талархаж явдгаа энэхэн зурвасаар дамжуулан илэрхийлж байгаадаа баяртай байна.

Жонан-Шамбалын урсгалын уламжлал атгагчийн хувьд түүний бичсэн энэхүү Цагийн хүрдний сургаалын бүрэн цогцыг элэг нэгт монгол түмэндээ эх хэлнээ буулган толилуулж, буян хишиг саруул билгүүнийг арвижуулах ховор завшаан олсноо ихэд бэлгэшээж баярлаж ханамгүй байнам.

Юуны түрүүнд энэ цувралыг англи хэлнээ буулгасан Жо Флумерфелт \Дамбий Жанцан\ танаа гүн талархал илэрхийлэн, тийм үгүй сэн бол эдгээр нандин бүтээл өнөөдөр ийнхүү биеллээ олохгүй байсан гэдгийг хэлье.

Гар дор хэрэглэх анхааран авлага ховор хилийн чанадад байх үедээ номлол айлдварыг нь онлайнаар тасралтгүй сонсож тусгаж байсны тул Дээрхийн Гэгээн Далай Багш, Нямсамбуу гавж, Гантөмөр шунлайв, Баасансүрэн хамба, багш-орчуулагч С.Түвдэнцэрэн мөн цаашилбал Махамудрын гүрү Доржготов та нарыгаа эрдэнэ мэт эрхэм багшаа хэмээн үзэж үргэлж залбиран мөргөж явдаг юм аа.

Цаашилбал залж чиглүүлэн тусалж ирсэн Клое Брегман, Весна Уоллас, Жадамбын Лхагвадэмчиг, Самдангийн Сугар, Сонинбаярын Хүслэн, Даваагийн Онолмаа нарт болон энэ номыг бүтээхэд тусламж дэмжлэг үзүүлсэн өөр бусад миний мэдэхгүй олон хүн буй болбоос тэр бүгдэд буяны үр нь хүрэлцэх байх аа хэмээн бэлгэшээж, чин сэтгэлийн угаас мэхийн хүндэтгэе.

Энэхүү нандин бүтээлийг судалж, тусган, орчуулсан буяны үрээр хамаг амьтан Шамбалын Алтан Эринийг хамтдаа үзэх болтугай!

Цагийн хүрдний сургаалын уламжлалыг хадгалагч Жонангийн алдарт урсгал мандан бадрах болтугай!

Миний саяын үйлдсэн энэ сайн буяны шимээр өвчин ядуурал, тэмцэл будилаан намжин дарагдаж, Бурханы ариун Ном хийгээд өлзий дэмбэрэлтэй бүхэн орчлон даяар цэцэглэх болтугай!

Дарьганга овогт Самдангийн Отгонтөгс
2020 оны 3 сар, А

-Жэвзүн Лам Лувсан Принлэй-
Хамаг Бурхадаас илүү энэрэлт эрдэнэ мэт гүрү багшаа хайрлан дурснам.

Удиртгал

Шамбалын орон, Цагийн хүрд, Жонан. Эдгээр үгс таны хувьд танил бус сонсогдож буй нь магадтай. Та лав цахим сүлжээ болон номоос харсан ч юмуу эсвэл хоёр хүний яриан дундаас чих дэлссэн ч байж болох. Сонссон даруйд сонирхол төрөө биз. Эдгээр үгс ямар учиртай үгс вэ, тэд хоорондоо ямар холбоо хамааралтай бол, надад ямар хамаатай гэж?

Энэ асуултанд хариулахын өмнө таныг энэ талаар мэддэг бүхнээ мартаарай гэж хүсэх байна. Та одоо эхнээс нь бүрэн ойлголт авч эхлэх учраас урьдчилсан төсөөлөл, бодол сэлтээсээ салсан байх хэрэгтэй. Жонанг ойлгохын тулд эхлээд Цагийн хүрдэнг мэдэх, Цагийн хүрдэнг ойлгохын тулд Шамбал гэж юу болохыг ойлгосон байвал зохино. Энэ бол эхлэлийн цэг. Гэвч Шамбалын орон янз бүрийн байдлаар үзэгдэж болох учир цогц уялдаа холбоотой, гайхалтай сэдэв болон хувирах бий. Тиймээс танд Шамбалын тухай суурь үзэл санааг өгөхийн тулд Шамбал гэж чухам юу болох, түүний мөн чанарын тухай зайлшгүй шаардлагатай зарим үндсэн ойлголтыг тайлбарлах ёстой.

Хэн нэгэн хүн таньд дөхөж ирээд зовлон жаргал хоёрын алийг сонгох вэ гэж асуувал та алийг нь сонгох вэ? Зовлонг хүсдэг хүн огт байхгүй учраас хариулт ойлгомжтой. Хамгийн жижигхэн амьд организм хүртэл зөнгөөрөө аюулаас зайлсхийж өөрсдийн хүсдэг жаргалтай амьдралын нөхцөлийг эрэлхийлдэг жамтай.

Харамсалтай нь бидний зурагтаар үзэж буй зүйлс, сонин, нийтийн мэдээллийн хэрэгслээр авч буй мэдээ хийгээд сөрөг бачимдсан сэтгэлийг дүрсэлсэн зураглал зэргээс харахад цөхрөл, өнгөц бодол энэ бүхэн бидний хүсээд буй аз жаргалаас дааны өөр, бараг эсрэг гээд хэлчихэд нэг их буруудахгүй байх. Хүмүүс үнэхээр зовж байгаад эргэлзэх хэрэггүй. Дайн дажин, өлсгөлөн, байгалийн гамшиг, зуд турхан, өвчин, ядуурал, дээр нь асар их хэмжээний шунал. Энэ бол бидний амьдарч буй ертөнцийн үнэн дүр төрх. Бидний туйлын хүсэл маань жаргал боловч бид үнэндээ зовлонг л үүрч эдэлж явдаг билээ. Тэгэхээр энэ байдлыг өөрчлөхийн тулд яах ёстой вэ? гэсэн асуулт гарч ирэх нь зүй ёсны хэрэг.

Асуудлыг шийдвэрлэхийн тулд эхлээд уг шалтгааныг нь ойртон судалбал зохилтой. Өнгөц харахад хүчирхийллээс дайн, экологийн тэнцвэр алдагдсанаас байгалийн гамшиг, хоол хүнсний хомсдолоос өлсгөлөн, эх дэлхийг бүрдүүлэгч элементийн зохист харилцаа алдагдсанаас байгалийн гамшиг, эд баялгийн хомсдлоос ядуурал, биеийн дархлаа суларснаас өвчин үүсэж буй мэт харагдавч цаад шалтгаан нь эдгээр биш юм. Энэ бүх асуудлын үндэс бол бидний сэтгэл санааны тодорхой нэгэн төлөв байдал бөгөөд тэр л зовлон үүсгэх нөхцөлийг бий болгоод байдаг юм.

Дайныг аваад үзье л дээ. Нэг хэсэг хүмүүс өөр нэг хэсэг хүмүүсийг хүчээр түрэмгийлэх гэсэн янз болгоны шалтгаан байж болох хэдий ч ерөнхий сэдэл нь зүгээр л бусдаас илүү хүч чадал эрх мэдэл, эд баялагтай болох гэсэн хар амиа хичээх үзэл юм. Энэ бол хүн алахаас ч буцахгүй тийм хүчтэй хүсэл гэсэн үг. Хэрвээ тийм муу хүсэл огт байдаггүй эсвэл түүнийг алга болгочихвол юу болох бол? Тэдгээр хүмүүс нэг нэгнийхээ эрх ашгийг хүндлэх замыг сонговол юу болно гэж бодож байна? Хамаг зовлонгийн гол шалтгаан нь таны бодол санаанд оршин буй шунал, айдас түгшүүр, үзэн ядалт, тэвчээргүй байдал билээ.

Байгалийн гамшгийг аваад үзье л дээ. Энд бид урьдаас мэдэж бэлтгэх юмуу, хянах, зохицуулах бололцоо байх аргагүй байгалийн хүчийг хэлж байна. Жишээ нь цунами боллоо гэхэд бид үнэхээр хүчин мөхөсдөж яах учраа олохгүй байдалд ордог. Бидний нүүр тулах болсон энэхүү гамшиг үнэндээ бидний орчиндоо үзүүлэн буй тэр нөлөөллийн л үр дүн юм. Сүүлийн хэдэн зууны турш бид өөрсдийн шунал хүслээ хангахын төлөө л хамаг хүч чадлаа дайчлан ирсний улмаас байгаль дэлхийн тэнцвэртэй байдал алдагдаж өөрөө өөрийгөө засаж залруулах гэсэндээ байгаль хүртэл яах ч аргагүй ийм аюул гамшиг авчирахад хүрдэг байна. Тэгвэл хүмүүс бид энэ шунаг сэтгэлээ байгаль дэлхийгээ гэх хайр энэрлээр сольчихвол юу болох вэ? Бидний бүх хандлага экологийн тэнцвэрт байдал руу чиглэлээ гээд бодоод үз дээ.

Энэ хэдхэн жишээнээс аваад үзэхэд бидэнд тулгараад буй асуудлууд биднээс огт хамааралгүй үүсээд байгаа хэрэг биш юм. Биднийг энэ хүссэгүй зовлонтой маань учруулаад байгаа тэр бодлуудыг өөгшүүлэхгүй байх чадвар хүн болгонд бий гэхэд хилсдэхгүй. Та бидэнд өөрсдийн хязгаарыг даван гарч хүслэн болсон тэр урт удаан аз жаргал бүхий ертөнцийг үзэх бололцоо бий. Үүний тулд бидэнд дадал болоод удсан бөгөөд биднийг урагш алхахад чөдөр тушаа болоод байгаа тэдгээр муу зуршлуудыг илрүүлэн гаргаж ирээд удаан гэгч сайтар шинжин харах л хэрэгтэй байгаа юм.

ТУЙЛШРАЛ

Олон урсгалын далай хэмээх номондоо би дэлхийн гол шашны итгэл үнэмшлийн системүүд хийгээд тэдгээрийн түүх, хөгжиж ирсэн арга зам зэргийг тодорхой үзүүлсэн билээ. Тэндээс бид шашны урсгалын өөр өөр хэв маягийг харж болно. Шашны урсгал болгон бусад урсгалуудтай харилцан холбогдсоны дүнд урган гарч ирдэг, өөр өөрсдийн өвөрмөц шинж чанартайгаар хөгждөг бөгөөд дан ганцаараа хөгжинө гэж байдаггүй байна.

Орчин цагийн амьдралыг ажиглаж байхад хоёр туйлшрал нэлээд давамгайлах байр суурь эзлэх болжээ. Анхнаасаа туйлшрал гэдэг зүйл л даамжирсаар байгаад "манай тал" ба "нөгөө тал" гэдэг бүлэг хүмүүсийг үүсгэсэн байдаг. Энэ бол дэндүү нэг талыг баримталсны уршиг бөгөөд өнөөдөр үүнээс болж хэчнээн их будилаан гарч байгаа билээ.

Эхний туйлшрал бол шинжлэх ухааны материализм. Энэ үзэл бүхий л юмс үзэгдлийг байгалиасаа биет бодит гэж үзээд шинжлэх ухааны арга хэрэглэн мэдэж болно гэдгийг нотолчихсон байдаг. Юмс үзэгдэл биетэйгээр бодитойгоор оршиж байгаа юм гэдгийг бид жирийн хүний ухаан, эзэмшсэн боловсролынхоо дагуу ойлгож байгаа болохоор ийн таамаглах нь одоо үеийн олон гайхамшигтай нээлт шинэ сорго бүтээгдэхүүнийг бий болгон гайхалтай үр дүнд хүргэж байгаа нь маргаангүй юм. Юмс үзэгдэл объектив байдлаар оршиx ба түүнийг хүмүүс бид өөрсдийн оюун ухааны логик сэтгэлгээ, учир шалтгааныг ухан ойлгож танин мэднэ. Сүүлийн хэдэн зууны туршид шинжлэх ухаан урьд өмнө гарч байгаагүй технологийн их үсрэнгүй хөгжилд хүрсэн гэж хэлж болох боловч энэ гавьяа бидэнд зүгээр олдоогүй юм.

Үүнээс болж хэтэрхий материаллаг тал руу хүмүүн бидний ойлголт хэлбийж, өөрсдийгөө хязгаарлаж, үнэн байдлын маш өчүүхэн хувийг хүлээн авч чадахаар асар их хэмжээний төөрөгдөлд орсон гэж болно. Бид өөрсдийгөө хайрцаглаж орхиод тэр хайрцагт багтаагүй болгоныг үл хайхрах болсон. Бид мэдлэг боловсролоо ашиглаад асар их амжилт гаргаж чадсан болохоор бүхнийг судлаад тооцоолж, хэмжээд мэдчихэж болно гэсэн бат итгэлтэй болсон. Физик загварт таарч өгөхгүй зүйл гарвал "мета физик" гэж нэрлээд хойш тавьж үл хайхран орхидог болсон.

Хонгил доторхыг харах мэт энэ явцуу үзлийн үр дүнд хүн төрөлхтөн тодорхой нэг зарчмын хүрээнд байж л механик нэгжүүдийн хүрээнд үйл ажиллагаагаа явуулдаг болох хүртлээ хязгаарлагдсан гэж хэлж болно. Нэг хэсэг бүлэг хүмүүс нөгөө хэсэг бүлэг хүмүүсийг өмчлөн, хүн бусын харьцаагаар хүчирхийлэх нь хууль ёс мэт үзэгдэх хэмжээнд хүрсэн. Хэрэглэгчийн сэтгэлгээгээр хүнийг өмчлөөд хэрэглээд нийгэмд үнэгүй болгон хаяж байна. Ийм сэтгэлгээ сүүлийн хэдэн зууны туршид давамгайлах шинжтэй болоод байгаа билээ.

Хэт эд материаллаг байхын бас нэг хортой тал нь гэвэл түүнээс дутахааргүй шашны бүлгүүдийн дунд туйлшралыг бий болгож байна. Ийм үзэл нь шинжлэх ухааны эсрэг гэж өөрсдийгөө тодотгон шинжлэх ухаан материализм манай дэлхийн үндэстэн ястнуудыг ёс суртахууны доройтолд оруулсан хариуцлагыг хүлээх ёстой гэж үздэг. Энэ үзлийг баримтлагчдын хувьд орчин үеийн нийгэм нэлэнхүйдээ завхарчихсан тул эндээс салах ангижирах хэрэгтэй хэмээн үзнэ. Энэхүү туйлшралт үзлийг бид шашнаар туйлшрах үзэл гэж нэрлэж байгаа юм.

Шинжлэх ухааны материализмын нэгэн адил энэ үзэл ч гэсэн бодит байдлыг маш хязгаарлагдмал хүрээнд харж байдаг. Мэдлэг оюундаа найдахын оронд үнэн байдлыг харах тал дээр гуйвшгүй итгэлтэй эдгээр шашны сургаалуудад бүх үнэн бүрэн агуулагдсан учраас түүнээс цаад илүү зүйлийг ойлгох гэж оролдох шаардлагагүй хэмээн эндүүрдэг. Тэгээд энэ итгэл бишрэлийн зарчимдаа нэгдээгүй болгоныг шашиндаа урвуулан оруулах ёстой, эсвэл "бидний дайсан" хэмээн хардаг.

Энэ төрлийн туйлшрал даган мөрдөж буй сургаалаа цаашид судлан гүнзгийрүүлж учир шалтгааныг нь эрж хайн хөгжүүлэхийн оронд хүмүүсийг яг байгаа чигээр нь өнгөцхөн тайлбарлаж, хэрэглэхэд хүргэдэг талтай. Тиймээс өөрөөсөө бусдыг тэвчих чадвар багатай уян хатан биш байдлаасаа болоод бусадтай зөрчилд орж эхэлдэг байна.

Би энд шинжлэх ухаан юмуу шашны зарчмуудыг асуудалтай буруу гэх гээд байгаа биш харин ямар ч итгэл бишрэл байсан туйлшрах л юм бол буруу нөлөөтэй болж ирдгийг хэлэх гээд байгаа юм. Үүнээс л болж бүх зүйл хоёр хэсэгт хуваагдаад аль нэг талын туйлшрал даамжрах тусам түүний эсрэг талыхны үзэл үнэ цэнээ алдаж эхэлдэг.

Азаар туйлшрал гол руугаа ойртохын хэрээр талуудын ойлголцоо харилцан нэгдэлтэй болж эхэлдэг билээ. Бид "манайх" ба "тэднийх" гэсэн талцлыг хиймэл зүйл болохыг ойлгосон цагтаа хувь хүн хийгээд нийгмийн чадавхыг энэхүү хуваагдал л хязгаарлаад байгаа юм байна гэдгийг аяндаа ойлгох болно.

ТӨВ ҮЗЛИЙГ УХААРАХ НЬ

Яавал бид туйлшралаас зайлсхийж аз жаргалыг жинхэнэ утгаар нь авчирдаг тэр амьдралд илүү ойртон очих бол? Энэ асуултанд хариулахын тулд бид асуудлын гол учиг юунд байгааг ойлгож чадах билэг оюундаа найдах хэрэгтэй. Оюун ухааны энэ хүчирхэг ундарга Цагийн хүрдний дандарын сургаалд байдаг юм. Эртний уламжлалт энэ сургаал яагаад бидэнд хамгаас тохиромжтой вэ гэдгийг ойлгохын тулд хөгжлийнх нь явцыг эхлээд хөндвөл зүйтэй болов уу.

Туйлширсан үзэл үүсэх болсон шалтгаануудын нэг нь Европд Христийн шашны үзэл ноёрхож байх тэр үед баруунд шинжлэх ухаан айхавтар эрчимтэй хөгжиж эхэлсэн явдал мөн. Дандаа биш ч гэсэн шашин шинжлэх ухаан хоёр голдуу "эсрэг тэсрэг" талууд болсоор ирсэн. Бүх дэлхий даяар биш л дээ. Дорно дахины орнуудад гэхэд шашин хийгээд мэдлэг боловсролын хамтын чармайлтаар хүмүүн бидний болон бидний амьдарч буй дэлхийн байгаль орчинд ашигтай арга техникийг хөгжүүлж, мэдлэгийг буй болгосон цөөнгүй жишээ бий.

Эртний Энэтхэгт гэхэд хоёр өөр үзлийн харилцаан дундаас олон ургалч үзэл босч ирсэн тод жишээ бий. Зарим нийгмийн тогтолцоо аль нэг талыг илүү дэмжиж болох хэдий ч хамгийн гол нь хоёуланг нь ерөнхийдөө хүлээн зөвшөөрч байдаг. Бие биеэ харилцан хүндлэх, хүлээцтэй байх чанар хүмүүст хил хязгаараа түлхэн холдуулж шинэ соргог санаа төрүүлэх нөхцөл нь болж өгдөг байна.

Жишээ нь Сиддхарта Гаутама гэдэг нэгэн залуу, туйлшрал хүнийг жинхэнэ аз жаргалдаа хүрэхэд садаа болон хязгаарлаж байдгийг таньсан байна. Тэрбээр энэхүү ажиглалтандаа үндэслээд мөнхийн амьдралыг хүсэх \зөгнөн бодох\ ба бодит байдлыг үгүйсгэн няцаах гэсэн хоёр хязгаарыг тэгшитгэх дундын зам буюу Төв үзлийн философийг хөгжүүлсэн байдаг. Энэхүү гүн гүнзгий ухаарлын дунд Сиддхарта үнэнийг яг жинхэнэ байдлаар нь мэдрүүлсэн хамгийн дээд түвшний ухамсарлахуйд хүртлээ өөрийгөө хөгжүүлснээр төгс гэгээрч чадсан юм. Тиймээс ч түүнийг хаа сайгүй "Бурхан Будда" буюу Гэгээрсэн нэгэн хэмээн нэрлэдэг болсон билээ.

Бурхан Буддагийн сургаал Энэтхэгийн хөрсөнд анх үндэслэснээс хойш үе үеийн шавь нар, эрдэмтэн бясалгагч нарын үнэнийг үзэх үзлийн туршилт, мэтгэлцээний дунд улам нарийсан сайжирч хөгжсөн билээ. Наландарын хийд зэрэг алдартай газруд төрөн гарч Бурханы Төв үзлийн философийг төгс төгөлдөрт хүргэн, дотоод гадаад ухааныг хослуулан хөгжүүлж Сэтгэлийн шинжлэх ухаан хэмээгч хүчирхэг салбарыг үүсгэн бий болгосноор сүсэг бишрэл, учир шалтгаан хоёрын хоорондын ялгаа бүрэн уусан арилж тэнцвэртэй төгс нэгдэлд хүрсэн байна.

Үүний хүчээр Буддын бясалгагчид хүний ухамсрын маш нарийн төвшинд хүрч чадсанаар Бурханы сургаалын судрын болон нууц тарнийн ёсны тэр гүнзгий утга санааг ойлгож чадахуйц хэмжээнд хүрч очжээ. Тарнийн ёсны аугаа үр дүнтэй замналаар Буддын Тантра машид алдаршин улам олон хүнийг хамрах болсноор Шид бүтээлчид гэж нэрлэдэг тэдгээр ер бусын бодьгалууд бий болсон ажээ.

Ийм нөхцөл байдлын дунд Цагийн хүрдний тарнийн ёс Энэтхэгт анх дэлгэрсэн байна. Бурханы энэхүү өргөн, гүн утга агуулгатай сургаал Шамбалын дээд оронд 1500 гаруй жил хадгалагдан дэлгэрч, энэ ариун газрын хүмүүст эв нэгдэл, тэнцвэртэй байдлыг авчрах гол номлол иржээ. Тиймээс Цагийн хүрдэн хамгийн онцгой хийгээд хүчирхэг бясалгалын хэрэгсэл болон танигдсанд гайхах зүйлгүй юм.

Дандарсын аймгийн бусад сургаалуудаас Цагийн хүрдний номлолын ялгагдах гурван зүйл байдаг. Нэгд, маш өргөн хүрээг хамарна. Түүний нэг эх сурвалжаас эшлэл аваад гараг эрхэс, одон орон, анагаах ухаан, сэтгэл судлал, гүн ухаан гэсэн маш олон салбарын мэдлэгийг нарийвчлан дэлгэрүүлж тайлбарлаж болдог. Цагийн хүрдэн олон талаараа "бүхнийг тайлбарладаг онол" гэж харагддаг. Хоёрт, энэ сургаал маш ойлгомжтой тодорхой байдаг. Бусад дандарсын ёсонд гүн утга санаа, нуугдмал бэлгэдэл, өвөрмөц хэллэг сэлт их байдаг бол Цагийн хүрдний сургаалд хэчнээн гүн гүнзгий утгатай байсан ч маш тод бөгөөд нарийвчлан дүрсэлж үзүүлсэн байдаг. Гуравт, бодит байдал, үнэний дотоод мөн чанарт шууд хүрч чадах гүнзгий арга техникүүдийг агуулсан байдгаараа онцлог. Бусад дандарсын сургаалд туйлын үнэний аль нэг үзэгдэх тал дээр эсвэл үзэгдэх байдлынх нь мөн чанарт голдуу төвлөрдөг бол Цагийн хүрдний ёс бүх зүйлийг "хуваагдмал-бус" нэгэн мөн чанарт нь буцаан оруулахыг баримталдаг. Эдгээр давуу талуудын үндсэн дээрээс Цагийн хүрдний сургаалыг "Дандарын Хаан" хэмээн зүй ёсоор нэрлэдэг билээ.

Цагийн хүрдний ёсон дахь хүчирхэг аргуудаар зөрчилтэй үзэл санаануудыг арилган бүхий л барцад саад, хязгаарыг үгүй хийх боломжтой бөгөөд төв үзлийн замаар энэ дэлхий дээрх гол гол туйлшралт үзлүүдийг нэгтгэх дундын гүүр болж өгдөг гэж хэлж болно. Тус номын дараагийн бүлгүүдэд урагшлах зам маань хар цагаан, сайн муугийн ялгаа үгүй харин бидний дотоодын гэгээрсэн ертөнц дэх олон ургалч үзэгдлийн нэгдлээс урган гарах хязгааргүй үзэгдэл болохыг бид таниулах болно. Шамбалын орны хаалгыг онгойлгох түлхүүр таны дотор бий шүү гэдгийг танд ойлгуулах тэр арга нь Цагийн хүрдний ёс мөнөөсөө мөн.

ШАМБАЛЫН ТУХАЙ УТГА ТӨГӨЛДӨР ОЙЛГОЛТЫГ ХЭРХЭН ХӨГЖҮҮЛЭХ ВЭ?

"Шамбал" гэдэг үг өмнөх хэсэгт нэлээд хэд дурдагдлаа. Зарим тохиолдолд энэ үг Цагийн хүрдний сургаалын эх сурвалж болдог газрыг хэлдэг бол өөр тохиолдолд хувь хүний мэдрэмж дэх тодорхой нэг сэтгэлийн төлөвийг илэрхийлэх нь бий. Энэ номыг унших явцдаа энэхүү ялгааг сэтгэлдээ хадгалж байвал онцын хэрэгцээгүй будилж самуурах явдлаас зайлсхийхэд хэрэгтэй болов уу гэдгийг хэлмээр байна. Ямар сэдвийг хөндөж буйгаас шалтгаалаад "Шамбал" гэдэг үгний утга өөрчлөгдөж байх болно.

Хамгийн анх энэ ойлголт хаанаас үүсэн гарч ирснийг мэдэх нь бишрэл сүжиг төрүүлэхэд тустай байхын хажуугаар үнэхээр байдаг юм болов уу, эсвэл үгүй юу гэсэн баттай үзэл ойлголтыг хөгжүүлэхэд мөн хүргэнэ. Бидний оюун санаа аль нэг тодорхой дүрслэлээс зууран авч түүнийг тэр юмуу, энэ л мөн гэж итгэсэн байдлаар сэтгэл ханаж орхидог гэмтэй. Тэгэхээр Шамбалын орны мөн чанарыг тайлбарлахын тулд хэчнээн олон янзын байдлаар бидэнд үзэгдэж болох вэ гэдэг асуудал руу анхаарлаа тэлэн харах хэрэгтэй. Мөн түүнчлэн Шамбал бидний ирээдүйн амьдралтай юугаараа холбоотой болохыг мэдэж авах юм. Тийм учраас, бодит орон уу, эсвэл сэтгэлийн төлөв үү гэдэг хоёр асуултаас бид сүүлчийнх дээр нь буюу сүсэг бишрэл, оюун санааны замыг авлага болгон дадуулснаар хөгжүүлж болох сэтгэлийн төлөв юм гэдэг дээр илүүтэй анхааран судлах болно.

Ийм чиг хандлагыг баримтлах нь хүн яаж амьдрах боломжтой байдгийг үзэх юмсан гэдэг утга төгөлдөр хүслээ хөгжүүлэхэд алсдаа бидэнд тустай байх болно гэдэгт би итгэлтэй байгаа юм. Тэгээд ч энэ хүсэлдээ хөтлөгдөн явж бид туйлын жаргалыг өөрт болон бусдад авчирч чадах буяны үйлсэд оролцдог болно. Шамбал гэж юу болох талаарх энгийн тодорхойлолтыг бий болгосноор бид энэ сэдвийг гүнзгийрүүлэн шинжилж үзэж болох билээ.

Хамгийн наад захын ойлголтоор Шамбал бол төгс энх амгалан ба эв зохицол гэж хэлж болно. "Энх амгалан" гэдгээр таны өөрийн мэдрэмжийг хэлж байгаа билээ. Энэ бол бүх төрлийн зовлонгоос ангижирсан, урт удаан үргэлжлэх жаргалын төлөв юм. "Эв зохицол" гэдгээр гадаад орчин хийгээд бусадтай харьцах таны харьцааг хэлж байгаа юм. Энэ бол өчүүхэн ч ялгаварлал үгүй бөгөөд зөрчил будилаан үгүй, хагацал үгүй төгс байдлын төлөв билээ.

Цаашлаад бодох юм бол Шамбал нь энх амгалан, зохицлын туйлын үзэгдлийн "төгс төгөлдөр" хэлбэр билээ. Энэ бол тэдний хамгийн дээд чадвар, бололцоо, угийн чадамжийг ойлгож ухаарах явдал юм. Нар хэдий үүлний цаана халхлагдсан ч байнга үүлсийн чөлөөгөөр үзэгдэн гоёмсог цацрагаа харах бололцоог бидэнд олгодогтой адил Шамбалын орны гэрэл гэгээ биднээс нуутдан оршиж, сайхан туяагаа үзүүлэх боломж хэзээ гарахыг хүлээн байж байдаг. Зөв арга хэрэглэх юм бол тэдгээр нөхцөлүүдийг батжуулан бүр илүү нарийн шимийг нь олж үзэж болох бөгөөд харьцангуй түвшинд авч үзвэл энэхүү төгс төгөлдөр байдалд ахин ахисаар хүрч болдог байна. Харин туйлын түвшиндээ тэр угийн төгс төгөлдөр чанартай учраас халхлаад байгаа үүлсийг хөөн зайлуулахад л бүрэн хэмжээгээр гарч ирж гийгүүлэх бололцоотой ажээ.

Тэгвэл бидэнд яг юу саад болж байдаг вэ? Шамбалын орныг үзэхэд бидэнд саад болж буй хоёр хүчин зүйл байгаагийн нэг нь үнэний мөн чанарыг үзэх бидний төөрөгдсөн мунхаг сэтгэл, нөгөөх нь энэ бодолгүй мунхаг сэтгэлдээ үндэслэн оршиж байдаг ялгаварт үзэл хоёр юм.

Энэ бол аливаа зүйлсийг сайн, муу ба саармаг гэж нэрлэн тэдгээрт татагдаж шунаж байдаг хоёрдмол сэтгэлийг хэлдэг. Юманд ингэж хандсан дээрээ суурилаад бид сайн, гоё гэсэн зүйлдээ илүү татагдаж муу гэснийгээ харин үзэн ядаж, саармаг гэсэн зүйлдээ ялгаагүй хандаж эхлэхэд хүрдэг байна. Энэ ялгаварт үзэл маань бидний хувь хүн болон бидний амьдралын туршлага ямар байхыг нөхцөлдүүлж байдаг ажээ.

Мунхаг сэтгэл, ялгаварт үзэл хоёр нийлээд Шамбалын нарыг бүтнээр нь харуулахгүй халхалж байдаг зузаан хар үүл болон бидний дотор оршдог. Шамбалаас улам салж холдох тусам бидний энх амгалан, хоорондын эв зохицол улмаар хумигдан үнэнийг үзэх нүд маань сохорч эхэлдэг. Сохрох тусмаа хөөрхий ядуу эрийн байшин дороо булаастай эрдэнийг олох бололцоо нь хумигдаж, бид өөрсдийн дотор буй онцгой чадвар, бололцоогоо ойлгож ухаарах боломжгүй болдог.

Аз болоход энэ нь давшгүй хэцүү саад биш билээ. Асрах сэтгэл, энэрэл нигүүлслийн сэтгэлийг хөгжүүлснээр үүнийг давж болдог. Асрах сэтгэл гэдэг нь хамаг амьтныг жаргаасай гэсэн хүсэл байдаг бол энэрэл нигүүлсэл гэдэг тэднийг зовлонгоос чөлөөтэй байгаасай гэсэн хүсэл юм. Амьтан болгоны жаргалыг хүсдэг нь ижилхэн болохоор түүн дээрээ суурилаад хоорондоо эерэг харилцаа тогтоох явдлыг хөгжүүлж болох билээ. Тэр холбоо батжихын хэрээр ялгаварт үзэл багасан, мэдрэмжийнхээ илүү нарийн түвшинд сэтгэлээ нээх боломжтой болох болно. Бодлын хүрээ өргөжин тэлж саруул мэргэн оюун хөгжсөнөөр давхарлан зузаарсан энэ мунхгийн давхаргийг цэвэрлэн ариусгаж болдог ажээ.

Бид энэ зарчмыг амьдрал дээр үзүүлэх жишээ болгон хоёр гэр бүлийг авч үзье л дээ. Нэгд нь маш бага энэрэх сэтгэлтэй хүмүүс байж, гэр бүлийн гишүүн бүр бараг л хар амиа хичээх сэтгэлтэй бусад гишүүдээ хэзээ ч боддоггүй байя. Энэ гэр бүл байнгын хэрүүл тэмцэлтэй байдалд байж гишүүн болгон зовлонтой байх нь гарцаа байхгүй.

Тэгвэл бие биеэ гэсэн чин сэтгэлтэй нөгөө гэр бүл нь энэрэл хайрын сэтгэлээр жаргалтай амьдрах нөхцлөө бий болгож тэдний үйл хөдлөл болгон утга учиртай хэн нэгний сайн сайхны төлөө байгаад зогсохгүй хавь орчныхондоо ч сайн нөлөө болж чаддаг билээ. Энэ бусдыг бодсон хандлагыг хөгжүүлж байж л бид амгалан зохицолтой амьдрах бололцоотой болдог байна.

Гэр бүлийн хэмжээний энэрэл нигүүсэл Шамбалын орны гэгээг бүрэн мэдрүүлэх боломж хараахан биш хэдий ч Шамбалын орныг мэдрэх өчүүхэн төсөөлөл төдий ч болтугай болж чадах нь гарцаа байхгүй. Энэ гэр бүлийхэн өдөр тутмынхаа амьдралд бие биеэ гэсэн сэтгэлтэй байх нь л өөрөө Шамбалын орны нэг тал мөн билээ. Хайр энэрэлийг хөгжүүлэхээр хийсэн алхам болгон Шамбалын орныг ухамсарлахад оруулж буй таны хувь нэмэр мөн. Шамбалын орон бидэнд ямар хэмжээгээр үзэгдэх нь тэр чигээрээ та бидний билгүүний хэр хэмжээнээс бүрэн шалтгаалж байгаа хэрэг. Билиг оюун хэр гүн, өргөн байх тусам Шамбал улам их бүрэн дүүрнээр үзэгдэх болно.

ЭНЭ НОМЫН БҮЛГИЙН ТАНИЛЦУУЛГА

Энэ номд бид Шамбалын орныг хэрхэн өөр өөр замаар үзэгдэж болохыг судлах болно. Ерөнхий байдлаар нь үүнийг гурван бүлэгт хуваайж үзнэ. Үүнд:

1. Шамбалын үнэний эрэлд: Эхний бүлэгт бид Цагийн хүрдний сургаалд дурдсаны дагуу Шамбалын орныг үзэх үзлийг хөгжүүлэхэд анхаарлаа чиглүүлэх болно. Бид хүмүүсийн Шамбалыг хэрхэн олон янзаар ойлгодог тухай болон өөрсдийн сул талуудаа хэрхэн мэдэж даван гарах талаар ярилцах болно. Үүний дүнд Шамбалын орны үзэгдэх байдал хувь хүн бүрийн оюун санаа, сүсэг бишрэлийн хэмжээнээс хамаараад өөр өөр байдаг гэдгийг олон түвшинд нь нарийвчлан үзүүлэх болно. Цаашлаад тэдгээрийн үзэгдэх байдлуудын нэг Цагийн хүрдний сургаалтай хэрхэн холбогдож, өнөөг хүрсэн хийгээд энх тайван, эв зохицлын төгс байдлыг бий болгож ирсэн ба болгосоор байгааг \байх ч болно\ гэдгийг мэдэж авах болно.

2. Жонан-Шамбалын уламжлал: Дараачийн бүлэгт бид анхаарлаа Шамбалын орноос түр холдуулан Шамбалын тухай сургаалыг манай ертөнцөд авчирсан тэдгээр хүмүүсийн түүхийг мэдэж авах болно. Бид Шамбалын сургаал Энэтхэгт хэрхэн дэлгэрсэн хийгээд дараа нь Төвөдөд хэрхэн тархаж дэлгэрсэн талаар дурдаж, эцэст нь сүүлийн 500 жилийн турш хэчнээн хатуу сорилтыг даван байж чин сүсэг бишрэлтнүүдээр дамжин хадгалагдаж ирснийг судлах болно.

3. Өөрсдийн ертөнцийг бүтээх нь: Эцэст нь Шамбалын орон ба энэ ертөнцийн хооронд буй тэр өвөрмөц холбооны талаар дүгнэн хэлэлцэх болно. Яагаад бид хүн нэг бүр энэ сургаалыг анхааран авч дадуулж хэрэглэх ёстой, ингэснээрээ ямар ашигтай зэргийг шинжлэн хэлэлцэхээс гадна "Шамбалын алтан эрин"-тэй холбоотой зөгнөлийг миний бие та бүхэндээ товчхон хүргэх болно. Мөн түүнчлэн тэрхүү зөгнөлийг хэрхэн зөв тайлан ойлгож оюун санааныхаа өсөлтөнд ашиглаж болохыг тайлбарлах болно.

Би бээр энэхүү эрхэм нандин сургаалыг та бүхэнтэй хуваалцах болсондоо хязгааргүй баяртай байгаагаа нууx юун. Үүнийг үнэхээр учрахуй яа бэрх ховор нандин эрдэнэ хүлээн авч, бие сэтгэлээ дайчлан зориулаад нэг л өдөр Шамбалын орны саруул гэгээ таны амьдралд тусах болтугай гэж ерөө.

Шүтэн барилдлагын үнэний их хүчээр хамаг амьтан зовлонгоос эгнэгт хагацан үнэн жаргалын хувиршгүй амгаланг эдлэх болтугай. Дайн дажин, өлсгөлөн, өвчин ядуурал үгүй болж энэ ном дэлхий дахинд туйлын энх тайван, тэнцвэртэй байдлыг авчрах нэгэн шалтгаан болох болтугай хэмээн ерөө!

Шамбалын үнэний эрэлд

-Шангри Ла-
Алдарт домгийг дүрсэлсэн нэгэн зураачийн бүтээл

Шамбалын Тухай Домог

Шамбалын орны байдаг, байдаггүйн тухай үлгэр домог мянга мянган жилийн өмнө байсан учраас утга зохиол урлагт мөнхрөн үлдсэн бөгөөд олон хүний төсөөлөлд оршиж иржээ. Гэхдээ л домог яаж ч өргөн тархсан байсан хүмүүс жинхэнэ Шамбал гэж юу болох талаар даанч бага мэдлэгтэй байв. Мэдэхгүй зүйлээ янз бүрээр тайлбарлан ярьж өчнөөн жилийг үдсэн ч алинд нь итгэх талаар нь улам л их төөрөгдөлд хүргэхээс өөр тус болсонгүй тул хоорондоо дэндүү ялгаатай таамгуудын зөрүүтэй талуудыг ялгаж салгах билиг оюуныг өөрсдөдөө хөгжүүлэх шаардлагатай билээ. Тэгэж байж л аль нь үнэн бодитой, алинд нь найдаж болохыг тодруулж чадна.

Энэ бүлэгт Төв Азийн уламжлал болон барууны орнуудад Шамбалтай холбоотой ямар олон янзын ойлголттой байсан талаар бид одоо өгүүлэх болно. Бидний өнөөдрийн зорилго бол Цагийн хүрдний сургаал ямар өвөрмөц чиг хандлагатай болохыг ойлгуулах явдал билээ. Энд бид Шамбалын тухай нэг таамгийг нөгөөгөөс илүү юм уу, дутуу үзэж мэтгэлцэхийг зорьсонгүй, учир нь тэдний ашигтай, ашиггүй талуудыг ойлгох цаг бидэнд хангалттай олдоно. Харин одоо ямархуу таамгууд оршин буйг таниулах тал дээр анхаарлаа хандуулцгаая.

ТӨВ АЗИЙН ДОМГУУД

Тэнгэр баганадсан өндөр уулс, зах нь харагдахгүй өргөн тал, хоржигнон урсах гол нуур, байгаль газар зүйн болон соёл иргэншлийн өргөн тогтолцоотой Төв Азийн нутаг дэвсгэр нууц түүх домгоор ч мөн элбэг дүүрэн байдаг нь ойлгомжтой. Энэхүү их өргөн соёлын баялаг өв дотроос л хүн төрөлхтний түүхэнд анх удаа Шамбалын орны гайхамшгийн тухай үгс шивэр авир хийх болсон билээ. Үүнээс харахад түүнийг цаг хугацаа, орон зайн хэмжээнд оршдог биетэй бодит газар орон буюу эртний мартагдсан хаант улс мэтээр үзэх нь олонтаа байжээ.

Газар нутгийн хол ойроос үл хамааран эдгээр орнуудад тархсан домгууд хоорондоо гайхмаар төстэй. Тэдний ойролцоо дүр зураг, төлөв байдал нь нэг л зүйлийг өгүүлээд байгааг илтгэнэ. Яг хаанаас, хэнээс гарсан нь цаг хугацааны явцад мэдэгдэхээ больсон энэ мэдээллүүдийн үнэн эсэхэд найдах нь мэдээжээр хэцүү ч Төв Азийн хуучлан хөөрөлдөх дуртай хүмүүсийн ярианы сэдэв болсоор мянга мянган жилийг элээхэд энэ нь саад болж чадаагүй билээ. Тэдгээрийн нэлээд нийтлэг таамгуудыг доор дурдвал:

1. **Нуугдмал диваажин:** Олон газарт үүнийг бусдын нүднээс далд оршдог ертөнц эсвэл хаант гүрэн гэж тодорхойлоод маш их хол зам, хүнд

бэрхшээлийг туулан байж тэнд хүрч очдог гэж үздэг. Жишээ нь эртний Скифчүүд хэмээх нүүдэлчин аймагт хойд зүгт нэгэн гайхамшигт орон бий бөгөөд тэнд хүрэхийн тулд маш олон отог омгийхний газар нутаг дээгүүр урт бэрх аяныг туулан явж, гатлах аргагүй мөсөн газарт тулж очдог гэсэн яриа байдаг. Тэгэж чадсан хүн ийнхүү зүтгэснийхээ хариу шагналд тэсгим хүйтэн агаар болоод гадныхнаас хамгаалагдан оршдог диваажинд эцэстээ хүрдэг гэсэн яриа түгсэн байдаг.

Түүнчлэн Оросын зарим нутагт *"Беловодые"* \ "Цагаан ус" буюу "цагаан уулс"\ гэдэг газар Алтайн уулстай залгаа хаа нэгтээ бий гэсэн домог бий. Эцэг Сергей гэдэг орос лам 300 гаруй хүн цуглуулаад өндөр уулсыг даван хязгааргүй цөлийг гаталж сүлжилдсэн ногоон нугууд дамжин аялал хийх үед хамт явсан хүмүүсийн ихэнх нь газар нутгийн бэрхшээлд шантарч замаасаа буцаар сүүлдээ ганцаархнаа үлдсэн гэсэн яриа мөн бий. Нууц хаант улсыг олох буян эцэг Сергейгээс өөр хэнд ч байсангүй аж.

2. **Ариун дагшин уул:** Төв Азийхний дунд байдаг бас нэгэн таамаг бол гэгээрсэн мэргэд болон ухамсрын дээд түвшинд хүрсэн хүмүүс л амьдардаг ариун уулны тухай домог юм. Энэ домог жирийн газар зүйн байршил бүхий нууц газар төдий биш харин нэлээд оюун санаа, сүсэг бишрэлийн чанартай болж ирсэн байна.

Бон урсгалын сургаалд Шан Шун мужийн \одоогийн Төвөдийн зүүн нутаг\ *Олмо Лунгрин* гэдэг ариун газрын тухай өгүүлдэг. Энэ хаант улсын төв нь ес үелэн цогцолдог Юндүн Гүцэг уул бөгөөд Бон урсгалын дотоод бясалгалын замналын есөн шатыг үүгээр илэрхийлсэн хэмээн тэд үздэг. Хамгийн оргил дээр нь Бон урсгалыг үндэслэгч Донба Шэнрав Мивочэ суудаг гэнэ.

Хятадын Даогийн сургаалд баруун зүгийн дагина Ши Ван Мугийн орон болох *Кунлун Уулсын* тухай домог бас бий. Дагина тэрхүү жаргалын оронд амьдрангаа 6000 жил тутамд нэг удаа үхэх тавилантай төрсөн нэгнийг өөрийн үзэсгэлэнт цэцэрлэгтээ урьж үхэшгүй мөнхийн шидэт чавгаар дайлдаг хэмээн мөн хэлцдэг.

Муслим шашинтай Киргиз хүмүүсийн дунд хүртэл *Жайнадар* хэмээх нууцлаг хотын тухай хэлцдэг. Энэ хот нь муслим 70 гэгээнтний шарилыг булшилсан хэмээ Мустагх Ата ариун уулын оройд буй гэх бөгөөд Жайнадар хотод хүрэх боломцоо олдсон нэгэнд нь үхэшгүй мөнхийн хутаг оршдог шидэт жимс тэнд ургадаг гэлцэнэ.

3. **Зөнч мэргэн элчийн зөгнөл:** Энэ сүүлчийн таамагт ирээдүйд учрах мунхаг дороитсон үзэлтэй зэрлэгүүдийг дарахаар гэгээрсэн нийгмээс тусламж ирэх тухай зөгнөл юм. Энэ тулааны эцэст энх амгалан, эв зохицол түгэн дэлгэрсэн алтан эрин манай Дэлхийд ноёрхоно гэсэн зөгнөл билээ.

Ведийн шашны *Калки Пуранагийн* үеэс хэлэлцэж ирсэн Шамбалын оронтой шууд холбоотой таамгуудын нэг бол энэ дэлхийн хүн ам эдийн шунал, шашингүй үзлийн ноёрхолд эзлэгдэх үе ирэх бөгөөд Вишну бурхан Шамбалын орны нэгэн тосгонд "Калки" нэртэй хувилгаан болон төрөх ба уг Калки биднийг зэрлэгүүдийн сөрөг хүчнээс "цэвэрлэж" ертөнц дээр оюун санааны жинхэнэ сургаалыг дэлгэрүүлнэ. Үүний дараагаар тэр Шамбалын орондоо буцаж "Дэлхийн хаан" гэдэг өргөмжлөлийг олно гэсэн домогтой билээ.

Үүнтэй төстэй Буддын шашны Их хөлгөний сургаалд *Майдар Бурханыг* эргэж *төрнө* хэмээн хэлцдэг. Мөн л хэсэг хугацааны дараа үзэл суртлын доройтол газар авч мунхаглал, төөрөгдөл туйлдаа хүрэхийн цагт Майдар бурхан Түшита тэнгэрийн орноос эгнэшгүй их ивээл хайраа үзүүлэн дахин мэндлэх үед мунхарсан олон түүнийг даган буяны ариун мөрөөр орно. Тэгээд түүний залрах тэр үеийг асрал энэрлийн "Алтан эрин" хэмээн нэрлэх болно гэж үздэг.

Дээрх домгууд Шамбалын тухай нэг ба түүнээс олон сэдвийг өгүүлдэг. Олон домгуудын дотроос бүгдийг нь Шамбалын оронтой шууд холбон тайлбарладаг ганц урсгал бол Цагийн хүрдний дандарын ёс билээ. Ам дамжсан үлгэр домгоос илүүтэй цаасан дээр бичигдэн үлдсэн гурван том эх сурвалж буй нь *Хураангүй Цагийн хүрдэн* \Laghutantra\; түүний тайлбар *Хиргүй гэрэл* \Vimalaprabha\; *Калапад нэвтрэх хаалга* буюу Шамбалын оронд зорчихыг хүсэгчдэд зориулсан гарын авлага \Kalapavatara\ зэрэг судрууд билээ. Эдгээрийн эх сурвалжууд 10-р зууны орчим Энэтхэгт дэлгэрсэн гэх бөгөөд Шамбалын орны тухай одоогийн бидний ойлголтын үндсэн сурвалж болдог.

Буддын дандарсын аймаг дотроос Энэтхэгт хамгийн сүүлд дэлгэрсэн Цагийн хүрдний гол судар түүний тайлбар сэлт нь Шамбалын оронд Будда, Бурхан багш хэмээн бидний хүндэлдэг Сиддхарта Гаутамагийн үеэс байсан гэж үздэг. Үүнээс үзэхэд Цагийн хүрдний эх сурвалж бичгүүд эхлээд Шамбалын хаанд хадгалагдаж байгаад олон зууны дараа Энэтхэгийн мэргэдэд шилжин ирсэн байна. Шамбалын тухай тодорхой өгүүлсэн түүхийн сурвалжууд дээр нэмж хэлэхэд оюун санааны итгэл үнэмшил, нийгмийн тогтолцоо болон одон орон, анагаах ухаан хийгээд технологийн олон хэлбэрүүдийг мөн тайлбарлаж чадсанаараа уг сургаал гайхамшигтай бөгөөд Төв Азийн нутгаар дэлгэрсэн олон үлгэр домгийн эх булаг руу өнгийн харах бололцоог бидэнд олгож байгаа билээ.

ДЭЭРХ ТАЙЛБАРУУДААС УРГАН ГАРСАН АСУУЛТ

Шамбалын орны тухай олон баялаг үлгэр байдгийн хажуугаар бас тэр орныг дүрслэх гэсэн өөр хоорондоо ялгаатай тайлбарууд ч гарч байжээ. Тэдгээр тайлбарууд нь Барууны орнуудад дэлгэрсэн Шамбалын тухай үзэлтэй уялдаа холбоотой гэж үзэж болно. Мэдээлэл дамжуулж буй хэн нэгний чиг хандлага, ашиг сонирхлоос хамаарч сонсогч нарын таалалд нийцүүлэн домгийн үндсэн сэдвийг дэлгэрэнгүй буюу товч байдлаар өөрчлөн найруулж иржээ.

Эдгээр өөр өөр тайлбаруудыг сайтар нягтлан харвал дараах гурван гол үзүүлэлтэд хуваагдаж болохоор байна. Үүнд: Хэсэг бусаг мэдээлэл, Төсөөлөл ойлголт болгон боловсруулсан мэдээлэл, Туршлагад тулгуурласан мэдээлэл эдгээр юм. Тэд бүгд *уг чанартаа* дээр дурдсан Цагийн хүрдний гурван эх сурвалжийн талаар үзэл бодол, мэдээлэлтэй хүмүүстэй ямар нэг байдлаар холбоотой гэдэг нь илт харагдах болно. Үүнээс гадна дээрх гурван үзүүлэлт болгонд тэдгээрийн бүрэлдэн тогтоход *сэдэл* бас нөлөөлсөн гэдгийг хэлэх хэрэгтэй. Тиймээс дээр дурдсан гурван үзүүлэлтэд буй мөн чанар, сэдэл хоёр нь бидний судалгааны үндсэн бүтцийг бүрдүүлэх юм.

Шамбалын Тухай Хэсэг Бусаг Мэдээлэл

Эхний энэ үзүүлэлт Төв Азид болон ялангуяа Европ, Орос, Америкт Шамбалын орон гэдэг ойлголт хүмүүсийн сэтгэхүйд анх тархсан тэр үеийг төлөөлдөг. Тэд тухайн үед энэ талаар маш бүдэг бадаг мэдээлэлтэй байсан бөгөөд Энэтхэг Төвөд рүү аялаад ирсэн шашны номлогчдын ам дамжсан яриа, хэсэг бусаг, *бүрэн бус ойлголтод* тулгуурласан цөөн хэдэн эрдэм шинжилгээний бүтээлд тулгуурлаж байв. Энэ түвшний мэдлэг нь нууцлаг Шамбалын орны тухай ойлголт нь үлгэр домгоос хэтрэхгүй байв.

Ийм бага үнэний хувьтай мэдээлэл зарим нэг уран бүтээлчдэд сэтгэлгээгээ хөгжүүлэхэд садаа болж чадаагүй нь мэдээж. Ингээд эх сурвалж дээрх анхны үндсэн утгаа бүрэн алдсан Шамбалын домог баян тансаг уярам санаагаар дүүрэн уран сайхны сэдэв болон хувирчээ. Энэ өргөн төсөөлөл ойлголт бүхэн өөр өөр шалтгааны улмаас гарч ирсэн бөгөөд ерөнхийд нь Шамбалын домгийг урлаг үзвэр, гүн ухаан ба улс төр гэсэн гурван чиглэлээр хэрхэн ашиглаж байсныг бид ярих боломжтой билээ.

Урлаг

19-р зууны сүүлд Европ тив "Алс Дорнод"-ын тухай хачин, гайхамшигтай, сонин, нууцлаг үлгэр, домог, соёлын өвөрмөц дүр төрхийг сонирхож эхэлсэн байна. Эртний юм уу, ид шид, гадаадын гэх л юм бол учир зүггүй татагдах болсон тэр үеийнхэн Африк, Ойрхи Дорнод, Төв Ази, Энэтхэг рүү судалгаа шинжилгээний аялал зохиох нь элбэг болж аянаас буцаж ирэгсэд адал явдлаар дүүрэн сонин түүх, соёл, урлагийн зарим бүтээл баримтыг авчирсаар байх болов. Тэдний гоёмсог яриа улам их хачирлагдан романтик зохиол, жүжиг зэрэгт хувиран олон нийтэд алдарших боллоо. Цэвэр уран зохиол гэдгээр далимдуулан зохиолчид Шамбалын тухай домгийг уран үгсийг уралдуулан бүтээл туурвисаар байлаа.

Эдгээрээс хамгийн их олны танил болсон бүтээл бол 1933 онд бичигдсэн Жеймс Хилтоны "Төөрсөн хязгаар" \буюу Алдагдсан диваажин\ хэмээх зохиол юм. Шамбал гэдэг сэдвээс булзах гэсэндээ Шангри-ла хэмээх Гималайн нуруудын гүнд нууцлагдсан хотыг зорьсон Английн дипломат ажилтан Хью Конвэй гэгчийн түүх уг зохиолд гардаг бөгөөд зохиолын баатар өөрийг нь Гэгээрсэн бүлэгтээ элсүүлэх гэж ятгасан их өндөр настай хүмүүстэй учирч байгаа тухай өгүүлдэг. Дэлхийн 2-р дайн ойртсон үед бичигдсэн болохоор нийгмийн зөрчилд яалт ч үгүй хутгалдаж Шангри-ла уулын "Ламасэри" хот ертөнцийн сүйрлээс хүмүүсийг аврах диваажин хэмээгээд сүүлд дахин олдох учиртай гэсэн утгаар төгсгөжээ.

Дэлхийн анхны хэдэн хатуу хавтастай номуудын нэг болсон "Алдагдсан диваажин" олон сая хувиар хэвлэгдэн гарч 20-р зуунд хамгийн ихээр уншигдсан ном болон үлдсэн билээ. Дараа нь номын сэдвээр кино бүтээж, радио нэвтрүүлэг хийж, жүжиг хүртэл бүтээсэн юм. Энэ бүхэн Гималайн нуруунд хаа нэгтээ буй нуугдмал диваажин гэгдэх Шангри-лагийн нэрийг Барууны соёлд улам баттай нэвтрүүлж өгсөн ажээ.

Гүн ухаан

Хилтоны Шамбалын тухай үзэл санаа маш өргөн дэлгэрсэн учир нь Алехандр Сэнт-Ивес ба хатагтай Блавацки гэдэг ер бусын нууцлаг, ид шидийн зүйлд итгэж бишэрдэг өвөрмөц Оккульт бүлэгт харьяалагддаг хүмүүс баруунд Шамбалын орны тухай санааг анх хөгжүүлж, дэлгэрүүлсэнтэй холбоотой юм. Хилтон Шамбалыг үзэгчдийн сонирхлыг татах зорилгоор үзвэр, суртачилгаа, урлагийн сэдэв болгон ашигласан бол Сэнт-Ивес, Блавацки нар Төв Азийн тэдгээр домогт гардаг эртний соёл иргэншлийг өөрсдийн дэвшүүлсэн ер бусын, ид шидийн онолтой холбож, түүнтэй холбоо тогтоох боломжтой юм гэсэн гүн ухааны талыг илүү сонирхож байсан билээ.

Сэнт-Ивес эхлээд Шамбалтай төстэй *Агарти* хэмээх хаант улсыг Европын үзэгчдэд танилцуулан түгээж Агарти бол Төвөдийн нэгэн агуйн ёроолд байгаа нуугдмал орон гэж итгүүлэхийг оролдсон байдаг. Гэгээрсэн хүмүүсийн бүхэл бүтэн нийгэм тэндээс *хос ёсны хамтран удирдах* үзэлд суурилан дэлхийн төрийн жолоог удирдаж байдаг гэдэгт тэрээр итгэлтэй байсан бөгөөд эв зохиролт нийгмийг байгуулж болох юм гэсэн шийдэлд хүргэсэн ихээхэн зөв зүйтэй санаа болон үзэгдсэн байна. Сэнт-Ивес Агарти, Шамбал хоёрыг нэг зүйл гэж ил тод хэлээгүй ч олон хүмүүс тэр хоёрын тухай домгийн адил төстэй талуудыг харгалзан нэг юм гэж бодох болсон билээ.

Мөн Орос-Герман гаралтай зохиолч хатагтай Хелена Блавацки Шамбалын тухай ойлголтод нэлээд томоохон нөлөөг үзүүлсэн юм. Тэр Сэнт-Ивесыг бодох юм бол Цагийн хүрдний дандарын тухай судалгааны өгүүлэл нэлээдийг уншин зарим нэг эх сурвалжийг хэсэг бусгаар нь олж авахад анхаарлаа хандуулсан нэгэн байв. "*Нууц суртгаал*" гэдэг өөрийн бүтээлдээ тэр Хинду ба Оккульт(нууц, ер бусын зүйлийг шүтэх, холбоо тогтоох үзэл) -ийг холбон Шамбалын орон бол дэлхийн оюун ухааны төв гэсэн гүн ухааны санааг гаргаж ирсэн бөгөөд түүний энэ үзэл дэлхийн бүх шашин бүгд машид нууцлагдмал үнэнийг агуулсан эртний нэгэн билиг оюун ухаан-шашнаас гаралтай юм гэсэн санаанд \номын нэрнээс харсан ч тэр\ үндэслэн гарч ирсэн байна. Тиймээс энэхүү оюуны гол цөмийн эх үүсвэр нь түүнд Шамбалын орон хийгээд Атлантис, Лемурия мэтийн эртний иргэншлүүдтэй ч холбогдох боломжтой гэсэн санааг өгчээ.

Сүүлд Хелена Рерих гэдэг эмэгтэй Блавацкийн номыг Орост орчуулж гаргаснаар нөхөр Николас Рерихын хамтаар Шамбалын тухай бас нэгэн гүн ухааны үзэл санааг дэвшүүлэн гаргаж ирсэн байна. Блавацкигийн гаргасан санаан дээр нэмээд Рерихийнхэн Санкт Петербург дэх Цагийн хурдны сүмд байсан Гуравдугаар Банчэн Ламын бичсэн *Шамбалд хүрэх зам* гэсэн зохиолд үндэслэн Шамбалын тухай домгийг судалсан байна. Тэд дээрх хоёр чухал эх сурвалжаар зоригжин Төвөд болон Энэтхэгийн зарим газраар хөндлөн гулд туулан алдагдсан хаант улсыг олохоор аялал хүртэл зохион байгуулсан байдаг.

Хелена Рерих Барууны соёлд *Галын йог* \агни йога гэж англи эх дээр гарсныг огни гэдэг орос үг хэмээн үзсэн болно.орч\ гэдэг өөрийн зохиосон бясалгалын аргыг танилцуулж гал бол хүний бие сэтгэлийг ариусгадаг нэгэн зүйл гэсэн санааг оруулж ирсэн бөгөөд гэрэл харанхуй хоёрыг ашиглан хичээл заахдаа гэрлийг галын нэг төрөл тул буруу үзэл будилж төөрөгдсөн харанхуйгаас гэрлийн тусламжтайгаар ариусан гарч болно хэмээгээд гэрэл, харанхуйн хоёр хүчний хоорондын тулаанд Шамбал голлох үүрэгтэй гэж нотлохыг оролджээ. Тэр бас Агарти, Шамбал хоёрын харилцааг шийдэж тэд хоорондоо холбоотой болохоос нэгэн зүйл биш юм гэдгийг бараг баталж чадсанд тооцогддог байна.

Австрид Блавацкигийн шавь Рудольф Стайнер гэгч бас гэрэл, харанхуйн тэмцлийг нотлох гэж оролдож эхэлсэн бөгөөд Рерихчууд Шамбалыг хиндуизм ба буддизмтай холбож үзэж байхад Стайнер зороастранизм ба христийн шашинтай холбон тайлбарлахыг оролдсон байна. Түүний бичсэнээр гэрлийн сахиулсан тэнгэр Лусифер гэрлийг гаргадаг, харанхуйг Ахриман гаргадаг бөгөөд Шамбалтай холбоотой түүний хувилбар бол Майдар бурхан зөнч элчийн дүрээр үзэгдэн Христийн сургаалыг "ариунаар" нь дэлгэрүүлнэ гэсэн хувилбар юм.

АНУ-д Английн теософист Алиса Бейли гэдэг эмэгтэй Блавацки, Стайнер нарын гаргасан санааг үргэлжлүүлэн 1920 онд *Люсиферт Траст* гэдэг нэртэй байгууллага байгуулж, анх Д.К гэгч Төвөд ламаас оюун бодлоор зайнаас дамжуулан хүлээж авсан гэх сургаалаа заадаг байна. Стайнерын нэгэн адилаар гэрэл харанхуйн тулааныг ихэд онцгойлон үзэж *Шамбалын орны хүчийг* төвийг сахисан хирнээ сайн, муу үйлдлээс хамааран өөрчлөгддөг бөгөөд энэхүү хүчний сувгаар дамжин Шамбалын орон ертөнцийг Бурханы сургаалын доройтолд орохоос ариусган *"Бумбын эрин"* хэмээн алдарших энх тайван, хөгжил дэвшил, сүр хүчин төгөлдөр алтан эринийг авчрах ажээ. Түүний энэ сургаалын улмаас олонд түгсэн *Шинэ Эрин* хөдөлгөөн өрнөхөд хүрсэн билээ.

Улс төр

Шамбалын тухай домог уран зохиол, гүн ухааны зохиолд амилан Европ, Орос, Америкаар тархах явцдаа ихэд өөрчлөгдөн анхны унаган төрх байдлыг нь бараг алдагдахад хүргэсэн өөр олон хувилбаруудтай болоод байлаа. Шамбалын тухай эдгээр бичигт мөн утгыг алдагдуулсан, буруу талын гаж зүйлс ч нэмэгдсэн нь анхаарал татах болов. Тэдгээр төөрөгдлийг бий болгосон буруу зөрүү ойлголт нь шамбалын тухай домгийг хэсэг бүлэг нөхдүүд өөрсдийн улс төрийн зорилгодоо ашиглах үүд хаалгыг нээж өгсөн гэж хэлж болно.

Хэсэг бүлэг хүмүүсийн эрх ашигт нийцүүлэн будилж төөрөгдүүлэх санаанд Шамбалын домог нэвчиж эхэлсний нэгэн эртний жишээ бол, 1800-аад оны сүүл үеэр Агваан Доржиев нэртэй монгол лам Орос, Төвөд хоёрын хооронд Шамбалын санааг ашиглан холбоо тогтоох гэж оролджээ. Энэ холбоо уг нь Төвөдийн зүүн талд Хятад улс, өмнө талд нь Англи улс (тухайн үед Энэтхэгийг колоничлож байсан) буй нөхцөлд маш аюултай бөгөөд хятадын түрэмгийллээс Төвөдийг хамгаалах амаргүй гэж үзээд тэрээр 13-р Далай ламд Орос улс бол Шамбалын орон, Оросын Цар бол Шамбалын номын хаан биеэрээ мөн хэмээн итгүүлж дөнгөөд өөрөө Санкт Петербург руу хөдлөн Оросын удирдлагыг Төвөдтэй холбох гэсэн амжилтгүй оролдлогоо хийхээр явсан гэдэг. Энэхүү харилцаа холбоо хэдийгээр амжилт олоогүй ч гэсэн Санкт Петербург хот дахь Цагийн хүрдний сүмийг бүтээн босгоход асар их хувь нэмэр оруулсан ба тэнд Николас Рерих зураачаар ажиллаж байсан гэдэг билээ.

1917 онд Орост хувьсгал гарч улаан коммунистууд цагаан хааны засгийг түлхэн унагаах үед Сибирьт цагааны армийг удирдаж байсан большевикуудыг эсэргүүцэгч Барон Унгерн Стернберг гэгч цэргээ хөдөлгөн Өвөр Монголоос хятадын цэргийг хөөн гаргахаар хөдөлжээ. Ийнхүү явахдаа орос, хятад, монгол, еврей хамтрагчидтайгаа онцгой хэрцгий харьцаатай байснаас болж "Цуст Барон" гэдэг хочтой болсон байдаг.

Монголын Ардын түр засгийн газар Барон Унгернийг зогсоохоор байгуулагдан энэхүү харгис урилгагүй зочны эсрэг тулаанд Монголын удирдагч Сүхбаатар мөн Шамбалын алдарт домгийг ашигласан байдаг. Тэрбээр цэргүүддээ Монгол ард улсынхаа төлөө тулалдах юм бол Алтан эриний үед Шамбалынхны талд дахин төрөх үйлийг бүтээх юм хэмээн ятгаж байжээ. Оросын улаан армийн тусламжтай Сүхбаатар Барон Унгернийг дарж Улаанбаатар гэдэг нийслэлтэй шинэ Монгол улсыг байгуулсан түүхтэй. Энэ үеэс эхлээд Шамбалын орон коммунистуудын үзэл суртлтай нягт холбогдох болов.

Баригдахаасаа өмнө Барон Унгерн Алс Дорнодын энэ өвөрмөц домгийг сонсон биширч газар доор орших Агарти хаант улсыг олохоор гадаад Монголд олон удаагийн хайгуулын аян өрнүүлсэн гэдэг. Тэр лав Агартитай холбоо тогтоон байж большевикуудыг нам дарах хүсэлтэй байсан байх л даа. Эдгээр хайгуулын аяны явцад анх удаа Агарти, Шамбал хоёр эсрэг хүчнүүд юм гэсэн санаа анх төрсөн гэх ба хожим Германы Нацист нам энэ үзэл санааг дор нь шүүрч авсан нь ойлгомжтой.

Дэлхийн хоёрдугаар дайн эхлэхийн урд *Тюль-ийн нийгэмлэг* гэгч нууц бүлэг ер бусын далд, нууцлаг оршихуйг судлах зорилгоор Германд байгуулагджээ. Тэд өөрсдийгөө Тюль хэмээх Умардын нууц хаант улсаас гаралтай тэдний үр сад, дээд язгууртай анги давхаргад хамааралтай хүмүүс хэмээн өргөмжилж Адольф Гитлерийн Үндэсний социалист намыг сүүлд босгосон улс төрийн байгууллагын гол дэмжигчид болсон ажээ. Гитлерийг засгийн эрхэнд гарахад Тюлийн нийгэмлэг үгүй болсон ч, тус нийгэмлэгийн үзэл санаа Гитлерийн гаргасан бодлогод чухал нөлөөг үзүүлсээр байжээ.

Европ дахин Дэлхийн дайны төв талбар болон хувирах үед Гитлер тал талын довтолгоонд өртөх болсон хэдий ч түүнийг тойрон хүрээлэгчид нууц, ер бусын, ид шидийг тахин шүтэх бүлэглэлийн холбоондоо бат бэх хэвээр хоцорч, эрх мэдлээ сэргээн Гуравдугаар Рейхийг Шамбал болон Агарти хоёртой холбоотой гэсэн санаандаа баттай зогссоор байсан юм. Тэд энэ хоёр соёл иргэншил хоёулаа мартагдсан Тюлийн эртний хаант гүрний Ари үндэстний өвөг дээдсээс улбаатай гэж үзээд, түүний холбоос гүүр болж чадах зүйлийг олохоор Төвөдөд Нацистууд олон удаагийн аяныг мөн явуулсан гэдэг билээ.

Нацистуудын зүгээс Шамбалтай холбоо тогтоох гэсэн оролдлого хийсэн боловч татгалзсан хариу авсан мэтээр мэдээлсэн бий. Тэгэхээр Агарти руу хандсанд зөвшөөрсөн гэнэм. Өөрөөр хэлбэл Шамбал большевикуудын талд, харин Агарти большевикуудын эсрэг, мөн еврейчүүдийн эсрэг байсан гээд ойлгочиж болох ажээ. Үүнээс үзэхэд Германы нацистууд ЗХУ-ыг Шамбал гэж үзээд холбоо тогтоон Зөвлөлт-Нацистуудын холбоог байгуулах оролдлого хийсэн боловч бүтээгүйд Агарти гэж үзсэн Японтой Коминтерны эсрэг холбоог амжилттай тогтоож чадсан гэж хэлж болох. Энэ бол ЗХУ-ын эсрэг дайнаар дэнчин тавьсан тийм холбоо байсан юм. Шамбал бол энд зүгээр Нацистуудын улс төрийн стратегаа нууцлаг домгоор халхлан үзүүлэхэд ашигласан нэр төдий зүйл байсан гэж үзэж бас болох нээ.

Сайн ба муу хоёр үйлийн ялгаа шашны оккульт холбоо нийгэмлэгүүдийн дунд хүчтэй байснаас Шамбал гэдэг түгээмэл нэр 20-р зууны эхний хагаст гарсан олон балмад явдлын зөвтгөл болонгоо алдсан бөгөөд яг тийм учраас л Цагийн хүрдний сургаалд агуулагдан буй Шамбалын орны үнэн түүхийг тодруулан гаргаж, сүүлийн хэдэн зууны турш үргэлжилсэн хэсэг бусаг хийгээд буруу төөрөгдсөн ойлголтуудаас салгаж хөгжүүлэх нь зайлшгүй шаардлагатай байгаа билээ.

Шамбалын Тухай Ойлголт

Одоо бид Төв Азид дэлгэрсэн Шамбалын тухай ойлголт, үзэлд анхааралаа хандуулцгаая. Олон оронд үе үеийн турш ижил төстэй домог ярианууд элбэг тархсан байснаас гадна Шамбалын орны соёл руу нэвтрэн харж болдог цорын ганц үнэн эх сурвалж бол Цагийн хүрдний сургаал гэдгийг бид түрүүчийн хэсгээс мэдэж авцгаасан билээ.

Энэ номын дараагийн бүлэгт би Цагийн хүрдний сургаал Энэтхэгт хэрхэн дэлгэрсэн, Төвөд хийгээд дэлхийн бусад орнуудад хэрхэн тархах болсон тухай өгүүлэх болно. Энэ сургаал Төвөдийн соёлын өвийн нэгээхэн хэсэг болсоор сүүлчийн мянга гаруй жилийн турш эрчимтэй хөгжиж ирснийг тэмдэглэн хэлэх нь зүйтэй.

Ерөнхийдөө бид юмыг танин мэдэхдээ ойлголтоор дамжуулан шууд бус, туршилтаар дамжуулан шууд мэдэх гэсэн хоёр аргыг хэрэглэдэг. Тэгэхээр Шамбалын орны тухай оюун тунгаалтны дүнд гарсан ойлголтыг одоо бид хэлэлцэх гэж байна. Дээрх ойлголтууд нь Цагийн хүрдний ёсны үндсэн судруудболон тэдгээрийн тайлбарыг урьдчилан уншиж судалсны дүнд гаргасан ойлголтууд бөгөөд 1.соёлын, 2.академик судалгааны ба 3. оюун санаа, шашны гэсэн гурван хүрээнд хуваан үзэж болно.

Соёлын хүрээнд

Энэтхэгт хэрэглэж байсан олон дандарсын ёсны дотроос хамгийн өргөн тархсан нь яахын аргагүй Цагийн хүрдний сургаал билээ. Тэрхүү сургаал маш богино хугацаанд олон шугамаар Төвөдөд дэлгэрэхэд тухайн үеийн Төвөдийн бүхий л томоохон урсгалууд түүнийг авлага болгон хөгжүүлж, тус оронд Цагийн хүрдний сургаал ихэд алдаршжээ.

Энэ сургаал тухайн үед их дэлгэрэх болсон шалтгаан нь томоохон лам нар Цагийн хүрдний ван авшгийг олон нийтэд хүртээж байсантай холбоотой. Бусад ван авшгийн хувьд зөвхөн дадлагажсан бясалгагчдад л хүртээх дүрэмтэй атал жирийн иргэдэд ийнхүү авшиг хүртээж байгаа нь Шамбалын оронтой холбоогоо бататгаж авах бололцоог хүн болгонд олгох зорилготой байсан ажээ. Энэ нь мөн тэдэнд дандарын бясалгалд орохын үүдийг нээж өгч байв. Нэг үгээр хэлбэл дадлага туршлагатай бясалгагчид жирийн иргэд хоёрт адилхан бололцоо олгож байсан гэж хэлж болно. Зарим хүн анхааран авлага болгох зорилгоор ван хүртдэг байсан бол харин зарим нь зүгээр ерөөл адистидыг хүртэх зорилгоор ван хүртдэг.

Ван авшиг хүртээх ёслолоор дамжуулан жирийн иргэд Цагийн хүрдний сургаалыг мэдэх болж маш өнгөцхөн ойлголтыг хөгжүүлж эхэлсэн байна. Ихэнх хүмүүс тус сургаалыг сурах, дадуулах бололцоо багатай, заримд нь бүр ямар ч бололцоо байхгүй байсан ч Шамбалын оронтой холбоо тогтоохын чухлыг ойлгох итгэл бишрэл ямартай ч хүчтэй хөгжих болсон ажээ. Төвөдийн соёлд энэ уламжлал гүнзгий нэвчсэн нь өнөө цагт хүртэл газар газрын хүмүүс Дүйнхорын ван хүртэхийн тулд хол газрыг туулан зорих болсноос харагдаж байдаг билээ.

Тэдгээр хүмүүсийн хувьд Шамбалын орон бол гэгээрсэн бурхдаар дүүрэн ариун орон буюу диваажин ажээ. Цагийн хүрдний сургаал бол уг сургаалыг дагагсдын хувьд Шамбалын орон манай ертөнцийг жолоодох "Алтан эриний" үед энд дахин мэндлэх баталгааг олгох чадалтай маш дээд түвшний дадлага гэж тэд үздэг байна. Яг хэрхэн Шамбалд төрөх талаар баттай ойлголт хэнд ч байхгүй мөртлөө ямар ч гэсэн ван авшиг хүртээд авах хэрэгтэй гэж хошуурах нь элбэг байжээ.

Академик судалгааны хүрээнд

Цагийн хүрдний сургаал Төвөдөд олон зуун жил судлагдаад байх зуур дэлхийн бусад орнуудад дөнгөж сонсогдож эхэлж байсан гэж хэлж болно. Сүүлийн зуу гаруй жилд барууны судлаачид академик судалгаа шинжилгээ хийх төдийхнөөр л Цагийн хүрдэнтэй холбогдож байжээ. Төвөдийн судлаачдыг бодвол тэд Шамбалын орныг цэвэр түүхэн талаас нь судлан Шамбалын тухай эх сурвалж бичгийн хувьслыг баримтжуулах тал дээр анхаарч, түүний нийгэмд ямар нөлөө үзүүлж буйд сонирхлоо хандуулж иржээ.

Энэхүү "баримтад үндэслэсэн" судалгаа эртний сургаалыг дэндүү үгчлэн тайлбарлах буюу ойлгоход хүргэж Төв Азийн бусад үлгэр домог, үйл явдалтай Шамбалыг уялдуулан засварлах болж, үүний дүнд Шамбал бол түүхэнд ул мөрөө үлдээсэн эртний соёл иргэншил байсан мэт олон онолуудыг гарч ирэхэд хүргэсэн байна. Жишээ нь, зарим нь Персийн эзэнт гүрэнтэй холбож үзсэн бол нөгөө нь Индус мөрний хөндийд оршин байсан соёл иргэншил хэмээн тодорхойлсон байна. Эдгээр таамгийг дэмжих баримт ихэд хомс байсныг хэлэх хэрэгтэй.

Зарим эрдэмтэд Цагийн хүрдний дандарын сургаалд дүрслэгдсэн зүйлийг газар нутгийн түүх, болсон явдал зэрэгтэй тохируулахыг хичээж, эх бичигт өгүүлсэн ирээдүйн зөгнөлийг тайлбарлах гэж янз бүрийн онол дэвшүүлэх гэж оролдсон байдаг. Ерөнхийдөө ихэнх судлаачид Шамбалын орноос ирж "зэрлэгүүдтэй" хийх тулаан гэснийг Энэтхэг рүү баруун зүгээс уулгалан дайрч орж ирсэн Муслимын армийг хэлсэн гэж үзсэнээс Хинду, Буддын шашин, Жайны шашинтнууд нэгдэн гадны халдлагын эсрэг тэмцээсэй хэмээсэн зөгнөл гэсэн дүгнэлтэнд хүрсэн байна. Харамсалтай нь энэ дүгнэлтээс болж Цагийн хүрдний сургаал бол "Исламын эсрэг" сургаал юм гэсэн санааг зарим хүнд төрүүлсэн бөгөөд энэ нь үндсээрээ буруу ойлголт байсныг хэлэх нь зүйтэй юм. Би энэ асуудлыг Шамбалын зөгнөлийн тухай дурдах энэ номын төгсгөлд дэлгэрэнгүй өгүүлэх болно.

Шашин, оюун санааны хүрээнд

Өмнөх хоёр хүрээнд авч үзсэн асуудлууд аль аль нь дэндүү туйлширсан үзэл болохыг бид харлаа. Нэг нь Цагийн хүрдний дандарын ёсонд хязгааргүй итгэж бишырдэг хэрнээ учрыг нь сайн мэддэггүй хүмүүс байсан бол нөгөөх нь сургаалыг үнэн гэдэгт маш бага итгэдэг бөгөөд түүнийг зөвхөн түүх, соёлын өв хэмээн үзэж бусад соёл иргэншлүүдтэй холбох гэж оролдсон хүмүүс байжээ гэж хэлж болно. Эхнийх нь Цагийн хүрдний тухай ойлголт дээр тулгуурласан загвар байсан бол хоёр дахь нь тус сургаалын бодит мөн чанарыг гүнзгий ухаарах явдлыг хязгаарласан, машид гуйвуулсан тайлбар байсан юм.

Тэгвэл энэ шашин, оюун санааны гуравдугаар хүрээнд Цагийн хүрднийг оюун санаа, итгэл бишрэлийнхээ хөгжилд ашиглах томоохон зорилготойгоор уншиж судалдаг хэсэг бүлэг хүмүүс багтдаг. Эдгээр эрдэмтэн-бясалгагч нарын хувьд сургаалын агуулгад итгэх итгэл голлодог бөгөөд түүний гол утга санаа болон бэлгэдлийн утгыг аль алиныг нь илүү сайн ойлгох гэсэн шинжлэлд анхаарлаа чиглүүлдэг байна.

Цагийн хүрдний зам мөрд суралцаж, дагагсад голдуу Калачакрын эх сурвалж бичгийг уншин судалж бясалгал дадлагын бусад системтэй харьцуулах замаар мэдлэгээ өргөжүүлдэг байсан гэж хэлж болно. Цагийн хүрдэн бусад дандарын сургаалуудаас хамаагүй илүү өргөн хүрээг хамрахаас гадна илүү ойлгомжтой байдгаас тэд илүүтэй судалж бясалгадаг байна. Бусад дандарын ёсонд сургаалын гүнзгий утга нь товчхон бөгөөд далд утгаар орсон байдаг бол Цагийн хүрдэнд нэгд нэгэнгүй тайлбарласан, сурч судлах боломжийг олгосон байдгаараа онцлог юм.

Калачакраг байнга судалдаг бас нэг шалтгааныг дурдвал Цагийн хүрдний ёс одон орон зурхайн ухаантай нарийн холбоотой байдаг явдал бөгөөд үүнийг ашиглан Төвөдөд нар, сарны хөдөлгөөнийг тооцоолсон цаг тооны бичиг зохион, өдөр гаригийн тохироог хийхэд ашигладаг уламжлал бий.

Эдгээр янз бүрийн хандлагын үр дүнд, Шамбалын орны тухай ойлголтыг гүнзгийрүүлэн хөгжүүлэх ажил маш ахиц муутай болж, зөвхөн энэ ёсыг судлан дадлагажуулж буй цөөн хэдхэн хүнд л хамаатай мэтээр ойлгогдох болсон байна. Төвөдийн эрдэмтэд хүртэл үүнийг барууныхны жишгээр ойлгодог. Харин тэд Шамбалын орныг зүгээр түүхийн сэдвийн хүрээнд авч үзэхийг хүсдэггүй байдлаараа ялгаатай. Түүний оронд түүх, газар зүйн тэр бүх дүрслэлүүдийг Шамбалын орны өнгөц оршихуйн байдал хэмээн ойлгож цааш нь судлалгүй тэр чигээр нь орхидог ажээ.

Шамбалын Тухай Туршлаганд Тулгуурласан Мэдээлэл

Бид Шамбалын тухай ойлголтуудын сүүлчийн хэсэгт ирээд байна. Одоо оюун санаа, сүсгийг дадуулах замаар Шамбалын орныг үзэж, сэтгэлээр мэдэрсэн хүмүүсийн тайлбар руу анхаарлаа шилжүүлье. Тэдгээр хүмүүсийн гол үзэл нь өөрийн болон бусдын сайн сайхан амьдрал, энх тайван, тэнцвэртэй байдлын төлөө онолын мэдлэгийг практик дадлага бясалгалтай хослуулан хэрэглэхэд чиглэдэг. Ийм үзэл, чиг хандлагатай дадуулагч нарыг бэлгэдлийн, итгэл бишрэлийн, бясалгагчийн гэсэн гурван бүлэгт хувааж болно. Үүнд:

Бэлэгдлийн

Шамбалын орны энх амгалан, эв зохицлын зарчмыг Шамбалын сургаалд байдгийг танин мэдсэний үндсэн дээр Шамбалын уламжлалт домогт дүрслэгдсэн тэрхүү гэгээрсэн нийгмийг байгуулахад тэдгээр зарчмуудыг хэрхэн ашиглах вэ гэдэгт анхааран ажиллаж буй хүмүүсийн бүлэг энд багтана. Тодорхой цаг хугацаа, орон зайд дадуулах системийн тусламжтайгаар хүн Шамбалын зүйрлэл, абстракт санааг танин мэдэж болно хэмээн тэд үздэг байна.

Үүний нэг тод жишээ бол Чойжям Трунба Ринбүчигийн зааж явуулдаг *Шамбалын сургалт* юм. Цагийн хүрдний уламжлалт эх судар, сурвалжид суурилахын оронд Трунбагийн өөрийнх нь нээж илрүүлсэн сургаалд үндэслэн Шамбалыг судалдаг байна. Ийм төрлийн сургалтыг явуулахын тулд мастер багш нь Шамбалын үзэгдлийг харж мэдрэх тодорхой хэмжээний оюун санааны дээд түвшинд хүрсэн нэгэн байх зайлшгүй шаардлагатай билээ. Трунбагийн хувьд тэрбээр Шамбалын орныг нүдээр үзэж хаан нь өөрөө түүнд биечлэн сургаалаа айлдсан гэж баталж байгаа юм. Энэ сургалт нь Шамбалын орны тухай Цагийн хүрдний сургаал дахь дүрслэл, "Гэсэрийн" туулиас авсан зарим үзэл санаа болон түүн дээр нэмэгдээд Трунбагийн өөрийнх заах болсон шинэ санаанаас бүрдэх ажээ.

Шамбалын орны тухай сургалт нь "сайн хүн бэлдэх" санаанд үндэслэн, хүний аль сайн чанаруудыг хөгжүүлэхэд чиглэсэн иргэний хичээлийн хөтөлбөр маягаар анх гарч ирсэн бөгөөд хүн болгоны өөрийнх хувийн сайн үйлсээс суралцсан тэр мэдрэмж болгонд Шамбалын орны энх тайван, эв зохицолт байдал үзэгдэх юм гэсэн утгатай байжээ. 70-аад оны сүүлээс эхлэн Трунбагийн хүү Мипам ринбүчи Шамбалын сургалтыг их хөгжүүлж эхлэн Төвөдийн буддын шашинд Шамбалын Буддизм гэсэн оюун санааны системийг бий болгосон байна. Сүүлийн гучин жилийн турш Барууны орнуудад Шамбал хэмээх нэрээр энэ систем ихэд өргөн хэрэглэгдсээр байгаа ажээ.

Итгэл бишрэлийн

Дараагийн энэ хэсэгт сүсэг бишрэлийнхээ дагуу Цагийн хүрдний ёсонд ороод түүнийг амьдралдаа дадуулагч нар багтдаг. Төвөдийн сүм хийдийн лам нар ялангуяа Жонангийн урсгалынхан Цагийн хүрдний сургаалыг онцгойлон үзэж уншлага, зан үйл дээр төвлөрөн, ёслолыг нь хичээнгүйлэн гүйцэтгэдэг уламжлалтай.

Ийм төрлийн бясалгагчдын дотор бясалган буй зүйлийнхээ учрыг төдийлөн сайн ухаараагүй байх нь олонтаа ч тэд Цагийн хүрдэн хэмээгч Дүйнхор бурхантай үйлийн үрийн бат бэх барилдлага үүсгэж чадах юм бол үүнийхээ буянаар "Алтан эриний" үед Шамбалын оронд төрнө гэдгийг сайтар ухаарсан байдаг. Түүний үр дүнд Цагийн хүрдний сургаалыг амьдралдаа дадуулах, зүтгэл шамдлаасаа хамааран гэгээрэлд хүргэнэ гэж тэд итгэдэг.

Энэ түвшинд Шамбалын түүх Цагийн хүрдний сургаалыг уламжилсан гол багш нартай холбогдох замаар хэрэглэгдэж ирсэн байна. Эдгээр лам багш нарын амьдрал хүний чадавх нөөц эцэстээ хүнийг юунд хүргэж болохыг харуулсан бодит жишээ амьд үлгэр дууриал болдог төдийгүй сүсэгтнүүд сэтгэлээ бататган, хүсэл зорилгодоо тууштай байхын үүднээс тэдгээр лам нарын нэрийг дуудаж урин залж сүсэглэх нь олонтаа байдаг билээ.

Егүзэр бясалгагчийн

Эцсийн бүлэгт Цагийн хүрдний ёсыг оюун санааны зам мөрт бодож бие сэтгэлээ бүрэн зориулсан ариун сүсэгтэй бясалгагч, лам, йоги хүмүүс багтаж байна. Тэдний зорилго бол бурханлаг чанараа илрүүлэн гаргахын тулд түүнийгээ халхлаад байгаа бүрхүүл, торыг цөмийг хуу татан авах явдал юм. Үүнийг янз бүрийн бясалгалын арга болон биеэр үйлдэх йогийн арга техник, дасгалуудын тусламжтайгаар бүтээж болох бөгөөд эцэст нь үнэний мөн чанарыг мэдэрсэн бясалгагч хүн үндсээрээ төгс өөрчлөгдөж, хувирах боломжтойг харуулдаг байна.

Энэ талаас авч үзвэл Шамбалын орон зүгээр дараа төрөлдөө очих ариун газар төдий биш юм. Тийм үр дүн гарч болох хэдий ч тэр чамд өнөөдөр, яг одоо ч үзэгдэх боломжтой юм гэдэгт хэргийн гол оршиж байгаа бөгөөд хэрвээ Шамбалын орон бясалгал хийсний үр дүн юм бол түүнийг сайтар шинжилж ойлгох нь бидний цаашдын оюун санаа, сүсэг бишрэлийн хөгжил болоод ойр, хэтийн зорилгодоо анхаарах чухал арга болох биш гэж үү.

Цагийн хүрдний арга техникүүдийн үндсийг мэдэх шаардлагатай ч хамгийн гол нөхцөл нь бидний итгэл бишрэл гарцаагүй мөн. Багшаасаа авах увдис, оньсон түлхүүр, түүнийгээ дадлагажуулан үйлдэх амьдралын шамдал зүтгэл, бид зөв замдаа орчихоод яваа шүү гэсэн итгэл, энэ бүхний тусламжтайгаар хүн өөрийн хязгааргүй нөөцийг нээн илрүүлж Шамбалын орныг нүдээр үзэж чадна. Тийм ч учраас тарнийн ёсны олон томоохон бясалгагчид эх судар, сурвалж бичгийг нь хэзээ ч уншиж үзээгүй хүмүүс байх нь ч бий.

***

Одоо бид Шамбалын орныг ойлгохыг оролдсон ойлголтуудыг бүхлээр нь хараад дүгнэж үзвэл доорх байдлаар ангилж болох байна:

1. **Хэсэг бусаг мэдлэг:** Үлгэр домогт үндэслэн олж авсан Цагийн хүрдний талаар хагас дутуу, шууд бус мэдлэг бүхий үзэл

2. **Ойлголтын хүрээнд олож авсан мэдлэг:** Цагийн хүрдний тухай олдсон баримт эх бичиг судлах ба ван авшгийн зан үйлд оролцсон зэрэгтээ тулгуурласан үзэл

3. **Туршлагад тулгуурласан мэдлэг:** Энэхүү сургаалаар замнан, итгэл бишрэл, оюун санааныхаа амьдралын авлага болгон дадуулан үйлдэх замаар түүний зарчимд тулгуурлан гарсан үзэл эдгээр билээ.

Цаашид бид эдгээр мэдээлэл, мэдлэгээс хэрэгтэй гэснийг авч хөгжүүлэх бөгөөд нэг нь нөгөөгөөсөө хэр илүү ашигтай, баталгаатай эсэхийг тооцоолох биш харин үзэл бодол болгонд өөр өөрийн хэмжээ, хязгаар бий гэдгийг таних нь бидний гол зорилго билээ. Хэрэв бид эдгээр мэдлэг бодлын хязгааруудад хамаг анхаарлаа төвлөрүүлж чадвал сул талуудаа даван гарах, дотоод хүчийг олж авах нь гарцаагүй юм. Ингэснээр өнгөц мэдлэгийн цаана гарч Шамбалын орны гайхамшгийн гүн рүү өнгийн харах боломжтой болох билээ.

Дагаж Итгэх Дөрвөн Зүйл

Олон юман дундаас сонголт хийх болох үед ухаалаг сонголт хэрхэн хийх билээ гэсэн асуудал бидэнд тулгардаг. Өмнөх бүлгээс харахад Шамбалын орныг янз бүрээр ойлгож болох байна. Гэвч чухам аль нь бидэнд жинхэнэ аз жаргалыг олоход туслах бол? Алинд нь итгэвэл болох вэ? Ямар хэмжүүрээр үүнийг хэмжих вэ?

Энх амгалан, эв зохицол бүхий байдлын гүн гүнзгий, өргөн хүрээтэй илрэлийг эрж хайх зууртаа Шамбалын орон бидний амьдралд шууд холбогдож байгаа гэдэгтэй үүнийг хэрхэн холбож ойлгох билээ. Хэрвээ бид хязгаарлагдмал үзлийн үүднээс авч үзвэл бидний үйлдэл хийгээд Шамбалыг мэдрэх мэдрэмж ч мөн хязгаарлагдмал болж орхино. Тэгэхээр бидний мэдрэмжийг гүн гүнзгий түвшинд хүргэх боломжтой ямар ч хязгаараас чөлөөтэй үзлийг хөгжүүлэн гаргаж ирэх нь зүйтэй байна.

Үүний тулд бид нэлээд хүчирхэг аргыг хэрэглэх хэрэгтэй бөгөөд тэр нь Бурхан багшаас бидэнд өвлөгдөн үлдсэн Их хөлгөний сургаалууд болох *Акшаяаматигийн Сургаал* юмуу *Лусын Хаан Анаватабдагийн Асуулт* гэх мэт судруудаа айлдсан байдаг. Эдгээр санаанууд мөн Асанга гэгээнтний *Егүзэрийн Дадлагын Үндэс* хэмээх тайлбарт дэлгэрэнгүй тусгагдсан байдаг. Гэсэн хэдий боловч хамгийн энгийнээр хаана илүүтэй анхаарваас зохилтойг өгүүлсэн нь *Дөрвөн Шүтээний Сургаал* билээ. Энгийн дөрвөн мөр шүлэг бүхий энэ зарлигтаа Бурхан багш үнэний гүнд гүнзгий нэвтрэх аргыг бидэнд зааж, бид өөрсөндөө хиймлээр хязгаар хориг тавиад түүндээ гацаж хөдөлж чадахгүй болчихдогийг сануулах гэсэн нь илэрхий.

> *Бодгальд бус, сургаал номд нь шүт*
> *Үгэнд бус, утганд нь шүт*
> *Янагуух бус, чинагуух бодит утганд нь шүт*
> *Ерийн мэдрэхүйд бус, билиг билгүүнд шүт*

Номын их мэргэн Долбуба Шэйрав Жанцан энэхүү сургаалыг ихэд бишрэн шавь нартаа байнга давтан хэлдэг байснаас түүнийг "Дөрвөн Шүтээнийг Эрхшээгч" хэмээн нэрлэхэд хүрч байжээ. Долбубагийн үзэж байснаар түүний үеийнхэн энгийн ухамсрын түвшинд ойлгодох тэрхүү утганд дэндүү автаад цаад жинхэнэ бодит утгыг нь орхигдуулах нь элбэг болсон ажээ. Тиймээс тэр өөрийн сургаалаар дамжуулан Бурхан багшийн гол чухал сургаалыг хүмүүст сануулахад ихэд анхаарч байсан байна.

Бид ч мөн түүний мөрөөр явж, Дөрвөн шүтээнийг ашиглан Шамбалын орныг ойлгох хүмүүсийн өөр ялгаатай чиг хандлагуудыг ойлгон ухаарч, ямар байдлаар хязгаарлагдаад байгаагаа тодруулсны үндсэн дээр тэдгээр бэрхшээлүүдийг даван гарах аргыг олох магадтай. Ийм замаар бид ойлголтын тэдгээр олон түвшинг нэгтгэх өвөрмөц замыг бий болгох боломжийг олох болно.

Дөрвөн шүтээнийг бид тус бүрд нь салгаж судалбал "үүнд" бус "түүнд" гэсэн хоёр сонголт өгсөн байгааг санах ёстой. Ингэснээрээ нэг дэх сонголтын хязгаарлагдмал байдлыг ухаарч хоёр дахь сонголтыг барьж авах хэрэгтэйг ялгаж өгч байна. Мөр ахих бүр бидний ухамсарлахуйд саад болж буй тэр ухамсар, сэтгэлийг бүдүүнээс нь нарийн руу нь сайтар чиглүүлж, ойлгуулж өгснийг анзаараарай.

Бас нэг зүйл гэвэл Дөрвөн Шүтээн гэдэг энэ сургаал нь бодгаль, номын үг, шууд янагуух утга, энгийн мэдрэхүй зэргийг үгүйсгэж байгаа хэрэг бус алийг нь илүүд авч үзэх хэрэгтэй вэ гэдгийг хэлж өгч байгаа юм шүү. Зүгээр л "энэ хоёроос энэ нь илүү чамайг гүнзгий утгыг ойлгоход чиглүүлнэ шүү" гэж байгаа юм. Өнгөц утгаараа бол олон янзын үзэл байж болдгийг бид үзсэн бөгөөд хол явахгүй санаа гэдгээр нь үл тоон орхигдуулж болохгүй боловч бас хязгаарлагдмал гэдгийг нь мэдсээр байж тэрхүү үзэл бодолтой дэндүү зуурaлдаад байж болохгүй билээ.

БОДЬГАЛД БУС СУРГААЛ НОМОНД ИТГЭ

Эх сударт өгүүлэхдээ:

Бодгальд бус, сургаал номонд нь итгэ гэжээ. Хэн хэлж байгаа нь чухал биш, юу хэлж байгаа нь гол гэсэн утгатай. Та хийж байгаа зүйлээ түр орхиод ертөнц юунаас үүссэнийг хэсэг зуур эргэцүүлээд үз дээ. Сансар огторгуй нарны аймаг нараа тойрон эргэж байгааг ч юмуу эсвэл атом цөмийн хэлтэрхийг та ер харсан билүү? Бид энэ талаарх мэдлэгийг хоёр юм уу, гуравдагч эх сурвалжаас, тухайн хэлж байгаа хүний үгэнд итгэх шугамаар олж авсан биз дээ. Тэхээр сонссон бүгд үнэн байх уу? гэдэг асуулт аяндаа гарч ирнэ.

Бид нийгэмд амьдарч байгаа болохоор мэдээллээ заавал хуваалцана. Ундны сайн усны эх булаг хаана байж болох вэ, тодорхой хүнсний бүтээгдэхүүн хаанаас авч болох вэ гэхчилэнгийн мэдээллээ гэр бүлийн гишүүдийн хооронд цаашлаад хөрш, өрх айл, сум аймгаараа хуваалцдаг.

Одоо үед мэдээлэл илүү өргөн, ээдрээтэй, учрыг нь олох аргагүй олон янз болж, ялангуяа гараг эрхэсийн үүслийн талаар олон төрлийн шинэ соргог онолууд дэлгэрэх болсон тул иймэрхүү мэдээллийн үнэн зөв эсэхэд итгэж, дүгнэхэд хэцүү болжээ гэж болно. Ядахад цөөн хэдэн хүний хүрээнд биш хамаагүй өргөн хүрээнд асар их хурдтай мэдээлэл тардаг эрин үед бид аж төрж байна. Интернэт цахим мэдээллийн хэрэгслээр мэдээлэл нүд ирмэхийн зуурт дэлхий даяар цацагдан олон нийтийг хамарч орхидог нь үнэн билээ.

Мэдээлэл ийм хурдтай тархах мөртлөө заавал үнэн байх албагүй нь бидэнд асуудал болчихоод байгаа юм. Тэгэхээр бид уг сурвалжийн хэр нэр хүндтэй, нөлөөтэйд найдахаас өөр аргагүй болдог. Хэрэв зохиолч өөрөө мэдлэгтэй, ажлаа мэддэг хүн бол бид номыг нь уншдаг, эсвэл хүн болгон шагшраад байгаа болохоор нь тэр киног үздэг. Олон дагалдагчтай багшаас бүгд номлол сонсох сонирхолтой. Нэр хүндээс шалтгаалж аль нэг зүйлийг нөгөөгөөс нь дээгүүр тавьж хошуурцгаадаг. Тэрээр нэр хүндэд хэт дулдуйдах нь мэдээллийн үнэн зөв эсэхийг дарагдуулахад хүргэх аюултай. Тиймээс түүнд сохроор яаран итгэж болохгүй. Ийм сонголт бидний санаагүй үр дүнд хүргэж болох шүү дээ. Бид нэр хүндтэй төдийхнөөр сэтгэл ханаад мэдээллийн үнэн зөвд итгэхэд энэ хангалттай гэж үзэх хандлагатай байдагт хамаг аюул нь оршиж байдаг. Нэр хүнд олж авах олон төрлийн эх сурвалжууд байдаг учраас тэд цөм итгэлтэй гэсэн үг хараахан биш юм. Нэр хүндэд түшиглэсэн мэдээлэл хүссэн үр дүнд тань хүргэж болохын адилаар мөн хүсээгүй үр дүнд ч хүргэж болохыг санах хэрэгтэй. Үр дүн нь тэгэхээр урьдчилан хэлэхэд баттай бус гэсэн үг билээ.

Тийм учраас бид нэр хүндэд тулгуурлах хязгааруудыг даван гарах ёстой. Авсан мэдээллийнхээ үнэн зөв эсэхийг шалгах хэрэгтэй. Хэлсэн үгийн утга нь тодорхой болоод ирмэгц аль санаа нь амьдралд ойрхон, аль нь амьдралгүй байгааг ялган харахыг оролдох хэрэгтэй. Юмны учрыг олох байнга амар хялбар байдаггүй бөгөөд зарим нэг талуудыг бүрэн судлагдах хүртэл нь "одоохондоо зөв" гэж үзэн, нүдээ сайтар онгойлгон байж харах хэрэгтэй. Итгэл үнэмшил хэрвээ шууд төрөхгүй байвал тодорхойгүй зарим талуудыг нь ядаж анзаарч, цаг хугацааны явцад өөрсдийн ойлголт, танин мэдэхүйг хөгжүүлж, сайжруулж байх хэрэгтэй.

Эдгээр зарчмуудыг Шамбалын тухай яриатайгаа холбоод үзэх юм бол 19-р зууны сүүл үед Баруунд хэлбэрээ олж байсан таамаглал ямар олон эх сурвалжаас гарч ирснийг ялган таньж эхлэх болно. Түрүүчийн бүлэгт ярилцсанаар Шамбалын тухай үзлүүдийн ихэнх нь Төв Азиас гаралтай үлгэр домгуудын нэгдлээс, хэн нэгэн бусдыг өөртөө татаж итгүүлэх чадвартай нөхрийн тайлбар болон гарч ирж байсан. Тэр бүх санаанууд олон нийтийн урлагийн бүтээл болох зэргээр гүн ухаан, улс төрийн зорилгод ч идэвхтэйгээр ашиглагдаж байсныг бид мэдэж авсан билээ.

Яг жинхэнэ эх сурвалжтай нь харьцуулаад үзэх юм бол Барууны тэдгээр үзлүүд Шамбалын тухай уламжлалт ойлголтыг дуурайлгах гэж арай ядан оролдсон маягтай үзэгдэж байгаа юм. Тэдгээр "орчин цагийн" гэж болох хувилбаруудыг хараад байхад цаг хугацааны явцад хэрхэн хувирч хөгжиж, тодорхой нэгэн үзэл болоод хүмүүсийн суртал нэвтрүүлэг болж ирснийг ажиглаж болно. Энэ үйл явц олон өөр шинэ санаануудыг төрөн гарахад хүргэснээс сургаалын анхны зорилго бүрэн өөрчлөгдөж төөрөгдсөн буруу ойлголт төрүүлэх болсон билээ.

Шамбалын талаар Цагийн хүрдний сургаалд зааснаас бусад нь цөм буруу гэж хэлж байгаа юм биш, харин тодорхойгүй гэдгийг л хэлж байгаа билээ. Бид хэн нэгэн оюун санаалаг, сүсэгт бишрэлт хүнээс авсан юмуу туршлагаараа мэдэрсэн гэж ам гарч байгаа хүний сургаалын үнэн, зөвийг шүүн хэлэлцэх ёсгүй. Хүмүүсийн таамаглаж байсан тэр бүх санаа онооны ихэнх нь Цагийн хүрдний сургаалд анхнаасаа огт байгаагүй гэж хэлж болно. Тэгэхээр одоо аль сургаалд шүтвэл зохих вэ гэсэн асуулт гарч ирж байна.

Энэ асуултанд хариулахын тулд уг урсгалын цагийн явцад хэрхэн хүчирхэгжиж ирснийг харахад л болно. МЭӨ 7-р зуунаас эхлэн орших болсон Буддын шашны сургаалд Цагийн хүрдний сургаал орж хөгжсөөр МЭ 10-р зууны үеэс эхлэн дэлхийд танигдах болсон гэж үзвэл мянга гаруй жилийн туршид олон зуун мянган хүнийг гүнзгий ухамсарлахуйдаа нэвтэрч энх амгалан, эв зохицлыг амьдралдаа оруулан, гэгээрэх замд нь хөтөлсөн гэж үзэж болно. Энэ урсгал өнөөдрийг хүртэл тэсэж гарч ирсэн гэдэг энэ баримт өөрөө ямар их итгэл хүлээхүйц чадалтайг бидэнд хэлээд өгч байгаа бус уу.

"Шинэ үе" буюу хэдхэн зуун жил болж байгаа шашны урсгалуудтай одоо харьцуулаад үз л дээ. Тэдгээрийн ихэнх нь өөрийн хувийн итгэл бишрэлд дулдуйдсан, аминч хүмүүстэй холбоотой үүссэн урсгалууд байдаг. Эдгээр нь голдуу яг таг тодорхой зам мөр гэж байхгүй, надад ашиг нөлөөтэй юу, ашиггүй юу гэсэн өчүүхэн үзэл бодолд суурилсан олон янзын үзлүүдийг төрүүлэхэд хүргэдэг байна. Зарим нэг шашны урсгалыг дагаж түр зуурын ашиг олсон хүмүүс байдагтай маргах юм алга боловч, урт удаан үргэлжлэх тийм ашиг байх уу, үгүй юу гэдэг дээр эргэлзээтэй байдаг юм.

Түр зуурын, хурдхан ашиг олчихож болдог байж болох юм гэдэг үгс бидний "Шинэ үе"-ийн сургаалд хандах хандлагыг ойртуулж чадахуйц чихэнд таатай сонсогдож болох хэдий ч, Буддын шашны зүгээс авч үзвэл хүний амьдрал гэдэг өнө удаан үргэлжлэхгүй тийм өчүүхэн үзэл номлолд үрэхэд дэндүү хайран ажээ. Түүний оронд биднийг зайлшгүй зөв чиг рүү хөтлөх найдвартай шалгарсан ухаанд хамаг эрч хүч анхаарлаа зориулбал дээр бус уу.

Эхний мөрд юу сургасныг дүгнэн хэлбэл, нэр алдартай хүн хэлсэн болохоор нь бус, уг үндэстэй зүйл хэлсэн эсэхэд нь голлон анхаарахыг сануулсан ажээ. Түүний оронд эх сурвалж болон юу хэлснийг нь илүүтэй анхаарвал зохих ба тэр цагт л өнгөц юм уу, эсвэл байж боломгүй мэдээллийг давж харан өөрсдийн зөв үзэл баримталж байгаад бат итгэх итгэлийг бий болгож чадах ажээ.

ҮГЭНД БУС УТГАНД

Эх сударт өгүүлэхдээ:

Үгэнд бус, утганд нь шүт гэжээ. Өмнөх бүлэгт Цагийн хүрдэн бол Шамбалын тухай мэдээллийг хадгалсан гол эх сурвалж гэж ойлгосон. Харин тэнд яг юу бичигдсэн байгааг яаж ойлговол болох вэ? Аль тайлбар нь үнэн бодитой бол?

Сургаал өөрөө санскрит хэл дээр буюу "мөхсөн" хэл дээр бичигдсэн бөгөөд зөвхөн академик судалгааны түвшинд хэрэглэгддэг хэл гэж хэлж болно. Цагийн хүрдний сургаалыг судлахад орчуулгын эх сурвалж дээр тулгуурлан судлах боломжтой. Тэгэхээр орчуулж байгаа хүний үгийн сонголтод найдахаас өөр аргагүй. Төвөд хэлэнд хүртэл \санскриттэй ойролцоо бүтэцтэй\ үгийг үл ялиг өөрчлөхөд л утга тэс өөр болдог гээд бодохоор англи гэх мэт өөр бусад хэл рүү орчуулахад гарч болох асар их сорилтыг төсөөлж болохоор байгаа билээ.

Дээр нь орчуулгын явцад гарч болох олон хувилбаруудыг ч бодоод үзсэн эхнээсээ л ямар их төвөгтэй зүйлтэй учирснаа ойлгох болов уу. Цагийн хүрдний дандарын сургаал одоогийнх шиг материаллаг үнэн давамгайлсан орчин цагийн хэлэнд хөрвүүлнэ гэхэд дэндүү эртний, гүнзгий агуулгатай үгээр бичигдсэн байх тул увдис, дамжлага уламжлалыг баригч олон лам мастеруудын бичиж үлдээсэн тайлбаруудад тулгуурлах хэрэгтэй болно. Аль тайлбарыг тулгуур болгохоос бидний авах ойлголт шалтгаална.

Өөр өөр тайлбар болон орчуулга байгааг мөн ялгаатай ойлгож болно. Заримдаа тухайн нэг хөрвүүлэгт хэт баригдан, энэ бол жинхэнэ утга нь мөн гэж зүтгэх тохиолдол гарна. Орчуулга хөрвүүлгийн хэрхэн явагдсан эсэхийг үл сонирхоод өнгөц бодлын хайрцагт өөрсдийгөө түгжээд хязгаарлаж орхидог нь бидний алдаа мөн билээ.

Жишээ нь, 1+1=2 гэсэн энгийн тоо бодлогыг аваад үзье. Бид үүнийг зөв гэж бодсон тэр мөчид 1+1=3 гэсэн бодлого буруу болж хувирна. Эсвэл хар эсвэл цагаан. Зөв ба буруу гэсэн хэсгүүдэд бүх зүйл хуваагдаж гарна.

Тэгвэл тоог тэмдэг гээд бодчихож яагаад болохгүй гэж. Туйлын үнэнийг илэрхийлсэн хэл буюу үг, бэлгэдэл байг л дээ. 1+1=2 гэдэг үнэндээ 2 зүйл цуттаа болохоор 2 болно гэсэн томъёо. Тэгвэл биднийхээр "1" нь "+" ба "2"-ын адил тэмдэг. Хэлийг бодлын байгууламжид оруулаад үзэхэд "2"-ыг "3"-аар солих юу ч биш, тухайн тэмдгээр юуг бэлгэдсэнийг л мэдэж байвал боллоо. Харин тэмдэг болгоны юу бэлгэдсэнийг санаж байх чухал шүү.

Цагийн хүрдний сургаал уншигч биднийг гурван зүйлд автахаас хэрхэн зайлсхийж чадах чадварыг сорьж байдаг гэж хэлж болно.

1. Ведийн сургаалаас зориудаар ашиглах
2. Тоог бэлэг тэмдэгээр үзүүлэх \жишээ нь гал бол "3"\
3. Тайлбар доторх бичгийн дүрмийн зохион байгуулалтыг зориудаар өөрчлөх

Эдгээр арга цөм биднийг үгийн утга төдийд автахаас маш чадварлагаар сэргийлж байдаг байна.

Сургаал бичгийн гүнзгий утганд нэвтрэхийн тулд сэтгэлээ нэгээс нөгөөд хялбархан шилжүүлж чаддаг байх нь чухал. Тэгсэн цагт л дэндүү үгчилсэн орчуулга бий болгохоос найдвартай зайлсхийж чадах юм.

Шамбалтай холбоотойгоор иймэрхүү үзлүүд гарч байсныг ч бид өмнө дурдсан билээ. Ерөнхийд нь хэлэхэд судлаачид яг нэг тогтсон цаг хугацаа, түүхийн баримт факт, цаг тооны дарааллын шугамын дагуу орчуулах хандлагатай байдаг билээ. Үнэнийг ингэж харах явдал бодит физик биет зүйлд тохирдог учраас Шамбалтай холбоотой дүрслэлүүдийг тодорхой нэгэн болсон явдал зэрэгтэй гарцаагүй холбоотой байж таарна гэсэн санааг гаргаж ирэх гээд байгаа нь харагддаг. Тиймээс эх сурвалж бичгүүдийн орчуулга урьдын түүхийн үйл явцтай аль болохоор ойр холбоотой байж таарахаар хийгддэг байна.

Дэлхий дахины үзэл бодол ихэд өөрчлөгдөж нэлээд сүсэг бишрэл бүхий хандлагатай болж эхэлж байгаа хэрнээ нэгэн хэв загварт баригдан орчуулах явдал яг хэвээрээ хоцорчээ. Зарим эрдэмтэд Цагийн хүрдийг түүн дотроо Шамбалыг бусад ухааны системүүд хэрхэн дүгнэдэг талаас тусган дүгнэх явдал голлож байгаа харагддаг. Жишээ нь, зарим судлаачид Цагийн хүрднийг Бурхан багшийн хоёрдугаар Номын хүрдний судрын ёсыг номлосонтой холбож тайлбарлах нь байдаг. Энэ бол буруу тайлбар биш боловч Дандарын агуу сургаалын чинагуух, өргөн, гүнзгий учрыг өнгөцхөн харуулсан ихэд хязгаарлагдмал ойлголт, тайлбар гэж хэлж болно.

Сургаалын хоёрдугаар мөр дан ганц үгчлэн орчуулахад найдаж болохгүй гэж бидэнд анхааруулсан бөгөөд ийм тайлбар ерөнхий ойлголт авахад тустай байж чадлаа ч гэсэн бид юу хэлэх гээд байгаагийнх нь цаад гүний шимийг олж мэдэхэд зорих ёстой билээ. Сэтгэлийн уян хатан байдлын тусламжтайгаар олон төрлийн хөрвүүлэг дунд чөлөөтэй хэлбэлзэж, агуулга, дүрслэлийг бүрэн дүүрэн харуулах нь бидний гол зорилго мөн. Жишээ нь, Бурханы шашинд нэг ижил зүйлийг ойлгохын тулд хүмүүс өөр өөр сургуульд сурах нь бий. Тэгснээр бидний ойлголт олон өөр өргөргөөр хэмжигдэн үнэний өөр өөр талуудыг нэг цэгээс харахад тийм чиг тодорхойгүй байвал өөр өнцгөөс харж сурах болно.

ЯНАГУУХ БУС ЧИНАГУУХ УТГАНД ИТГЭ

Эх судрын дараачийн мөрөнд:

Янагуух бус, чинагуух утганд шүт гэжээ. Шамбалын тухай сэтгэлд буух бидний ойлголт өөлсөн гадаргуу мэт мөлгөр болон хувирч эхлэн, хэсэг бусаг дүрслэл харуулахын оронд бүх зүйлийг багтаасан төгс бүтээл болох зам руугаа эргэж байна. Гэвч энэ бол зөвхөн нэг үе давхаргын л зураг байх болно.

Гаднах давхаргыг хуулахад түүний дороос дахиад нэг давхар ойлголт гарч ирнэ. Энэхүү давхраануудыг удаанаар хуулаад байвал бүр л нарийн давхрагын ойлголтууд гарч ирээд байх вий. Давхарга тус бүрийг харах өнцөг өөр өөр байхын хэрээр түүний бидэнд өгүүлэх зүйл ч мөн адил өөрчлөгдсөөр эцэст нь бидний өөрсөндөө ярьсан зүйл толинд тусах дүрс мэт бидний бодол сэтгэлд яг тэр үнэний шим нь болон ойлгогдох болтлоо нарийсч ирэх вий.

Энэ хэсэгт бид янагуух буюу харьцангуй утга ба чинагуух буюу туйлын утга гэсэн ойлголтыг авч үзэх болно. Үнэний туйлын мөн чанарыг шууд ойлгох эцсийн утгыг *чинагуух утга* гэнэ. Гол цөмийг нь тойроод ойлголтын олон давхраанууд үүсэж эхэлдэг бөгөөд тэдгээрийг *янагуух утга* гэнэ. Тэд сүүлд гүнзгийрүүлэн ойлгохоор түр зуурхаа баримтлах утгыг хэлдэг учраас харьцангуй байдаг ажээ. *Жинхэнэ утга* илрэн гарах үед янагуух утга цаашид хэрэггүй болно.

Жишээ нь, эмч өөр өөр өвчтөнгүүдийг эмчилж байлаа гэж бодъё. Эхлээд тэр дүгнэлтэндээ тулгуурлан онош тавьж өвчтөнүүддээ уг оношинд тохирсон эмчилгээг үзүүлж эхэлнэ. Зарим өвчин нэлээд энгийн байх тул эхний түвшний эмчилгээгээр наашилж эрүүлждэг байтал зарим тохиолдолд нэлээд газар авчихсан байх ба эмч нэг курс эмчилгээ дуусгаад үе шат ахиулах хэлбэр баримтлах хэрэгтэй болно.

Туршлага сайтай эмчийн нэгэн адил Бурхан багш ямар ч төрлийн ухааныг хэлэлцэхэд харьцаж буй сэдвийнхээ хэр гүнзгий вэ гэдгийг ухамсарлаж байх нь маш чухал болохыг таньсан байна. Өөрөөр хэлбэл сурагчийнхаа сонирхол, чадвар, өвөрмөц хэрэглээнд тохируулан тэр сургаалаа өөрчилж чаддаг байсан тул нэг адил асуудал тулгараад буй хоёр хүн өөр өөр зөвлөгөө авах тохиолдол байж болдог байна. Зарим хүнд энэ сонин байж болох хэдий ч Бурхан багш гадаад хүчин зүйлийн чинадад хүрч чаддаг төдийгүй дотоод мэдэгдэхүүний хамгийн нарийн гүн давхаргын ч цаана гарсан нэгэн гэдгийг санахтай зэрэг танд бүх зүйл ойлгомжтой болоод явчихна.

Тухайн хүн харьцангуй утга, туйлын утга хоёрыг хольж андуурах үед л хязгаарлагдмал болж ирдэг байна. Харьцангуй үнэнээс зууралдан баригдаж, эцсийн эцэст энэ л юм гэсэн дүгнэлт хийнэ гэдэг тэр хүний сэтгэлээ цаашид нарийсган хөгжүүлэх явдлыг саатуулан зогсоож, улмаар сүсэг бишрэлийн зам нь тоормос гишгэсэнтэй адил зогсолтод орооход хүрнэ.

Харьцангуй утга бол "өнгөц" буюу *чинагуух утганд* хүрч очих гишгүүр болдог нэг л давхарга гэсэн үг. Тийм учраас эртний мэргэн ухааныг хадгалсан урсгал гэдэг маш их үр дүнтэй бөгөөд өөр өөр чадвар бүхий бясалгагч нарт давхарга болгоныхоо төөрөгдлүүдийг нэг нэгээр нь арилгахад тохирсон тодорхой нэгэн янагуух утгуудыг хэрэглэдэг байна. Эцэстээ тэр бүх систем арилж үгүй болон үнэний бүхий л давхаргууд арилахад Христийн үнэн, Муслим үнэн, Буддын үнэн гэсэн ойлголтууд бүгд алга болж оронд нь зүгээр л "үнэн" үлдэх нь зайлшгүй. Түр зуурын шалгууруудыг орхигдуулж чадахгүй бол энэ нь жинхэнэ үнэнийг олоход саад болохоос өөр нэмэргүй.

Яг л энд бид Шамбалын орны тухай аль үзэл нь туйлын үнэн, аль нь харьцангуй вэ гэдгийг ялгах гэж оролдох хэрэгтэй. Чойжям Трунбагийн *Шамбалын сургаалтыг* сайтар ажиглан харвал уг сургаалыг бий болгоход хүргэсэн үндсэн зорилго нь гэгээрсэн нийгэмд чиглэснийг харж болно. Бидэн шиг ердийн хүмүүс зарим нэг мэдрэхүйгээрээ ч гэсэн дотоодын амгалан хийгээд зохирлыг мэдэрнэ гэдэг үнэхээр сайхан. Трунба Ринбүчи Шамбалын тухай санаанд бишрч, тэр системийг дүрслэхэд өөрийн гүнзгий сүжгийг ашиглан "Шамбалын орон шиг" тийм үнэхээр ер бусын бодьгалаар дүүрсэн ертөнцийг бий болгох санаа, оролдоод үзэхэд алдах юм байхгүй яахын аргагүй буянтай үйл мөн хэмээн бодсон боловч бид үүнийг гүйцэлдүүлье гэвэл үүнээс арай илүү гүнзгий давхарга руу нэвтрэх оролдлого хийх хэрэгтэй билээ.

Цагийн хүрдний сургаалыг судлаад үзэхэд хүний энэ ертөнцдөө Шамбалын орныг мэдрэх урьдчилсан бэлтгэлийн замыг нэг бүрчлэн заасан байхаар зогсохгүй, энэ болоод ирээдүйн төрлүүддээ Шамбалын туйлын мөн чанарыг бүрэн илчлэх боломжийг олгосон дэвшилтэт арга техникүүдийг агуулсан байхыг үзэх болно. Машид дэлгэрэнгүй бөгөөд гүнзгий чинагуух утганд нь анхаардгаараа Цагийн хүрдэн үнэхээр хүчирхэг өвөрмөц систем билээ. Энэ арга зам өөрөө харьцангуй үнэнийг байгалийн жамаар орхиж туйлын үнэний мэдрэмж урган гарахад хүргэдэг нэг нэгдмэл систем мөн билээ.

Судрын гурав дахь мөр яаран сэтгэл бүү ханахыг бидэнд анхааруулж байна. Бурхан багш үүгээр гүнзгий сайн ухаж шинжлэн байж, бүх саад бэрхшээлийг арилган цэвэр болор мэт тунгалаг чин үнэнийг гаргаж авaaрай хэмээн сургасан байна. Тэгсэн цагт л бид эцсийг нь үзэж чадна. Одоогийн байгаа энэ газартаа хүрээд сэтгэл ханах юмуу, эсвэл шантарч ер болохгүй. Түүний оронд бидний мэдэрч чадах хамгийн төгс, чигийг заагч алтан гадас болсон саруул билгүүнийг олон олтлоо хичээл зүтгэлээр эрэлхийлэх ёстой.

БИЛИГ БИЛГҮҮНД ШҮТ

Сүүлчийн мөрөнд:

Ерийн мэдрэхүйд бус, билиг билгүүнд шүт гэжээ. "Мэдрэхүй" гэдгээр бид бодит(object), хийсвэр(subject) хоёр талтайгаар юмыг авч үздэг бидний ердийн дасал болсон хоёрдмол сэтгэлийг хэлж байгаа юм. Субъект нь хүн өөрөө буюу судлан буй тэр сэдэв, санааг хэлнэ. Объект гэдэг нь тэрхүү хийсвэр мэдрэхүйд үзэгдэн буй дүрс, дуу, үнэр, хэлбэр, амт гэх мэт олон өөр мэдрэхүйн үйл ажиллагаа билээ. Эдгээр элементүүд та бидний өдөр тутмын амьдралын танин мэдэхүй, туршлагыг бүрдүүлж байдаг. Сэтгэлд объект үзэгдэхэд түүнийг тэр дороо тусгах хийсвэр мэдрэмж, ойлголт төрж эцэс төгсгөлгүй олон бодлууд хөвөрч эхлэдэг.

Туйлын үнэн хүний ухамсарлахуйд мэдрэгдэх үедээ бодлоор дамжин шууд бус замаар хүрэх тул үнэний туйлын мөн чанар – чинагуух утгын нэг шат энэ зуурт устаж үгүй болдог байна. Хүний мэдрэмж хэчнээн ч нарийслаа гэсэн юмыг бодит, хийсвэр гэсэн хоёр хэсэгт хувааж үзээд байдаг. Энэхүү хоёрдмол үзлийн эцсийн хүлээс л хүнийг хязгаарлаад байдаг учраас хэрвээ туйлын амгалан зохицлыг үнэхээр мэдрэхийг хүсвэл бид мэдрэхүйгээ өөрийг нь хувиргах, өөрчлөх зайлшгүй шаардлагатай.

Үүнийг гүйцэлдүүлэхийн тулд бүдүүн, нарийн, маш нарийн бүхий л түвшний ойлголт, атгаг бодлыг ор тас зогсоох ёстой. Үнэхээр бүтсэн "би" гэж байна хэмээн баримтлан байгаа хийсвэр мэдрэмж зогсоно. Тэрхүү маш нарийн түвшний "би"-д барих үзлийг бүрэн үгүй хийсэн цагт л хоёргүй үзлийн наран ургахыг үзэх боломжтой. Үүнийг бид *билиг билгүүн* гэж нэрлэж байгаа юм.

Мэдрэхүйн талаас авч үзвэл язгуур билиг билгүүнийг бид Бурханлаг-чанар гэж нэрлэдэг бөгөөд энэ бол атгаг бодлын гэм, хязгаараас ангижирсан бидний унаган шинж билээ. Энэ бол бидний гэгээрсэн Бурхан байх төрөлхийн зөн билиг атал "би"-д барих сэтгэлийн хүсэл шуналаас болоод бүрэн илэрч харагдах бололцоо алга байна. Яг одоо бид Бурхан биш боловч хүн бүр байгалиасаа Бурханы тэр чанарыг эзэмшсэн байдаг билээ.

Сургаалын сүүлчийн шадаар Бурхан багш атгаг бодлын хүрээ, хүлээснээс давж гарах хэрэгтэйг сургасан байна. Атхаг сэтгэлийн тусламжтайгаар олсон ойлголт, төсөөлөл шууд бус хийгээд хязгаарлагдмал байдаг. Үүний оронд бид туйлын үнэнийг шууд мэдрэх явдлыг дадуулах тэр арганд суралцах хамгаас чухал юм. Тэрхүү атгаг бодолгүй ахуйдаа удаанаар саатан оршиж чадвал энх амгалан, эв зохицлыг урган гарахад саад болж буй бүхнийг зайлуулж чадна.

Шууд ба шууд бусаар үнэнийг таних гэдэг дээр бид баримлач хүний жишээнд авч болно. Баримлач хүн хэсэгхэн шаврыг гартаа аваад ямар хэлбэртэй, юу хийх вэ? гэдгээ дүрслэн боддог. Түүний дүрслэл нарийвчилсан детальтай ч байж болно, эсвэл зүгээр нэг санаа төдий ч байж болно. Юутай ч гэсэн бодлынхоо хүрээнд шууд бусаар өөрийн хийх бүтээлийг "мэдэж байна" гэсэн үг. Өөрөөр хэлбэл үнэхээр бүтээнэ хэмээн хүсэж буй зүйлийг нь энэ дүрслэл орлож байна. Хэлбэр дүрсгүй шаврыг өөлж дугуйлан өөрийн дотроо дүрсэлсэн хэлбэрт аажмаар оруулан баримал үнэхээр бий болж эхэлнэ. Эцэстээ яахын аргагүй адилхан дүрстэй дүрсэлснээс нь ч илүү төгс бүтээл гараас нь гарахад бодлын дүрслэл одоо аяндаа үгүй болж ирнэ.

Үүний нэгэн адил бид Шамбалын орны энх амгалан хийгээд эв зохицолт байдлыг сайтар хөгжүүлэн оюун санаандаа дасган хэвшүүлж, энэ л мөн хэмээн ойлгодог тэдгээр шинжинд тохируулан загваруудыг зохиогоод биелэл болгох стратеги гаргаж болох билээ. Гэхдээ л бидний бодолдоо дүрсэлж буй төлөвлөгөө хэчнээн төгс байлаа ч биднийг атгаг буруу бодол санаандаа үндсэн өөрчлөлт хийгээгүй байсан цагт хэзээ ч бүрэн хэмжээндээ хүрч очтол үзэгдэхгүй нь ойлгомжтой. Туйлын үнэний жинхэнэ амгаланг туршилтаар л мэдрэх боломжтой. Өвчилсөн бодлын сэтгэхүйгээ дадлагажуулан эмчилсний дараа л Шамбалын орон бидэнд үзэгдэж эхлэн, эцсийн саад, хаалтыг амжилттай арилгаж дуусах үед Шамбалын орны наран нүд гялбуулан гарч биднийг гийгүүлэх болно.

Буддын тарнийн ёсны үр дүнгийн мөрд хоёрдмол үзлийг уусган үгүй хийх маш үр дүнтэй хүчирхэг аргуудыг хэрэглэдгээрээ онцлог. Өөрийн туршлага дээр суурилан үнэний мөн чанарын мэдрэгдэх нөхцлүүдийг бий болгоход эдгээр аргууд тусгайлан зориулагдсан боловч бусад аль ч системд байдагчлан тодорхой үе шатуудыг дамжиж байж хүрдэг. Эхний шатуудад бодлуудыг маш чадварлагаар ашиглан бүхнийг ариунаар үзэх үзлийг бий болгоно. Ариусгалын дадлагыг эрчимтэй үйлдсэнээр бүдүүн хэлбэрийн атгаг буруу бодлуудаас ангижрах бөгөөд сэтгэлийн нарийн түвшний бодлууд үзэгдэж эхэлдэг. Энэ түвшнээс эхлээд билиг билгүүнээ танмж эхлэхэд хамаагүй амар болж эхлэн түүнийгээ хэвшүүлэх явдлыг хөгжүүлж эхлэх болно. Энэ тодорхой үеийд бид *үүсгэлийн зэрэг* хэмээн нэрлэдэг.

Цагийн хүрдний сургаалыг анхааран авлага болгосон хүмүүст зориулсан үүсгэлийн зэргийн олон дасгал бясалгал байдаг нь бясалгагч хүмүүсийн төрөл бүрийн саад түйтгэрүүдийг арилгахтай холбогдсон өргөн дэлгэр сонголттой ажээ. Тэдгээр дадлагууд гэхдээ цөм бүдүүн бодлын мөн чанартай байдаг тул яваандаа зайлшгүй өөрчлөгдөх хэрэгтэй болдог. Өөрөөр хэлбэл дан ганц үүсгэлийн зэргийг авлага болгон суралцснаар Шамбалын орныг үзэхэд хангалттай биш бөгөөд бодолд тулгуурласан сэтгэлийг үндсээр нь таслаж билиг билгүүндээ саатан оршиж бид сурах хэрэгтэй.

Тиймээс үүнд тусладаг өвөрмөц дараалалтай дэвшилтэт йогийн техникүүдийг Цагийн хүрдний ёсонд ашигладаг бөгөөд тэдгээрийг нэгтгээд *төгсгөлийн зэрэг* гэж нэрлэдэг байна. Төгсгөлийн зэргийн дадлага болон увдис зааварчилгаанууд энэ хорвоод нэн ховор зүйлсийн нэг билээ. Төвөдийн Буддын шашны ганцхан сургуульд буюу зөвхөн Жонангийн урсгалынханд л энэ ёс жинхэнэ утгаараа хадгалагдан өвлөгдөж ирсэн гэхэд хилс болохгүй байх. Бусад сургуульд Цагийн хүрдний сургаал болон үгээр мэргэжсэн лам багш байгаа гэдэг нь эргэлзээгүй боловч харин Жонангийнхны хувьд буцаад Шамбалын оронд хүрдэг тасраагүй бат дамжлагаар өвлөн уламжилж ирсэн билээ. Тийм болохоор Цагийн хүрдний дандарын сургаалыг үнэхээр авлага болгон дадуулна гэвэл хэн хүнгүй ирээдүйд хүссэн газарт тань найдвартай хүргэх замд хөтөч болж чадах Жонангийн урсгалын багш нарт түшиглэх нь чухал билээ.

***

Дөрвөн Шүтээн хэмээх энэ сургаалаас харахад шунан хүсэх атгаг сэтгэлийн хязгаараас давж гарахад суралцснаар үнэнийг илчлэх явдалд алхам алхмаар ойртож болдог ажээ. Энэ үйл явц, ойлголтын олон өөр давхаргыг дамжиж байж бүтдэг чанартайг харсан болохоор Шамбалын сэдэв дээр ч мөн тэдгээр давхаргууд учрах болно гэдгийг тооцоолох хэрэгтэй юм.

Давуу тал нь гэвэл хүн бүр өөр өөрийн ойлголт, сүсэг бишрэлийн хэмжээгээр Шамбалын орныг дүрслэн бодож болох боломжтой юм. Энэ нь урьдчилсан шатанд яваа хүн ч илүү гүн болоод өргөн давхаргад хүрэх шалтгааныг бүтээж байна гэсэн үг.

Яаж тэр вэ гэж асуувал үйлийн үрийн тухай ярих хэрэг гарна. Энэ асар том сэдэв учраас бид нэг их гүнзгий хөндөлгүй орхин миний бичсэн *"Нандин Үнэнээ Илчлэхүй"* хэмээх номноос тодорхой судлаарай гээд орхиё. Одоо гол зүйлдээ эргэн орж бидний үйл хөдөлгөөн бүхэн бидний сэтгэлд үйлийн үрийг тарьж байдаг тухай ярьцгаая. Эдгээр үйлийн үрийг нөхцөлдөхөд сэтгэлд ургаж буй үзэгдлүүд төдийгүй бидний зүгээс тэдэнд хандах мэдрэмж мөн нөлөөлнө. Бид өөр өөрсдийн хувийн үйлийн барилдлагуудын цуглуулгыг орчлонг харж байдаг шил гэж бодож болно. Шилний өнгө өөрчлөгдөхөд л бидний мэдрэмж мөн адил өөрчлөгдөнө.

Энэхүү маш энгийн зарчим л бидний ирээдүйг шийдээд байгаа юм шүү дээ. Тэгэхээр хийж байгаа үйл хөдлөлөө болон түүнээс гарах үр дагаврын хоорондын хамааралд бид онцгой ухамсартай хандсанаар түүнээс ямар үр дагавар хэрхэн боловсорч болохыг тодорхой хэмжээгээр хянаж чадах бус уу.

Одоогийн байгаа байдлаа харахад л бидний мэдрэмжийн ихэнх хэсэг одоогийн энэ хэлбэр дүрсээр нөхцөлдсөн байгааг мэдэхэд амархан байдаг. Хүний төрлийг олсон болохоор хүний нүдээр бүхнийг харна. Хэрэв бид ялааны биеийг эзэмшин төрсөн байсан бол хорвоо хэчнээн өөр харагдах байсныг бодоод үз л дээ. Бидний хаана, ямар дүрс эзэгнэн төрөх нь нас нөгчих үед идэвхжсэн тодорхой үйлийн барилдлагаас шалтгаалж байдаг бөгөөд энэ нь бидний карма нэг бүлэг нөхцөлүүдийг нөгөө бүлэг нөхцлүүдээс илүүтэй тусгаснаас шалтгаалдаг ажээ.

Шамбалын орны тухай олон давхар ойлголтууд бидэнд одоогийн байгаа нөхцөлийнхөө дагуу энх амгалан, эв зохицлын мэдрэмжийг хүлээн авах боломжийг олгож байгаа төдийгүй мөн Шамбалын орны илүүтэй гүнзгий давхаргыг мэдрэхэд шаардлагатай үйлийн барилдлагыг тогтоож өгч байгаа билээ. Бид үүнийг маш найдвартай, хэзээ ч дампуурахааргүй, харин ч өртөг нь байнга өсч байдаг тийм зүйлд хөрөнгө оруулалт хийлээ хэмээн бодох хэрэгтэй юм. Ийм хөрөнгө оруулалтаас гарах ашгийн хэмжээнд хязгаар гэж байдаг бол тэр нь бид өөрсдөө л байж таарна.

Дээрхээс үзэхэд шалтгаан, үр дагаврын хуулийг өргөн хийгээд гүнзгий ойлгох нь ирээдүй хойчид тустай гэсэн дүгнэлт гаргаж болно. Энэхэн нэгэн амьдралын жижиг дуранд багтаалгүй, үхэл, үхлийн дараах шилжилтийн үе, дараа дараачийн төрөл зэргийг ч оролцуулан бодож байх нь хамгаас эрхэм чухал. Ийм өргөн дурантай байж гэмээнэ бид Шамбалын орныг бүрэн үзэх бололцоог таньж чадна.

- Сансрын Хүрд -
Бид үйлийнхээ үрээр орчлонд хэрхэн эргэлддэг байдал

Чөлөө Учралт Төрөл

Бид бүх мунхаглал, ялгаварлалаас салаагүй байсан цагт *Үйлийн үрийн уг шалтгаан ба үр дагаврын хуулинд* үүрд захирагдсан хэвээр үлдэх болно. Энэ нь бидний бүхий л үйл хөдлөл ирээдүйд мэдрэх зүйлийн маань мөн чанарыг нөхцөлдүүлж байдаг гэсэн цэвэр байгалийн хууль мөн. Бид энэ энгийн үнэнээс зугтаж чадахгүй байгаа үедээ сайтар гүнзгий ухаж судлан өөрсөндөө аль болох ашигтай байдлыг сонгоход зорих л үлдэж байна.

Бидний одоо цагт юу хийж байгаагаас ирээдүй цаг шалтгаалах гээд байгаа болохоор өөрийн хүссэн үр дүнгээ гаргаж авахын тулд түүнийг үүсэж болох шалтгааныг бий болгох хэрэгтэй. Хоёр замаар бид үүнийг зохицуулж болдог нь: үйлийн үрийн хандлагууд ба үйлийн үрийн барилдлагууд билээ.

ҮЙЛИЙН ЗУРШИЛТ ХАНДЛАГУУД

Өмнө дурдсанаар үйлийн үрийн чиг хандлага хүний сэтгэлийн урсгалд хураагдан зузаардаг дадал зуршлуудыг хэлдэг. Цаг мөч хором бүхэнд бидний ухамсарт мэдрэмжийн байнгын үзэгдлүүд төрж урсгал ус шиг тасралтгүй урсан хөвөрч байдаг гэж болно. Объект ба субъект гэсэн хоёрдмол үзлээр бид тэр бүх үзэгдлүүдийг таатай, таагүй ба саармаг гэхчилэн ялгаж тохирсон хариуг тэдэнд үзүүлж байдаг байна. Энэ хариу үйлдэл бол бодит(объект) ба хийсвэр(субъект) үзэгдлүүдэд хэрхэн хандаж хэвшсэн зуршлын маань үр дүн байдаг.

Ямар нэг зүйлийг хийхдээ бид аль нэг объектыг тодорхой маягаар хүлээж авахад сэтгэлээ дадуулж байдаг байна. Үүнийг хүүхэд хэлд ордогтой зүйрлэж болно. Хүүхэд юмны дүрс, өнгө зэргийг л хүлээн авч чадах тул түүнд бүх зүйл хоорондоо холбоогүй ойлгомжгүй байх нь зүй. Гэвч яваандаа нэг дүрсийг нөгөөгөөс нь ялгаж эхэлнэ, мөн ээжээсээ өөр өөр хэлбэлзэл бүхий дуу авиа сонсох болно. Тодорхой нэг дүрсийг харах тоолондоо ээж нь түүнд хамаарах авиаг гаргахыг анзаарсаар яваандаа авиа, дүрс хоёрыг холбон ойлголт авч эхэлдэг. Энэ нь цаашид дадлагажсаар авиа сонсоод бодол оюунд дүрс ургуулдаг болж хөгжинө.

Үүнийг бид "сурах" гэж нэрлэдэг бөгөөд үнэн хэрэгтээ тодорхой үзэгдэлд хандах үйлийн хандлагаа л үүгээр бэхжүүлж байдаг байна. Угтаа бид өөрсдийгөө орчлон хорвоогийн элдэв явдалд хэрхэн хариу үзүүлэхэд л сургаж байдаг ажээ. Эхэндээ маш нарийн зорилготой үйлдлээр зориуд ухамсрын хандлагын сүлжээг үүсгэдэг бол цагийн эрхээр энэ зуршил маань бидний хоёр дахь төрөлх чанар болон хувирч маш өчүүхэн зүйлээр ч өдөөгдөхөд бэлэн болчихдог байна.

Тэгэхээр бидний зорилго бол хэзээ ч хувиршгүй мөнхийн амгалан, эв зохицлыг буюу илүү гүнзгий мэдрэмжтэй тохирдог үйлийн хэвшлүүдийг бататгах явдал мөн. Үүний зэрэгцээ ялгаварт үзэл ба мунхаг сэтгэлийн зуршилт хандлагыг чадлынхаа хэрээр сулруулах аргыг бид эрж олох ёстой. Хоёр зүйлийг арвижуулах замаар үүнд хүрч болно:

1. **Буян хишиг:** Энэ бол энх амгалан, эв зохицолтой нягт холбоотой үйлийн үрийн хандлага болох бусдад тустай үйлийг хийж дадсан буянтай зуршил мөн. Үүнийг бид өөрөө өөрийгөө цэнэглэгч генератортой зүйрлэж болно. Яагаад гэвэл буянтай үйлийн сайн дадал хүнийг улам их буян хийхэд хөтөлдөг билээ.

2. **Билиг оюун:** Юмс үзэгдлийг төөрөгдлийн бус нүдээр харахын тулд билиг билгүүнийг сайтар хөгжүүлэх хэрэгтэй. Мунхагийн харанхуйг эмчлэх шууд ерөндөг энэ бөгөөд үүнийг хуримтлуулах тусам мунхаглал багасдаг байна. Мунхаг багасах тусам энх амгалан, эв зохицолд бид ойртсоор байх болно.

Иймээс *буян хишиг, билиг билгүүнийг* хураах гэж бид хэлж заншсан маань хувь хүний үйлийн үрийн дадал зуршлыг зориудаар зөв хэлбэрт оруулж хэвшүүлэхийг хэлж байгаа юм. Энэ хоёр чанарыг Шамбалын орны ухамсарлахуйд хүрэх шалтгааныг бүтээгч буяны чанаруудын хоёр сүлжээ гэж ойлгож болно. Цагийн хүрдний замаар явахад энэ хоёр сүлжээ ёс суртахууны системт дадлагаар хөгждөг бөгөөд ёс суртахуун бол үнэний илүү нарийн түвшнийг мэдрэх буяны чадварлаг аргуудын суурь болдог байна. Энэхүү ёс суртахууны зан байдлын системийг гурван шатанд хувааж болно:

1. **Хүчирхийлэл-үгүй үзэл:** Энэ үзлийн мөн чанар бол бусдыг хайрлаж энэрэх явдал мөн. Эхний энэ шатанд хамаг амьтны хоорондын харилцан хамаарал хийгээд бүгд адилхан жаргалыг хүсдэг гэдгийг таних болно. Үүний дунд орчин тойрондоо хөнөөл багатай үйлдлийг хийж эхлэхэд хүрдэг бөгөөд энх амгалан, эв зохицол ургах үндсэн нөхцөлийг үүгээр бүтээж байдаг байна.

2. **Римэ Ухаан:** "Римэ" гэдэг "ялгаварлал, алагчлал үгүй" гэсэн утгатай Төвөд үг. Энэ нь хар амиа хичээх сэтгэлийн үүднээс аливаад ялгавартай хандах сэтгэлийг дарах ерөндөг болдог үзэл, зан байдал билээ. Алагчлах үзлээр бид өөрсдийгөө хязгаарлаж байгаагаа ухамсарлаж, өөрийг энхрийлэн барих, хувиа хичээх сэтгэлийг бага багаар халсаар бусдыг энхрийлэх сэтгэлээр сольж болно. Өөр өөр түвшний бүх ялгаварлал арилах тэр цагт бидний мэдрэх энх амгалан, эв зохицол илүү өргөн бөгөөд бүхнийг хамарсан шинжтэй болж ирнэ.

3. **Ариунаар үзэхүй:** Эцсийн шатанд бид өөрсдийн унаган шинж болох бурханлаг чанартайгаа харилцаагаа ойртуулахад чиглэсэн зан байдлыг хөгжүүлнэ. Ялгаварлах сэтгэл багасах тусам билиг оюун тэр хэмжээгээр

бий болно. Үүний дээр урьдын нүгэл хилэнцээ ариусгах ариусгалын дадлагыг эрчимтэй үйлдсэний хүчээр энэхүү мөн чанарт маань суурилсан мэдрэмжийн бүх талуудаа таньж эхлэх болно. Ийнхүү бүхий л юмс үзэгдэл тэр чигээрээ Шамбалын орныг улам гүнзгий мэдрэх боломж болж хувирна.

Эхлээд бид буян хишгээ өсгөн арвижуулахад шамдах ёстой. Буян хураах нь оюун санаа, сүсэг бишрэлийн дадлагад сэтгэлээ цэнэглэх батарей болж үнэний мөн чанарын шинжлэлийг хөгжүүлэхэд шаардлагатай нөхцөлүүдийг бүтээж өгдөг. Тодорхой хугацааны дараа буяны суурь бэхжээд ирэх үед билиг оюунаа хөгжүүлэхэд анхаарлаа шилжүүлнэ. Энэ хоёрыг төгөлдөржүүлж гүйцэхэд бид хүрэх гэсэн газартаа хүрч, цаашид юу ч хийх шаардлагагүй болно.

ҮЙЛИЙН БАРИЛДЛАГА

Хувь хүний үйлийн хэвшмэл зуршилт хандлага ямар байх нь Шамбалын орныг мэдрэх явдлын шууд шалтгаан болж байдаг юм бол сүсэг бишрэлийн ямар замаар замнаж байгаагаас хамаарч бид үйлийн зуршилт хандлагаа ашигтайгаар хэлбэржүүлж болно. Оюун санаа, сүсэг бишрэлийн зам гэдэг бидний үйл хөдлөлийг чиглүүлэхэд зориулагдсан онол, дадлагын цогц билээ. Тэхдээ энэ замын талаарх мэдлэгийг оюун санаандаа ойлгож ухаарлаа гээд нэмэр болохгүй. Бид олж авсан онол, дадлагын хичээлүүдээ амьдрал дээр сайтар дадуулан үйлдэж байж сая хэрэгтэй зуршлуудаа бүтээх боломжтой болно.

Харамсалтай нь дадлага бүхэн шулуун дардан замаар явдаггүй. Түүнд шаардлагатай буяныг хураах үнэхээр амаргүй гэж болно. Яагаад гэвэл бид энэ хүний төрлийг нүгэлгүй, ариундаа авсан юм огт биш. Бид төрөхдөө л тоо томшгүй урд төрлүүдийн үйлийн барилдлагуудын хүлээсээр хүлэгдсэн төрдөг нь бидний хүсэж буй энх тайван, эв зохицолд ашигтай бус харин ч саад болдог.

Эдгээр урд насны үйлийн үрийн торлог бидний хурааж буй буян хишигтэй харьцуулахад даанч их. Тиймээс буяныг хийе гээд зүтгэхдээ урьдын хэвшил болсон хандлагуудын урсгалыг сөрж сэлэх хэрэг гарах тул буяны хүч нь аяндаа саардаг байна. Сурсан юмыг сураар боох хэцүү гэдэг шүү дээ. Урсгал сөрж зүтгэн зорилгодоо хүрье гэвэл бид яалт ч үгүй гаднаас тусламж авах хэрэгтэй.

Хүн болгоны хувьд адилгүй л дээ. Бид төрөл тэргүүлшгүй цагаас эхлээд ховорхон тохиох тавилангаар маш ховор нөхцөлүүд бүрэлдсэнээр бий болсон цогц л гэсэн үг. Зарим хүний буян бусдаас илүү буян хураасан байх бөгөөд ийм нэгнээ бид оюун санаалаг хүн буянтай хүн гэж нэрлэдэг. Оюун санаалаг, буянтай хүмүүс Бурханы сургаалаар замнахад хялбар дөхөм байдаг.

Урьд төрлийн тоолшгүй олон заяанд дадал болсоор ирсэн төөрөгдлийг давж гаръя гэвэл *үйлийн үрийн барилдлагыг* ойлгох шаардлага гарна. Энэ нь хоёр өөр хүн нэгэн цаг үед, төстэй нөхцөл байдалд төстэй үйлийг үйлдсэнээр үүсдэг. Барилдлага хүчтэй эсвэл сул байх нь тухайн хоёр хүний сэдэл, мэдрэхүй, анхаарал гурав хэр төстэй байснаас шалтгаална. Ийм адил төстэй тавиланг хуваажэдлэхийг бид *нийтлэг үйлийн үр* гэнэ.

Нийтлэг үйлийн үр бол бидний бодол сэтгэлээс хол хаа нэгтээ байгаа зүйл биш юм. Бас хэн хүнгүй хэрэглэж болдог дундын хэрэглээний банкны данс ч биш. Тамирчдын гүйлтийн хурд хэмжигч хоёр цагийг хооронд нь тааруулахтай адил гэмээр. Энэ хоёр цагийг зэрэг эхлүүлбэл дэлгэц дээр адилхан тоог заах хэдий ч цаг тус тусдаа үйлдэл хийхийн адил.

Үүнтэй адил хоёр хүн ойролцоо үйлийг үйлдсэнээр төстэй хандлага үүсгэж, төстэй хандлагаас болж төстэй тавиланг эдлэхэд хүрдэг байна. Жишээ нь, хоёр найз зоогийн газарт ороход тэдний нэг нь энд ийм хоол их сайхан амттай байсан гэж хэлэхэд нөгөөх нь бас түүнийг сонгон захиалж гэж бодъё. Хоол хоёуланд нь таалагдсан байг.

Энэ жишээнд тэр хоёр найз "тодорхой нэг зоогийн газарт уг хоолыг идээд дуртай болох" гэсэн үйлийн барилдлагыг бататгаснаар ирээдүйд аль аль нь энэ хоолыг дахин идэх магадлал их гэсэн үг.

Чухал зүйл юу гэвэл хэн хэндээ нөлөөлсөн явдал билээ. Урьд нь тэр хоолыг амсаж үзсэн нэгэнд түүнийг таалах үйлийн хандлага хэдийнэ байсан гэсэн үг. Хоёр дахь хүн гэвч уг хоолыг хэзээ ч амсаж үзээгүй хэрнээ найзынхаа хэлэхийг сонсоод амсах сэдэл төрсөн байна. Эцсийн дүнд эхний хүний нөлөөгөөр хоёр дахь хүн тухайн үйлд оролцож, тодорхой хандлагыг бэхжүүлсэн гэсэн үг.

Бидний зорилго болсон амгалан энхийн мөрөөдөлд бас ийм ижил зарчим үйлчилнэ. Бид өөрсдийн амьдарч буй цаг үедээ өөр өөр хүмүүстэй иймэрхүү барилдлага үүсгэхийн төлөө анхааарлаа тавин холбоогоо батжуулбал ганц ганцаараа зүтгээд хүрнэ гэхэд дэндүү хэцүү тавиланг нийтийн хүчээр бүтээж болох бус уу. Тэгэхээр сайн сайхан нөлөөг үзүүлж бидний уяраажбишрүүлж чадах хүмүүсээр өөрсдийгөө хүрээлүүлж буяны үйлсэд хамтдаа зүтгэцгээх хэрэгтэй. Цагийн хүрдний сургаалд үүнийг гүйцэлдүүлэх гурван зам бий:

1. **Ван авшиг хүртэх ёслолд оролцох:** Урьд товчхон дурдсанаар бусад дандарын системийг бодвол Цагийн хүрдний ванг нийтэд хүртээдэг бөгөөд ёслолын адистид аль болох олон хүнд хүрээсэй гэсний үүднээс үйлддэг ажээ. Авшгийн ёслолын үеэр олон хүнийг үйлийн ижил барилдлагад оруулах гайхалтай өргөн боломж гарч байгаа юм. Авшгийн үйл ажиллагаа таныг ван өгч буй очирт багштай төдийгүй, тэнд хамт байгаа бүх хүмүүстэй үйлийн бат бөх барилдлагад оруулж байна. Дараа дараачийн авшгийг хүртэх болгонд энх амгалан, эв зохицолд чиглэсэн бидний үйлийн үрийн барилдлага зузааран батажсаар байх болно. Энэ барилдлага цаашид сүсэг бишрэлийн замд шийдвэртэй орж, тэдгээр чанаруудыг илүү үр дүнтэй хөгжүүлэх нөхцөл болон үйлчилж эхлдэг ажээ.

2. **Цагийн хүрдний урсгалтай барилдлага тогтоох:** Үйлийн үрийн барилдлагаа

батжуулах бас нэгэн зам бол Бурханы сургаалаар замнаж бидний хүрэх юмсан хэмээн мөрөөдөж буй тэр түвшинд хэдийн хүрч чадсан эртний урсгал дамжлагын мэргэн багш нарыг олж барилдлага тогтоох явдал байдаг. Цагийн хүрдний агуу мастеруудын амьдралын түүхийг судалж, сул талуудаа хэрхэн даван гарч чадсанаас суралцан бид ч мөн чадна гэсэн сэтгэлээр зоригжин зүтгэвэл зохино.

3. **Лам багштай барилдлага тогтоох:** Оюун санаа, итгэл бишрэлийн найдвартай замаар замнан дадлагажина гэвэл шаардлага хангасан сайн багштай болох хамгийн ашигтай зам юм. Аль нэг урсгалаас дамжлагыг уламжлан залгамжлан ирсэн идэвхтэй буяны садан багш гэдэг бидний цаашдын дадлагад маш хүчтэй нөхцөлийг бүрдүүлж өгдөг. Жинхэнэ мэргэжсэн багш та биднийг зөвхөн бишрүүлээд зогсохгүй бидний сул талыг олж харан хэрхэн давж гарах аргуудыг зааж өгөх болно.

Олон хүн хамтдаа үйлийн барилдлага үүсгэх явдал бидний заяа тавилангаа хөтлөн захирах хэрэгт маш тустай чадварлаг арга мөн билээ. Дараачийн бүлэгт бидний танилцах ухамсарлахуйн асар өндөр түвшинд хүрсэн бодьсадва нар бидний гэгээрлийн үйлсэд зайлшгүй хэрэг болох нөхцөл байдлуудыг бий болгож өгөх үндэс бөгөөд тэдний ерөөл залбирал бүхэнтэй сэтгэлээ нэгтгэснээр бид дэвшилд хүрэх боломжоо дээд цэгт нь хүртэл өсгөх ч боломжтой юм.

МЭДРЭМЖЭЭР БҮТСЭН ОРНУУД

Үүнд хэрхэн хүрэх вэ гэвэл бид мэдрэмжийн мөн чанарыг үйлийн үрийн томруулагч шилний цаанаас харж судлах хэрэгтэй болно. Үйлийн үрийн хандлага хором бүрд болж буй мэдрэмжийг бидний санаа бодолд хэлбэржүүлж өгөх үүргийг гүйцэтгэдэг гэдгийг бид харлаа. Харин үйлийн барилдлага бидний санаа бодолд байгаа хамаг амьтны нөлөөллийг бататгах үүрэгтэй байна. Холбоо бат байх тусам нөлөө их байх болно. Уран зургийг аваад үзье. Үйлийн хандлага өнгө, өнгийн будаг гэж үзвэл хүн хаана ямар өнгө орохыг хэн нэгэн санаачилж байгаа нь үйлийн барилдлага болно.

"Юу зураглах вэ?" гэдэг асуулт гарч ирнэ. Хүний сэтгэл яг л цагаан даавуун дэвсгэр бөгөөд түүн дээр хязгааргүй олон янзын дүрслэлийг зурагласан ч болох билээ. Зураг зурах хязгаарлагдмал байдал даавууны хэмжээгээр биш таны гарт буй өнгө өнгийн будагнууд, таны дур сонирхол, үйлийн хэв шинжээр хязгаарлагдана. Хэрэв хоёрхон өнгө хэрэглэвэл хэчнээн ядмаг зураг гарах бол. Байж болох бүх өнгийг хослуулан гаргавал ямар харагдахыг төсөөлөөд үзээрэй.

Сэтгэл гэвч зураг шиг тогтвортой зүйл биш юм. Хором бүхэнд арчиж арилгаад дахин шинээр зурж болдог дэвсгэр. Дараачийн зураг өмнөхтэйгөө хэчнээн ч адилхан байлаа гэсэн яг адилхан байна гэж хэзээ ч үгүй. Сэтгэл бол нарийн түвшиндээ зогсоо чөлөөгүй өөрчлөгдөн байж эцэс төгсгөлгүй үйлийн үрийг үүсгэсээр байдаг байна.

Туулсан амьдралаа эргээд харахад бидэнд ямар их боломж таарч байж вэ гэж санагддаг. Ирээдүйд дахиад олон зүйл учирна гэдгийг ч төсөөлөхөд хэцүү биш. Хэрэв бид өөрсдийн туршлага, үзэж өнгөрүүлснээ задлан шинжилж үздэг сэн бол тодорхой нөхцөл байдалд нэгэн янзын хэв маяг зурагдаж байхыг ажиглах болно. Жишээ нь, амьдралынхаа өөр өөр үе шатанд тохиолдсон явдлуудыг эргэн сана даа. Хүүхэд ахуй цагтаа байсан газраа одоо ямар санагдах бол гэж бод доо. Учирсан хүмүүсээ тэднээс төрсөн сэтгэгдлүүдээ бодоод үзэгтүн. Хэрэв бид энэ бүхнийг харьцуулаад үзэх юм бол тавилан гэгч яасан хүчирхэг эд вэ гэж бодох болно.

Одоо хажууд байгаа хүмүүсийнхээ мэдрэмжийг аваад үз. Тэд өөртэй чинь адилхан тавилантай гэж үү? Нэг гудамжинд амьдардаг бусад хүмүүсийг бодоод үз. Улсаа бодоод, дэлхийг бод. Яриангүй ховор цуглуулга бүхий үйлийн энэ олон барилдлага, түүний хэв маягт эцэс төгсгөл гэж үгүй. Гэвч бүгд нэг төрлийн хайрцагтай будагнаас хэрэглэсэн мэт төстэй нийтлэг талуудтай байх ажгуу.

Эдгээр адил төстэй талуудыг судлаад үзвэл өөр олон төрөлд хуваагддаг болох нь ойлгогдоно. Эд бол бид нэг төрлийн мэдрэмжээ нөгөөгөөс ялгахын тулд өгсөн нэрнүүд юм. Ийм маягаар бид нийтлэг мэдрэмжээр голлон барилдлага үүсгэсэн байхыг *туршлагаар бүтсэн орон* гэж нэрлэдэг. "Орон" гэхээр хил хязгаараас бүтсэн бодит улс гүрэн мэтээр ойлгож болохгүй. Харин хувь хүний бодол санааны зүгээс орчныг хүлээн авах ерөнхий загварыг хэлж байгаа юм. Үүний цаана агуулагддаг үндсэн зарчим нь ойролцоо тавилантай хүмүүс үнийн мөн чанарыг ижилхэн замаар мэдэрч байдаг, тиймээс мэдрэмжийн ижил оронд орших боломжтой байх явдал юм.

Мэдрэмжээр бүтсэн орон бол тэр чигээрээ сэтгэлийн мөн чанартай оршдог гэдгийг мартаж болохгүй. Сэтгэл өөрөө бодитой оршдог биет зүйл биш учраас нэг ба түүнээс олон хэчнээн ч орныг мэдэрч болохыг хэн ч зогсоон болиулж чадахгүй. Хоёр хүн зэрэгцэн унтаад зүүдэлж байна гэхэд нэг нь өргөн уудам талд солонго харан гүйж харин нөгөө нь усны ёроолд төмөр торонд хашигдан гарч чадахгүй хар дарж байж болно. Зүүдэлж байх үедээ тэд яг жинхэнэ болж буй мэтээр мэдэрч нэгнийх нь энэ жинхэнэ байдал нөгөөгийнхөө жинхэнэ байдалд нөлөөлж зөрчилдөх явдал гардаггүйтэй л адил.

Сансар огторгуй өөр өөр төрлийн тоолшгүй олон амьтнаар дүүрэн оршдог ба тэд цөм орчноо өөр өөрийнхөөрөө мэдэрч байдаг. Догшин бурханы зургийг гурван хүнд үзүүллээ гээд бодъё л доо. Эхнийх нь айж, хоёр дахь нь агуу хүчирхэгт нь биширч итгэл зориг төрөхөд харин гурав дахь хүнд ер бусын гүнзгий ойлголт төрж сүсэглэх жишээтэй. Нэг нөхцөл гурван төрлийн тавиланг үүсгэж байгаа юм.

Бид энэ хэсэгтээ хувь хүний сэтгэлийн урсгалд түүний заяа төөргөөс нь шалтгаалан ургаж болохуйц орнуудыг ерөнхийд нь гурван бүлэгт хуваан үзүүлэх болно. Үүнд:

1. **Дүрсгүй орон:** Энэ орон хувиршгүй бөх үйлийн барилдлагаар үүсэн буй болдог бөгөөд бясалгалын явцад сэтгэлийн хүчирхэг хийгээд маш нарийн түвшинд хүрч байж бий болдог. Хоёрдмол үзлийн орогнодог суурь ухамсарлахуйн түвшин дэх огторгуй адил хоосон чанарыг мэдрэх сэтгэл юм. Үнэнийг ийн мэдэрдэг бодгалиуд бусад амьтанд харагдахгүй, илэрхий бус бөгөөд өөрсдийн энэ уужим оршихуйдаа төсөөлшгүй удаан хугацаагаар төгс уусан оршдог ажээ.

2. **Дүрст орон:** Энэ орон мөн л дүрсгүй орны нэгэн адил гүнзгий бясалган төвлөрөхүйн хувиршгүй бөх тавилангийн эрхээр үүсэж буй болдог байна. Гол ялгаа нь гэвэл энэ орныхон хийсвэр субъектив мэдрэмжийн бүүр илүү өргөн хүрээг хамарч оршдог. Тодруулбал бодолгүй ахуй, тод үзэгдэх байдал ба амгалан баясгалангийн суурийн өөр түвшинд хамаарч оршдог байна. Энэ орны бодгалиуд цэвэр оюуны мөн чанартай учир "бидний энэ" ертөнцийн бодит бүдүүн оршихуйг тэд мэдрэхгүй. Харин нарийн сэтгэлийн байгууламжаар үнэнийг мэдэрч байдаг байна.

3. **Хүсэлт орон:** Энэ бол янз бүрийн мэдрэмжийн орнуудыг үүсгэдэг үйлийн төрөл бүрийн зуршилт хандлагуудын холимгоор үүсгэгддэг орон юм. Гол шинж нь энд хоёрдмол ухамсарт бодит (объект)- хийсвэр(субъект) гэсэн ойлголт ноёрхоно. Хүлээн авагчийн мэдрэхүйд өнгө, дүрс гэх мэтийн объект ургах тоолонд тэдгээрт хандсан хийсвэр субъектив ойлголт мэдрэмж давхар төрж байдаг. Энэ орныхон бодит физик биеийг эзэмшин гадаад ертөнцөд оршихуй ба түүнийг өөрсдийн биеэс тусдаа оршихуй хэмээн үзнэ.

Дүрсгүй орон сэтгэлийн хэт нарийн түвшинд оршихтул бидний сүсэг бишрэлийн замд ашиг багатай юм. Дүрст орон сүсэг бишрэлийн замд нэлээд тууштай ороод байгаа бөгөөд уг орны байдлыг сайн мэддэг болж өөрийгөө дадуулсан, тэнд төрөх зорилго зориуд өвөртөлсөн бясалгагч хүмүүст илүү тохиромжтой байж болох талтай. Буян сайн хураагаагүй хүмүүсийн хувьд тэнд орших нь зовлон үзэхгүй хэрнээ сайн үйлийн үрээ барагдах хүртэл бясалгаж эсвэл зүүдэлж буй мэт тийм байдалд хамаг амьдралаа өнгөрөөдөг байна. Тиймээс сүсэг бишрэлээ хөгжүүлэн Шамбалын оронд зорьсон хүмүүст хамгийн тохиромжтой нь Хүсэлт орон билээ.

Хүсэлт орныг сайтар шинжлэн үзвэл бодит-хийсвэр гэсэн үзэлд тулгуурласан хязгааргүй олон төрлийн хувилбарууд байж болох ажээ. Үнэндээ энэ орны үйлийн үрийн сүлжээ маш том хийгээд эмх замбараагүй учраас зөвхөн гэгээрсэн мэргэд л тэр учрыг олж хэмжиж чадах аж. Аз болоход бидэнд тэдний түвшний ойлголтыг эзэмших шаардлага үгүй, тэдний дүрслэх зарчмыг мэдээд ч ашиггүй билээ.

Хүсэлт оронд хоёр төрлийн үндсэн байдал ажиглагдаж болно. Үүнд: байнга зовлон эдлэгсэд ба завсарлагатайгаар зовлон эдлэгсэд багтана. Эхнийх нь *Доод төрөл*, сүүлчийх нь *Дээд төрөл* хэмээн нэрлэгдэнэ. Амгалан энхийн жаргалтай учирна гэвэл бид шашин шүтэх зайлшгүй хэрэгтэй. Бид зовлондоо хэт дарлуулаад сууд байхын бол зовлонгоосоо гарч чадахгүй учраас дээр дурдсан хоёр төрлөөс Дээд төрөл нь хамгаас илүү тохиромжтой ажээ.

Дээд төрлийхөн хааяа зовлонгоос салж, тодорхой нэг жаргалыг зуурхан ч атугай эдэлж байдаг. Зовлон жаргал хосолсон энэ байдал шашин шүтэхийн давууг ялгаруулан харуулж өгдөг. Дээд төрлийн зарим хүмүүс зовлонгоос жаргалыг арай илүүтэй амсах тохиолдолд амьдралаа өөрчильё гэсэн тэмүүлэл тэдэнд алга байдаг. Зарим нь мөрөөдөлдөө хэт автаад өөрсдийн мөн чанарыг ухаж ойлгох завгүй явдаг. Сүсэг бишрэл төрүүлэхийн тулд дадал болсон төөрөгдлөө өөрчлөхөд хөшүүрэг болохуйц хэмжээний зовлон үзэж, мөн сүсэг бишрэлийнхээ замаар замнах нөхцөлийг бий болгохын тулд харьцангуй бас жаргалтай байх шаардлагатай. Ийм орныг бид *Хүний ертөнц* хэмээн нэрлэдэг.

"Хүн" гэдгээр тодорхой нэг биеийн хэлбэр, дүрсийг хэлдэггүй. Харин тухайлсан нэг төрлийн мэдрэмжийг хэлдэг. Хүн болгон ертөнцөд амьдрахдаа өөр өөр хэмжээгээр зовлон, жаргалыг эдэлдэг. Бусад төрлүүдтэй харьцуулахад эсвэл хэтэрхий зовлонтой мэт, эсвэл хэтэрхий жаргалтай мэт санагдавч, үнэн хэрэгтээ хүний амьдрал маш зөөлөн жаргал, зовлонг эдэлнэ. Бидэнд зовлон жаргалыг сайтар шинжлэн судалж шалтгааныг нь ухаарах асар давуу боломж байгаа билээ. Ийм ялгамжаат оюун ухаан бусад төрлүүдэд бараг үгүй гэж хэлж болох бөгөөд сүсэг бишрэлийн бүхий л хэлбэрүүд чухам үүнд л суурилан бий болдог билээ.

БОЛОМЖООР ДҮҮРЭН БОДЬСАДВЫН ТӨРӨЛ

Хүний биеийг олж төрнө гэдэг бидний сэтгэлийн урсгалд хураагдсан үйлийн үрийн зуршилт хандлагуудаас шалтгаалдаг. Харамсалтай нь хүн болж төрсөн болгонд шашин шүтэх бололцоо олддог биш юм. Бидний энэ ертөнц дээр 7.3 тэрбум хүн амьдардаг гэвэл тэдгээрийн хэдэн хувь нь шашинд итгэн шүтдэг билээ. Шүтдэг хүмүүсийнх нь хэчнээн хувь дадлага бясалгалыг амьдрал дээр хэрэгжүүлж чадаж байгаа билээ. Хэдэн хувь нь амьдралаа түүнд бүрэн зориулаад байгаа бол? Бид цөм адилхан чадавхтай төрчихөөд, зөвхөн цөөхөн хэд нь л хэрэгтэй чанаруудыг үзүүлж чадаж байгаа шүү дээ.

Яг ийм учраас л бидэнд хэн нэгний тусламж хэрэгтэй гэдэг нь эргэлзээгүй. Үүнд үйлийн барилдлага маш их үүрэгтэй гэж болно. Бидний зарим сүсэг бишрэлийнхээ хувьд бусдыгаа бодвол илүү хөгжсөн байх нь бий. Ийм хүмүүсийн нэг жишээ нь бидний *Бодьсадва* гэж нэрлэдэг тэдгээр хүмүүс юм. Бодьсадва хүн бусдын тусыг бүтээх цорын ганц зорилготой ухамсрын дээд түвшинд хүрсэн нэгэн. Тэд бусдад мөн чанараа ойлгоход нь туслах явдалд бүрэн анхаарч, үүнээсээ өгүүлшгүй их жаргалыг амсдаг байна. Тэдгээр бодьсадва нарын хувьд сүсэг бишрэлээ улам бүр хөгжүүлэхэд нь шаардлагатай нөхцөл болсон энэрэл нигүүлсэл, билиг оюун хоёр өндөр төлөвшсөн байдаг ажээ.

Олон хүүхэд өсгөсөн туршлагатай эцэг эхийн адилаар Бодьсадва хүн хамаг амьтанд үйлийн үрийн шалтгаан, нөхцөл ямар их нөлөөтэйг таньж мэдэхийн тулд билиг оюунаа, харин хэрэг гарсан цагт үзүүлж чадахын тулд энэрэнгүй сэтгэлээ хөгжүүлсэн байдаг байна. Бусдыг гэсэн ерөөл залбирлынхаа хүчээр тэд эргэн тойрныхондоо үлэмж хэмжээний нөлөөг үзүүлж чаддаг байна.

Лам багш нь шавиа хэрхэн хөтөлдөг дээр жишээ авбал, шавь хичээлийг ойлгохгүй, төөрөгдлөөсөө болоод янз бүрийн муу бодлыг төрүүлэн, муу үйлийн үр тарихад хүрэх байтал багш шавиа зүдрээд байгааг олж мэдэн цаашид гарах уршигийг таньсны дунд энэрэх сэтгэлийн үүднээс түүнд ойлгомжтой нэг бичлэгийг зохиож уншуулснаар шавь ойлгож муу үйлийг үйлдэхээс зайлсхийх нөхцөл бүрдэнэ.

Энэ тохиолдолд багш өөрийн үйлийн үрийн хандлагыг ашиглан байдлыг таних, шавьдаа туслах гэсэн хоёр зорилгод хоёуланд нь ашигласан байна. Багшийн хүсэл хэчнээн их байлаа ч тэдэнд үйлийн барилдлага үгүй бол хүслээ гүйцэтгэж чадахгүй билээ. Ямар нэг учрал бүрийн цаана нийтлэг үйлийн үр оршдог. Үүн дээр үндэслэн багш шавьдаа туслах хүслээ гүйцэтгэж чадаж байна. Эцэст нь шавь өөрийн зүгээс олдсон боломжийг ашиглах боломжтой болж байна. Эцсийн эцэст өөрийн зуршилт хандлагыг өөрчлөх эсэх нь тухайн хүнээс өөрөөс нь шалтгаалдаг билээ. Багш хэчнээн чадалтай байгаад өөрийнхөө бодлыг өөрчлөх хүч шавьд л байхаас багшид үгүй юм.

Боломж олгодог орон бол туйлын үнэний мөн чанарыг харуулсан билгүүнийг хөгжүүлэх гэх мэт хүссэн үр дүнг маань бий болгодог нөхцөлүүд бүрэлддэг цаг хугацаа, орон зайн цонх билээ. Бодьсадва хүн өөрийн барьсан байгууламжаа идэвхтэйгээр засан хэлбэржүүлж, өөртэйгөө үйлийн барилдлагатай тэдгээр амьтдын тусын тулд энэ орныг бүтээдэг ажээ. Бодьсадва нар ийм боломжит орныг бидний нүдэнд харагдахаар сүм дуган бариулах, ном судар бичих, номлох зэргээр гүйцэтгэнэ. Энэ бүхэн хамаг амьтанд Бурханы Номтой учирч шимийг нь хүртэх хүртэл хэрэгтэй түр зуурын нөхцөлүүдийг бүтээж өгч байдаг байна.

Бусдын тусыг бүтээх Бодьсадва хүний чадлын хэмжээ түүний арвижуулсан буян хишиг ба билиг оюунаар хэмжигддэг. Түүний сэтгэл улам нарийсах тусмаа мэдрэмжийн бүр илүү нарийн түвшинд хүрч ажиллах боломжтой болно. Ингэснээр мэдрэмжийн бүдүүн түвшнээс илүү өөр түвшний амьтадтай харилцах бололцоотой болдог ажээ.

Энд "бүдүүн түвшин" гэдгээр сэтгэлд ургасан үзэгдлүүдэд машид татагдан үүсгэгддэг онцгой тогтворой, тодхон мэдрэгдэх түвшинг хэлдэг. Жишээ нь, усыг аваад үзэхэд хөлдөхөөрөө мөс, хайлахаараа шингэн хэлбэртэй болдог. Мөс хатуу, цул байдаг бол ус хэлбэр дүрсгүй билээ. Бид бүдүүн мэдрэмжийг яг л мөс гэж үзнэ. Нэг л тохиргоог хөлдөөж юмуу гэсгээж үзээд байгаа нь сэтгэл юм. Энэ бол мэдрэмжийн орнуудыг тусгах тусгай үйлийн үрийн хандлагаас шууд шалтгаалж байгаа хэрэг билээ. Энэ хандлага хүчтэй байх тусам үнэнийг давамгайлах байдлаар харсан хэвээр байх болно.

Гэхдээ сэтгэлийн энэ төлөв бол түр зуурынх юм. Шөнө бүхэн сэрүүн төлөв арилах үед зүүдний төлөвт шилжин орж хүний физик бодит байдал хүчин чадлаа алдан үнэний үзэгдэх байдлыг мэдрэхэд нэмэргүй болж хувирна. Мөс хайлаад ус болчихтой адил хамаагүй илүү нарийн бөгөөд уян хатан зүүдний төлөв илүү өргөн хүрээг хамарсан үйлийн хандлагаар нөхцөлдөн гарч ирнэ. Тэр төлөвт орох үед сэрүүн үеийн мэдрэмж боломжгүй мэт санагдах болно. Тодхон зүүдэнд умбах боломжтой болсон хэн ч байсан газрын татах хүч хийгээд амьсгалах, унтах, идэх гэхчилэнгийн бусад байгалийн хууль тэнд ямар ч хамаагүй, тэр бүү хэл орон зай, цаг хугацааны хязгаар ч гэж үгүй болохыг хэлэх болно.

Нэгэн амьдралын туршид бид бүдүүн ба нэлээд нарийн түвшний мэдрэмжүүдийн хооронд савлаж амьдардаг бөгөөд үйлийн хүч барагдаж энэ туршлага мэдрэмжийн орон бүрэн үгүй болох хүртэл энэ маягаар үргэлжлүүлдэг. Мэдрэмж, туршлага үгүй болох тэр үйл явцыг бид "үхэл" хэмээн нэрлэдэг билээ. Тэр үед сэтгэл биэс бүрэн салснаар энэ орчлонтой холбогдсон мэдрэмж таслагдана. Бодит биэс салснаар бидний ухамсрын үргэлжлэл дараачийн үйлийн үр боловсрон шинэ орныг мэдрүүлэх хүртэл зүүд лугаа зуурдын төлөв байдалд оршиж байдаг байна.

Ухамсарлахуйн өндөр түвшинд хүрсэн Бодьсадва хүн энэ үеэ ухамсарласнаар нарийн мэдрэмж туршлагын орны бодьгалуудтай харьцаж чаддаг. Ийм түвшинд хүрсэн Бодьсадва хүн амьтны нөхцөл байдлыг зөв үйлийн барилдлагаар амжилттай нөхцөлдүүлж л байвал сэтгэлдээ багтсан ямар ч байдалд тэр даруй хувиран үзэгдэх бололцоотой байдаг. Ухамсрын хүч хийгээд тогтвортой байдлынхаа тусламжтайгаар ижилхэн ухамсрын нарийсалтын түвшин бүхий сэтгэлтнүүдийн мэдэрч чадах ертөнцийг тэд байгуулж чаддаг ажгуу.

Ийм боломжит орныг зүйрлэх жишээ бол "нэгэн хүсэлтэй байх" гэсэн ойлголт юм. Ийм тохиолдолд Бодьсадва хүн ертөнцийн орны ерөнхий нөхцөлийг бүтээгээд зогсохгүй түүнтэй барилдлагатай амьтан болгон өөр өөрсдийн үйлийн хандлагаар тэр орныг мэдрэх явдлыг мөн давхар хариуцдаг байна. Тэнд оролцсон бүх амьтны үйлийн хандлагуудыг асар ихээр тэнцүүлэн тэгшлэх явдлыг бүтээсний дүнд л тиймэрхүү төрлийн орныг мэдэрч болдог ажээ.

Ийм замаар Бодьсадва хүн ямар ч аргаар хамаагүй амьтны тусыг бүтээхийн төлөө өөрийн хүч чадлыг бололцооны хэрээр үр дүнтэй ашиглахад зорьдог байна. Хамаг амьтны ухамсрын сэтгэл нарийсах тусмаа тэдгээр бодсадва хүмүүсийн нөлөөллийг хүлээн авах чадвартай болж ирдэг учраас бодьсадва хүний чадвар хийгээд хамаг амьтны хүлээн авах тэрхүү чадамжийн нэгдлийн дүнд нэгэн агшинд боломжийн тоолшгүй орнууд үзэгдэх бололцоотой гэсэн үг. Зарим орнууд маш тусгай түр зуурын нөхцлүүд бүрдсэн байхад суурилдаг бөгөөд богинохон хугацаанд оршдог бол нөгөө бусад нь хамаагүй илүү тогтвортойгоор барахгүй мянга биш бол зуу зуун жилээр ч үргэлжлэн орших боломжтой байдаг ажээ. Боломж олгодог орнууд хэр удаан оршин тогтнох нь бүтээсэн сэтгэлээс буюу тэр амьтны сэтгэлийн хүчнээс нь шалтгаалж байдаг байна.

***

Одоо бид цаашдаа Шамбалын оронтой манай ертөнц ямаршуухан өвөрмөц үйлийн үр, тавилангаар холбогдсоныг тодруулах тал дээр анхаарлаа хандуулах болно. Бодьсадва хүний ерөөл залбирал бидний өөрсдийн тавилан заяатай нийлээд энх амгалангийн орныг бүтээх бүрэн боломжтой юм. Хэрвээ бид үлдсэн богинохон амьдралаа үүнд чиглүүлэх юм бол энэ бүх орнуудыг үзэж, олгон буй завшааныг нь ашиглах бүрэн боломж та бидний сэтгэлд бий.

-Шамбалын Дээд Орон -
Бодьсадвын ариун орны уламжлалт дүрслэл

Шамбалын Орны Үзэгдэх Байдал

Хаана, ямар газар амьдарч буйгаа ажиглаж нэг үзнэ үү. Дэлхий гэдэг ертөнц дээр та амьдарч байна. Нарны аймгийн гурав дахь гариг буюу амьдрал цогцолсон цорын ганц \бидний мэдэж байгаагаар\ гараг билээ. Энэхүү нарны систем өөрөө түүнээс хамаагүй том галатикын нэг жаахан хэлтэрхий юм. Бид, хүн амьдарч болохоор тоо томшгүй олон гарагуудын алинд ч биш, яг энд л амьдрахаар заяагдсан. Ганц би биш хэдэн тэрбумаараа тэр шүү дээ.

Та бид балар эртний зарим иргэншил юмуу, нэн эртний Неандерталь бус яг энэхэн үеийг эзэгнэн, өөрийн гэсэн өвөрмөц шинж болоод бас ч үгүй элдэв сорилт, даваатай төржээ. Бидний зарим маань хөгшин, зарим нь залуу байлаа ч яг одоо, энд энэ амьдралыг хамтдаа туулж явна.

Энэ бүгдийн аль нь ч санамсаргүй явдал биш ээ. Эхлэл үгүй цагаас тогтоосон тоо томшгүй олон янзын үйлийн барилдлагаас тэр бөгөөд эдгээр үйлийн холбоос биднийг цавуу мэт холбож, хаана амьдарч байгаа хэн гэдгээс үл хамааран бид цаг үе, газар орон гэдэг хоёр нийтлэг үндсэн нөхцөлтэйгөөр оршиж байдаг. Эдгээр барилдлагыг сайтар ухамсарлах юм бол бидэнд ашигтай тодорхой нөхцөл байдал гарч ирж болохуйц нэлээд азтай үед төрсөн гэдгийг ойлгох болно. Тиймээс хувьтай төрсөн нэгэнд нь үзэгдэж болох өвөрмөц завшааныг олгон буй нөхцлүүдийг доор үзүүлбэл:

1. **Шамбалын дээд хаант улс манай дэлхийд бүтсэн явдал:** Энэ дэлхийн олон амьтны хэмжээлшгүй их асрал, энэрэл нигүүлсэл бүхий ер бусын гайхамшигт үйлийн барилдлагаар, гүнзгий ухамсарласан Бодьсадва нар манай ертөнцөд Бурханы сургаалыг авлага болгон дадуулах хүсэлтэй болгонд тохиромжтой нэгэн газар бий болгохын тулд Шамбалын Дээд орныг бүтээхэд хүрсэн юм. Энэ орон яг одоо бидэнтэй зэрэгцэн оршиж түүнийг үзэх шалтгааныг бүтээсэн хүмүүст л үзэгддэг байна.

2. **Бурхан багш номын хүрдийг эргүүлсэн явдал:** МЭӨ 7-р зууны үед Шагжамүни Бурхан гэгээрэлд хүрч, хувьтай төрсөн шавь нартаа 50 гаруй жил ном айлдсан билээ. Бидэнд тухайн цаг, оронд төрж өсөх хувь дутсан ч Бурханы сургаал өнөөг хүртэл оршсоор байж, ойролцоогоор хагас тэрбум хүн энэхүү сургаалыг өдөр тутмын амьдралдаа хэрэгжүүлж яваа билээ.

3. **Бурхан багш Цагийн хүрдний дандарын сургаалыг айлдсан явдал:** Шамбалын хааны хүсэлтийн дагуу Бурхан багш дандарын номын хүрдийг

эргүүлж Цогт Цагийн хүрдэн хэмээх Хаан Дандарын сургаалаа айлдсан билээ. Энэхүү гүнзгий хийгээд өргөн хүрээг хамарсан сургаал ухамсрын нарийн төлөвт орших Шамбалын оронд 1700 гаруй жил хадгалагдан байгаад эцэст нь Энэтхэгт уламжлагдах аз тохиосон байна. Тэндээс улмаар Төвөдөд дэлгэрч цаашлан дэлхий нийтэд танигдах болжээ.

Тэрбумаар тоологдох бусад ертөнцийн системийн хаана ч энэ гурван нөхцөл ингэж бүрэлдэж чадаагүй гээд бодохоор энэ газарт, энэ цаг үед төрсөн маань юутай золтой тавилан бэ хэмээх бодол өөрийн эрхгүй төрөхгүй гэж үү. Цагийн хүрдний сургаалын ачаар бид Шамбалын орон гэж байдгийг мэдсэн. Шамбалын орныг гүнээ ухамсарлан тэнд төрөх хүслийг төрүүлснээр Цагийн хүрдний сургаалыг анхааран авлага болгож эхэлдэг. Энэ замаар замнаснаар бид Шамбалын орны харьцангуй түвшинд үзэгдэхийн үйлийн барилдлага тогтоогоод зогсохгүй цаашлаад туйлын түвшнийг нь ч нээж болох билээ.

Үйлийн үрийг өөрсөндөө ашигтай байдлаар өөрчлөх замаар Цагийн хүрдний ёсон дахь чадварлаг нөлөөлөх аргуудыг хэрэглэн хэн боловч Шамбалын орны амгалан зохицлыг мэдэрч чадах ажээ. Шамбалын оронд бусад ариун орнуудын адилаар дан ганц гуйвшгүй итгэл бишрэлтэй байснаар хүрдэг биш юм. Харин гарцаагүй үр дүнд хүргэх тэр үйлийг бүтээхэд суурилдаг. Хүссэн үр дүнгээ үзэх тал дээр Цагийн хүрдэн шиг хүчирхэг ёсон хаа ч үгүй бөгөөд та бидэнд л түүнтэй холбогдох ховор тавилан заяажээ.

ШАМБАЛ ХЭРХЭН ҮЗЭГДДЭГ ВЭ?

Бидний өмнө ярилцсан ёсоор үнэний туйлын мөн чанар болон Шамбалын туйлын мөн чанарыг ухамсарлах хоёр нэгэн утгатай гэж хэлж билээ. Нэг зүйлийг хоёр өөр талаас нэрлэсэн байдал бөгөөд бүхий л юмс үзэгдэл энэхүү туйлын мөн чанараас ургадаг болохоор тэд салшгүй хэсгүүд гэж болно. *Туйлын Шамбалд* саатан орших гэгээрсэн сэтгэлтний зүгээс харах юм бол нэг үзэгдэл ба өөр нэг үзэгдэл хоёрын хооронд ялгаа гэж үгүй.

Энэ шалтгааны улмаас Шамбал хэрхэн үзэгдэх вэ гэдгээр бид хамаг амьтанд хэрхэн үзэгдэхийг хэлж байгааг санах хэрэгтэй. Зөвхөн тэдний зүгээс л бид өөр мэдрэмжийн орныг ялгаж чадна. Зарим орон илүү нарийн эсвэл бүдүүн байж болох хэдий ч тэд бүгд цаанаа буй нэгэн чанарын өөр өөр илэрхийллүүд байдаг. Тэд бүгд үнэнийг гүнзгий түвшинд нь мэдрэх тус тусын харьцангуй түвшний аргуудтай байдаг байна.

Тэгэхээр өөр өөр мэдрэмжийн орнуудыг Шамбалтай ямар холбоотой болохыг нь ойлгохын тулд тус бүрийн онцлох мөн чанараар нь хоёр бүлэгт хувааж болно:

1. **Янагуух утга:** Эхний бүлэг бидний сүсэг бишрэлээ хөгжүүлэх хэрэгт таатай нөхцөл бүрдүүлэхэд чиглэсэн завшаант орнуудыг төлөөлнө. Үйлийн үрээр бүтсэн эдгээр орнууд бясалгагч нарт түр орогнох газар болон үйлчилж цаашаа амжилттай ахихад нь тусалдаг байна. Гэхдээ харьцангуй чанартай бөгөөд

бясалгагчдын сүсэг бишрэл, оюун санаа хөгжиж тодорхой шатанд хүрэх үед хэрэгцээгүй болон орхигддог байна.

2. **Чинагуух утга:** Энэ бүлэгт Шамбалын орны туйлын мөн чанарыг ухамсарлах боломцоо олгоход чиглэсэн тэдгээр орнууд багтана. Мөн чанарын хувьд хормын төдийд бий болж болох тул тэдгээрийг ашиглахын тулд бясалгагчийн зүгээс асар их дадлагажилт шаардлагатай. Эдгээр орнууд сэтгэлийн маш нарийн түвшинд хүрэх хаалгыг нээж өгөх тул цаашаа төгс гэгээрэлд хүрэх зорилгоор буян хишиг, билиг билгүүнээ төгөлдөржүүлэхэд ашиглаж болох ажээ.

Дараачийн бүлгүүдэд зарим орнууд *Бурханы Гурван Лагшин*-тай \нирманакая, самбогакая, дармакая\ холбогдон нэрлэгдэхийг та ажиглах магадлалтай. Энэ бол орон болгоны орших сэтгэлийн гүний түвшнүүдийг хэлж байгаа болохоос тэдгээр нарийн түвшинд хүрэх нарийн ухамсарлахуйтай андуурч болохгүй. Эдгээр нэрсийг анх дуулж байгаа зарим хүмүүст зориулж тайлбарлавал, тэд цөм санскрит үгс бөгөөд гэгээрсэн сэтгэл өөр өөр амьтанд хэрхэн үзэгдэхийг илэрхийлж байгаа юм. *Дармакая* \номын лагшин\ нь Бурханы сэтгэлд туйлын үнэний үзэгдэх байдал, *Самбогакая* \төгс жаргалант лагшин\ нь ухамсарлахуйн гүнзгий түвшинд хүрсэн Бодьсадва хүний сэтгэлд үнэний үзэгдэх байдал, *Нирманакая* \хувилгаан лагшин\ нь бусад хамаг амьтанд туйлын үнэн хэрхэн үзэгдэх тэр байдал юм.

ШАМБАЛЫН ОРНЫ ЯНАГУУХ УТГА

Үүнийг ойлгох гэвэл Шамбалын орон бүдүүн сэтгэлд хэрхэн үзэгдэх ба нарийн сэтгэлд хэрхэн үзэгдэх вэ гэдгийг ялгаж үзэх хэрэгтэй. Амьтны сэтгэл нарийн руугаа ойртох тусам мэдрэмж нь бас нарийсдаг гэж бид ярьсан. Энэхүү уян хатан сэтгэл Бодьсадва нарын хувьд нөлөөллийн хүчтэй хэлбэр үүсгэх болон дадлага бясалгалаа хийх илүү таатай нөхцөлийг бий болгоход тусладаг бол бүдүүн сэтгэлтнүүдийн хувьд дүрст үзэгдэлд хэт автсан байдгаараа Шамбалын орны гайхамшгийг бүрэн дүүрэн үзэхийн оронд түүний зарим талын өчүүхэн хэсгийг мэдэрч байдаг ажгуу.

Шамбалын Орны Шинжийг Хадгалсан Орнууд

Эхний бүлэг орнууд Шамбалын орны ямар ч энгийн хүнд мэдрэгдэж болох тийм түвшинг төлөөлнө. Хайр энэрэлийн сэтгэлд л үндэслэсэн бол аль ч мэдрэмж энэхүү хамгийн суурь түвшинд багтаж болно. Хоёр хүний хоорондын хайр, чин сэтгэлийн туслалцаа дундаас амгалан энхийн орон аяндаа төрөн бий болдог. Энэ чанар бол Шамбалын хамгийн *гол шинж* мөн.

Дараачийн түвшинд, сүсэг бишрэлийн дадлага бясалгалаар амгалан энхийн орон ургаж болно. Энд бид Цагийн хүрдний бясалгалыг онцлон хэлээгүй билээ. Хайр энэрэлд суурилсан аль ч үнэн сүсэг бишрэл амгалан энхийн орныг гарцаагүй үүсгэнэ. Сүсэг бишрэлийн эдгээр замууд энэхүү мэдрэмжиндээ аль болох олон хүнийг хамруулах чадварлаг аргуудыг өөртөө агуулсан байдаг бөгөөд үүнийг Шамбалын орны *өргөн цар хүрээт шинж* гэнэ.

Олон хүн сүсэг бишрэлийн замаар замнах тусам хайр энэрлийн чанаруд улам их нөлөөтэй болж ирнэ. Аажимдаа хоёр өөр бүлгийн хоорондын зааг арилж нэгдэн мэдрэмжийн маш том суурийг бий болгодог байна. Үүнийг Шамбалын орны *үл ялгаварлах шинж* гэнэ.

Дээрх чанаруд дадал зуршил болон бэхэжсээр нийгмийн үнэлэмж улмаар өөрчлөгдөнө. Зовлон ба зөрчил тэмцэлд хүргэдэг байсан үйлүүд амгалан энхийн шалтгааныг бүтээхэд чиглэж билиг оюун, мунхаг сэтгэл хоёрын тулаан дээд цэгтээ тулах болно. Олныг хамарсан хайр энэрлийн үрээр саруул билиг ухааны үүд нээгдэж хүчирхэгжихэд хамаг амьтан нийтээрээ билиг оюуныг бишрэн дагаж, хүн хүнээ гэсэн гэгээрсэн нийгмийг үүсгэхгүй байхын аргагүй. Үүнийг Шамбалын орны *нэгдмэл шинж* гэнэ.

Энд бүгд бүдүүн сэтгэлтний хүрээнд яригдаж байгаа тул өвдөх, үхэх, өтлөх зэргийг үргэлжлүүлэн мэдэрсээр байх болно. Бидний мэдэх өөр олон асуудлууд ч мөн байсаар байж мэднэ. Ялгаа нь гэвэл саруул билиг оюуныхаа хүчээр тийм нийгэм цөөхөн хэдэн хүний төлөө бус хамаг амьтны тусын тулд асуудлуудыг амархан шийдэж чадах болно. Байгаль орчин ба хүмүүсийн хооронд тэнцвэртэй байдал бий болон, дайн тулаан хийгээд хүний гараар үүсгэгддэг гамшиг зэргээс татгалзсанаар, жинхэнэ аз жаргалд хүрч чадах чадвараа ухамсарласан хүмүүс тэр зүгт амьдралаа чиглүүлэх эрх чөлөөтэй болох нь зайлшгүй. Ийм нийгмийг бид байгуулж чадвал нарийн түвшин дэх Шамбалын оронтой харьцуулахад гүндуу ч гэсэн бүдүүн сэтгэлийнхээ энэ түвшинд олон талаараа амгалан энхийг цогцлуулсан газар хэмээн тооцогдох бус уу.

Хувилгаан Лагшинт Шамбалын Дээд Орон

Гэгээн Бодьсадва нарын залбирал хийгээд хамаг амьтны сайн үйлийн үрийн боловсролоор бидэнд боломж олгосон завшаант орнууд урган бий болдог билээ. Ухамсрын нарийн түвшиндээ, өөрийн бүтээлч сэтгэлгээний хязгаараас өөр хязгаар үгүй Бодьсадвын гүнзгий ухамсарлахуйн хүчээр хамаг амьтны тусын тулд зориулан юу хэрэгтэй тэдгээрийг бүтээснээр *Шамбалын дээд хувилгаан орон* буй болмуй.

Шамбалын орон үргэлж ийм нарийн сэтгэлийн орон байгаагүй тухай бид дараагийн бүлэгтээ өгүүлэх болно. Эхлээд сэтгэлийн нэлээд бүдүүн түвшинд эхэлсэн бөгөөд цаг хугацааны туршид Цагийн хүрдний сургаалын нөлөөгөөр одоогийн байгаа төлөвтөө хүрсэн түүхтэй. Тэндхийн өнөөгийн байдал ч мөн Цагийн хүрдний сургаал өргөн тархсаны нөлөө гэж болно. Тэдний хоорондын холбоо 2500 гаруй жилийн өмнөөс үүсэн өдийг хүртэл батжин ирсэн гэж үзвэл Цагийн хүрдний зам Шамбалын оронд хүрэх хамгийн дөт зам яахын аргагүй мөн билээ.

Зарим хүний хувьд Шамбалын хувилгаан орон сайхан үлгэр домгоос үл хэтэрнэ. Тийм хүмүүсийн хувьд өөртөө итгэх итгэл нь бага мөртлөө эргэлзээ нь харин өндөр хувьтай байгаагаас тэр юм. Тодорхой сайн мэдлэггүй, дээрээс нь итгэл дутмаг байвал тэр ариун орныг үзэх бололцоо уг хүний хувьд үнэхээр хязгаарлагдмал байхаас аргагүй.

Эдгээр бэрхшээлийг даван гарахын тулд бидэнд итгэх, аливаа зүйлийг ил тодорхой үзэх гэсэн хоёр чанараа хөгжүүлэх чухал хэрэгтэй. Бодол оюундаа ойлгосны эцэст итгэл бишрэлийг хөгжүүлж болох хэдий ч туршлагаар хөгжүүлбэл хамаагүй хялбар билээ. Цагийн хүрдний сургаалыг судалснаар бид тэр мэргэн оюуны цаана нуугдсан санааг харж эхэлдэг. Үүнээс үүдээд үйлийн үрд итгэх итгэлээ нэмэгдүүлснээр Шамбалын орон шиг ийм газар байж болно гэдгийг ухаарах юм. Бид өөрсдийгөө Шамбалын орны дүрслэлтэй танил болгон хэвшүүлэх хэрэгтэй ба дотроо маш тод үзэж сурах ёстой. Энэхүү тодхон дүрслэл маань бусад Бодьсадва нарын дүрслэлтэй холбогдон бидний нарийн сэтгэлд дээдийн завшаант орныг үзэх нөхцөлийг бүтээх болно.

Дахиад бид уран зурагны жишээг татвал, олон оюутнууд зургаа зурж эхлэхэд бэлхэн самбарынхаа өмнө сууцгааж байна гэж бодоцгооё. Багш тэдэнд зургийн сэдэв, үндсэн санаа, гол гол элементүүдийг детальчлан хэлж өглөө гэж бодъё. Олон деталь оролцуулан зурж чадсан сурагчийн бүтээл багшийн дүрслэлтэй илүү ойртож очих нь ойлгомжтой. Тэгэхдээ бас тэдний зураг ерөнхийдөө нэлээд ойролцоо болно гэдгийг мартаж болохгүй. Дээр нь хувь хүний ойлгож авах хэв маягаас шалтгаалаад зураг болгон дор бүрнээ өөрийн өвөрмөц шинжийг хадгалсан байх нь лавтай.

Энэ жишээнд багш нь Бодьсадва-Шамбалын Хааныг төлөөлж Цагийн хүрдний сургаалтай хэрхэн учирснаа ярьсан гэж үзвэл сурагч бүхэн даавуун дэвсгэр дээр саяын сонссон түүхийн талаар өөр өөрийн үйлийн үрийн хувилбарын дагуу буулгах болно. Тийм учраас Шамбалын орныг мэдрэхийг чин сэтгэлээсээ хүсэж байвал одоо түүхийг сонсож дүрслэлийг авцгаая:

Шамбалын Орчин

Энэ орон бүхлээрээ нэвтрэх аргагүй өндөр бөгөөд зузаан мөсөн уулаар хүрээлэгдсэн нь манай дэлхийн хамгийн аварга уул ч хажууд нь одой гэж хэлэгдмээр ажгуу. Уулсын гадаад тал нь нүцгэн, хадархаг, дээшлэх тусам улам тэсгим хүйтэн, бүр л тааламжтай бус болох бөгөөд амьдрал байна гэх ор мөр ч үгүй зөвхөн хүйтэн жавар цас мөс л тэнд ноёрхоно. Махан биеэр энэ уулын бэл ёроолд ч хүрч очих оролдлого хийнэ гэдэг боломжгүй хэрэг.

Болор мэт гялтганах мөсөн оргилууд нь дугуйран доошилж хадат асга болон хувирснаа доошлох тусам өтгөн шигүү ширэнгэ ой руу шурган үзэгдэхгүй болж байна. Бас доошилбол бөмбөгөр толгодуудад хүрч эцэст нь өргөн сайхан хөндийд тулж очиход хязгаар оргил дахь нөгөө хүйтэн зэврүүн агаарын оронд хүйтэн ч биш халуун ч бишээр мэдрэгдэх урин хаврын таатай агаар цээж тэнийлгэм. Нар, сар үгүй, тэнгэрт од ч бас үгүй. Түүний оронд хөрст газар өөрөөсөө дулаан гэрэл ялгаруулан, хүн хийгээд амьтдын хэрэгцээнд тохирсон туяаг цацруулна. Энэ туяа уулсын мөсөн оргилд хүрч ойсноор тансаг гоёмсог гэгээ талын солонготой сүлэлдэн тэнгэрт эрхлэх нь манай дэлхий дээрх туйлын туяаг санагдуулна.

Хаант улс руу дотогшоо хараагаа тусгаваас найман дэлбээт лянхуа цэцгэн хэлбэртэй найман хязгаар аймаг тэрэгний дугуй голтойгоо буй мэт тойрог үүсгэх бөгөөд хоорондоо тэнгэр баганадсан өндөр уулс хийгээд урсгал мөрөн гэх мэт байгалийн хилээр заалгагдан оршино. Гадаад хүрээлэл болсон уулсыг бодвол эдгээр уулс тод ногоон нугуудаар дүүрсэн нь нэг хаант улсаас нөгөө рүү аялан зугаалах таатай боломжийг олгох ажээ. Аймаг болгоны газар орны өнгө үзэмж хоорондоо адилгүй, тансаг мөртлөө өтгөн саглагар өвс, үзэсгэлэнт ой хосолсноороо онцгой өвөрмөц. Энэ газрыг бүрхэн сүлжилдсэн тоолшгүй олон гол горхи цэвэр тунгалаг рашаан мэт усаар амьтныг ундаалан гэгээ татуулах нь байгалийн энэ унаган үзэсгэлэнг улам чимэглэх шигтгээ гэмээр.

Энэ газарт хүнээс гадна төрөл бүрийн гоёмсог ан амьтан дүүрэн. Тэд бол ариун газрыг харц булаам болгон чимэх үүргээ гүйцэтгэн буй Бодьсадва нарын хувилгаад билээ. Тэд туйлаас амар жаргалантай, байгалиасаа зохицолтой амьдрах бөгөөд бие биеэ алж идэх хэрэгцээ энэ газарт даанч үгүй. Шувуудын уянгалаг дуу сонссон бүхэнд таатай бөгөөд сонсголонтой уярам ажээ.

Дов толгод, өргөн талууд зүсэн зүйлийн цэцэгс хийгээд цэцгийн мандалт хүрээлэнгээр дүүрээд, газарт ургасан жимс ногооны ургац барагдаж дуусашгүй учраас тариалах ч, мөн хураах ч шаардлага үгүй гэнэ. Хүний хэрэгцээг хангах зүйлс цөм бүрэн, хаашаа ч явсан юугаар ч дутах нь үгүй.

Хязгаар аймаг тус бүрд арван хоёр хаант улс байгалийн хилээр заалгагдан оршино. Оршин буй хүмүүс юу хийж байгаа бүхнээ бусадтайгаа дуртай яа хуваалцах тул хаант улсуудын хооронд дайн дажин үгүй төгс зохицлоор аж төрөх ажгуу.

Арван хоёр хаант улс тус бүр арван сая хоттой. Тэдгээр нь өөрсдийн газар нутагтаа зөв тэгш хуваагдан байрших бөлгөө. Хотын барилга байгууламж амьтны хүслээр аяндаа урган босож, өөр өөрсдийн үйлийн үрээр зохицуулагдан, хот болгон нь соёл болон гоо үзэсгэлэнгийн өнгө уралдуулсан төвүүд болох ажээ.

Энэ газрын төв дунд сүрлэг гоёмсог нэгэн уул харц булаам хөндийнүүдээр хүрээлүүлэн орших бөгөөд Кайлаша уул хэмээмүй. Өөд гарваас янз бүрийн давхаргын ургамлын аймгуудыг үзсээр хамгийн оргилд гарвал түүний гол төвд нь Шамбалын орны нийслэл үзэсгэлэнт Калапа хот сүр жавхлантайяа үзэгдэх бий.

Хотын хоёр талаар лянхуа цэцгээр дүүрсэн нуур цааш тэнгэрийн хаяа хүртэл үргэлжилсэн дур булаам цэцэрлэгүүд түүнийг хүрээлжээ. Цэцэгсийн өнгө төрөл, газрын үзэмж энэ газрын хаа ч байхгүй тийм гоёмсог. Эндхийн өгүүлшгүй амгаланд саатахаар Шамбалын орны өнцөг бүрээс зүсэн зүйлийн амьтад айлчлан ирцгээнэ.

Калапа хот дугуйран дээшилсээр хааны ордонд хүрч очино. Дээшлэх тусмаа гудамжны байшин барилгын эрдэнэс, гантиг чимэглэл улам тансаг болж улам олон төрөл болох ажээ. Эцэст нь ордны үүдэнд буюу Шамбалын Хаадын өргөөнд бид тулж ирцгээнэ.

Ордны хана Цагийн хүрдний сургаалын хүчээр Шамбалын орон хэрхэн хөгжиж ирсэн түүх бүхий мэргэн Хаадын сэтгэл уярам түүхийг дүрсэлсэн бүтээлүүдээр чимэглэгджээ. Ордны төв дунд байрлах гоёмсог танхимд Шамбалын орны хаан ширээнд заларсан хийгээд ирээдүйд залрах гучин-таван хааны лагшний бодит хэмжээ бүхий хөшөөнүүд байрлах авай. Хаан суудлын ард өндөрт байрлуулсан хорин-дөрвөн мутарт Цагийн хүрдэн Дүйнхор \Калачакра\ бурхан өөрийн хамтрагч Вишваматаг өмнөө тэвэрсэн аварга шүтээн дүр үзэгдэнэ. Гэгээрсэн хот мандал дахь бусад ядам бурхадын зурагнууд шилэн хоргонд адраас бэхлэгдсэн байх ажээ. Энэхүү ер бусын танхимд орж ирээд ханьцашгүй дээдийн амгалан хийгээд энгүй гайхамшигт нь автан алмайрахгүй хүн гэж лав үгүй биз ээ.

Шамбалын орны иргэд

Энд төрөл олно гэвэл хүн маш эрчимтэй бясалгал дадлагын хүчээр үлэмж хэмжээний буян хуримтлуулсан байх шаардлагатай. Ингээд бодохоор эндхийн иргэд төрөлхийн буян хишиг нь дэлгэрсэн хүмүүс байх бөлгөө. Ялангуяа энэрэл нигүүлслийг тэд ер бусын ихээр дадуулсан хүмүүс байдаг байна.

Эх хүнээс хүүхэд төрөх үед жирийн төрөлт шиг өвдөлт үзэхгүй. Эцэг, эх хоёр хүүхдээ хязгааргүй хайрлах нь мэдээж боловч зөвхөн бид хоёрын хүүхэд гэж бас үзэхгүй. Хэн төрүүлснээс үл шалтгаалаад тэр орныхон бүх хүүхдийг тэгш хайрлана. Ингэснээр биологийн гарал үүсэлд хүндээр тулгуурласан гэр бүл гэдэг хязгаараас бүрэн ангижирсан байдаг ажээ. Хүүхдэд л хэрэгтэй бол хэн хүнгүй асран тойлоход ямагт бэлэн.

Хүүхдийг бүр жаахнаас нь эхлээд тухайн аймгийнх нь эрхэмлэн дээдэлдэг оюун санааны үзэлтэй танилцуулна. Шамбалын орон дахь бүх сүсэг бишрэл, оюун санааны систем болгон Цагийн хүрдний нэгээхэн хэсэг хэмээн тооцогдох тул өөр өөр аргууд зарим нэг хүмүүст илүү тохирдог гэдгийг тэнд хүлээн зөвшөөрнө. Үүний үр дүнд тухайн орны яг аль хэсэгт төрөх нь хүүхдийн үйлийн барилдлагаар шууд тодорхойлогдоно. Тийм учраас энэ орны хаа ч төрсөн байлаа гэсэн өөрийн хэрэгцээ чадавхад таарсан оюун санааны зам мөрд орох нь баталгаатай байдаг.

Оюун санааны хөгжил энд дэндүү хөгжсөн байдгаас хүүхэд бүх зүйлд ядах юмгүй хурдан суралцаж, амжилттай урагшлах нь бараг л дугуй унаж сурахтай адил, урьд насандаа дадуулж байсан зүйл нь дахин сэргэснээс гүнзгий бясалгалын түвшинд бага насандаа төвөггүй хүрч чаддаг болно. Энэхүү ахисан түвшний бясалгал нь тэдэнд янз бүрийн энгийн шид бүтээх увдис хайрладаг бөгөөд хол замыг богинохон хугацаанд туулах, янз бүрийн дүр үзүүлэх гэх мэтийн ер бусын чадваруудыг үзүүлж чаддаг байна.

Хоол, хувцас, орон байр хаа сайгүй элбэг тул мөнгө олохын тулд ажил юмуу худалдаа арилжаа хийх шаадлага огтоос үгүй. Дэлгүүр, зах, эдийн засаг тэдэнд хэрэггүй тул Шамбалын оршин суугчид оюун санааны чадвараа хөгжүүлэхэд гол анхаарлаа тавих бүх нөхцөлөөр бүрэн хангагдан оршино.

Энэ нийгэмд хүний махан биеийг гэгээрэлд хүрэхэд тус болох ариун зүйл хэмээн эрхэмлэн үзнэ. Энд бие махбод хүсэл тачаалд автах үндэс суурь болдоггүй тул энгэр зөрүүлэх хэргийг хэрхэн үр бүтээлтэй, ашиглах тал дээр л илүү чухалчлан суралцдаг байна. Секс өөрөө ичмээр зүйлд огт тооцогддоггүй бөгөөд мөн шунаад байхаар ч зүйл биш хэмээн үзэгддэг. Үүнийг тэд оюун санааны хөгжилдөө ашиглахад тустай, хүндтэй, үнэ цэнтэй зүйл хэмээн үзнэ.

Соёлын хувьд, тэдгээр хаант улсуудын засаг ноёд хот иргэдээ захирахад хүч хэрэглэх, хууль хэрэгжүүлэх шаардлага огтхон ч үгүй учраас хууль цааз тэнд байхгүй. 96 хаант улсын засаг ноёд цөмөөрөө оюун санааны үлгэр дуурайл болсон багш хүмүүжүүлэгч нар л гэсэн үг. Тэд цөм ухамсарлахуйн маш гүнзгий зэрэглэлд хүрсэн байдаг бөгөөд дадлага бясалгал хийсний хүчээр хүн юунд хүрч болдгийг олон шид увдисаар үлгэрлэн үзүүлэх ажээ. Тэдгээр бодгалиуд үнэндээ харанхуйг гийгүүлэх нарны гэрэл мөн бөгөөд туйлын үнэний зүг хүлгийн жолоог залагчид тэд гэж хэлж болно.

Хувь хүн Шамбалын аль нэг хаант улсад соёл урлаг, газар зүй гэхчилэнгийн аль нэг зүйлд татагдалгүйгээр өсөж торниод цаг нь ирэхээр бусад хаант улсуудаар аялан гэгээрлийн замаа улам ахиулан суралцаар явна. Хүмүүсийн холбоо харилцаа аль нэг бүлэгт багтахдаа гол биш харин ухамсарлахуйн аль хэр түвшинд хүрсэнээрээ хоорондоо нягт уялддаг аж. Улс даяараа нэгэн гэр бүл болохоор хамгийн ойрын холбоотой хүмүүс нь ижил төрлийн бясалгал хийгч нар байх жишээтэй.

Мөн багш шавийн холбоо энд маш нийтлэг. Шамбалын оронд хүн бүр дээд түвшинд хүрсэн нь доогуур түвшнийхэндээ багшлан хөтлөх үүрэгтэйгээ ойлгоно. Өрсөлдөөн гэсэн ойлголт ч үгүй болохоор бүгд хамтдаа зүтгэн, бусдыг хайрлах, энэрэх сэтгэл өндөр хөгжсөн учраас хэн нэгнээс айж болгоомжлох явдал гарахгүй харин итгэл төрөхдөө хамаагүй хялбархан ажээ.

Ухамсрын түвшин ахихын хэрээр тэндхийн иргэд аажмаар нутгийн төв рүү шилжин нүүж, жижиг гол мөрнүүд их далайд цутгах мэт нийлэн Кайлаша ууланд хүрч ирцгээнэ. Тэндээсээ тааламжтай цэцэрлэгт байрладаг Цагийн хүрдний гэгээрлийн хот мандалд хүрч очин ван авшиг хүртэж улмаар *Очирт Зургаан Йогийн* өвөрмөц дадлагад орон бясалгаснаар эцэстээ Шамбалын хаанд бараалхах эрхийг олж авдаг байна. Ийнхүү тэд Дүйнхор ядамтай нүүр учран золгож Шамбалын туйлын үзэгдлийг ухамсарлах нь энэ ажгуу.

Энэхүү дүрслэлийг уншиж байхдаа та зарим нэг санааг байж боломгүй юм хэмээн бодсон нь лавтай. Зөвхөн тэр орны өргөн уудам байдлыг нь л бодоход яаж манай дэлхий дээр багтах юм гэх биз. Тэр олон сая хотууд хаа байна? Сансраас харагдах болов уу? Бид нөгөө л дадсан аливаа юмыг тийм байх ёстой гэсэн атгаг буруу ойлголтоо сэтгэлийн нарийн түвшний уян хатан ойлголт руу шилжүүлэх гэж чармайж байгаагаас эдгээр асуултууд гарч байгаа билээ. Тиймээс эдгээр бэрхшээлүүдийг давж гарахын тулд дээрх үзүүлэлтүүдийг ойлгож болох хэдэн аргыг судалбал зохино.

Нэгдүгээрт, гаднаас нэвтрэх аргагүй хориг болж буй өндөр мөсөн оргилт уулсыг авч үзье. Энэ уулс Шамбалын орныг ухамсрын бүдүүн түвшний сэтгэлтэн мэдрэх боломжгүй гэдгийг илэрхийлж байгаа юм. Физик бодит ахуйн сэтгэлгээнээсээ салж чадаагүй байсан цагт Шамбалыг үзэх боломж үгүй бөгөөд сэтгэлийн нарийн түвшний нарийн мэдрэмжээр л нэвтэрч байж Шамбалын орон танд үзэгдэх боломжтой болно.

Хоёрдугаарт, Шамбалын орон өөр өөр хязгаар аймгуудад хуваагддаг гэсэн дүрслэл дээр тусган бодвол бие махбодынхоо хязгаарлалтыг бид хувиргачихсан болохоор одоо эдгээр хуваагдлыг зүгээр нэг газар зүйн тогтоц гэж үзэх аргагүй билээ. Тэдний уртраг өргөрөг гэхээсээ илүүтэй үйлийн үр дээр үндэслэсэн хуваагдал гэж үзэж болох юм. Шамбалын орон мөн л бидний адил үйлийн үрийн ахуйд байгаа гэдгийг санаж байгаа биз дээ. Тэндхийхэн цөм мөн л өвөрмөц үйлийн эрхэнд байж үнэнийг мэдэрч байгаа билээ. Хэрэв бид мэдрэмжийн өөр өөр орнуудыг адил төстэй талуудаар нь бүлэглэвэл хэлтэрхийнүүд нэгдэн аймаг, дараа нь хаант улс эцэст нь хотууд бүрэлдэж эхлэхийг харах болно. Энэ нь хүн болгон эргэн тойронд буй хүмүүсээс хэн нь илүү тус дэм болж чадаж байгаагаас шалтгаалан нэгдэл болж үзэгдэхийг зүй ёсоор харуулж байгаа юм.

Гуравт, нийслэл хот Калапаг Шамбалын орны бусад хэсэгтэй ямар холбоотой байгааг бодоод үзэгтүн. Калапа бусад аймаг улсуудаас илүү өндөрлөгт орших нь сэтгэлийн бүүр нарийн түвшинг тодорхойлж байна. Тэгэхээр Шамбалын орны хаана ч төрсөн байлаа гэсэн бүх зам зүй ёсоороо төв рүүгээ хөтөлнө. Энэ хязгаар аймгууд янагуух үнэнийг төлөөлөн, хүнийг нэг цагт чинагуух үнэнд ойртуулах л болно гэж үзвэл эцэстээ хаан ширээ байрлах ордны гол танхимд орно гэдэг өөрийн бурханлаг чанар буюу ухамсарлахуйгаа илрэн гаргаж байна гэсэн үг бус уу. Ингээд бодохоор Шамбалын орны газар зүйн зохион байгуулалт тэр чигээрээ хүний сүсэг бишрэл, оюун санааны хөгжлийн явцыг харуулж байна гэж хэлж болно.

Эдгээр жишээнүүд бол *Шамбалын Хувилгаан Орныг* илүү утга төгөлдөр талаас нь харуулах гэсэн аргууд билээ. Хязгааргүй энэрэл нигүүслийн сэтгэлт Бодьсадвагийн далай их буяны үрээр бүтсэн энэ орны дүрслэлийг бид зөв шалтгаан нөхцөлийг бүрдүүлснээр үзэх боломжтой юм гэдгийг л байнга санаж явах хэрэгтэй.

ШАМБАЛЫН ОРНЫ ЧИНАГУУХ УТГА

Шамбалын орны харьцангуй утгын ойлголтоор бид сүсэг бишрэлийн жинхэнэ дадлагад ороход зориулагдсан илүү тохиромжтой нөхцөлүүдтэй учрах болно. Энэ дадлага бидэнд туйлын үнэнийг олж харахад саад болж байгаа тэдгээр олон давхаргын саад бэрхшээлүүдийг арилгахад тусалдаг билээ. Сэтгэл ариусгалын энэ явц үнэмлэхүй үнэнд шууд хүргэх суурийг бэлдэж өгч буй бэлтгэлийн үе шат гэж тооцогддог.

Цагийн хүрдний сургаалаар, хоёрдмол сэтгэл уусан үгүй болох тэр хоромд л чинагуух үнэн гарч ирдэг аж. Ийм үед бясалгагч-егүзэр хүн туйлын үнэний хоёр шинжийг мэдэрч дараа нь тэдгээрийг бурханлаг чанараа илрүүлэх үндэс болгон ашигладаг байна. Үүнд:

1. **Хоосон-дүрс:** Хоёрдмол сэтгэл сулран алдарсаар туйлын үнэн маш тод үзэгдэж эхэлнэ. Бясалгагч энэ үед туйлын үнэн бол зүгээр ч нэг хоосон бус үнэн хэрэгтээ хязгааргүй их боломжоор дүүрэн юм гэдгийг ойлгодог. "Хоосон" гэдгээр сэтгэлд тусдаг урдчилсан атгаг сэтгэлээр аливаа зүйлийг бодитойд барих үзлийг няцааж, "дүрс" гэдгээр хооосны хязгаарыг няцаан гэгээрсэн чануудын үзэгдэх төлвийг хэлдэг байна. Өөрөөр хэлбэл хоёр хязгаараас ангид туйлын үнэн гэдэг энэ билээ.

2. **Үл-урвахуйн амгалан:** Туйлын үнэнийг ухамсарласан хором бүхэн хувиршгүй амгаланг авчирна. Эгэл жирийн хүний хувьд давхар давхар буруу бодолд баригдсаны улмаас ухамсар нь үнэнийг төөрөгдүүлж хардаг бол хоёрдмол сэтгэл ариусах тусам энэхүү баримтлал мөн багасдаг. Тэгсээр үл юунд ч үл шунах сэтгэл бүрэн ноёрхох үед маш нарийн түвшний амгалан таашаал мэдрэгдэнэ. "Үл-урвах" гэдгээр аливаа шуналаас ангижирсан ухамсарлахуй сэтгэл дэх аливаа үзэгдэлд эс хямрахыг хэлнэ.

Эдгээр шинжүүдийг зүгээр ухамсарлах ба төгс эзэмших хоёрын хооронд ялгаа бий гэдгийг ойлгох хэрэгтэй. Хормын төдийд хүн ухамсарлах нэг хэрэг, түүнийгээ дадал зуршил болгон хөгжүүлж амьдралдаа хэрэгжүүлэх өөр хэрэг.

Бясалгагч хүн анх удаа дотоод ухамсарлахуйтайгаа нүүр тулах үед ер бусын гайхамшигт боломж гарч ирдэг. Хэрвээ тэрхүү мэдрэмждээ саатан удаж чадах юм бол нарийн түвшний түйтгэрүүдийн ул мөрийг арилган мэдрэмжийнхээ бүр маш нарийн түвшнийг илрүүлэх боломжтой. Хичээнгүйлэн зүтгэсний эцэст тэр бүхий л давхаргын түйтгэрүүдийг бүрэн ариусаж дуусахад төгс гэгээрсэн бодгаль болон бүтэх болно.

Одоо "чинагуух үнэнийг яаж мэдрэх хэрэг вэ?" гэсэн асуулт зүй ёсоор гарч ирнэ. Үүнд хоёр үндсэн зам бий:

1. **Аяндаа ухамсарлах:** Төрөлхтөн бүрийн амьдралын явцад хоёрдмол ухамсар үгүй болж сэтгэлийн маш нарийн түвшинд хүрч ухамсарлахуй нь зөнгөөрөө сэргэх тийм тусгай үеүүд таардаг. Хэрэв сайн бясалгагч байгаад богинохон хугацаагаар үргэлжилсэн тийм завшааныг ашиглаж чадах чадвараа хөгжүүлбэл түүнийхээ тусламжтайгаар чинагуух үнэнийг илрүүлэх боломжтой.

2. **Зориудаар ухамсарлах:** Нэг л өдөр бүх зүйл байгалийнхаа ёсоор хураагдаж алга болно доо хэмээн хүлээж суухын оронд йогийн дэвшилтэт арга техникүүдийг хэрэглэн хоёрдмол ухамсар үгүй болох үйл явцыг зориудаар бий болгож болдог. Энэ техник бясалгагч хүнээс сэтгэлийн маш их дадал, хяналт зэргийг шаарддаг бөгөөд туйлын үнэнийг мэдрэх боломжоо ихээр нэмэгдүүлэх бололцоотой болдог ажээ.

Зориудын ухамсарлахуйг хүн оюун санаа, сүсэг бишрэлийн замыг дагаснаар бүтээж болдог бол зөнгөөрөө ухамсарлахуй зөвхөн үхэл амьдрал хоёрын зааг дээр нэг төрлөөс нөгөөд шилжих зуурдын явцад л бий болдог байна. Энэ явц ухамсрын ямар нэгэн хяналтгүйгээр явагдах тул туршлагагүй сэтгэлтний хувьд анзаарах ч үгүй өнгөрөх нь огт байгаагүйтэй адил гэж болно. Үхэл амьдралын хоорондын шилжилтийн үеийг ашиглаж сурахын тулд үхлийн үед явагддаг ухамсар үгүй болох үйл явцад ухамсраа хадгалан үлдэж сурахад амьд ахуй цагтаа дадлагажих хэрэгтэй.

Харьцангуй үнэний тухай ярилцахдаа бид сэтгэл бүдүүн давхаргаас нарийн руугаа шилжих гэсэн чиглэлээр явагдаж байсан бол нөгчих үед энэ үйл явц урвуугаар эргэж бид эхлээд маш нарийн сэтгэлийн хоёр өөр түвшин дэх чинагуух үнэн буюу туйлын Шамбалаг олж үздэг байна.

Нөгчих Үеийн Номын Лагшинт
Шамбалын Дээд Орон

Нөгчих үе гэдэг бие махбод сэтгэлээс дэмжлэг авахаа зогсоож уусах буюу өөрөөр хэлбэл бие, сэтгэл хоёр салах үйл явц юм. Заримдаа энэ явц маш түргэн \автын осол гэх мэт\ болж өнгөрөхөд заримдаа маш аажуухнаар \хорт хавдрын үе шатуудыг туулах гэх мэт\ явагдах бөгөөд хэр хугацаагаар үргэлжлэхээс үл хамааран үр дүн нь адилхан байдаг.

Эхлээд сэтгэл бүдүүн биетэй холбоо тасран хураагдаж алга болно. Үүнийг орчин цагийн хэлэнд *клиник үхэл* гэнэ. Буддын гүн ухаанд энэ бол үхлийн урьдчилсан үе шат бөгөөд тийм учраас хураагдах явцыг гүйцтэл цогцсыг эхний хэдэн цаг хөдөлгөлгүй ганцааранг үлдээх ёстой.

Бүдүүн бие сэтгэл хураагдсаны дараагаар хүний биеийн нарийн түвшинд мөн хураагдах үйл явц явагдан, хий махбод бие сэтгэлд бодлын хэв шинж бий болгоход тусладаг байсан бол энэ хий гүйхээ больсноор хоёрдмол сэтгэл аяндаа хураагдаж алга болно. Энэ хураагдах явцын төгсгөлийг *жинхэнэ үхэл* гэж нэрлэдэг. Ихэнх хүмүүсийн хувьд энэ нь "ухаан алдах"-тай адилавтар болж өнгөрөн сэтгэл мэдрэлээ алдахад юу болж байгааг огт мэдэхээ болино.

Энэ үед л та ухамсараа маш тодхон хадгалж чадвал хоёрдмол сэтгэл хураагдсаны яг дараагаар зөнгөөрөө гэгээрэх түрхэн зуурын боломж олдоно. Энэ үед үл урвахуйн амгалангаас өөр юу ч үл оршино. Хэрвээ та үүнийг танмж, үнэнийг ухамсарлан эндээ саатан үлдэж чадвал *Нөгчих үейин номын лагшинт Шамбалын орныг* олох болно. Энэ бол туйлаас төгс төгөлдөр энх амгалангийн газар бөгөөд энх амгалан, эв зохицол түүнээс аяндаа цогцолдог бөлгөө.

Төгс жаргалангийн лагшинт Шамбалын Ариун Орон

Үнэн Номын лагшинт орон нэгэн агшнаас жаахан илүүтэй хугацаанд үзэгдээд өнгөрдөг тул ихэнх хүмүүс энэ боломжийг ашиглаж чадалгүй өнгөрөөчихдөг. Тэдний хувьд нарийн энергийн биеэ хоёрдмол сэтгэлтэй эргэн холбогдох энгийн үйл явцыг даган, ухаангүй төлвөөсөө сэрж зүүдний үзэгдэл шигээр мэдрэгдэх зуурдын төлөвт аяндаа ороод явчихна. Юу болж байгааг ойлгохгүй хүмүүсийн хувьд нэг зүүдний ертөнцөөс нөгөөд шилжих мэт ойж явсаар эцэст нь шинээр бүдүүн биеийн төрөл авах нөхцөлүүд бүрэлдтэл ийнхүү явахад хүрдэг. Ингэсэн тохиолдолд тэдний нарийн бие ямар нэгэн хэлбэр дүрс бүхий бүдүүн биетэй холбогдон өөрийн эрхгүй дараагийн төрлийг авна.

Амьд ахуй цагтаа хоосон-дүрс үзэж дадлагажсан хүний хувьд зуурдын энэ үе Шамбалын чинагуух үнэнийг ухаарах бас нэгэн боломж байдаг. Үхлийн явцыг бид ойж буй бөмбөгтэй зүйрлэж болно. Бөмбөгний унал үхэх процесс явагдаж сэтгэл хураагдан үгүй болох үе. Бөмбөг газарт тусах тэр мөч хоёргүй ухамсрыг онох үе гэвэл үүний дараагаар чиглэлээ өөрчлөн буцаад дээш ойн эсрэг зүг рүү чиглэн хөдөлнө.

Энэ үеийг ашиглах гол түлхүүр бол мөн л ухамсраа хэр хэмжээгээр хадгалан үлдэж чадах чадвар юм. Ухамсар тод байхын хэрээр үйл явц удаан болж, удаашруулсан кино үзэх мэт бөмбөг газарт ойхыг харах болно. Хоёргүй сэтгэлийн агаарт та янз бүрийн хэв шинжийг хадгалсан гэрэл үзэх бөгөөд хоёрдмол сэтгэл дахин хэлбэржиж хараахан эхлээгүй байгаа тэр өчүүхэн чөлөөнд эдгээр үзэгдэл хоосон дүрс болохыг таних бололцоотой. Яг энэ мөчид тэдгээр дүрсэд ямар нэгэн байдлаар шунах үгүйгээр сэтгэлээ тогтоон саатаж чадвал *Төгс жаргалангийн лагшинт Шамбалын ариун орныг* аяндаа мэдрэх болно.

Энэ бол туйлын үнэнийг үзэх хоёргүй мэдрэмжийн орон билээ. Энд дүрс бүхэн ядам, дуу чимээ болгон тарни, бодол бүхэн билиг оюун байдаг. Энэ бол Шамбалын номын их хаан мэт ухамсрын гүнзгий түвшинд хүрсэн бодьгалуудын хүлээн авах байдлаар Цагийн хүрдний гэгээрсэн хот мандлын үзэгдэх унаган төрх бөгөөд хоосон-дүрсний чадварлаг аргуудын хүчээр туйлын төгс зохицлын ариун орныг үзэх нь энэ ажгуу. Энэхүү эв зохицлыг дагаад энх амгалан аяндаа ургадаг болой.

ШАМБАЛЫН ОРОН ХЭРХЭН ҮЗЭГДДЭГ ВЭ?

Бид Шамбалын орныг үзэх олон давхаргын зарим нэгийг нь жаахан тодрууллаа. Одоо ямар замаар тэнд хүрэх шалтгааныг бий болгох тал дээр анхаарлаа чиглүүлцгээе. Шамбалын орны зарим нэг талуудыг хөгжүүлэхэд тусалдаг өөр ёсон олон байх хэдий боловч ганцхан Цагийн хүрдний ёс түүний бүх талуудыг хөгжүүлэх төгс аргыг өөртөө агуулсан байдаг ажээ.

Бидний энэ бүдүүн мэдрэмжийн оршихуй дахь Буддын шашны сургаалын дотор Цагийн хүрдний нандин сургаал агуулагддаг билээ. Өмнөх бүлэгт хэлэлцсэн ёсоор *гурван зарчмыг* дадлага болгосноор Шамбалын орны хамгийн эхний давхаргад хүрч болно. Хүчирхийлэл үгүй, римэ ухаан, бүхнийг ариунаар харах гэсэн энэ гурван зарчимд тулгуурлан бид энэрэл хайрыг сэтгэлдээ цэцэглүүлэх шалтгааныг бүтээдэг билээ. Тэгээд дараа нь ойр орчмынхондоо нөлөөлснөөр бүх дэлхийг хамаагүй илүү зохицол бүхий нийгэм болгон өөрчилж ч болно.

Хэрэв бид Цагийн хүрдний сургаалтай танил дотно болж, энэрэл хайрын зарчимтай бат барилдлага үүсгэж чадвал, *Цагийн хүрдний зарим түвшиний бясалгалыг* дадуулан эзэмшиж, гэгээрсэн нийгэм үзэгдэх тэр цагт энд дэлхий дээр дахин төрөх шалтгааныг бүтээх бололцоотой. Дүйнхорын ван хүртэх, энэ урсгалын гэгээн багш нарын амьдралын түүхийг судлах, Цагийн хүрдний бэлтгэлийн зэргийг анхааран авлага болгох зэрэг энгийн аргуудаар энэ түвшинд бид хүрч болно. Зүтгэл, дадуулга их болбоос хүчтэй барилдлага батжих бөгөөд барилдлага бат бөх болбоос үр дүнг нь үзэх магадал өндөр байдаг билээ.

Хувилгаан лагшинт Шамбалын дээд оронд төрөхийн тулд хоёр тусгай нөхцөл шалтгааныг бүтээсэн байвал зохино. Эхнийх нь, *Шамбалын орны дүрслэлийг гарцаагүй зөв тогтоосон байх*. Энэхүү дадал үхлийн зуурдад таны мэдрэмжийг хэлбэржүүлж Шамбал руу татагдах хүчирхэг нөхцөл болж өгнө. Нөгөөх нь, *Цагийн хүрдний Очирт зургаан йогийг* дадлага болгох явдал. Энэ дадлага сэтгэлийн нарийн түвшинтэй ойртон танилцах боломж олгохоос гадна дахин бүдүүн биеийн төрөл авахаас сэргийлүүлэн улмаар Шамбалын дээд орон аяндаа урган төрөх бололцоог олгоно.

Очирт зургаан йогийн зарим шатыг гүйцээснээр нөгчих үед Төгс жаргалангийн ариун орон төдийгүй Шамбалын номын лагшинт орныг ч үзэх бололцоотой болно. Үхлийн үед болох үйл явцыг сайн дадал болгож үүнийгээ ухаан саруул байхтай хослуулж чадвал та аяндаа энэ хоёр орны аль нэгэнд очиж таарах бөгөөд хэр амжилттай болох нь хоосон-дүрс, үл-урвахуйн амгалан хоёрыг хэр эзэмшсэнээс тань шалтгаалах болно.

Эцэст нь та өөрийн үлдсэн амьдралаа Цагийн хүрдний замд бүрэн зориулан *Очирт зургаан йогийн бүх шатыг гүйцээж чадвал* Шамбалын орны үнэмлэхүй үнэний зориудын ухамсарлахуйд энэ насандаа хүрч болох билээ. Хоосон дүрс хийгээд үл урвахуйн амгалангийн нэгдэлд хүрснээр үйлийн хийг бүрмөсөн урвуулж өөрийн дотоод бурханлаг чанарыг илчлэн төгс төгөлдөр энх амгаланг төгөлдөржүүлж чаддаг билээ.

* * *

Энэ номыг уншиж буй зарим хүмүүсийн хувьд эдгээр өөр орнууд амьдралаас дэндүү хол тасарсан мэт бодогдож байж болно. Иймэрхүү үр дүнд хүрнэ гэдэг боломжгүй хэрэг шиг санагдаж ч болно. Надад лав тохирох зүйл биш өөр хэн нэгэн хүнд зориулагдсан гэж татгалзаж ч мэднэ.

Ихэнх хүмүүс хамгийн дээд талын үр дүнд нэгэн насандаа хүрч чаддаггүй гэдэг нь үнэн. Гэхдээ энэ нь таны зүтгэл талаар өнгөрлөө гэсэн үг биш юм. Хийж буй үйл хөдлөл бүхнээрээ та бурханлаг чанараа илрүүлэх үрийг тариалж байна гэсэн үг. Сүсэг бишрэлийнхээ хэмжээнээс үл хамааран урагшаа ахиад л байх хэрэгтэй. Хэн нэгэн хүнийг таны төлөө энэ алхмыг хийгээд өгнө гэж хүлээх хэрэггүй шүү. Нөхцөл байдал өөрчлөгдөхийг ч хүлээсний хэрэггүй. Та өөрийн жаргах цагийг л хойшлуулаад байна гэсэн үг.

Хэрвээ та гар хумхин хойш суугаад л байвал ямар ч ашиг олохгүй гэдгийг би баталгаатай хэлж чадна. Харин өөрт байгаа аль нэг боломжийг ашиглан Шамбалын орны шалтгаан, нөхцөлийг бүтээх ямар нэгэн зүйл хийвээс эрдэнэт хүний биеийг олоод зөв хэрэгт зарцууллаа даа гэж бодогтун. Эрт орой хэзээ нэгэн цагт тарьсан жимсээ боловсорч гүйцэхийг та харах болно. Тэгэхээр хүлээх хэрэггүй. Цаг байгаа дээр нь амжиж энэ олдсон боломжийг одоохон ашиглагтун.

Шамбалын Орны Хувьсал Хөгжил

Үйлийн үр яах ийхийн зуургүй үйлчилдэггүй, түүнд боловсрох хугацаа хэрэгтэй. Үйлийн үр таригдсанаас хойш түүний боловсрох хүртэл мянга мянган төрөл дамжин өнгөрч ч болно. Адармаатай үр гарах тусмаа л олон өөр нөхцөлүүд яг ёсоороо бүрэлдэх хэрэгтэй болдог бөгөөд хүн үрийг нь амсах улам амаргүй болдог байна.

Тиймээс яг энэ цаг мөчид бид энд байгаа нь ямар гайхамшигтай золтой учрал билээ гэдгийг та мэдэрч байна уу. Шамбалын номлол ийнхүү дэлгэрч, Цагийн хүрдний зам мөрийн бүрэн төгс сургаал түүхэнд анх удаа дэлхий нийтэд ил болж эхэллээ. Энэ нь бидний энэхүү урсгалтай үйлийн барилдлага үүсгэх хүчирхэг боломж олгоод зогсохгүй уг сургаалыг анхааран авлага болгох завшааныг ч мөн олгож байгаа билээ. Үүгээр бид Шамбалын дээд орныг үзэхийн шалтгааныг бүтээж чадна.

Ямар аргаар тийм үр дүнд хүрэх бол? Бодьсадва хүмүүс Шамбалыг хуруугаа инчдэхийн төдийгөөр бүтээчихсэн гэж үү? Үгүй, Шамбалын орон шиг бусдад завшаан олгосон ийм орныг нэг шөнийн дотор бүтээчихдэг юм биш. Мянга биш юмаа гэхэд зуу зуун жилийн туршид хамаг амьтанд үнэнийг ийм л замаар мэдрүүлэх боломжтой тэр бүх нөхцөлүүд аажмаар бүрэлдсээр бүтжээ.

Энэ бүлэгт бид сүүлийн хэдэн эрний турш Шамбалын орон хэрхэн өөрчлөгдөн хувирч ирснийг ярилцах болно. Эдгээр өөрчлөлтүүдийг сайтар ойлгосноор ийм орон хэлбэрээ олоход гол түлхүүр болсон хэд хэдэн нөхцөлүүд байдгийг бид таньж авах болно. Замын дагуу хаялсан талхны үйрмэг цуглуулах мэт явсаар Шамбалын орны гайхам замналын ерөнхий дүр зургийг гарган, бид ч бас өөрсдийн нийгмээ иймэрхүү болгон өөрчлөхөд юу хэрэгтэйг мэдэж авцгаая.

ШАМБАЛЫН ОРНЫ ГАРАЛ ҮҮСЭЛ

Шамбалын дээд орон байнга одоогийнх шиг ийм нарийн сэтгэлтний мэдрэх боломжтой орон байгаагүй юм. Шамбал цагтаа байдаг л бүдүүн сэтгэлтний хаант гүрэн байж харин хаан нь ухамсарлахуйн гүнзгий түвшинд хүрсэн Бодьсадвын хувилгаан байсан нь энэ орныг ийм өвөрмөц болгоход хүргэсэн ажгуу. Тэр Бодьсадва тоолшгүй олон галавт хураасан асар хүчтэй үйлийн барилдлагаар энэрэл хайрыг онцгойлон хэвшүүлсэн тийм хүмүүсийг соронздох мэт татан цуглуулж энэ олон сайхан сэтгэлтэн нэг дор цугларснаар Шамбалын ариун газар үүсээд зогсохгүй оюун санааны болоод хорвоогийн үйл хэргийн аль аль нь тэнд цэцэглэн хөгжсөн гэдэг билээ.

Шамбалын орныг Төв Азийн орчимд байрладаг гэж итгэцгээдэг байв. Үлгэр домгийн байдлаас үзэхэд ч Энэтхэгээс хойд зүг рүү Төвөдийн баруун хойд зүгт юмуу гэмээр дүрслэгддэг. Ямар ч гэсэн эртний түүхийн маш олон соёл иргэншлийн яг төв дунд байрласан болж таарч байна. Та Шамбалын гол газар зүйн байрлалыг түүний энхийг тохинуулагч хаантай хамтад нь авч үзвэл олон хүн тийш татагдах болсон нь тийм ч ойлгомжгүй зүйл биш болно.

Эхэндээ тийм ч томгүй жаахан улс байснаа удалгүй ойр хавийнхаа ерэн-зургаан аймгийг хамран тэлснээр хүн бүр өөр өөрсдийн итгэл үнэмшил, соёл иргэншлийг тээн ирж тэнд суурьшсан байна. Хатуужил тэвчээрт Хааныхаа мэргэн жолоодлого дор энэ олон өөр соёлууд нэг дор эв найрамдалтай зэрэгцэн оршиж эхэлсэн нь улмаар хавь ойрдоо алдаршин цуурайтаж, тосгод хотууд болон томорч хотууд нь мөн олон тосгодоор хүрээлүүлэн тэлэх болжээ.

Хаан тэдгээр хязгаар аймаг болгоноос хамгийн итгэл бишрэл, оюун санааны хөгжил сайтай хүмүүсийг сонгон олныг толгойлуулсанд аугаа энэрэхүй сэтгэл дүүрэн тэдгээр засаг ноёд иргэдийнхээ тусын тулд машид хичээнгүйлэн хөдөлмөрлөж, үйлийн үрийн хүчийг харуулсан хүчирхэг хууль гаргасан явдал иргэдээ төөрөгдсөн бодолд автахаас сэргийлэн хамгаалах зорилготой байв. Өрсөлдөөн үгүй хийгээд хүн хүнээ чин зүрхнээс хайрлах сэтгэлээр иргэдийнхээ чадварыг дээд цэгт нь хүртэл хөгжүүлэх боломцоог олгосон аюулгүй амьдралын нөхцөл байдал ийнхүү амжилттай бүтсэн нь энэ бөлгөө.

ЦАГИЙН ХҮРДНИЙ СУРГААЛЫГ ТАНИУЛАХ НЬ

Үүнээс хойш олон үе өнгөрөхөд Шамбал улам л цэцэглэн хөгжсөөр байжээ. Энэ үеийн Шамбалын хаан нь Сучандра байлаа. Тэрбээр Очирваанийн хувилгаан, 10-р газрын Бодьсадва байсан бөгөөд Шамбалын орны олон хүмүүс одоо туйлын үнэний сургаалыг хүлээн авах цаг нь болсон хэмээн үзсэн байна.

Сучандра өөрөө ухамсарлахуйн гүнзгий түвшинд хүрсэн нэгэн байсан ч гэлээ үйлийн үрийн хязгааргүй цогц байдал (комплекс) дэндүү адармаатай болохоор бүхнийг ойлгоно гэдэг түүний хэрээс хэтэрсэн зүйл байсан тул бүхий л хязгаараас давсан Бурхан л яах ёстойг хэлж өгнө гэж шийдээд, маш нарийн сэтгэлийн түйтгэрийг арилган үнэний туйлын мөн чанарт нэвтрэхийн тулд төгс гэгээрсэн нэгнээр ном айлдуулах зайлшгүй хэрэгтэй гэж үзжээ.

Тэгээд Сучандра өөрийн эзэмшсэн увдисыг ашиглан тийм хүнийг эрэн явсаар Энэтхэгийн ариун газарт гэгээрлийн хутгийг олсон Сиддхарта Гаутамаг олж уулзжээ. Тэр цагт Шагжамүни Бурхан хэмээн нэрлэгддэг байсан Бурхан багш гаднаасаа жирийн хувраг төрхтэй үзэгдэж, Ражагриха тосгоноос захдуу орших Тас цогцолсон ууланд бясалгал хийн сууж таарчээ. Тэр чинагуух үнэний гүнзгий бясалгалд шингэн орохдоо өөрийн шавь нарын тусын тулд янз бүрийн дүрээр хувилан үзэгддэг байв.

Ухамсрын гүнзгий түвшинд хүрсэн Архадууд болон олон Бодьсадва нар тэнд цугларан хамтдаа бясалгаж байсанд Бурхан багш тэр үед Бодьсадва Жанрайсэгийн мэргэн сэтгэлийг ихэд биширч *Билгүүний чинадад хүрэхүй судраа* айлдсан гэдэг. Сэтгэл нь хэр нарийн түвшинд хүрснээсээ шалтгаалаад тэнд байж сургаалыг сонссон болгон цөм өөр өөрийнхөөрөө хүлээн авснаас хамгийн бага нь гурван-зуун шад, хамгийн их нь зуун-мянган шад бүхий судрын найман өөр хувилбар тэмдэглэгдэн үлдсэн байдаг.

Шамбалын оронд Цагийн хүрдний сургаалыг танилцуулсан
-Номын Хаан Сучандра-

Үүнтэй нэгэн зэрэг Бурхан багш сэтгэлийнхээ бүр илүү нарийн түвшинд нэвтрэн хувилж, өмнөд Энэтхэгийн нутагт мөн үзэгдсэн байна. Алдарт Данаякатака суварган дотор Бурханы номын лагшин, язгуурын Бурхан Очирдарын дүрээр заларч очир-мэт самади бясалгалд суун байж Шри Калачакра \Цогт Цагийн хүрдэн\-ний төгс гэгээрсэн хот мандлыг үзүүлсэн гэдэг. Яг энэ дүртэйгээ байхад нь Хаан Сучандра түүнд хандан номын айлтгал өргөсөн юмсанжээ.

Сучандра Шамбалын хаант улсын ерэн-зургаан засаг ноёдын хамтаар мөн гүнзгий бясалгалд орсон нь тэдэнд өмнөд Энэтхэг рүү аялан Бурхан багшийн өмнө очих боломжийг олгосон байна. Тэрээр олон тооны аугаа Бодьсадва нар, тэнгэр хийгээд бусад нарийн төрөлхтний (subtle beings) дэргэд Бурхан багшаас нэгэн насандаа туйлын үнэнийг ухамсарлах гүнзгий утгыг агуулсан Дандарын Номын Хүрдийг эргүүлнэ үү хэмээн хүссэн ажээ.

Хязгааргүй энэрэхүй сэтгэлээр Бурхан багш Сучандра хааны хүсэлтийг биелүүлж энэхүү ховор бөгөөд нандин, машид үр дүнтэй эрхэм зарлигаа айлдсан түүхтэй. Сучандра хаан ерэн-зургаан түшмэдийн хамтаар Дүйнхор ядмын гол нигураас айлдсан *Арван хоёр-мянган шад бүхий язгуурын бурхан* хэмээх сургаалыг сонсож хүлээн авсан билээ. Энэхүү өргөн болоод гүнзгий сургаал туйлын үнэний мэдрэмжийн хамгийн гүнд нэвтрэхэд хэн бүхнийг төвөггүй хүргэх хөлөг мэт арвин арга техникийг өөртөө агуулдаг ажээ.

Сургаалын өргөн цар хүрээг ойлгох чадваргүй хүмүүст зориулан Дүйнхорын бусад гурван нүүрнээс дандарсын харьцангуй түвшний хувилбаруудыг номлосон нь тэнд байгсдын оюуны савны хэмжээнд тааруулсан Буддын шашны дөрвөн дандарсын аймаг ийнхүү буй болсон түүхтэй билээ.

Бурхан багшийг сургаалаа айлдаж дуусахад хаан Сучандра түшмэдээ дагуулан Шамбалын орондоо сэтгэлээ яаралтай буцаан татаж саяын хүлээн авсан зарлигаа бичгэнд буулгаж авсан нь *"Арван хоёр мянган шад бүхий Язгуурын дээд Бурхан – Цогт Цагийн хүрдний Дандарын Үндэс"* хэмээн нэрлэгдэх болсон судар ажгуу.

Цагийн хүрдний сургаалыг Шамбалын оронд нэвтрүүлэхийн тулд эхлээд шаардлагатай хөрс шороог бэлтгэх хэрэгтэй гэдгийг Хаан мэдэж байлаа. Өөрийн иргэдээ Эх Сударт заасан аргуудаар дадуулан үйлдэж эхлэхээс өмнө тэдэнд ван авшиг хүртээж Гэгээрлийн Хот Мандалтай танилцуулах хэрэгтэй байсан тул Калапа хотын зүүн талд Малая хэмээх үзэсгэлэнт цэцэрлэгт гурван хэмжээсээр үзүүлсэн Хот Мандлыг бодитоор босгох ажлыг даруй эхлүүлсэн байна.

Тэр нэг ч зүйлийг орхигдуулсангүй хамгийн жижиг хэсгийг ч хамгийн үнэтэй эрдэнэсийн чулуугаар урлан бүтээж дөрвөн үет гоёмсог ордныг Эх Сударт дурдсан дүрслэлийн дагуу ядам бурхдын дүрээр дүүргэснээр дуусгалаа. Цагийн хүрдний сургаалд итгэх гуйвшгүй бишрэлийг олсон Хаан Сучандра өчүүхэн төдий ч алдаа мадаггүй маш төгс бүтээсэн бөгөөд дүрслэл, үг болгоныг ягштал даган Дүйнхор ядмын гэгээрсэн лагшин, зарлиг, таалал хийгээд язгуурын билиг билгүүний төлөөлөл болгоход онцгой чармайлт гаргасан гэдэг билээ.

Хот Мандлын аварга ордонг гүйцээж дуусахад Сучандра нээлтийн ёслол болгон анх удаа Дүйнхорын ван тавьжээ. Калапа хотын иргэд хийгээд ерэн-зургаан хаант улсын төлөөлөгчид сүрлэг уудам танхимд цугларан энэхүү ер бусын гайхамшигт сургаалын ван авшгийг ийнхүү хүртсэн байна. Ван авшгийн ёслолоор тэнд байгсад цөм Цагийн хүрдний сургаалыг анхааран авлага болгоход шаардлагатай эрх дамжлагуудыг хүлээн авснаар цаашид хөгжүүлэх зам мөр нь үүгээр нээгдэв.

Эх Судрыг гэвч, ухамсарлахуйн гүнзгий түвшинд хүрсэн Бодьсадва биш л бол ердийн хүн уншаад ойлгоно гэдэг боломжгүй хэрэг байв. Тийм ч учраас Хаан Сучандра мөр шад болгонд зориулсан тайлбар бичин, өөрийн өргөн хийгээд гүнзгий оюуны ачаар нийт жаран-мянган мөр шүлэг бүхий гарын авлага зохиосон нь Цагийн хүрдний сургаалыг судлах гол эх сурвалж болон үлдсэн ажгуу. Хаан Сучандрагийн хэмжээлшгүй сайхан сэтгэлийн ачаар Калапа хотын хунтайжаас авахуулаад ерэн-зургаан хаант улсын засаг ноёд бурханлаг чанар буюу ухамсрын өндөр түвшинд хүрсэн гэдэг.

ЦАГИЙН ХҮРДНИЙ СУРГААЛЫН ҮРИЙГ ТАРИГЧИД

Үлдсэн бүх амьдралаа номыг заах бясалгах үйлсэд бүрэн зориулсан Сучандра хааны хаанчлал төгсгөлдөө хүрсэнд түүний суудлыг хүү Сурэшвара нь залгамжлан авчээ. Тэр эцгийнхээ эхлэсэн эрхэм үйлсийг хүндэтгэлтэйгээр үргэлжлүүлэн Калапа хотын иргэд болон бусад хаант улсаас тоо нь өдрөөс өдөрт нэмэгдэн ирсээр байх олонд номын ван авшгийг олонтаа хүртээв.

Шамбалын орны бүх хүн амын харьцангуй өчүүхэн хувь нь үүнийг авлага болгож байвч дадуулсан хүмүүсийн ихэнх хувь нь ухамсрын дээд түвшинд хүрцгээж байжээ. Яг энэ шалтгаанаар Цагийн хүрдний сургаал ер бусын ашигтай, үр дүнтэй систем хэмээн алдаршиж эхлэв.

Дараачийн зургаан зуун жилийн турш Шамбалын удирдагч нарын бишрэм дуурайлаар сургаалыг дэмжин талархах байдал улам өссөн билээ. Эдгээр агуу төрөлхтөнүүд олон шидийг эзэмшин хүний хөгжлийн хязгаарыг хол даван гарснаар байж боломгүй мэт зүйлсийг ч бүтээж болохыг хамаг олонд нотлон харуулж байжээ.

Шамбалын оронд Цагийн хүрдний сургаалыг таниулж хөгжүүлэхэд голлох үүрэг гүйцэтгэсэн *Долоон Номын хааныг* бид нэрлэж болно. Орчин цагийн судалгааны сурвалж материалаас санскрит хувилбараар олдсон нэрсийг жагсаавааc:

1. Сучандра – Сайн Саран (Даваасамбо)
2. Сурэшвара – Тэнгэрийг Эрхшээгч (Лха и Ванчүг)
3. Тажи – Сүр жавхланг эзэмдэгч (Сижид Таяа)
4. Сомадатта – Сарны Бэлэг (Дава и жин)
5. Сурэшвара – Тэнгэрийн Их Эзэн (Лха и Ванчүг)

6. Вишвамурти – Дэлхий мэт Элдэв дүрт (Нацаг сүг)
7. Сурэшана – Тэнгэрийн Цог төгөлдөр (Лха и ванжал)

ШАМБАЛЫНХАН ОЧИРТ НЭГЭН ГЭР БҮЛД НЭГДСЭН НЬ

МЭӨ 1-р зууны үе гэхэд Цагийн хүрдний ёсон Шамбалын оронд баттай оршсон байлаа. Долоон үеийн туршид энэхүү сургаалын гайхамшгийг нотлон харуулсаар ирсэн байв. Хэдийгээр ертөнц даяар Цагийн хүрдийг хүндлэн хүлээн авсан ч гэлээ бусад итгэл бишрэлийн ситемтэй харьцуулах юм бол бас л маш бага хувийг эзлэх хүмүүс энэ гүнзгий зам мөрийг хүлээн авч чадахуйц хэмжээнд байлаа. Шамбалын хүн амын дийлэнх хэсэг нь эцэг өвгөдөөс уламжилж ирсэн шашныг даган мөрдсөөр байв.

Яг энэ үед Шамбалын орны хаан нь Манзушрийн хувилгаан гэгдэх Яшас байлаа. Тэр өөрийн орны иргэдийн заншил ёс, ая байдлыг нэлээд анхааралтай ажиглан байгаад хэдэн эвгүй, буруу хэв шинж улсын хэмжээнд үзэгдэх болсныг анзаарсан тул далдыг харах шидийнхээ хүчээр ойрын ба холын ирээдүйг шинжин үзжээ.

Ялангуяа буруу зөрүү үзэл болон мунхгийн улмаас Шамбалын иргэд хоорондоо зааг ялгаа босгож эхэлсниг мэдсэн Яшас Хаан үүнийг тоохгүй орхивол сүүлдээ зовлонгийн галыг өрдөж тэдний сэтгэл улам илүү төөрөгдөх болно гэж үзээд үр хүүхдийнхээ төлөө санаа зовдог халамжит эцэг, эхийн нэгэн адил хэрэгтэй арга хэмжээг яаралтай авч эхлэн, Шамбалын хүмүүсийн буруу үзлийг засах ажлыг өрнүүлэн, шат болгонд нь өөрчлөлт хийх явцдаа Суряната гэдэг толгойлогчтой бярмануудын бүлэг Цагийн хүрдний сургаалтай ихэд зөрчилдөж буйг анзаарсан байна.

Манзушри Яшас бол Шамбал дахь буддын сургаал болгоныг маш сайн мэддэг нэгэн байсан бөгөөд урсгал нэг бүрийг дадлагажуулан суралцсан болохоор албат иргэдийнхээ хэнд ч болов тухайн үзлийнх нь дагуу туслаж чадахуйц төрөлхийн римэ \эв зохицлыг эрхэмлэгч\ үзэлтэн байжээ. Түүний үзсэнээр шашны урсгал болгон Цагийн хүрдний сургаалын үнэнийг илрүүлэх чадварлаг арга болж болох ажээ. Тийм ч учраас чинагуух үнэнд нэвтрэх бясалгагч хүний сэтгэлийг боловсруулан бэлтгэхийн тулд тэдгээр урсгалуудыг сайтар судлан дадуулснаар дээш гарах гишгүүрийн шат болгон ашиглах ёстой гэж тэр үзсэн байв.

Тэрбээр өөрийн хийж буй өөрчлөлтийг гадны хүний ажиглалт маягтайгаар харуулахыг зорьсонгүй харин Бярманы удирдагч нарыг урьж ируулэн Ведийн сургаалаас тэдэнд уйгагүй зааж өгчээ. Одоо хүртэл тогтсон гол номлолынхоо багахан хэсгийг мэдэхээс гавихгүй байсан Бярман шүтлэгтнүүд судлах олон судар номыг байсаар атал цөөхөн хэдэн гарын авлага, ном судар зэргээр дагнан явдаг байв. Яшас тэдэнд янз бүрийн судар бичгүүдийг харьцуулан удаа дараагаар үзүүлэн олон зүйлийг буруу ойлгоход хүргэж байсан хэдэн баримтыг тодруулан

ШАМБАЛЫН ОРНЫ ХУВЬСАЛ ХӨГЖИЛ

хэлж өгсөн байна. Тэр хоёр зүйлийг онцгойлон сонгож танилцуулжээ.

Нэгд, амьтны амь золигт гаргаж ертөнцийн тэнгэр лус савдагт өргөл өргөдөг Ведийн уламжлалтай холбоотой асуудал. Энэ уламжлалын үндэс ёзоор нь өөрийгөө энхрийлэн барих үзэлд хатуу суурилсан бөгөөд өөрийгөө бусад амьтнаас давуу гэж үздэгтэй холбоотойг ойлгуулав. Энэхүү хүчирхийлэлд тулгуурласан уламжлал амгалан энхийн мэдрэмжийг хөгжүүлэхэд хаалт саад болох төдийгүй туйлын үнэнд тэднийг ойртуулах биш харин ч холдуулан түлхэх болно гэж Яшас үзэж байв. Нийгэм аливаа амьтны амийг үнэгүйд үзвэл дайн гамшиг гарахаас өөр аргагүй тул Хаан бээр бярманы бүлгээс энэ уламжлалаа зогсоохыг хүсчээ.

Хоёрт, нийгэм дотроо кастын давхарга, бүлэгт хуваагдсан байсан явдал. Энэхүү нийгмийн кастын хуваагдал хүмүүсийг өөр өөр үүрэг хариуцлагатай тусдаа хэсэг бүлэгт хуваачихдаг байна. Ихэнх хүмүүсийн шашин шүтлэгийг хязгаарлах үүрэг гүйцэтгэж байсан зарим талууд ноёрхож байсны улмаас зөвхөн бярман байж л Ведийн шашнаар замнан оюун санаагаа хөгжүүлж ухамсрын дээд түвшинд хүрэх бололцоотой байжээ.

Үүний дээр анги давхарга, кастын систем хүмүүсийн нэг нэгнээ гэх сэтгэлийг зориудаар хааж боогдуулах шууд нөлөө болж, нэг бүлгийн хүн нөгөө бүлгийнхтэй харьцахаа ч больсон байдлууд цөм хүмүүсийн сэтгэл дэх ялгаварлах, буруу зөрүү үзлийг улам нэмэгдүүлэхийг мэдсэн Хаан ийм их ялгаварлах үзэл байсан цагт ухамсарын дээд түвшинд хүрэх нь үлгэр юм хэмээн дүгнэн бярманчуудаас энэ журмаа өөрчлөхийг хүссэн бөлгөө.

Хаан Яшас шалтгааныг хэчнээн тайлбарлан ойлгууллаа ч бярманууд өөрсдийн дадлага бясалгалдаа хэт автсаны улмаас тийм ч амархан өөрчилье гэсэнгүй. Иймээс Хаан Дүйнхорын ван буулгах зан үйлийг зохион байгуулж тэдгээрийг цөмийг нь нэгэн очирт-гэр бүлд адислан багтаах мэргэн арга зохиосноор Шамбалын орны иргэд тэр өдрөөс эхлэн ялгаварлан гадуурхах үзлийг халж, хэн хүнгүй хамтын хүчээр нэгэн гайхам зорилгын төлөө хамтран амьдрах болцгоосон ажээ. Энэ зарлигийг зөвшөөрөөгүй нэг нь Шамбалын орныг орхин явах ёстой болсон байв.

Хаан өөрсдийг нь бусадтай нэгэн системд оруулах гэж байна гэж үзсэн бярманууд Сурянатагаас хааны зарлигийг эсэргүүцэнэ үү хэмээн гуйж гарсанд Суряната хаанд эелдэгээр татгалзсан хариу өгөөд хүмүүсээ удирдан урд зүг, Ведийн шашин цэцэглэж байгаа нутаг руу Энэтхэгийг чиглэн Шамбалын Хаан хийгээд Цагийн хүрдний ёсонд нуруугаа харуулан хөдөлжээ.

Бярмануудын энэ алхам хүмүүсийн дунд төөрөгдөл үүсгэн Цагийн хүрдний ёсноос татгалзаж байна гэсэн буруу ойлголт төрүүлснээс энэ улс удахгүй бутарч эхэлнэ гэж болгоомжилсон Яшас хаан бүр илүү ноцтой арга хэмжээ авч ямар шидийг эзэмшсэнээ тэдэнд үзүүлэх цаг боллоо хэмээн үзэв.

Энэ үед Бярманууд Энэтхэгт орж очоод нэгэн ширэнгэ ойд хоноглохоор болж аврал одуулан мөргөсний хөө дараагаар гүнзгий нойронд умбацгаав. Манзушри Яшас гүнзгий бясалгал самадид орж, тэдний зүүдэнд үзэгдэн Калапа хотын гадна байх Малая хэмээх үзэсгэлэнт цэцэрлэгт тэднийг авчрав. Цагийн хүрдний Хот Мандлын босгон дээр зогсох Бярмануд энэ гайхамшгийг нүдээ цавчихаа умартан ширтэцгээж: "Хэн биднийг ийм гайхамшигт газарт авчирав?" гэцгээжээ.

Энэ үед өөрийн шадар түшмэлийн дүрд хувирсан Хаан Яшас Сурянатагийн дэргэд ирээд, Манзушри Яшас бол маш чадалтай бодьсадва хүн бөгөөд та бүхний би-д барихуй сэтгэлийг үгүй болгохын тулд цэвэр хайрын үүднээс явахыг тушаасан болохоос итгэл бишрэлээсээ татгалз гэсэн хэрэг биш юм гээд тэр тэднээс сүсэг бишрэлээ орхих биш харин өөрчилж сул талуудыг нь арилган, гэм, хязгааруудаа давж гарснаар туйлын үнэнийг ухаараасай хэмээсэн болохыг тайлбарлаж өгөв.

Суряната хийгээд түүний дагалдагсад нойрноос сэрцгээн Хааны хязгааргүй нигүүлсэлт сэтгэлийг ойлгон нэгэн дуугаар итгэл одуулан шавь орцгоож, Дүйнхорын ванг хүртэх хүсэлтээ айлтгацгаав. Тэгээд тэндээсээ буцаж аялан Калапа хотод ирж Манзушри Яшас Хааны өмнө хүрээд өгөөмөр их тахил сэлтийг өргөн бариад ван авшиг хүртсэнээр очирт гэр бүлд нэгджээ.

Бярмануудын адилаар Яшас Шамбалын орны бүх хүмүүсийг Бурханы шашинд оруулсан гэж олон хүмүүс боддог. Энэ бол Цагийн хүрдний сургаалын чадлыг дорд үзсэн буруу ойлголт гэж би хэлнэ. Ийм ч учраас хэдэн зүйлийг одоо дурдъя.

Дөрвөн шүтээн хэмээн сургаалын хоёрдугаар мөрөнд юу гэж хэлснийг эргэн сөхвөл бид нэг санаанд хэт тулгуурлаад байх ашиггүй гэдгийг санах байх. Харин түүний оронд өөр өөр тайлбаруудыг давж харан цаад санааг нь, янагуух төдийгүй чинагуух утгыг нь ойлгохыг хичээх ёстой. Цагийн хүрдний сургаалыг *энэ ертөнцөд* дэмжин дагадаг хүмүүс "Буддистууд" гэж нэрлэгддэг ч гэсэн Цагийн хүрдний ёс "Буддын зам" байх албагүй билээ.

"Цагийн хүрдэн" гэдэг үнэний туйлын мөн чанарыг нэрлэсэн нэр. Энэ бол сүсэг бишрэл, оюун санааны харьцангуй хэлбэрүүд цөм хувирдаг тэр үнэний давхрага. "Буддизм" гэдгээр түүхэн Буддын \Сиддхарта Гаутама\ сургаалаар гарч ирсэн оюун санааны хөгжлийн системийг мөн нэрлэдэг байсан. Чинагуух үнэний үүднээс авч үзвэл Цагийн хүрдэн Буддын сургаал биш. Зарим талаар Бурхан багшийг ч Буддист биш гэж хэлж болно. Энэ бүхэн бол үнэний өөр өөр талуудад бидний өгсөн зохиомол нэр мөн.

Бодит байдлын үнэн ганц шашны урсгалд харьяалагдахгүй билээ. Буддын үнэн, Христийн үнэн, Исламын үнэн гэж байдаггүй. Үнэн бол зүгээр үнэн л байдаг. Харин үнэнийг илэрхийлэх замууд гайхалтай олон байх нь буй. Зарим нь хагас хугасхан байхад зарим нь бидэнд арай илүү хувийг нь харах боломцоог олгодог. Үнэний хувийг хэр их олж харах нь бясалгагч хүний үйлийн үрээс бүрэн хамааралтай.

Хамгийн чухал нь одоо бидний хэрэгцээнд олдоод байгаа Цагийн хүрдний энэ сургаал бол Шамбалын Хаан Сучандрагаас уламжлагдан ирсэн эх хувилбар нь юм шүү гэдэгт л байгаа юм. Үүнийг одоо цагт Шамбалын Дээд оронд авлага болгон дадуулж буй далай их аргуудтай харьцуулах юм бол өчүүхэн дусал төдий юм. Тэхээр бид Цагийн хүрдийг Буддын нэр томьёо гэж бодъёо ч гэсэн түүнийг энэ өчүүхэн дусал төдийхнөөр л бүү хязгаарлаасай.

Энэ хэсгээс бид Хаан Яшас хүмүүсийн нэг шашны урсгалыг нөгөөгөөр сольсон биш харин тэднийг сул талаа даван гарч үнэнийг ухаараасай хэмээн тусалсныг ойлгож авлаа. Цагийн хүрдний тарнийн ёсонд агуулагдан буй мэргэн билиг оюуны өсгөгч шилээр бидэнд өөрсдийн ойлголтыг шинжлэх боломж олгосон энэ мэргэн хаан улмаар Сүргийн Толгойлогч хэмээх *анхны Ригдэн \Калки* болсон билээ.

ЦАГИЙН ХҮРДНИЙ ЁСОН ШАМБАЛ ДАЯАР ДЭЛГЭРСЭН НЬ

Цагийн хүрдний аугаа сургаалын ачаар хүн ардаа нэгэн гэр бүлд амжилттай нэгтгэсний дараагаар өөр өөр урсгалын удирдагч нар тус тусын сургаал дахь гүнзгий үнэнийг илрүүлэх болцгоов. Шамбалын иргэд удаж төдөлгүй Цагийн хүрдний сургаалыг өөрсдийгөө хязгаарлан байсан сул талаа даван гарах арга зам хэмээн бишрэн үзэх болж, эрж суран судлах болцгоожээ. Бярман шашинтнуудын нийгэмлэгийн хүсэлтээр Манзушри Яшас *Эх Судар \мулатантра*-ын хураангуй хэлбэрийг бүтээв. Таван бүлэгтэйгээр энэ сударт *Язгуурын Бурхан* гэдэг ухагдахууны гол учрыг танилцуулан олон хүний хамарч ойлгогдох байдлаар хялбарчилсан толь бичиг гаргасан нь *Цогт Цагийн хүрдний Хураангуй Дандар \лагутантра* хэмээн нэрээр алдаршсан билээ.

Хаан Яшас ихэнх хэсгийг нь тодорхойлж өгсөн ч гэлээ хүмүүст ихэд ахадсан сургаал мэт үзэгдсээр байжээ. Хоёрдугаар Ригдэн Хаан Пундарика агуу их энэрэлт сэтгэлээр эцгийхээ толь бичигт зориулсан *Хиртээгүй Гэрэл \вималапраба* хэмээх тайлбар судрыг зохиож, *Цогт Цагийн хүрдэнд* үзүүлсэн олон нууцлаг хэллэгийг түүнд дэлгэрэнгүй тайлбарласан байна. Энэ хоёр судар Шамбалын ерэн-зургаан хаант улс даяар түгэн дэлгэрэв.

Мэргэн Ригдэн Хаадын удирдлага дор эрин зуун өнгөрсөөр туйлын үнэнийг зорих хүмүүсийн тоо нэмэгдсээр. Удсан ч үгүй шашны өөр үзлүүдийн зааг ялгаа ор сураггүй алга болж иргэд өчүүхэн ч ялгаварлал үгүй нэгэн ухааныг шамдан хөгжүүлцгээж эхэлжээ. Бясалгагч нар эртнээс шүтэж ирсэн уламжлалт сургаалаа орхилгүйгээр гүнзгий түвшний мэдрэмж туршлагадаа нэвтрэн орох чадвартай болцгоосоноор аажимдаа хотол түмнээрээ үнэнийг үзэх үзлээ бүрэн ариусгаж чадсан нь гайхамшигтай.

Шамбалын иргэд Ригдэн Хаадтай бат бэх үйлийн холбоонд оршсоны үрээр энэ насандаа гэгээрч чадаагүй нэг нь дараа төрөлдөө дахин төрөх зэргээр шат ахиулан, урьд төрөлдөө хүрээгүй шатандаа хүрсээр сэтгэл нарийсах тусам Шамбал ч мөн адил нарийссаар он цаг улирахад бүдүүн биетэн олж үзэхээргүй *Шамбалын Дээд Хувилгаан Орон* болон хувирсан түүх энэ ажгуу.

Оюун санааны ахисан түвшинд хүрч хөгжсөн төрөлхтнүүд Шамбалд төрөөд урд өмнөх сүсэг бишрэлийн харьцангүй түвшний системээс бараг ангижрах болжээ. Хэн хүнгүй наад захын суурь ухамсарлахуйд хурдтай хүрч туйлын үнэнтэй шууд тулж харьцах чадвартай болох тул хүн амын ихэнх нь тарнийн ёсны үр дүнтэй дадлагад голдуу эрч хүчээ дайчлан бясалгахад анхаардаг байна. Бүх хүн ам тэр чигээрээ Цагийн хүрдний дандарын сургаалд онцгойлон түшиглэдэг болсон гэж ойлгож болно.

2000 гаруй жилийн туршид Шамбалын орон *Хорин-Таван Ригдэн Хаадаар* удирдуулсан хийгээд ирээдүйд удирдуулах тавилантай ажгуу. Хаан болгон яг зуун жил төр барих бөгөөд 10 ба 11-р Хаад 182, 221 жил төр барьснаараа бусдаас ялгаатай юмсанж. Яг одоогийн байдлаар Шамбалын орны хааны арслант суудалд 21-р Ригдэн Хаан Анирудда сууж буй ажээ. Санскрит эх бичгийн дагуу бүх Ригдэн Хаадын бүрэн жагсаалтыг дор үзүүлбээс:

1. Яшас – Алдар (Ригдэн Жамбал дагва)
2. Пундарика – Цагаан Лянхуа (Бадма гарбо)
3. Бадра – Сайн (Самбо)
4. Вижая – Ялгуулсан (Намжал)
5. Сумитра – Буяны Нөхөр (Шинэнсамбуу)
6. Рактапани – Улаан Гарт (Чагмар)
7. Вишнугупта–Вишну Нуусан (Чавжүг Байва)
8. Аркагирди –Наран Алдарт (Няма дагва)
9. Субадра -Машид Сайн (Равсан)
10. Самудравижая – Далай лугаа Ялгуусан (Жамцо Намжал)
11. Ажа – Эс Төрсөн (Жалга)
12. Суръя – Наран (Няма)
13. Вишварупа – Ертөнц лугаа Биет (Нацаг сүг)
14. Шашипраба – Саран Гэрэлт (Дава и од)
15. Ананта – Хязгааргүй (Ригдэн Таеэ)
16. Махипала- Ертөнцийн Сахиус (Санжон)
17. Шрипала – Аз Ивээгч (Балжон)
18. Харивикрама-Арслан Зоригт (Сэнгэ намнон)
19. Махабала- Их Хүчтэн (Намнан)
20. Анируда- Үл Саатах (Довбочэ)
21. Нарасима- Хүн-Арслан (Миеэ Сэнгэ)
22. Махэшвара- Эрхэт Баялаг (Ванчүг чинбо)
23. Анантавижая – Хэмжээлшгүй Ялгуусан (Таеэ Намжал)
24. Яшас – Алдар (Ригдэн Дагва)
25. Раудра Чакри-Догшин Хүрд (Дүм драг хорло)

Төвөдийн сурвалж бичгүүдэд гардгаас ялгаатай байгааг та харж байгаа байх. Орчин цагийн санскрит хэлтэй эрдэмтдийн судалгаагаар *Цогт Цагийн Хүрдэн* болон *Хиргүй Гэрэл* судруудыг хэвлэгдэн гарч Төвөдөд анх дэлгэрэх үед хийгдсэн орчуулгууд бага сага алдаатай байсан нь харагддаг. Эдгээр алдааг залруулахын тулд миний бие боломж олдох л юм бол санскрит хэл дээрх эхийг ашиглах сонирхолтой байдаг билээ. Хэрэв та эдгээр сурвалж бичгүүдийг харьцуулан судална гэвэл энэ номын арын хавсралтаас үзэх боломжтойг сануулъя.

АЛТАН ЭРИН АЙСУЙ

Цагийн хүрдний дандарын ёсонд хаадын нэрсийг хаанчлалынх нь үетэй холбон зөгнөж ийнхүү нэрлэсэн байдаг. Үүнээс онцгой сонирхол татахуйц нь төр барих сүүлчийн Ригдэн Дагва Хаан буюу Раудра Чакри юм. Түүний нэр одоогоос 400 орчим жилийн дараах түүхийг өгүүлсэн бичигт зөгнөгдсөн байх бөгөөд тэр үед мунхаг сэтгэл ба саруул билгүүний хооронд өрнөх үхлийн тулаанд Раудра Чакри Шамбалын армийг удирдан зэрлэгүүдийг даран сөнөөж Алтан Эринийг эхлүүлнэ хэмээсэн зөгнөл ажээ. Дараагаар нь түүний үр сад энэ орныг дахиад хорин-нэгэн мянга зургаан зуун жил удирдах болно гэжээ. Алтан Эриний гурван Хаадыг жагсаавал:

1. Брахма
2. Сурэшвара
3. Кашиапа нар болно. Энэхүү зөгнөлийн сэдэв орчин цагийн нийгэмд асар их төөрөгдөл, үл ойлголцол үүсгэж болох учраас бид энэ номын төгсгөлд тэр талаар тодруулан ярилцах болно. Одоо бид энэ урсгалд Алтан Эрин гэдгээр гэгээрсэн нийгэм ноёрхох тэр цагийг хэлсэн гэдгийг санаандаа хадгалах нь чухал. Урьд дурдсан ёсоор тийм нийгэм нэг нь нөгөөгөө хүчирхийлсний дүнд үүсдэг юм биш харин дийлэнх хүмүүсийн оюун санааны үнэлэмж давамгайлсны дүнд бүтдэг билээ. Бид энэ зөгнөлийг өнгөц, шууд үгчлэн ойлгохоос зайлсхийн маш болгоомжтой хандвал зохих бөгөөд эс тэгвээс биднийг хэт үгүйсгэх юмуу, хэт багаар үнэлэх явдалд хөтөлж болох билээ.

***

Одоо цаашаа бид Цагийн хүрдний сургаалыг бидний одоогийн мэдэрч буй бүдүүн биетний ертөнцөд хэрхэн хүрч ирсэн талаар судлах болно. Өөрсдийнхөө амьдралын түүхийг Шамбалын орныхтой харьцуулаад харахад бидэнд ойролцоо түүх буйг олж харах ч юм билүү. Энэ суурин дээрээ үндэслээд бид Алтан Эринийг ирээдүйд бүрэн үзэхэд хэрэгтэй нөхцөлүүдийг хөгжүүлж ч болно.

Жонан – Шамбалын уламжлал

-Жонан-Шамбалын Дамжлага-
Цагийн хүрдний Дандарын бүрэн төгс сургаалыг хадгалагчид

Шамбалын Билиг Ухаан Үүссэн нь

Бурхан багш анх Шамбалын Хаанд *Цагийн хүрдний* сургаалыг айлдаж байхдаа хойд Энэтхэгийн нутагт байдаг Тас цогцолсон Уулнаа *"Билгийн чинадад хүрэхүйн судруудаа"* мөн нэгэн зэрэг номлож байжээ. Энэ чухал явдал Шамбалын орон ба Энэтхэг хоёрын оюун санааны хөгжлийн ялгааг тод харуулсан гэж болно. Шамбалын орон сүсэг бишрэлийн хувьд боловсорч гүйцээд Очирт хөлгөний замаар замнахад бэлэн болчихоод байхад харин Энэтхэг энэ гүнзгий сургаалыг хүлээн авахад бэлэн биш, шаардлагатай нөхцөл бүрдтэл бас хугацаа тэдэнд хэрэгтэй байсан билээ.

Бурхан багшаас хойш зургаан зуу гаруй жилийн хойно Их Хөлгөний номын их хүн Нагаржуна энэтхэг орныг боловсорч гүйцэх хүртэл лусын оронд хадгалагдан байсан, *Билиг Барамидын Судруудыг* тэндээс залж авчран амжилттай сэргээсэн ажээ. Нагаржуна уг сударт заасан *Төв Үзлийн Ухааныг* хөгжүүлэхийг зорьсон бөгөөд Арьядэва гэх мэтийн онцгой хэдэн шавь нарынхаа туслалцаатайгаар Их Хөлгөний сургуулиудыг цэцэглүүлэн хөгжүүлж эхэлжээ.

Гүн ухааны ойлголт дээр нэмэгдээд Бодьсадвын хайр, энэрэхүй сэтгэл нийгэмд ихэд үнэлэгдэж эхлэн энгийн иргэдийн дотор тэднийг хүндлэн дээдлэх үзэл газар авсан нь Их хөлгөний ёс зүйн хөгжлийг улам эрчимжүүлж өгчээ.

МЭ 2-р зууны эхэн үе гэхэд Энэтхэгт Их Хөлгөний сургаал бас л балчир хүүхэд адил байхад харин Шамбалын орон Номын Хаадынхаа мэргэн удирдлага дор энэ найман зууны туршид гайхамшигтайгаар хувирч өөрчлөгдсөн байлаа. Тэдний хүрсэн түвшин эгэл хүмүүсийн хувьд хүрэх аргагүй хэмжээнд туллад улам эрчтэй цаашилсаар байсан тул Шамбалын Хаан энэ янзаараа хараад байвал Энэтхэг, Шамбал хоёрын холбоо үүрд таслагдан одох ч магад хэмээн болгоомжилж тэдэнтэй үйлийн барилдлагаа батжуулах шаардлагатайг ойлгосон байна.

Тэгээд үүнээс сэргийлэн үйлийн үрийн барилдлагаа бататгахаар Ригдэн Хаад хувилсан дүрүүдээ Энэтхэг болон ойр орчмын нутгуудад илгээхээр шийдсэн аж. 5-р зууны үед Шамбалын Ригдэн Вишнугуптагийн хувилгаан дүр Кашмирт аялан очиж "Тэнгэр Заяат" гэдэг алдартай болсон гэсэн яриа байдаг. Тэрбээр тэндээ гурван сар болох хугацаандаа Их хөлгөний олон сургаалыг номлож Важраварахи, Экажата болон бусад бясалгалын гарын авлагуудыг зааж тайлбар бичих зэргийг гүйцэтгээд энэ нутагт дандарын сургаал хүрсний тэмдэг болгон чулуун багана босгуулсан гэдэг билээ.

Дандарын сургаал Энэтхэгийн баруун хойд хэсэгт соёолж байхад зүүн зүгт ч мөн адил хөгжиж эхлэн Наландагийн алдарт хийд Буддын үзэл санааны маргашгүй цөм болон хувирсан байна. 5-р зууны үед Хутагт Асанга Майдарын сургаалыг дахин сэргээж *Йогачара гүн ухаан* хэмээх үзлийг гаргаж ирэв.

Энэ бол бурханлаг чанарын чинагуух утгын тухай анх таниулсан, судрын ба тарнийн ёсыг хооронд нь холбож өгсөн Майдарын гайхам мэргэн ухааныг илтгэсэн сургаал байсан юм. Ингээд Наланда, Одантапури, Викрамашила зэрэг шашны сургуулиудад тарнийн ёсыг нээлттэй судалж эхлэх болов. Үүний дунд дандарын бясалгагч нарыг хүндлэх явдал газар авч ухамсарлахуйн гүнзгий түвшинд хүрсэн *шидтэн* (Санскрит хэлний сиддха буюу бүтээлч гэсэн утгатай үгнээс шидтэн гэх үг гаралтай.) нарт шавь орох хүсэлтэй сүсэгтний тоо олшров.

Дандарсын сургаал хурдтай газар авч байх яг энэ үед Калапаватара буюу "*Калапа руу нэвтрэх үүд*" хэмээх судар анх ил гарч ирсэн болов уу. Энэхүү судрын бичигдсэн он, сар хийгээд зохиогчийн нэр тодорхойгүй боловч Цагийн хүрдний сургаалыг хэдэн зууны дараа орж ирэхээс бүр өмнө Шамбалын тухай ерөнхий ойлголт энэ ертөнцөд байсан байна шүү гэж бодоход хүргэнэ. Судар тэр үеийн бясалгагч нарын дунд хүчтэй сэтгэгдэл төрүүлсний учир ариун орон хийгээд эрдэнэ мэт сургаалын дагуу эрэл хайгуул хийхэд тэднийг хүргэж, тэр үед Энэтхэгт байсан дандарын системийг ашиглан Шамбалын оронд хэрхэн нэвтрэх тухайд алхам бүрийг тайлбарласан дадлагын гарын авлага болж өгсөн ажээ.

ЦАГИЙН ХҮРДНИЙ ЁСОН ДАХЬ СУДРЫН УЛАМЖЛАЛ

Дандарын сургаал ийнхүү анх дэлгэрснээс хойш эхний дөрвөөс таван зуун жилийг түүний оргил үе байсан гэж хэлж болох бөгөөд энэтхэгийн егүзэр нар ухамсарлахуйн хөгжлөөрөө өндөр түвшинд гарцгаасан үе билээ. Хамгийн нарийн түвшний ойлголт хэдий хязгаарлагдмал байсан ч гэлээ 10-р зууны үе гэхэд шидтэн гэж нэрлэгддэг махасиддха (их бүтээлч гэсэн утгатай санскрит үг) нарын тоо харьцангуй олширсон төдийгүй Очирт хөлгөний сургаалын оньсыг тайлбарласан арвин баялаг ном судар гарын авлага зэрэгтэй болж амжсан байлаа.

Энэ үед Орисса хэмээх зүүн нутгийн хаант улсад нэгэн хүү мэндэлжээ. Тэрбээр буддын сургаал номыг судлан ихэнх цагийг өнгөрүүлэх ба Наланда, Викрамашила, Раднагири гэх хийдүүдэд суухдаа Зилүба хэмээн нэрлэгддэг байв. Бурханы сургаалын өргөн цар хүрээтэйг машид ухаарсан Зилүаб хүнийг нэгэн насанд нь гэгээрүүлдэг сургаал Очирт хөлгөнөөс өөр хаана ч үгүй юм байна гэдгийг ойлгосон даруй төгсгөлийн шатыг гүйцээхийн тулд далд ухамсарлахуйн гүнзгий зэрэгт хүрсэн Бодьсадва хүнээр газарчлуулах зайлшгүй шаардлагатайг мөн ухаарчээ. Зөвхөн тэдгээр хүмүүсийн саруул оюун л туйлын үнэний гайхамшгийг түүнд бүрнээр ухааруулж чадах байв.

Суралцах явцдаа Зилуба \Калапад нэвтрэх үүд судрыг уншсан байх магадтай\ Шамбалын орон гэж байдаг бөгөөд агуу Бодьсадва хаан толгойлон суудаг гэдгийг мэдэж авчээ. Дарь эх зэрэг зарим ядмуудтай нүүр учрах болсондоо урамшсан Зилуба хоёрдмол бус билиг оюуныг нууцыг тайлбарласан бүтээл болох алдарт *Бодьсадвын Гурван Эрхэм* хэмээх судрыг олохоор аян замд гарчээ.

Зилуба замдаа дайралдсан худалдаачдын хамтаар тэнгис далайг гатлан Дарь эхээс авсан зааврaа ягштал биелүүлж бясалгал залбирлаа тасралтгүй үйлдэн явсаар цаст оргил ууланд тулж ирээд зориглон дээш мацаж оройд нь гарч очвоос даяанч нэгэн хуврагтай учирсанд, "Чи хаачиж яваа хүн бэ?" гэж түүнээс асуув. Зилуба хариуд нь: "Би Шамбалын орноос Бодьсадвын Гурван Эрхэм судрыг залахаар явна" гэсэнд хувраг инээмсэглээд: "Тийш очих үлэмж амаргүй болой. Чамд тэднийг ойлгох чадал буй болбоос одоо энд сонсогтун" хэмээв.

Зилуба өмнөө байгаа ламыг Манзушри бурханы хувилсан дүр байсныг сая ойлгоод тэр даруй итгэл одуулан мөргөж, тахил өргөснийхөө дараагаар ном хайрлана уу хэмээн айлтгасанд лам машид хүндэтэй байдлаар түүнд Ригдэн Пундарикагийн *Цагийн хүрдний Дандарын хураангуйн тайлбар* *Хиргүй гэрэл*\, Бодьсадва Базаргаравын *Хэважра Дандарын тайлбар*, Бодьсадва Очирваанийн *Чакрасамбара Дандарын тайлбар* гэсэн гурван нандин сургаалыг зохих ван авшгийн хамтаар төгс дамжуулж дуусаад эцэст нь Зилубагийн зулай дээр нь цэцэг тавин салахдаа: "Чи бээр Бодьсадвын Гурван Эрхэм"-ийг бүрнээ эрхшээх болтугай" хэмээн ерөөл тавьжээ.

Энэ мөчид Зилуба гэнэт ухамсрынхаа ер бусын түвшинд хүрч саяын өгсөн судруудыг дор нь ухаарч чадав. Хамаг хэргээ бүтээж дуусан Зилу ламтай салах ёс гүйцэтгээд худалдаачид дээр буцаж ирвээс зургаан сар өнгөрсөн байх ажгуу. Тэд далайг хамтдаа гатлан зүүн зүгийн Орисса нутагтаа буцжээ.

Зилугийн удирдлаган дор Раднагири хийд Цагийн хүрдний гол төв болон хувирлаа. Пундарикагийн *Хиргүй гэрэл* судрыг судалснаар Энэтхэгийн бандида нар Цагийн хүрдний Дандарын гүнзгий мэдлэг эзэмшин Шамбалын орны гайхам түүхтэй ийнхүү танилцжээ. Ийм замаар энэтхэг хүмүүс Шамбалтай барилдлагаа зузаатган Цагийн хүрдний сургаал уг газарт дэлгэрэхийн үрийг тарьсан ажгуу.

Энэ хооронд Зилуба олон сайн шавьтай болсны дотор Бенгаль бандида Пиндо Ачарьяа байсан нь Пиндова \алдаршсан нэр нь\буюу *Бодьсадвын Гурван Эрхмийг* шашны томоохон сургуулиудад дэлгэрэнгүй заасан хүн байв. Удсан ч үгүй Орисса нутаг дайны хөлд дарагдах үед уг судрыг цэргүүдийн гарт үрэгдэхээс сэргийлэн найдвартай газарт булж орхисон байна. Сүүлд тэдгээрийг ухаж гаргахад Чакрасамбара, Хэважра хоёрын тайлбаруудын тал нь алга болсон байсан гэдэг. Пиндова энэ үед Зилуба дээр очин эдгээр судрын дамжуулгыг дахин хайрлавал дамжлагын хэлхээ уламжлагдаж цааш үргэлжлүүлж болох юм хэмээн хүссэнд дотоодын дагинаст уг сургаалыг битүүмжлэх шалтгаан байсан бололтой гэсэн шалтгаанаар Зилуба татгалзсан гэдэг. Ингээд *Хиргүй гэрэл* бүрэн бүтэн үлдсэн ганц судар болсон түүх энэ ажгуу.

ЦАГИЙН ХҮРДНИЙ
ОНЬС ЗААВАРЧИЛГААНЫ АМАН УЛАМЖЛАЛ

Зилүба Пиндова хоёрын маш шаргуу зүтгэлээр Цагийн хүрдний дандар олон эрдэмтэн-бясалгагч нарын анхаарлыг татах болов. Тэр үед тархаж байсан бусад ёсны сургаалуудыг бодвол өргөн хүрээг хамардагаараа яриангүй өвөрмөц байлаа. Сургаалын заалтууд маш тодорхой байснаас бусад урсгалуудыг бодоход дээд ухамсартаа амархан нэвтрэх боломжтой байсан бөгөөд энэ хоёр давуу талаараа Цагийн хүрдэн машид алдаршсан гэж болно.

10-р зууны сүүлээр Ямандага ядмын егүзэрийг бясалгадаг байсан Бенгалийн хос нэгэн онцгой хүүхдийн эцэг эх болох тавилангаар адислагджээ. Эхнэрээ жирэмсэн байх үед хүүхдийн эцэг олон сонин зүүд зүүдэлсний нэг нь бүр ч онцгой байсан нь, Ригдэн Хааны цээжнээс Шамбалын орны солонго цацарч замдаа дайралдсан бүхнийг Манзушри Бурханы билиг билгүүний хүч болгон хувиргаж байв. Түүнээс хойш удалгүй олон сайн бэлгэ шинжийг дагуулсаар хүү төржээ. Хүү Манзушри Бурханаар адислагдсан мэт маш сэргэлэн билиг ухаан, хурц мэдрэмжтэйгээ үзүүлж эхлэв.

Хүүг өсөж том болоход сахил хүртээж Манжуважра хэмээн нэрлэв. Одантапури, Наланда зэрэг хийдүүдэд шавилан сууж таван ухаанд гаргуун болоод хол, ойргүй судар тарнийн ёсны их багш хэмээн алдаршлаа. Энэ үедээ Манжуважра Цагийн хүрдний сургаалыг Пиндо Ачаръяагийн удирдлага дор сурч түүнийг ч мөн ядах юмгүй эзэмшсэн боловч билиг оюуны хүсэл нь биелсэнгүй гэнэ.

Түүний зүүдэнд Манзушри үзэгдэн хойд зүг рүү явж Шамбалын орныг зоривол хүссэн зүйлээ тэндээс олно гэж хэлж байхыг үзэв. Ядам бурханыхаа зөвлөснийг дагаж Манжуважра хойд зүгийг чиглэн хүлгийн жолоо заллаа. Тэр үеийн Ригдэн Хаан асан Ажа, Манжуважраг энэ аянд ганцаар зүтгэж байгаад магад үхнэ хэмээн мэдээд хувилсан дүрээ илгээн замд тосож уулзуулав.

Урьд Зилүбад тохиолдсоны нэгэн адилаар нэгэн хүн түүнийг тосож уулзаад: "Чи хаанаас хаа хүрч явна? Ямар зорилготой хүн буй?" хэмээн асуунаас тэр: "Би Энэтхэгээс Шамбалын оронд очин Цогт Цагийн хүрдний сургаалыг залахаар явна" гэжээ. Нөгөө хүн түүнд Шамбал орох зам аюултай учраас хэрэгтэй зүйлийг энд одоо хэлж өгсүү хэмээжээ.

Хааны хувилсан дүрийг таньсан Манжуважра даруй мөргөл үйлдэн аврал одуулаад тахил өргөсний дараагаар туйлын үнэнийг ухааруулах увдис зааварчилгааг хайрлана уу хэмээн хүссэнд хувилгаан Хаан Цагийн хүрдний гэгээрлийн хот мандлыг түүнд үзүүлэн, хувьтай төрсөн энэ шавьдаа бүхий л ван авшгийг төгс хүртээвэй. Ийнхүү Манжуважра Цагийн хүрдний *Очирт Зургаан Йогийн* дадлагын увдисыг төгс эзэмших болсон түүх энэ ажгуу.

Үүнээс хойш эхний хэдэн сарын турш авсан зааварчилгааг дадуулан үйлдсэнээр ер бусын олон шидийг эзэмших болсон билээ. Удалгүй тэр өөрөө Калапа орж чадахуйц түвшинд хүрсэн тул Ригдэн Хаан Ажатай биечлэн уулзаж түүнээс Цагийн хүрдний эх сурвалж, түүний тайлбар сэлтийн талаар дэлгэрэнгүй номыг хүртлээ. Эдгээр заалгасан эрдмээ бүгдийг тогтоож авaад буцаж Энэтхэгтээ ирмэгц анх удаа бүрэн эхээр нь цаасан дээр буулгаснаар дэлхий нийтэд танигдах болсон нь энэ болой.

Манжуважра буцаж ирээд Наропа, Раднагирди зэрэг хувь төгөлдөр шавь нартаа уг сургаалыг заасанаар түүний нэр алдар ихэд түгэж Цагийн хүрдний Эзэн буюу **Калачакравад** гэдэг нэрийг зүй ёсоор олсон гэдэг. Түүний олон шавь нарын дотроос гурван зүрхэн шавь нь: Авадутива, Шри Бадра, Налэндрава нар юм.

Авадутива уг нь их удаан ойлгоцтой жаахан мулгуудуу хувраг байсан болохоор оюун ухаанаа хөгжүүлэхээр Күрүкүлла хэмээх бясалгалыг дадуулдаг байжээ. Тэр үед түүний зүүдэнд дагинас үзэгдэн нас нөгцсөн эмэгтэйн аманд күрүкүлла эрдэнийн шүр хийгээд ар нуруун дээр нь долоо хоног суух хэрэгтэй гэж хэлсэн байна.

Энэ зааврын дагуу Авадутива бясалгалыг үйлдэхэд долоо дахь өдрөө цогцос дээш эргэж хараад түүнээс юу хүсэж байгааг нь асуужээ. Түүний хүсэл мэдээжээр сонссон болгоноо тогтоодог болох явдал байсан хирнээ тэр барьц алдсандаа: "Би бичсэн болгоноо тогтоодог болмоор байна" гэсэн байж. Ингээд тэр Хасарваань хэмээх сүмд суугаад олон судрыг хуулж бичин суралцсан гэдэг билээ.

Тэр Калачакравадтай анх уулзахдаа дандарын хэдэн төрөл байдаг вэ гэсэн асуултад хариулах хэрэгтэй болсон гэдэг. Тэрбээр юу гэж хариулснаа огт санахгүй байлаа ч хэрэгтэй бүхий л ван авшиг дамжлагыг хүртэн мулгуу удаан ойлгоцтой байсан хувраг эцэстээ далд ухамсрынхаа гүнзгий түвшинд хүрэн багшийнхаа адил эрдэм мэдлэгээрээ гайхагдсан нэгэн болсон гэдэг.

НАЛАНДАГИЙН ХИЙДЭЭР ДАМЖИН ТҮГСЭН НЬ

Калачакравадын хоёр дахь зүрхний шавь Шри Бадрабодь гэдэг энгийн хүн байлаа. Тэр уг нь Энэтхэгийн зүүн хэсэг дэх Манжуха гацаанд худалдаачин айлд төрсөн боловч өөрийн шаргуу хичээл зүтгэлийн ачаар бурханы сургаал бүгдийг үзэж судалсаар сүүлдээ судрын ба тарнийн ёсны алдартай эрдэмтэн болжээ. Бурханы сургаал талаасаа сурч болох бүхнийг сурч мэдсэн тэрбээр Цагийн хүрдний талаар харьцангуй бага мэдлэгтэй байсан тул Манжуважра болон түүний шавь Авадутива нараас дуртайяа суралцаж эхэлсэн байна.

Шаардлагатай ван авшиг тэргүүтнийг хүртсэний дараагаар Шри Бадрабодь аглагт зорьж бясалгалд суулаа. Өөрийн нугаршгүй тууштай зангийн ачаар гүнзгий тэгш агуулалд төвлөрч, олон ядам бурхадтай нүүр учран, тэдгээрийн ариун орнуудаар аялан явах болсон байна. Ингэснээр удалгүй Очирт Зургаан Йогийг төгөлдөржүүлэн Цагийн хүрдний ёсоор Очирдарь Бурханыг бүтээж төгсчээ.

Бадрабодь усан дээгүүр явах, уул, хана нэвтлэн гарах мэтийн олон шидийг үзүүлэх болж нэр алдар ихэд түгснээр **Бага Калачакравад** хэмээгдэх болсон билээ.

Цагийн хүрдний сургаалыг Магадхад үндэслүүлж чадах юм бол маш хурдтай дэлгэрүүлж болох юм байна гэдэгт итгэсэн Шри Бадрабодь алдарт Наландагийн хийдийн дэргэд Дүйнхорын сүмийг байгуулж олон бясалгагч-егүзэр хүмүүсийн анхаарлыг татах арга сүвэгчилэв. Тэр цагт Цагийн хүрдний замаар гарч ирсэн бүтээлч шидтэнгүүдийн тоо бусад системийн нэгдсэн тооноос ч хамаагүй давуутай байжээ. Түүний арван хоёр зүрхэн шавь нар цөмөөрөө солонгон биеийг олж нэгэн насандаа төгс гэгээрэлд хүрсэн гэдэг.

11-р зууны эхэн үеэр Төвөдийн орчуулагч Гижо Дава Одсэр гэгч хүн Шри Бадрабодийг (Бодибадра гэж хавсралтад тэмдэглэжээ) Төвөдөд урьж Цагийн хүрдний эх судрыг орчуулахад тусална уу гэсэн байна. Тэр хүсэлтийг хүлээн авснаар хоёул нийлэн Пундарикагийн *Хиргүй гэрэл* судрыг амжилттай орчуулж дуусгасан нь Төвөд хэл дээрх Цагийн хүрдний анхны бүтээл болсон билээ. Гижо Лозава дараагаар нь шавь нартаа дэлгэрэнгүй номлол айлдан Цагийн хүрдний увдис заав_арчилгааг дамжуулах зуураа орчуулгаа дахин сайжруулсаар байжээ. Эндээс шавь нар хоёр урсгал болон салаалсны нэг нь Гижогийн өөрийнх нь дамжлага, нөгөөх нь түүний шавь Тром Лозава Бадма Одсэрийн дамжлага байсан юм.

Шри Бадрагийн ганц хайртай шавийг **Налэндрава** гэнэ. Тэр өмнө нь Том \Манжуважра\ ба Бага \Шри Бадра\ хоёр Калачакравадаар далай их номлолыг заалгасан нэгэн байв. Цагийн хүрдний сургаалд хязгааргүй бишрэлтэй тэрбээр бүхний сайн мэдэх Арван үсэгт тийн эрхэт бэлэг тэмдгийг (Намжүвандан) зурж Наландагийн хийдийн гадна өлгөөд дор нь:

"Бурханы билиг барамидыг эс ойлгох бөгөөс Цагийн хүрднийг үл ойлгомуй. Цагийн хүрднийг хэн үл ойлгоно тэр бээр Тийн эрхэт бэлэг тэмдгийг үл ойлгомуй. Тийн эрхэт бэлэг тэмдгийг хэн эс ойлгоно тэр бээр Очирдарын ухамсарт лагшинг үл ойлгомуй. Очирдарын ухамсарт лагшинг эс ойлгогч нэгэн бээр тарнийн ёсыг үл ойлгомуй. Тарнийн ёсыг үл мэдэгч бээр сансрын хүлээсэнд оршсоор байх буюу. Төгс гэгээрсэн Очирдарын замд эс орсон болой. Тиймийн тул ариун суртгаалт багш бүхэн буддын барамидыг үзтүгэй, тэгээд бүх ариун шавь нараа чөлөөлтүгэй"

гэсэн зарлалыг бичиж хадав. Тэр үед Наландагийн хийдэд шавилан сууж байсан таван зуу гаруй лам нарын хувьд энэ бол ихээхэн өдөөн хатгасан алхам байсан юм. Үүний уршиг ч удалгүй гарч Налэндраватай мэтгэлцэх гэсэн лам нарын урт дараалал сүмийн үүдэнд үүссэн билээ. Гэвч тэд ар араасаа ялагдал хүлээн гарч байснаар Налэндравагийн утганд нэвтэрхий хийгээд төсөөлшгүй гүн ухамсарлахуйд хүрснийг нэгэн дуугаар хүлээн зөвшөөрчээ. Налендрава тэдэнд Цагийн хүрдний сургаалын гүнзгий болоод өргөн утгыг батлан үзүүлж Хаан Дандар болгон тогтоов. Бишрэх сэтгэл дүүрэн Наландагийн лам нар түүнд мөргөн ёсолж хамба ламаа болно уу хэмээн гуйсан түүхтэй.

Налэндрава гуйлтыг хүлээн авснаар олон сайн шавьтай их багш болжээ. Ялангуяа түүний шавь нарын дунд Абаякарагубта, Буддагирди, Абиюгта, Манжугирди, Кашмир Соманада, Бандида Парвата, Ачалагарба, Данашри, Их Буния, Кашмир Гамбира, Шантигубта, Гунарагшита гэх мэтийн тоогүй олон онцгой шавь нар багтаж байсан юм. Тэд цөм Цагийн хүрдний дамжлагын уламжлалыг орон даяар дэлгэрүүлэхэд өөр өөрсдийн хувь нэмрийг оруулцгаасан билээ.

Налэндрава зөвхөн лам хуврагийг сургах гэж бодсонгүй хаан удам угсаатай, худалдаачин зэрэг энгийн хүмүүсийг мөн ихээхэн хамруулах болсны дүнд тэдгээр нь хариу ивээн тэтгэж Цагийн хүрдний судруудыг олшруулан хэвлэх, хувилах зэргээр хойд Энэтхэг даяар дэлгэрэхэд чухал үүргийг гүйцэтгэсэн байна. 11-р зууны сүүл гэхэд Цагийн хүрдний сургаалаар замнагсдын тоо бусад бүх урсгалыг бүгдийг нийлүүлснээс ч давж гарчээ.

ЦАГИЙН ХҮРДНИЙ ЁСОН ТӨВӨДӨД ДЭЛГЭРСЭН НЬ

Манжуважра, Шри Бадрабодь,(Бодибадра) Налэндрава нарын шавь нараас салаалсан олон урсгалууд үүсэн гарснаас арван-долоо нь Төвөдөд хүрч чадсан байна. Тэд цөм Цагийн хүрдний зам мөрийг номлох тал дээр ижилхэн түвшинтэй боловч оньс, увдис зааварчилгаа нь өөр өөр, зарим нь илүү төгс хэмээн тооцогдож байв. Очирт Зургаан Йогийн дадлагаар нэг урсгал бусдаас алдаршиж байсан нь **Кашмирын Бандида Соманадагаас** эх авч Төвөдийн орчуулагч Дортон Шэйрав Дагийн үүсгэсэн *До урсгал* байлаа.

Соманада Кашмирийн баруун хойд нутагт брахман шашинтны хүү болон төржээ. Тэр багаасаа маш ой сайтай хүүхэд болох нь харагдсан бөгөөд арван зургаан мөр шүлгийг нэг амьсгаагаар тогтоочихдог байсан байна. Бага балчир насных нь ихэнх цагийг аав нь Ведийн сургаалаас зааж өнгөрүүлсэн бөгөөд арван хоёр настайд нь Буддын шүтлэгтэй байсан эх нь түүнийг Кашмирийн эрдэмтэн Суръяакэту багшийн байгуулсан сургуульд бурханы номыг судлуулахаар явуулсан байна.

Суръяакэтугийн охин Соманадаг ихэд таалан, миний аавбаас ном сурах хүсэлтэй байгаа бол намайг ханиа болгож авагтун гэж хэлсэнд Соманада зөвшөөрч охины эцгээр олон сайн номыг заалган таван ухаанд нэвтэрхий болов. Ялангуяа Нагаржунайн *Төв үзлийн ухаан* болон түүний *Гухясамажа дандрын сургаалыг* төгс эзэмшиж чадсан гэдэг.

Нэгэн өдөр Суръяакэту Их Калачакравадын шавь – Винаякарамати гэдэг хүнээс хоёр янзын бэлэг хүлээн авчээ. Эхнийх нь *Адибудда Эх Судраас \Сэкодэша* авсан Дүйнхорын вангийн нэг бүлэг, хоёр дахь нь *Цагийн хүрдний хураангүйн \ Сэкапракрия* гурав ба тавдугаар бүлгүүдээс шүүн авсан хэсэг байсанд Суръятэку машид бэлэгшээн авaaд шавь нарынхаа зулайд хүргэн адислахдаа хурдан гэгээрэхийн ерөөлийг талбив. Шавь нар түүнээс энэ юу болохыг асуусанд тэр, түүний хэзээ ч олох боломцоо олдоогүйн улмаас заах боломж гараагүй тэр аугаа дандарын сургаалын нэгээхэн хэсэг хэмээн хариулжээ.

Суръяакэту үүнийгээ Соманадад дамжуулан өгсөнд тэр судрыг машид хүндэтгэн дээдлэх сэтгэлээр судалж эхэлжээ. Бишрэх сэтгэлээр оргилсон Соманада үүнийг бүрэн сайн тайлбарлаж чадах багшийг эрж олохоор Магадха руу зорин хөдөллөө. Наландагийн хийдэд хүрэлцэн очиход түүнд Бага Калачакравад, Налэндрава хоёроос ном хүртэх завшаан тохиосон байна.

Мэргэн багш нарын удирдлага дор Очирт Зургаан Йогийн эхний дөрвөн шатыг гүйцээгээд Соманада дотоод хийгээ бүрэн захирч, бүх юмс үзэгдэл бол зүгээр сэрэл ухамсрын тоглоом юм байна гэдгийг бүрэн ойлгож авсан байна. Соманада эдгээр бясалгалыг машид дээдлэн үзэх тул цаашид хэнд дамжуулах тал дээр хатуу журам барьж байжээ. Бүхий л амьдралынхаа туршид тэрбээр гуравхан шавьдаа л сургаалыг бүхлээр нь заасан ба бусад сурагчиддаа зөвхөн эхний Йогийн увдис, зааварчилгааг хэлж өгсөн ажээ.

Түүнийг Кашмирт буцаж ирэхэд Раднабазар гэдэг лам мэтгэлцээнд дуудав. Тэгээд Соманадад дийлэгдсэн даруй Раднабазар шавь нараа түүнд алдахаас айн өөр газар очиж багшилна уу гэж гуйсан байдаг. Аугаа энэрэхүй сэтгэлийн үүднээс Соманада Кашмирийг орхин явж Цагийн хүрдний сургаалыг дэлгэрүүлэхээр ийнхүү Төвөдийг зорьсон ажгуу.

Соманада Төвөдөд нийтдээ гурван удаа очихдоо олон ном айлдсаны дотор *Нагаржунайн төв үзлийн зургаан хураангуй* болон *Асангагийн Таван ном* хэмээх судрууд орж байв. Номлосон олон сургаалынхаа дотроос Цагийн хүрдний дандарыг тэр ямагт онцлон үзэж явжээ. Энэ үедээ тааллын гурван шавиа олж авсан нь : Дортон Шэйрав Даг, Лама Лхажэ Гомба, Дортон Намсэг нар байв.

Анхны айлчлал нь Хараг нэртэй газарт *Хиргүй гэрэл* судрын хагасыг орчуулахаар дуудагдан очиж байжээ. Тэр орчуулгын ажлын явцад сэтгэл дундуур байсан болохоороо Пэнюль гэдэг Төвөдийн баруун нутагт нүүн ирж суурьшсан байна. Тэнд орчуулгын ажлаа шинээр эхлэн Төвөдийн орчуулагч До урсгалын **До Лозова** нэрээр алдаршсан Шэйрав Дагтай хамтран *Хураангуй Цагийн хүрдний Дандарыг* түүний тайлбарын эхний дөрвөн бүлгийн хамтаар орчуулав. *"Хувиршгүй Билиг Билгүүн"* хэмээх тавдугаар бүлгийг харин Соманада ганцаараа орчуулсан гэдэг.

Эдгээр судрууд дээр суурилан Дортон Шэйрав Даг болон Нимавагийн сургуулиас ирсэн дандарын бясалгагч **Лхажэ Гомба** нарт Соманада дэлгэрэнгүй номлол айлдаж увдис дамжлагыг дамжуулсан байна. Номлол бясалгалыг хослуулан үйлдээд Лхажэ Гомба маш гүнзгий ухамсарлахуйн түвшинд хүрч хар шид үйлддэг хоёр бугийг дарснаараа алдаршсанд Төвөдийн энэ аугаа егүзэр багшаас ном сонсох гэсэн шавь олноор цугларан ирэх болжээ.

Лхажэ Гомбагийн нэгэн шавь дандарын бясалгагч **Дортон Намсэг** байсан бөгөөд багшаасаа бүрэн ван авшиг, увдис дамжлагыг хүртээд зогсохгүй Соманадагийн сүүлчийн айлчлалаар Нагаржуна, Асанга хоёрын сургаал, уран зохиол, тэжээхүй ухааны хичээлүүдийг энэ Кашмир бандидагаас өөрөөс нь биечлэн заалгаж авсан байна. Хоёр шилдэг багшийн удирдлаган дор бясалгаж дээд ухамсрынхаа маш гүнзгий зэрэгт хүрч Ядам бурхадтай дэргэд буй мэтээр харьцах чадвартай болсон гэдэг. Соманадагийн гурван шавь дотроос До урсгалын замналаар Цагийн хүрднийг дэлгэрүүлсэн гол хүн бол Намсэг байсан гэж үздэг.

ОЧИРТ ЗУРГААН ЙОГ ДЭЛГЭРСЭН НЬ

Соманада болон түүний шавь нар цөм номд мэргэн хүмүүс байсан нь маргаангүй бөгөөд тэднээр дамжин ирсэн До урсгалын хэлхээ Очирт зургаан йогийн бясалгалын хүчирхэг оньс, увдис дамжлагыг уламжилсан байдгаараа хамгаас алдаршсан байлаа. Эдгээр өндөр шатны аргууд Цагийн хүрдний сургаалын оргил болох ба зөвхөн нэгийг нь төгөлдөржүүлсэн байхад л үнэхээр ер бусын үр дүнд хүргэдэг ажээ. Соманадагийн өөрийнх нь тогтоосон нууцлах журмын дагуу Очирт Йогийн оньс, увдис амнаас чихэнд шивэгнэн дамжих замаар олон үеийг элээсний дараа л дөнгөж арай илүү илтээр заах эхлэл тавигдаж эхлэсэн аж. Тоо нь цөөхнөөс үл хамаараад Цагийн хүрдний егүзэр нарын алдар ихэд цуурайтаж эхлээд байсан юм.

Энэ урсгалтай ихэд холбоотойгоор гарч ирсэн аугаа шид бүтээлч гэвэл **Лама Дүвчэн Юмо Мижэ Дорж** юм. Юмо 11-р зууны эхэн үед Төвөдийн зүүн нутгийн нүүдэлчин айлд мэндэлжээ. *Шинэ орчуулга* \Сарма\ орон даяар дэлгэрч байсан үед хүмүүс тодорхой сургууль, соёл гэх юмгүй аль нэг сүм хийдийг бараадан нүүж аль олдсон сургаалаа судалж явсан байв. Оюун санаа, сүсэг бишрэлийн зам гэдэг машид бишрэм зүйл гэж үзэгддэг байсан учраас арван настай Юмогийн гэр бүлийхэн тэр үед цөм хамтдаа сахил хүртэхээр шийдэцгээжээ.

Лам болоод Юмо онолын ухаан, гүн ухаан заалгаж Шантидэва гэгээний зохиолыг ихэд сонирхох болов. Тэрээр мөн Виная ёсны хатуу сахилгатайгаараа алдаршсан Лама Сог Чэнбогийн удирдлага дор хуврагийн ёс зүйд суралцав. Дараа нь дандарын бясалгагч болох үедээ Очиргаравын *Бодьсадвын Гурван Эрхэм* судрын тайлбартаа *Хэважра Дандар* хэмээгдсэн сургаалд сэтгэл ихэд татагдсан байна. Тэр бүр анх энэ нэрийг сонсоод шууд туйлаас бишрэх сэтгэл төрөн үүнийг сайтар тайлбарлаад өгөх хүнийг эрэн сураглах болсонд Кашмирийн Бандида Соманадаг олж уулз гэж хүмүүс түүнд хэлсэн байв.

Юмо удалгүй Төв Төвөдөд нүүн суурьшиж Шантидэвагийн сургаалыг үргэлжлүүлэн судалж байгаад нэгэн Энэтхэг эрдэмтэн ойрхон байгаа гэсэн цуу яриа сонсож орхив. Хэн болохыг нь асууж сураглатал тэр нь үнэхээр Соманада биеэрээ байж таарчээ. Хязгааргүй баярласан Юмо ном заалгах хүсэлтээ даруй илэрхийлсэнд Соманада татгалзсан хэдий ч Непальд байхдаа цуглуулсан тахилын зүйлсийг минь тээвэрлэн авчирч өгвөл бодож үзье гэсэн шүү юм хэлжээ.

Тэр ерөнхийдөө үүнийг гүйцэтгэхээр зөвшөөрсөн ч гэсэн бусад хэдэн шавь нар мөн иймэрхүү ажлыг гүйцэтгэсэн хэрнээ ном заалгаж чадаагүй одоо болтол хүлээсээр байгааг бас мэдэж авлаа. Найзууд нь түүнд Соманадагийн оронд түүний шавь Дортон Намсэгаас гуйвал хамаагүй өлзийтэй байх вий гэж зөвлөсний дагуу очиж Сог Чэнбогийн шавь байснаа хэлж байж арайхийн шавь оров. Дараачийн дөрвөн жил Намсэг түүнд бүх ван авшгийг увдис дамжлагын хамтаар хүртээжээ. Сүүлд Соманадагаас өрөөс нь мөн номлол хүртэх завшаан түүнд олдсон гэдэг билээ.

Эрдэнэ болсон энэхүү сургаалыг өвлөөд Юмо Өег хэмээх газарт нүүн суурьшаад амьдралынхаа эцсийн мөчийг хүртэл тэнд эрчимтэйгээр бясалгал хийн өнгөрөөсөн гэдэг билээ. Тэрбээр гайхам шид бүтээлч болсон бөгөөд хэрээ болон хувирч хүртэл чадах болсон гэлцдэг. Энэ үедээ тэр *Дөрвөн Хурц Гэрлийн цогц* хэмээх нөлөө бүхий цуврал сургаалаа бичсэнээр өөрийн туршлагад дулдуйдан туйлын үнэнийг илэрхийлсэн Төвөдийн анхны бясалгалч-егүзэр болсон билээ. Цагийн хүрдний Очирт Йогийн дадлагаас урган гарсан энэ судар сүүлд *Дандарын Шандон* үзлийн суурь \Төвөдийн Буддизм дахь Жонан ёсны баримталдаг үзэл\ болсон гэж үздэг ажээ.

Дүвчэн Юмогийн олон шавь нараас хамгийн ойрынх нь түүний төрсөн хүү Чойжи Ваанчиг буюу санскрит нэр нь **Срай чог Дармэшвара** байлаа. Хүү багаасаа сод ухаантан гаргуун оюунтай гэдгээ харуулж арван зургаахан насандаа өндөр түвшний Дүйнхорын вангийн сургаал болох *Сэкодэша* хэмээх сударт тайлбар бичиж байжээ. Хорин насандаа эцгийхээ зааж болох бүхий л номыг бүрэн эзэмшиж чадсанаар Цагийн хүрдний агуу сургаал бүхлээрээ эцгээс хүүд дамжин очсон нь тэр байв. Дармэшвара мөн өөрийн ээлжинд дээд ухамсрынхаа гүнзгий түвшинд хүрээд Намхай Одсэр, Мажиг Жобум, Сэчэн Намхай Жанцан гэсэн гурван хүүхдэдээ домогт сургаалаа дамжуулан өвлүүлжээ.

Том хүү **Намхай Одсэр** нь судар тарнийн ёсонд гарамгай суралцсан бөгөөд Асангагийн *Таван ном, Гухясамажа ба Цагийн хүрдний дандарын* сургаалд онцгойлон анхаарч суралцжээ. Амьдралынхаа туршид тэрбээр эдгээр сургаалын талаар олон судар зохиосны дотор *"Гэрлийн чимэг"* нь ихэд алдаршсан билээ. Дээд ухамсарлахуйнхаа гүнзгий түвшинд хүрсэн Намхай Одсэрийг Важраварахи, Янжинлхам гэх мэтийн эмэгтэй ядам бурхадтай ойрын бат холбоотой болсон гэлцдэг.

Дармэшварагийн охин **Мажиг Жобум** эхийнхээ нөлөөгөөр маш бага наснаасаа Манзушри Бурханы догшин хувилбар болох Ямандага Бурханы бясалгалыг хийж эхэлсэн байв. Эдгээр бясалгалын ачаар сөрөг энергийг зайлуулах хүчийг эзэмшин олны тусыг бүтээх болсоор гучин-зургаан насандаа хүнд өвчин хүрсэн байна. Тэгээд шид увдисыг орхиод гэгээрлийн үйлсэд зорьсугай хэмээн шийджээ.

Эцгээс уламжилж авсан Цагийн хүрдний сургаалдаа суурилан Мажиг Жобум Очирт Зургаан Йогийн бясалгалд орлоо. Тэр нэгэн өдрийн дотор эхний Йогийн арван шинжийг цөмийг үзсэн ба долоо хоногийн төгсгөл гэхэд дотоод хийгээ бүрэн номхотгоод Шид бүтээлчийн хутгийг олсон байна. Мажиг олон хоног сараар хоол үл идэн бясалгавч биеийн хүч үл доройтохоор барахгүй улам өнгө, орон нь гялалзаж, эрүүлжив гэнэ. Түүний бясалгал хийдэг агуй ердийн хүн хүрэх аргагүй зэлүүд газар хадан дунд байрлах ажээ. Нэг удаа машид халдвартай өвчин дэлгэрсэнд Цагийн хүрдний тарнийг дуудахын төдийгөөр зогсоосон гэх бөгөөд өвдсөн газрыг алгаар илээд эдгэрүүлэх зэргийн увдисыг эзэмшсэн байжээ. Тиймээс ч уг сургаалыг алдартай эзэмшигч нарын нэг болсон байна.

Мажигийн бага дүү **Намхай Жанцанг** хэл сонсголын гажигтай төрсөн болохоор нь нэг их амжилтанд хүрэхгүй биз гэж ярилцдаг байжээ. Эгчийнхээ сайхан сэтгэлийн ачаар тэр Очирт Зургаан Йогийн бясалгалыг анхааран авлага болгож Намхай Одсэр ахынхаа удирдлага дор дээд ухамсарлахуйн гүнзгий түвшинд хүрснээр гэнэт оюун сэргэг болсон төдийгүй *Чакрасамбара, Хэважра* дандарсын ёсонд гарамгай суралцан мөн *Наропагийн Зургаан Сургаалыг* ч сайн эзэмшсэн гэдэг.

Мажиг Жобумын нас барсны ойн ёслолын үеэр Намхай Жанцан голдуу арван-тав хоног бясалгаж байж хүрдэг гүнзгий түвшний ухамсарлахуйд гэнэт хүрсэн гэлцдэг бөгөөд тэр өдрөөс хойш олон шидийг үзүүлэх болж урьдын олон төрлүүдээ санах болсноор барахгүй дараа төрөх төрлүүдээ хүртэл мэдэх болсон байна. Сүүлд тэрбээр төв Төвөдийн Өлүн аймагт Сэмочэ хэмээх хийдийг байгуулан сууснаар түүнийг **Түвтов Сэчэн** гэж нэрлэх болсон билээ.

Сэмочэний зүрхэн шавь **Чойжэ Жамъян Сарма Шэйрав Одсэр** Дээд Нян аймгийн Нимава урсалын айлд төржээ. Сахил хүртсэнээсээ хойш Бурханы сургаал судлахад бүх анхаарлаа зориулах болсон байв. Удалгүй хүнд өвчний шинж \лепроси\илэрсэнд тэр Очирвааний уртын бясалгалд орж суухаар шийджээ. Хагас жилийн дараа тэрбээр биеэ бүрэн ариусгаж чадаад өвчнөөсөө салсан байна. Уг бясалгалын үеэр Жамсар Шэйравын зүүдэнд Манзушри Бурхан морилж Түвтов Сэчэн гэдэг ламтай үйлийн барилдлагатай тул олж шавь орох хэрэгтэй хэмээн зөвлөсөн аж.

Сэмочэгийн гэрт очихоор явах замдаа тэр муу санаалсан хүмүүсийн дайралтанд өртөж, дээрээс нурж ирсэн хад чулууг хараад сандарсан ч үгүй гүнзгий ухаарлын дууг аялан, бүхнийг ариунаар харах гуйвшгүй үзлийн үүднээс иймэрхүү зүйл түүнд хор хүргэж чадахаас өнгөрсөн хэмээсэн гэдэг. Ийм маягаар дайралдсан саадыг даван гарч Сэмочэ дээр хүрч очин Цагийн хүрдний сургаалаа айлдана уу гэж хүссэнд түүнд "*Хиргүй гэрэл*" судрын авшгийг Очирт Йогийн бүх увдис дамжлагын хамтаар хүртээжээ. Сэмочэ түүнд өндөр түвшний авшгийг хүртээх үеэр Жамсар Шэйрав очирт багшийгаа Дүйнхор ядам болгон харсан гэдэг.

Очирт Йогийн бясалгалаар агуу ухамсарлахуйдаа хүрсэн тэрбээр аливаа бурханы номыг номлохдоо туйлын үнэний оршихуйн цаглашгүй төлөвтөө саатан байж номлодог байснаараа алдаршсан бөгөөд зүүдэн биэрээ Шамбал, Диваажингийн ариун орнуудаар аялан явах дуртай байсан гэлцдэг. Хүрсэн өндөр нэр алдрынхаа ачаар хүмүүст Цагийн хүрдний бясалгалыг анхааран авлага болгоход нь туслахаар олон бясалгалын төвүүдийг байгуулсан гавьяатан билээ.

Жамсар Шэйравын зүрхэн шавь Сэрдинба Шоннугийн хүү мэргэн **Чойгү Одсэр** байлаа. Түүнийг гэгээрсэн бодьгалын үнэн номын лагшинг олно гэсэн зөгнөлийн дагуу ийн нэрлэсэн байжээ. Эцгээ дуурайж *Гухясамажа дандарын* эрдэмтэн болон өсөж байтал нэг өдөр эцэг нь Чойжи Жамъян Сармаг хайж олоод шавь ор гэж хэлсэн байна.

Энэ зөвлөгөөг даган явж Дүйнхорын ван хүртэхдээ очирт багшийгаа Дүйнхор ядмын догшин дүр болох Важравэга дүрээр авшиг буулгасан гэж итгэсэн байдаг. Гэгээрлийн хот мандалд түүнийг хөтлөн оруулах үед тэрбээр язгуурын билиг билгүүний хот мандлыг тодхон үзсэн ба дөрвөн дээд авшгийг хүртэх үедээ бодлын хүлээснээс бүрэн ангижирч чадаад дээдэд үл урвахуйн амгаланг зохион энэ цагаас хойш түүний сэтгэл оюун Дүйнхор бурханы тунгалаг билгүүнээс хэзээд үл хагацах болсон ажгуу.

Түвтов Сэчэнтэй уулзахдаа Чой гү Одсэр түүнд Жамъян Шэйравтай багш шавийн барилдлагаар олон төрөлд хамтдаа байснаа хэлснээр Кашмирийн эрдэмт лам Шагжаашри-гийн хойд дүр болох нь тогтоогдсон ажээ.

Сэмочэгийн үе хүртэл Очирт Зургаан Йогийн сургаал найдвартай хамгаалагдан ирж багшаас шавьд нууц увдисыг дамжуулах замаар уламжилж явсан боловч Жамсар Шэйравын үеэс эхлэн Чойжи Одсэрт дамжсанаар хатуу журам аажим сулран яваандаа олон хүнийг хамрах болсон гэдэг билээ.

ЖОНАН ЁСНЫ УУЛЫН БЯСАЛГАЛЫН ТӨВ

13-р зууны дунд үе гэхэд Цагийн хүрдний сургаал Төвөдийн Үй, Зан нутгаар өргөн дэлгэрсэн байлаа. Урьд бидний дурдсан Гижо, Тром, До урсгалуудаас Нямава, Сажава, Гаадамба, Гаржүдвийн сургуулиудын бас арван дөрвөн том урсгалд Цагийн хүрдний сургаалыг судлан, дадуулж байжээ. Цагийн хүрдний дамжлагуудын бүрэн бүтэн байдлын үүднээс тэдгээрийг жагсаавал:

1. Орчуулагч Гижо Дава Одсэрын Очирт Зургаан Йог
2. Орчуулагч Ма Гэвай Лодойгийн Очирт Зургаан Йог
3. Орчуулагч Тром Бадам Одсэрын Очирт Зургаан Йог
4. Кришнабижнагаас дамжсан Атиша Дипамкарагийн Очирт Зургаан Йог
5. Соманадагийн До урсгалын Очирт Зургаан Йог
6. Самандашригийн орчуулагч Ра Чорабын Очирт Зургаан Йог
7. Цами Санжэ Дагийн зохиосон Йогамала Цами урсгал
8. Амгаабазарын Рэчин Дорж Дагвын Очирт Зургаан Йог
9. Галогаас Жанг Цалба хүрсэн Цагийн хүрдний өөрийнх нь дамжлагын Очирт Зургаан Йог

10. Галогаас аугаа Сажава хүрсэн Эх дандар Хэважрагийн Очирт Зургаан Йог

11. Галогаас Гэшэ Кюра Ачяб хүрсэн Эцэг дандар Гухясамажагийн Очирт Зургаан Йог

12. Шагжаашригээс Чал Чойжи Самбууд дамжсан Наропагийн өвөрмөц зааврыг ашигласан Очирт Зургаан Йог

13. Шагжаашригээс Сажаа Банчэнд дамжсан Очирт Зургаан Шад дагасан Очирт Зургаан Йог

14. Раднарагшитагийн Вибудичандра Анупамарагшита урсгалын Очирт Зургаан Йог буюу Вибудигийн урт дамжлага

15. Шаварипагаас Вибудичандрад шууд дамжсан Вибудигийн богино дамжлага

16. Равиндрарагшита ба Рахулашрибадра нараас дамжсан орчуулагч Чак Чойжэ Балын Очирт Зургаан Йог

17. Пуняшри, Мэнлүн гүрү нарын нэрээс гаралтай Литаний Очирт Зургаан Йог эдгээр болно.

Эдгээр урсгалуудын сургаал нэг үндсэн бүтэцтэй хэрнээ эх судрын өөр өөр орчуулганд үндэслэж, урсгал дахь том багшийнх нь өвөрмөц оньс, увдис заавргыг тус тус уламжилсан байжээ. Агуу **Гүнбан Түгжэ Зундуйгийн** хэмжээлшгүй их зүтгэлээр эдгээр арван-долоон урсгал гайхамшигтайгаар нэгдэн, Цагийн хүрдний Очирт Зургаан Йогийн Төвөд хэл дээрх анхны бүрэн хэмжээний эх судар биеллээ олсон юм.

Түгжэ Зундуй 1243 онд Зан аймгийн Дог гэдэг газарт төржээ. Өсөж том болоод сахил хүртэж Сажа, Ор гэх мэтийн сүм хийдэд шавилан сууж байхдаа олон зүйлд суралцсаны дотор Ра урсгалын Цагийн хүрдний дандарын уламжлал багтсан байв. Тэрбээр мэтгэлцээнд олон эрдэмт лам нарыг ялсныхаа дараа Жяндур дахь Чойжэ Жамъян Сармагийн хийдэд хамба лам болно уу гэсэн хүсэлтийг хүлээн авсан байна. Тэнд байхдаа До ёсны дагуу Гүнчэн Чой гү Одсэрээс Цагийн хүрдний ван авшгийг хүртэн эх судрын алхам бүрийг нэгд нэгэнгүй заасан тайлбарын хамтаар уламжилж авсан билээ. Түүний хувийн бясалгалын үндсэн дамжлага энэ байсан юм. Эдгээр ер бусын сургаалыг судалсныхаа ачаар Түгжэ Зундуй дээд ухамсрынхаа хамгийн гүнзгий түвшинд хүрч чаджээ.

Тэрбээр олон урсгалын сургаалыг цуглуулан нэгтгэх чин хүсэлдээ хөтлөгдөн улс даяар хөндлөн гулд аялан явахдаа бүх арван-долоон дамжлагын бүгдийнх нь увдис дамжлага заавачилгааг цуглуулж чадсан байна. Тэгээд тэдгээрийг туршиж үзэх үүднээс аглагт бясалган сууужээ. Бясалгалаар түүний амин хий маш хүчтэй болон хувирч өвөрмөц онцгой чадварууд нь огцом нэмэгдсэн билээ.

Ингээд Түгжэ Зундуй багш эрдэмтэн гэсэн үүрэг цолоо орхин аглаг уулнаа бясалгал даяан хийхэд үлдсэн бүх амьдралаа зориулсан юм. Тэрээр Ламдэ урсгалын Сэдон Гүнрэг гэдэг тосгонд бясалгал хийж байх үедээ Цагийн хүрдний дандарын сургаалд тайлбар хийх шаргуу хүсэл оргилсонд увдис дамжлагын уламжлалт багш нарыгаа цөмийг нь сэтгэлдээ урин дуудаж энэ хүслээ дагах зөвшөөрлийг тэднээс гуйсанд үүний хариуд Ригдэн Хаад нэг бүрчлэн түүний өмнө үзэгдэн хэмжээлшгүй гүнзгий сургаал адистидаа хайрласан гэдэг.

Энэ үзэгдлээс хойш удсангүй нутгийн савдаг дагина Жомо Нагмэн Жялмо түүн дээр ирэн Жомонан хөндийд очиж суурьш гэсэнд тэрбээр гурван жилийн дараа очьёө хэмээн зөвшөөрөөд энэ хооронд тэр хавийнхаа нутгийн төлөөлөгчдийн хүсэлтээр Бурханы номыг дэлгэрүүлэх хийд орон байгуулж өгчээ.

Дараа нь хэлсэн үгэндээ хүрч Зан аймгийн урд зүг рүү хөдлөн Жомонан хөндийн Хачо Дэдэн буюу Амгалан-шингэсэн Огторгуйн Жаргал гэж өөрөө нэрлэсэн жижиг гацаанд очин суурьшив. Яг энэхүү гацаанд байх үедээ тэр Цагийн хүрдний ядам Бурханыг анх үзсэн бөгөөд дандарын гол сургаалыг тайлбарын хамтаар бичиж гүйцээгээд мөн Очирт Зургаан Йогийн гарын авлагыг аман зааварчилгааны дагуу анх удаагаа цаасан дээр буулгасан гэдэг. Эдгээр судартаа тэр хоосон дүрс ба ханьцашгүй дээдийн билиг билгүүн хослон ургахуйг үзэх дээдийн арга бол Очирт Зургаан Йог гэдгийг онцлон үзүүлсэн ажээ. Түүний зохиолууд сүүлд *Дандарын Шандон урсгалын агуу төв үзэл* хэмээх үзлийн үндэс болсон түүхтэй.

Гүнбэн Зундуйгийн их амжилт Үй ба Зан аймгуудаар хурдан тархаж удалгүй урсгал болгоны томоохон бүтээлч егүзэрүүд түүний эрдэм, билиг оюунаас суралцахаар тал талаас хошуурцгаах болов. Удаж төдөлгүй сэтгэл шулуудсан зургаан-зуу орчим бясалгагчид Жомонан хөндийг дүүргэсэнд Жонангийн уулын бясалгалын төв хэмээн алдаршаад Түгжэ Зундуйг дагагсад Жонангийн урсгал болон хувирсан түүх энэ билээ.

Түгжэ Зундуй аль нэг урсгалыг баримталдаггүй римэ үзэлтэй байснаас эртний болон орчин үеийн орчуулгын аль алийг заахад ямар ч төвөг гарахгүй байв. Жишээ нь, Шид бүтээлч Вирупаг зүүдэндээ үзсэнийхээ дараагаар тэр *Вирупагийн Очирт Мөрүүд* хэмээх Ламдэ урсгалын эх судрыг туурвисан байдаг. Бүх системийг адилхан хүндлэвч тэр Цагийн хүрдний дандарыг зүрхэндээ ойр нандигнан бясалгадаг байжээ. Жомонан хөндийд хорин-нэгэн жил амьдрахдаа Пундарикагийн *Хиргүй гэрэл* судрыг жилдээ хоёр удаа заавал номлодог байсан нь Цагийн хүрднийг Жонан урсгалын гол баримтлал болоход онцгой нөлөө үзүүлсэн гэж үздэг билээ.

1313 онд Гүнбэн Түгжэ Зундуй насан эцэслэх дөхөж буй үедээ **Жансэм Жалва Еэшэг** өөрийн залгамжлагчаар томилжээ. Жалва Еэшэ зүүн Төвөдийн Дохам аймагт төрж маш багадаа сахил хүртээд хоёрдугаар Гармава гэж алдаршсан Гарма Пакшид шавь оржээ. Жалва Иш эхний хэдэн жил Гарма Пакшигаас үнхэлцэгээ хагартал айн бараг бараагь нь хармагцаа зугтах нь холгүй байдаг байвч чин үнэн бишрэлээр айдсаа даран, аман зааварчилгаа хичээлээ уйгагүй бясалгасаар үнэнч сайн шавь нь болж чадсан байна. Гэхдээ л яаж ч хичээгээд гавьтай амжилт гарч өгсөнгүйд Гармава түүнд зөв багшаа олоогүйгээс тэр хэмээгээд олох хүртлээ газар газар хэсүүчлэн явахыг зөвлөсөн байна. Жалва Еэшэ, үл ялгаварлах үзлээ баримталж явбал эрсэн багшаа заавал олно гэсэн багшийхаа үгийг ягштал даган явсаар олон урсгалын олон ч багш нараас номд суралцав. Тэгээд судрын ба тарнийн ёсны аль алийг заалган нэртэй эрдэмтэн болсны хойно Сажа Тризин Шарав Жамъян Чэнбо болон өөрийн ах Дугарва Еэшэ Ринчен нараас Цагийн хүрдний дандарын сургаалыг дэлгэрэнгүй заалгаж авчээ.

Гэвч энэ бүхэн Түгжэ Зундуйтай уулзсантай харьцуулахад юу ч биш байсан юм. Түүнийг анх хармагцаа Жалва Еэшэд хязгааргүй бишрэх, сүсэглэх сэтгэл төржээ. Тэгээд эрдэнэ болсон энэ багшаасаа бүх номлол айлдвар хийгээд аман зааварчилгаа зэргийг харамгүй хүртээд Очирт Зургаан Йогийн бясалгалд орж удсан ч үгүй дээд ухамсрынхаа гүнзгий түвшинд хүрсэн байна.

Жалва Еэшэйг газар газар хэсэн бясалгаж явахад дайралдсан багш нарын нэг Жамъян Чэнбо түүнд Дэчин гэдэг Сажагийн хийдэд очно уу гэж хэлсэн байжээ. Тэр тэнд олон жил багшлан суугаад дараа нь Түгжэ Зундуй багшаа үхэл ойртсоны шинж илэрсэн байх үед хайрт багштайгаа хамт байхаар Жонанд буцаж ирсэн байна. Түүнийг буцаж ирэхэд багшийх нь өвчин дороо наашилж өөрөө харин нэлээд өвдөж эхэлснээ бие нь илааршихын хэрээр багш нь буцан доройтож байсан гэдэг. Шавь нарыхаа гуйлтаар Түгжэ Зундуй үхлээ хэдэн долоо хоногоор хойшлуулж байгаад эцэст нь хорвоогийн мөнх бусыг үзүүлсэн байдаг. Дараачийн долоон жилийн турш Жалва Еэшэ Жонангийн хийдэд суусан билээ.

Түгжэ Зундуйг насан өөд болсны дараа бусад шавь нар нь Жалва Еэшэйг багш, нөхөр мэт үзэх болсон бөгөөд тэдгээрийг нэг нь **Хай зүн Ёндон Жамц** байсан юм. Тэр Зан аймгийн Даг гацаанаас гаралтай бөгөөд Нямава урсгалын хийдэд Аравдугаар Сажа Тризин, Жамъян Чэнбо нараас далай их номыг заалгасан байв. Жалва Ишийн нэгэн адилаар Цагийн хүрдэн, Хэважра, Илт Онохуйн Чимэг мэтийн олон сургаалыг Дугорва Еэшэ Ринченгээс хүртсэн бөгөөд Еэшэ Ринченгийн туслахаар Хятад дахь Хубилай хааны ордонд хүртэл очиж байсан гэлцдэг. Дөрвөн жилийн дараа Жамъян Чэнбо дээр үргэлжлүүлэн сурахаар буцаж ирэхдээ асар ихийг сурч өссөн байсан тул Сажа Тризин түүнд Түгжэ Зундуйг яаралтай олж уулзан бясалгахад анхаарах хэрэгтэй хэмээн яаруулсан байлаа.

Жонангийн хийдэд ирээд Ёндон Жамц Түгжэ Зундуйгаас олон номын ван авшгийг хүртэн ном заалгасны дотор Бодьсадвын Гурван Эрхэм бүтнээрээ, Очирт Зургаан Йогийн өөр өөр дамжлагын увдис, аман зааварчилгаанууд багтсан байв. Ёндон Жамц эдгээр зааварчилгааны дагуу бясалгалд ороод өдөр ба шөнийн бясалгалын шинж тэмдгүүдийг дорхноо үзэж гүнзгий түвшинд хүрснээр хөнгөний тамир мэтийн олон увдис шидээр адислагдав.

Жонангийн хийдэд тэр нийт гучин-найман жил Очирт Зургаан Йогийг эрчимтэй бясалгажээ. Түүнийг Төвөдөд олдож болох бүх сургаалыг бүгдийг эзэмшсэн гэх бөгөөд ялангуяа ёс суртахууны өндөр зэрэгт хүрсэн байснаараа ихэд шагшигддаг билээ. 1320 онд Жалва Еэшэйг өөд болоход Ёндон Жамц Жонангийн хамбын суудалд заларсан билээ.

***

14-р зууны үед Энэтхэгийн бурханы шашин айхавтар доройтолд орооход Наланда, Одантапури, Викрамашила зэрэг алдарт сургуулиуд орхигдон Цагийн хүрдний нандин сургаал арван зүгтээ сарнихад хүрсэн юм. Гэвч Төвөдийн алдарт багш, бүтээлч нарын агуу бишрэл хийгээд зүтгэлээр уг сургаал найдвартай гарт хадгалагдан уламжлагдан өнөөг хүрсэн билээ. Хэдхэн үеийн дараа гэхэд Жонан Хийдийхэн Очирт Зургаан Йогийн дамжлагыг хадгалсан тэргүүн зэргийн урсгал болон хувирсан байлаа.

- Хутагт Асанга-
Бодьсадва Майдарын Йогачара Ухааныг Дэлгэрүүлэгч

Тодорхой утгыг ойлгох үүд

Төвөдийн дахин сэргэлтийн эхлэл үеийг 10-р зууны сүүл үе гэж тэмдэглэсэн байдаг. Хоёр зуу орчим жилийн турш Бурханы сургаал хүч далайцтай нөлөөгөөрөө Төвөдийн соёлын эд эс бүхнийг бүтээн хэлбэржүүлсэн билээ. Гүн ухааны үзэл, шашин шүтлэгийн өсөлтөөр дүүрэн энэ содон цаг үе бол Хаан Ландармын хуулийн доор Төв Төвөдийн ард түмний туулсан тэр амаргүй жилүүдийн шууд хариулт байсан гэж хэлж болно. Зуу гаруйхан жилийн эргэлтэнд Төвөдийн буддизм бараг арчигдан алдаж олон сургаалын дамжлага тасарч алдагдсан билээ.

Яаралтай арга хэмжээ авах шаардлагатайг ойлгосон Төвөдийн чин сүсэгт олон хүмүүс Энэтхэг рүү бадар барин явж алдагдсан бүхнээ сэргээхээр чадлаараа зүтгэсэн юм. Хэлмэрч орчуулагчид Гималайн нуруут даван өмнө зүгт орших Ариун газар руу шил шилээ даран амь сорьсон бэрх аялалуудыг хийсээр, хамгийн их амжилтад хүрсэн эрдэмтэн-егүзэр нараас суралцан байж энэхүү эрхэм сургаалын хувиргах увдисын хүч нөлөөг түгээх чигийг заагч одод болсон гэж хэлж болно.

Төвөдөд эргэн ирсэн орчуулагчид сурч мэдэхийг хүссэн сүсэгтэн шавь нарын анхаарлыг дорхноо татжээ. Буддизмын гэрэл дахин тодорч эхлэн янз бүрийн урсгалуудыг тойрсон бясалгагч, бүтээлч нарын хүрээ үүсэж эхлэв. Үүний дунд Үй ба Зан хэмээх төв болон баруун зүгийн нутгуудаар сүм хийдүүд борооны дараах мөөг адил их болж, Төвөд улсад дахин Бурханы ном сургаал дэлгэрч эхэлсэн юм.

Энэ үед тодорхой байгуулагдсан сургууль гэж байсангүй зөвхөн өөр өөр хийдүүдийн зүгээс Бурханы сургаал номлолыг түгээх төдий байсан аж. Ялгаварлах үзлийн тухай ойлголт бараг байгаагүй болохоор шавь нар нэг хийдээс нөгөөд шилжин багш болгоноос суралцаад явдаг үе байжээ. Тиймээс ч олон талаар Төвөдийн *Римэ Хөдөлгөөний* үндэс эндээс тавигдсан гэж хэлж болох бөгөөд дээд ухамсрын гүнзгий түвшинд хүрсэн эрдэмтэн лам нар олноор төрөн гарч дахиад мянга гаруй жилийн турш саруул билиг оюунаараа улсаа удирдан төлөвшүүлж ирэхийн эхлэл байсан юм.

Энэ олон эрдэмтэй лам нарыг гайхамшигтай болгож байсан зүйл нь Бурханы сургаалыг бүрэн хэмжээнд нь судлах, цаашлаад дадлага болгон хөгжүүлэх өргөн боломжтой байсан явдал мөн. Тийм ч учраас эдгээр авьяаслаг мэргэд цөм өөрсдийн бурханлаг чанарын хамгийн гүнзгий түвшинд нэвтэрч чадацгаасан билээ. Тэдний бичсэн ном судруудад түшиглэн төрөл бүрийн сургуулиуд төрөн өндийж өөр өөрсдийн өвөрмөц тайлбаруудыг системтэй бүтээлч замаар үзүүлэх болсон юм. Эдгээр өөр системүүдэд үндэслэн зарим сүм хийдүүд Сажа, Гаадамба, Гаржүдийн Шинэ Орчуулгын сургуулиуд үүсэж байлаа.

Өөр өөрсдийн үзлийг улам боловсронгүй болгох үүднээс томоохон урсгалууд хоорондоо мэтгэлцэх нь элбэг. Байнгын иймэрхүү сорилт, оюун дүгнэлт, судалгааны явцад тэдгээр урсгалуудын баримтлан буй үзэл хамаагүй илүү нарийн бөгөөд дэвшингүй болж иржээ. Чинагуух үнэний туйлын мөн чанарын ойлголт тэр үед мэтгэлцээн үүсгэх гол сэдэв болоод байсан бөгөөд мэтгэлцээн ерөнхийдөө хоёр төрлийн үзэлтэй эрдэмтэн-лам бясалгагчдын хооронд болж байсан юм. Үүнд:

1. **Өөрөө-үгүй хоосон \Рандон\ үзлийг дэмжигчид:** Судалж сурахыг голлон эрхэмлэдэг, учир шалтгааны онолыг итгэн баримталдаг бясалгагч нарын хувьд туйлын үнэний эцсийн мөн чанар бол өөрөөсөө үүссэн юу ч үгүй хоосон юм. Бүх юмс үзэгдэл өөрөөсөө үүссэн угийн чанар үгүй учраас тэднийг *өөрийн би-үгүйн хоосон* гэж үзэх ажээ.

2. **Бусад-үгүй хоосон \Шандон\ үзлийг дэмжигчид:** Йогын дадлага бясалгалыг голлон эрхэмлэдэг бясалгагч нарын хувьд туйлын үнэн бол гэгээрсэн чанаруудаар дүүрэн хязгааргүй боломжийн талбар юм гэж үзэж байлаа. Үнэний энэ түвшин харьцангуй үнэний бүх үзэгдлээс ангид \өөрөөсөө үүсээгүй хоосон гэх үзэл болоод түүний хоосон аль аль нь ороод\ чөлөөтэй тул өөрөөсөө өөр *бусдын би-үгүйн хоосон* байж таарна гэж тэд үздэг байна.

Бүх урсгал Рандон, Шандон хоёрын л аль нэг байдаг. Гаадамба, Сажагийнхан Рандон, Нямава, Гаржүдвагийнх Шандон үзэлтэй гэж тооцогддог. Мөн Рандон үзлийг баримтлагчдын олонх нь *Судрын ёсыг* голдуу баримтлан дагадаг бол Шандон үзлийг баригчид *Тарнийн ёсыг* ерөнхийдөө анхааран авлага болгодог гэж хэлж болно.

Жонангийн урсгал Цагийн хүрдний дандарын сургаалыг дагадаг болохоороо Шандон үзлийг тэдний голлох дамжлагын лам нар баримталдаг байсанд гайхах юмгүй билээ. Өмнөх бүлэгт гарсан ёсоор Дүвчэн Юмо Мижэ Дорж Төвөдөд анх удаа йогийн бясалгагчийн үзлийн үүднээс бурханлаг чанарын тухай бичиж нийтэд түгээсэн байдаг. Түүний бичсэн тайлбаруудыг баяжуулан Жонангийн урсгалыг үндэслэгч Түгжэ Зундуй Цагийн хүрдний сургаалд үзүүлсэн Шандон үзлийн талаар дэлгэрэнгүй тайлбар бичиж үлдээсэн билээ.

Энд нэгэн маш чухал зүйлийг хэлэх хэрэгтэй юм. Тэр үеийн гүнзгий ухамсарлахуйдаа хүрсэн бүтээлч, бясалгагч нарын дотор туйлын үнэнийг мэдрэх үед сэтгэшгүй ахуйн хоёргүй ухамсарт төвлөрөн тэндээ удаанаар саатан орших хамгаас чухал байдаг гэсэн нэгэн бичигдээгүй хууль байсан бөгөөд атгаг ойлголт бодлын ухамсрыг бодолгүйн төлөвт хувиргах зайлшгүй шаардлагатай гэдэг маргаангүй асуудал байсан бол энэ үнэний талаар оюуны түвшиндээ ямар замаар хэлэлцвэл дээр вэ гэдэг дээр зөрөлдөөн гараад байсан ажгуу.

Энэ мэтгэлцээн туйлын үнэнийг ухаарсан дээд ухамсартаа хүрчихсэн бясалгагч нарт ашиггүй ба зөвхөн түүнд хүрэхийг эрмэлзэн буй хүмүүст л хэрэгтэй байв. Ухамсрынхаа гүнд хүрчихсэн егүзэр хүмүүсийн хувийн туршлагаас харахад хүмүүс хэрхэн янагуух үзлийг чинагуух хэмээн андууран барьж авдгийг танихад амархан байв. Ийм учраас Шандон үзэлтнүүд хүмүүсийг үнэний гүнзгий түвшинд нэвтрэхээс хаацайлан саатуулж буй эдгээр буруу үзлийг арилгахын тулд улайран мэтгэлцэж байсан билээ.

Юуны түрүүнд нийтээрээ баримталж байсан буруу үзлийн үндсийг таних ёстой. Энэ удаад би мэтгэлцээний нарийн ширийнийг дурдахгүй харин Шандон үзэлтнүүд Рандоны хязгаарлагдмал үзлийг үндсээр нь сут татан зайлуулах ёстой гэж үзэж байсан гэдгээр дуусгая. Бурхан багшийн сургаалын цаад утгыг бүрэн мэдье гэхийн оронд эдгээр бясалгагчид өөрсдийг нь цааш алхахад тушаа чөдөр болоод байгаа ач холбогдол бага дайвар сургаалуудад хэт автчихсан байгаа ажээ. Үүнийг хоёр замаар арилгаж болно:

1. **Дандарын бясалгал:** Хамгийн амархан зам бол зүгээр л Дандарын ёсонд агуулагдан байгаа тэдгээр бясалгалын аргуудыг анхааран авлага болгох хэрэгтэй юм. Тарнийн ёсонд төгс дээд ухамсарлахуйд шууд хүргэх олон чадварлаг аргууд байдаг билээ. Үнэнийг илтэд онох л юм бол буруу үзлийн буруу байсан нь илэрхий болж хар аяндаа арилж алга болно.

2. **Судрын ёсыг судлах:** Йогийн бясалгал бясалгагчийн хувьд хэрээс хэтэрсэн хүнд мэт санагдвал Бурхан багшийн эргүүлсэн *Гурван номын хүрд*, ялангуяа *Гуравдугаар номын хүрдний* сургаалуудыг эргэцүүлэн бодох замаар Шандон үзэлд мөн хүрч болох зам бий. Ийм шинжиллээр үүсгэсэн билгүүн тогтвортой үзлийг бий болгож аажимдаа судрын ёсноос тарнийн ёс руу төвөггүй шилжих боломжийг олгодог билээ.

Эдгээр мөрүүдээс харахад Рандон ба Шандон үзлүүдийн хоорондын будлиан сударт бичигдсэн зүйлсийг хоёр өөр аргаар тайлбарласнаас үүдэлтэй нь илт учраас *Шандон үзэл* Төвөдөд хэрхэн бий болсныг ойлгохын тулд тэдгээрийн эх сурвалж руу анхаарлаа дахин шилжүүлж, Бурхан багшийн байх үеийн Энэтхэг улс руу эргэж очих хэрэгтэй болох нь.

ШАНДОН МАДЯАМАКА ҮЗЛИЙН ГАРАЛ ҮҮСЭЛ

Бурхан багш Бодьгаяад бодь модныхоо дор сууж байгаад гэгээрчихээд анх сургаалаа шууд айлдаж эхлээгүй гэдэг. Туйлын үнэний хамгийн гүнд орж бүхнийг ухаарснаа жирийн хүнд ойлгуулна гэхэд дэндүү нарийн гэдгийг мэдэж, хүмүүсийг бага багаар тэр түвшинд ойртуулахын тулд ихээхэн чадварлаг ухаан хэрэгтэй хэмээн бодсон байна. Тиймээс шавь нарынхаа хүлээн авч чадах хэмжээнд тааруулах маягаар заасан билээ.

Буруу үзэлд хэт баригдан, хилэнцэт үйлийг үйлдэгчдэд зориулан үйлийн үрийн шалтгаан хийгээд үр дагаврын тухай сургаалыг буюу *Нэгдүгээр Номын Хүрдэнг* эргүүлсэн юм. Шавь нартаа зовлонгийн шалтгааныг орхиж, жаргалын шалтгааныг арвижуулахын чухлыг номлосноор өөрсдийн муу сэтгэлийг даран номхотгож харин гэгээрэлд хүрэх үндэс болсон ёс суртахууныг улам бүр хөгжүүлэхийн ач холбогдлыг ийнхүү ухааруулав.

Бат бөх суурийг ингэж тавьсныхаа дараагаар Бурхан багш харьцангүй үнэний тухай сургасан *Хоёрдугаар Номын Хүрдээ* эргүүлэн, юмс үзэгдлийн шүтэн барилдлагын хоосон чанартайг шавь нартаа танилцуулсан билээ. Өөрөөсөө бие даан бүтсэн зүйл огт үгүй хэмээх шүтэн барилдлагын хуулийг ойлгосон шавь нар нь харьцангүй үнэнд баригдан зууралдахаа больж улмаар хязгааргүй энэрлийн сэтгэлийг нь хязгаарлан буй өөрийгөө энхрийлэн барих сэтгэлийг үгүй хийж болохыг ойлгосон ажээ.

Хуваагдмал үзлээс өөрийгөө чөлөөлж чадсан нэгэнд нь Бурхан багш туйлын үнэний хоёрдмол бус мөн чанарыг сургасан *Гуравдугаар Номын Хүрдээ* эргүүлсэн билээ. Гэгээрлийг танилцуулсан энэ сургаалаас шавь нар нь сэтгэлээ нарийн түвшний объект ба субъект гэсэн хуваагдал үгүй, ялгаварлалгүй тэгш байдалд хувирган тэндээ улмаар саатан байж чадсанаар бодлын аливаа нэгэн оролцоогүйгээр хязгааргүй их гэгээрсэн чануудаар дүүрэн, ханьцашгүй дээдийн хоосон дүрсийг мэдрүүлэх гэсэн бурханы санаа биелэх боломжтой болсон билээ.

Шандон үзлийн чинагуух эх сурвалж нь Гуравдугаар Хүрдэн байсан гэж үздэг. Энэ сургаалуудад тус бүр арван судраас бүрдсэн хоёр бүлэг сургаалууд ордог:

1. **Шимийн арван судар:** \1\Түүнчлэн ирсний шим судар, \2\Сэтгэшгүй ахуйд нэвтрэхүйн дандар, \3\Шрималадэвигийн Арслангийн архираа хэмээх судар, \4\Их хэнгэрэгний судар, \5\Ангулималад ашигт тустай судар, \6\ Аугаа их хоосон чанарын судар, \7\Бурханы их энэрэхүйг үзүүлсэн судар, \8\Бурханы язгуур ухамсар ба хэмжээлшгүй чануудыг үзүүлсэн Судар, \9\Агуу үүлний дэлгэрэнгүй Судар ба \10\Их нирваны судар гэх мэт болно.

2. **Туйлын үнэний утгын арван судар:** \1\Билгүүний чинадад хүрэхүйн таван зуун шүлэгт, \2\Майдарын асуултууд, \3\Ганавиюуха судар, \4\Туйлаас амирлан орших хийгээд бясалган төвлөрөхүйн тодорхой увдисыг үзүүлсэн судар, \5\Эрдэнэсийн үүл хэмээх судар, \6\Дээд эрхэт хаан Алтангэрэл судар, \7\Зоригдлын талаарх чинагуух тайлбар, \8\Ланкаватара судар, \9\ Язгуур ухамсрын үзэгдлийн судрын чимэг ба \10\Аватамсака судар.

Эдгээр хорин сударт үзүүлсэн сургаалууд Буддын дандарсын аймгийн өвөрмөц сургаалын дагуу судар, тарнийн ёстой бүрэн нийцэж байгаа билээ. Тарнийн ёс нь шууд нэгэн насандаа гэгээрэх замд маш чадварлагаар хөтөлдөг байна. Ийнхүү Бурханы сургаалууд хоорондоо өчүүхэн ч үл зөрчилдөх бөгөөд туйлын үнэнийг илрүүлэхэд саадтай байгаа гэм, хилэнц, түйтгэр бүхнийг зайлуулах тал дээр голлон анхаардаг байна.

Бурхан багшийн зөгнөн хэлсний дагуу түүнийг нирваан дүрийг үзүүлснээс дөрвөн-зуу гаруй жилийн дараа Их хөлгөний агуу эрдэмтэн **Хутагт Нагаржуна** хорвоод мэндэлсэн билээ. Тэрбээр Төв үзлийн сургаалаараа алдартай ч үнэндээ энэ нь түүний дэлгэрэнгүй сургаалын зөвхөн нэг багаахан хэсэг л байсан юм.

Бүхий л амьдралынхаа туршид Нагаржуна Бурханы сургаалыг даган мөрдөж, гурван хүрдний бүлэг сургаалуудыг шав нартаа зориулан номлож байжээ. Түүний бичсэн *Айлдварын чуулган* хэмээх судар лам, энгийн хүн аль ч бай Бурханы шашинд орохыг хүссэн хүмүүст дагавал зохих гарын авлага болж байсан бөгөөд Үйлийн үрийн шалтгаан ба үр дагаврын хуулийн талаарх Эхний номын хүрдэнг онцгойлон номлодог байв.

Их хөлгөний үр сэтгэлд нь боловсорсон шав нартаа зориулж *Төв үзлийн нотлохуйн хураангүй* хэмээх судраа гарган Хоёрдугаар Номын Хүрдний утгыг тодруулан ялангуяа би-үгүй хоосны тухай номлосон билээ. Энэ судраас Төв үзлийн ухаан \Мадъямака\ гэдэг нэр томьёо анх хэлбэрээ олсон гэдэг ажээ.

Эцэст нь насны төгсгөл үедээ Нагаржуна Энэтхэгийн өмнөд нутаг руу аялан сургаалаа эрчимтэй бясалгах болсон байна. Энэ үедээ тэрбээр бусдын би-үгүйн хоосны гайхамшигт үзлийг ухамсарласнаар *Магтаалуудын Хураангүй* хэмээн гуравдугаар түүвэр зохиолоо бичсэн ажгуу. Сүүлчийн энэ бүлэгтээ өөрийн бурханлаг чанарыг илрүүлсэн дээрээ суурилан Гуравдугаар Номын Хүрдийг номлосон дөрвөн магтаалыг оруулсан байдагт:

1. Номын язгуурын магтаал
2. Ялж төгс нөгчсөний магтаал
3. Цаглашгүйн тухай магтаал
4. Үнэмлэхүй үнэний магтаал эдгээр багтдаг ажээ.

БЯСАЛГАГЧ-ЕГҮЗЭЭР НАРЫН ТӨВ ҮЗЛИЙН СУРГААЛ

Бурхан багш, Нагаржуна хоёулаа Шандон үзлийн суурийг танилцуулсан ч гэсэн буддын сургаалд суралцагч нарын хувьд үүнийг ойлготол дахиад гурван-зуун жил шаардагджээ. Үүнийг ч мөн Бурхан багш зөгнөн хэлсэн бөгөөд өөрийг нь нирваан дүрийг олсноос есөн-зуу гаруй жилийн дараа нэгэн эрдэмтэй лам төрж түүний сургаалын янагуух хийгээд чинагуух үнэнийг хоёуланг дахин номлох болно гэсэн байв.

Түүний зөгнөсний дагуу Пурушапура \одоогийн Пакистан\ гэдэг аймгийн Гандара хэмээгч эртний хаант улсад **Хутагт Асанга** төржээ. Тэр уг нь Бага хөлгөний \Хинаяана\ Махишасака гэгч сургуулийн хувраг байсан боловч Энэтхэгээр хөндлөн аялах замдаа Их хөлгөний \Махаяана\ ухаантай учран золгосноос хойш үзэл санаа нь өөрчлөгдсөн байна.

Хорин таван насандаа Асанга Майдар Бурхантай уулзаж, ном заалгах чин хүслээр оргилох болж энэ цэвэр ариун зорилгоо өвөрлөн уулын гүн рүү аялж Риво Жа Ханчэн гэдэг газарт арван хоёр жилийн хатуу бясалгал бүтээлд суужээ.

Олон шалгуур сорилтыг сөрөн байж хичээнгүйгээр бясалган сууж зорилгодоо хүрэх зориг шулуудсан тэрбээр асар тарчиг хатуу нөхцөлд зургаан жилийг үдэв. Амжилт олох шинж огт үзэгдсэнгүйд сүүлдээ зориг шантарч болихоор шийджээ.

Ингээд Асанга агуйгаа орхин гарахад бүдүүн төмөр гулданг хэсэгхэн торгоор үрэн суугаа хүнтэй таарав. Ийм зүйл урьд ер үзээгүй тэрбээр учиргүй гайхан юу хийж суугаг нь асуув. Нөгөө хүн: "Би энэ төмрөөр зүү хийх гэсэн юм." гэлээ. Асанга гайхсандаа хөшиж орхиод, энэ төмрийг торгоор зүлгэн байж зүү хийнэ гэвэл лав мянга биш юмаа гэхэд зуун жил болно доо. Гэтэл ийм хичээнгүйлэн ажиллаж суух гэж. Хүмүүс ийм утгагүй зүйлд бүхэл бүтэн амьдралаа зарцуулж байхад би хамгаас утга төгөлдөр зүйлд зургаахан жилээ зарцуулчихаад шантраад байхдаа яахав хэмээн халаглан бодож агуйдаа буцан оров.

Дахиад гурван жил өнгөрлөө. Мөн л амжилтын ямар ч шинж тэмдэг үзэгдсэнгүйд Майдар бурхантай уулзах найдлага тасарсан тэрбээр дахиад л уулнаас буухаар шийдэн хөдөлжээ. Уруудаж явах замдаа ургаа хадыг өдөөр эрчимтэй үрэн зогсох хүнтэй уулзлаа.Тэгээд учрыг лавласанд: "Энэ хад нарыг халхлаад байгаа учраас өдний тусламжтайгаар үүнийг үгүй хийх санаатай" хэмээн хариуллаа. Ийм тэнэг зорилго бас байнаа гэж хүний уйгагүйд бишрээд түүний хүсэл зоригдол дахин оргилж агуйдаа буцаж ирэв.

Дахиад гурван жил \одоо нийт арван хоёр\ өнгөрсөнд Асанга хүсэл нь биелэх өчүүхэн ч шинж тэмдэг олж үзсэнгүй тул энэхүү урамгүй байдлаа цаашид тэвчих аргагүй мэт санагдаад агуйгаа орхин гарч шийдмэг алхан холдов. Агуйн бараа бараг харагдахаа больсны дараа жижиг хот руу хөтөлсөн замаар орон алхлаа.

Гэнэт замын хажууд шархтай нохой хэвтэхийг харсан бөгөөд түүний хойд хоёр хөл нь гэмтэж шархалсан харагдлаа. Өвчиндөө гасалж мөн айсандаа ойртон ирэх Асанга руу шүдээ ярзайлган архирав. Хязгааргүй энэрч хайрлах сэтгэл төрсөндөө ямар нэг байдлаар энэ өрөвдөлтэй амьтанд туслах сан гэж мөрөөдөв.

Халдвар тархахаас өмнө шархыг цэвэрлэх хэрэгтэй гэдгийг сэтгэсэн тэрээр сайн хархаар өвдөглөн суугаад шархан дээр бужигнах олон өтнүүдийг олж үзэв гэнэ. Эдгээр хэврэгхэн амьтдыг хуруугаар зайлуулбал няцлагдаж мэднэ, үхүүлэхгүй зайлууллаа ч хоолгүйгээс удахгүй үхэх нь гарцаагүй тиймээс тэднийг хэлээрээ болгоомжтой өлгөн авч өөрийн бие дээр тавья хэмээн шийдлээ.

Тэгээд хурц ирмэгтэй чулуугаар гуяны хэсэг газарт зүсээд дараа нь нохойн шарх тийш нүдээ анин тонгойв. Хачирхалтай нь хэчнээн тонгойгоод ч хүрсэнгүй гэнэ. Нүдээ нээн харвал нохой ор сураггүй алга болоод оронд нь Майдар Бурханы гэгээн дүр туяа цацруулан зогсож байжээ.

Байдал ийм эргэсэнд цочиж балмагдсандаа: "Ээ, Аугаа Эзэн минь, та энэ олон жил хаана байв аа? Өрөвдөх сэтгэл алга уу?" хэмээн дуу алдсанд Майдар: "Хүү минь, би чиний дэргэд өдөр болгон байсан боловч чи л харин намайг үзэхэд бэлэн биш байсан. Харин сая чиний үзүүлсэн гайхам энэрэнгүй сэтгэлийн ачаар нүдийг чинь халхалж байсан тотгор арилан намайг олж үзэх чинь энэ билээ.

Итгэхгүй байвал намайг үүрээд хотод очиж хүмүүст харуул л даа" гэв.

Асанга хэлснийг нь дагаж түүнийг мөрөн дээрээ суулгаад хот орж: "Хараач, аугаа Майдар Бурхан миний мөрөн дээр сууж байна" гэж зарлан явахад тэр хотынхон хоосон агаар руу заан хөөрч хашгиран яваа хачин хүнийг шоолон инээцгээв. Гэм нь нэлээд арилсан нэг хөгшин эмгэн л түүний мөрөн дээр хэвтэх шархтай шар нохойг олж харсан гэлцдэг. Өөрийнх нь барцад нүдийг нь халхлаад Майдар Бурханыг олж харж чадахгүй байсныг Асанга сая ойлгожээ.

Удалгүй Майдар Асангад гараа сунган бариулаад тэд хамтаа Түшида тэнгэрийн орноор аялан нэгхэн үдийн хооронд дэлгэрэнгүй зарлигаа буулган гэгээрлийн гүнзгий түвшиндээ нэвтрэхэд түүнийг хүргэсэн гайхам сургаалуудаа дамжуулан өгсөн ажгуу. Түүнийг буцаж ирэхэд хорин-таван жил өнгөрсөн байсан гэдэг. Тэрбээр заалгасан мэдлэгээ цаасан дээр буулгах ажилд шаламгайлан орсноор:

1. Илт онохуйн чимэг
2. Их хөлгөний судрын чимэг
3. Төв хийгээд хязгаарыг тийн ялгагч
4. Ном хийгээд номын чанарыг сайтар ялгагч
5. Их хөлгөний үндэсний ламын шастир

гэсэн *Майдарын Гэгээний Таван Номыг* буулгасан гэдэг. Тэр үеийн хүмүүс сүүлчийн хоёр судрынх нь гүнзгий утгыг ойлгох хэмжээнд хүрээгүй байсны улмаас Асанга тэр хоёр судрыг эрдэнэ мэт нандигнан битүүмжилж сүүлд цаг нь болохоор гаргахаар шийдсэн аж. Үлдсэн гурван сударт үндэслэн хийд босгож өргөнөөр номлон дэлгэрүүлэх ажлыг өрнүүлжээ. Наландагийн хийдэд тэр наснаыхаа сүүл үед хэдэн жил багшлаад улмаар хамба ламд өргөмжлөгдсөн гэдэг билээ. Ийнхүү Их хөлгөний ёсыг Асанга амжилттай сурталчлан дэлгэрүүлэхэд асар их үүргийг гүйцэтгэж, түүний үзэл *Егүзэр нарын Төв үзлийн ухаан \Йогачара Мадъямака* хэмээн нэрлэгдэх болсон ажгуу. Түүний шавь нар дотроос эцэг нэгт дүү Васубанду нь хамгийн ойрын шавь нь байжээ.

Васубанду мөн Гандара хэмээх хаант улсад Асангагаас жилийн дараа төржээ. Түүний эцэг Брахман шүтлэгтэн байсан бөгөөд Васубанду Ведийн шашны номлолд суралцан өсөж том болов. Тэрбээр залуу цагтаа гайхам хурц ухаантай гялалзсан эрдэмтэн болон хэдийнээ алдаршсан байлаа. Тэр Бурханы номыг бүр илүү сайн мэдэж авахаар хил залгаа Кашмир нутаг руу аялж Абхидхармад үндэслэсэн гүн ухааны Вайбхашика гэдэг урсгалыг нууцаар судалж эхэлжээ.

Нутагтаа эргэж ирээд сурсан мэдлэгээ цуглуулан эмхэтгэж *"Илтийн номын сан"* хэмээх маш том судрыг бүтээж эхлэв. Энэ нэвтэрхий толь Вайбхашика үзлийн маш өргөн сэдвийг хамарсан, эхэн үеийн болővч хамгийн төгс хувилбар байсан юм. Вайбхашика системийг ийм дэлгэрэнгүй шинжлэх явцдаа Васубанду уг урсгалын хэд хэдэн алдааг ажиглахад хүрсэн байна. Тэрбээр нэлээд хэдэн шүүмжийг үүний дараагаар залгуулан бичиж залруулснаас нь харахад Саутрантика сургуулийн үзэл түүнд түлхүү нөлөөлсөн ажээ.

Васубанду ахынхаа нэгэн адил Энэтхэгээр нэлээд аялсан бөгөөд Асангаг уулын бясалгалаа зогсоогоод Их хөлгөний сургаалыг заа ж эхлэхэд нь түүний гүн ухааны байр суурийг ихэд шүүмжилж байсан гэдэг. Тэгэхэд нь Асанга дүүтэйгээ зориуд уулзан өөрийн биеэр сургаалаа номлоход түүнийг сонссон Васубанду гэнэт гэгээрч заасан номын гүнзгий утгыг ойлгосон байна. Түүнээс хойш ахынхаа суут билиг оюуныг бахдан бишрэч Их хөлгөний судар, толь бичгүүдэд далай их тайлбаруудыг бичсэн түүхтэй.

Васубандугийн зүрхэн шавь, сод ухаантан **Дигнага** байсан юм. Өөрийн цэцэн хэллэг, алива зүйлийг ойлгож, хүлээн авах чадвараар гайхагддаг Дигнага шалгадаг ухааны мэдлэг онолын системийн үндсийг тавьсан билээ. Энэхүү системийн хүрээнд учир шалтгааныг шинжлэхээс олсон мэдлэг, өөрийн туршлагаар олсон мэдлэг хоёрын ялгааг Дигнага тод харуулж чадсан бөгөөд сүүлийнх нь гүнзгий егүзрийн-ухамсарлахуйд хурдан хүргэх найдвартай хүчирхэг хэрэгсэл гэж тодруулсан байна.

Асангагийн сургаал Дигнагагаас цаашаа, Васубандугийн номонд тайлбар бичсэнээрээ алдартай Стирамати гэдэг хүнээр дамжин тархсан ажээ. Энэ үед *Агуу явдлыг номлосон* Асангагийн урсгал, *Төв үзлийг номлосон* Нагаржунайн урсгал гэсэн хоёр том урсгалд сургуулиуд хуваагдсан байлаа.

7-р зууны үед Стираматигийн шавь энгийн бясалгагч **Зандрагомин** туйлын үнэний гайхамшигт хүчийг үзүүлэн гарч иржээ. Тэрбээр урд төрөлдөө *Жанрайсэгийн* бясалгагч нэгэн агуу бандида байжээ. Тэр бандида Буддист-бус шашинтантай мэтгэлцээн хийж ялахад өрсөлдөгч нь энэ маргаанд түүнийг өндөр мэдлэг, билиг оюуныхаа хүчээр яллаа гэж хэлсэн байдаг. Тэгэхэд бандида хурц ухаанаас дээд ухамсарлахуйд хүрсэн нь хамаагүй илүү давуу зүйл гэдгийг нотлохын үүднээс өөрийн дараа төрлийг зөгнөн хэлсэн байдаг. Тэгээд түүний хэлснээр толгойд нь тэмдэг тавьж, аманд нь сувд үмхүүлсэнд хаан хийгээд бараа бологчдын нүдэн дээр тэр даруй нас барав. Удалгүй толгойдоо тэмдэгтэй Зандра гэдэг хүү төрсөн бөгөөд түүний аманд сувд байхыг хүмүүс олсон гэдэг.

Тэр бүр нялх хүүхэд байхдаа ээжтэйгээ үг ярилцан, төрөхдөө их өвтгөж зовоосондоо уучлал гуйхад айсан эх нь дахиад бүү яриач гэж гуйсанд долоон нас хүртлээ юу ч дуугараагүй гэдэг. Хүмүүс түүнийг хэлгүй дүлий юм хэмээн бодож байтал нэг өдөр урьд насныхаа дайсантай дахин мэтгэлцэхэд хүрснээр дуугүй байдлаа орхин Бурханы сургаалыг хүлээж авахаас татгалзсан түүнд Зандра хариу бичиг бичсэн байна. Ийм бага хүүхэд бичсэн гэхэд итгэхийн аргагүйд эцэг нь хүртэл гайхсан гэдэг. Зандра өрсөлдөгчөө ялсанд тооцогдож хаанаас шагнал хүртээд орон даяар нэрээ цуурайтуулсан гэдэг билээ.

Зандра хүүхэд байхдаа л Их хөлгөний ном ихийг уншиж *Бодьсадвын Таван ухаанд* нэвтэрч мөн *Йогачара үзлийг* хүчтэй хамгаалагч болсон байв. Дараа нь тэр

Видиядхара Ашокаас увдис, дамжлагыг хүртсэнээр олон увдис шидийг үзүүлэх болсоноос гадна Хутагт Жанрайсэг, Дарь эхийн нигуурыг үзэх болсон гэдэг. Сүүлд амжилт олсон бясалгагч болж, таван ухааны олон сэдвийг хамарсан судруудыг бичиж туурвисан бөгөөд санскрит хэл дээр бичдэг байснаараа алдартай байжээ.

Зандра хааны охинтой гэрлэж хунтайж болоод байтал туслахуудын нэг эхнэрийг нь Дарь Эх хэмээн дуудсанаас болоод тэр ихэд эвгүйрхэн энэ гэрлэлтийг цааш үргэлжлүүлж чадахгүй болжээ. Хаан үүнийг мэдээд Зандраг хайрцагт хийж хадаад голын усанд хаясанд тэрбээр гол дагаж урссаар далайд нийлээсэй билээ гэж Дарь Эхэд залбиран явжээ. Нэгэн өдөр тэр азаар эрэг дээр шидэгдэж арал дээр гараад тэндээ олон жил амьдарсан түүхтэй. Тэр арал дээр байхдаа Зандра Жанрайсэг, Дарь Эхийн олон шүтээн дүрийг босгон найман энгийн иргэдийг шавь оруулан багшилж насан туршдаа сургах андгай тавьснаар *гоми упасака* гэдэг нэртэй болсон ба энэ үеэс эхлээд Зандрагомин гэж нэрлэгдэх болсон байна.

Энэтхэгт эргэж ирснийхээ дараа тэр Наландагийн хийдэд очиж Зандрагирдиг мэтгэлцээнд дууджээ. Зандрагомин Асангагийн харин Зандрагирди Нагаржунайн талыг барин үзэлцэж хурц билиг ухаанаараа Зандрагирди асуултад хурдан шаламгай хариулж байхад Зандрагомин харин үгийнхээ утганд илүү анхааран цаг авч аажуухнаар хариулж байжээ. Заримдаа хариултаа дараа өдөр хүртэл хойшлуулах хэрэг ч гардаг байсан гэхдээ түүний хариулт байнга жинтэй байдаг байв.

Түүхэнд бичигдсэнээр Зандрагирди, Зандрагомины ер бусын мэдрэмж хаанаас гаралтайг сонирхон нэг өдөр мэтгэлцээнээ дуусгасны дараагаар өрөөндөө бясалгахаар түүнийг ороход сэмхэн дагаж очоод ханаыны цоорхойгоор тагнан шинжтэл Жанрайсэг бурханы шүтээний өмнө сууггаад тэр өдрийнхөө мэтгэлцээний асуудлаар ярилцан байхыг харсан, түүгээр барахгүй Жанрайсэг түүний асуултад хариу хэлээд байсан гэдэг билээ.

Зандрагирдиг учир шалтгааныг бодож тунгаасан билиг оюуны дүгнэлтдээ дулдуйдахад Зандрагомин гүнзгий ухамсарлахуйн хүчнээс ургадаг билгүүний туршлагадаа дулдуйдах хэрэгтэй хэмээн зүтгэдгийн учир энэ ажээ.

Мэтгэлцээний үр дүнд Зандрагирди *Төв үзлийг няцаагч \Прасангика Мадъямака* гэдэг гүн ухааны сургуулийг алдаршихад их нөлөө болсон гэдэг. Энэ сургуулийг дэмжигчид Асангагийн үзлийг харьцангуй үнэн гэж тайлбарлаад тэр ухааныг *Сэтгэл-төдийтөн \Читтаматра* хэмээн нэрлэжээ. Нэг талаас харахад энэ нэр зөв мэт боловч, энэ нь сургаалын жинхэнэ зорилгын зөвхөн нэг хэсгийг харуулж байгаа ажээ. Энэ үеэс эхлээд хүмүүс Читтаматра үзлийг Йогачара үзэл хэмээн эндүүрэх нь олон болсон бөгөөд ийм будилаан гарсны гол шалтгаан нь Майдарын сургаалын зөвхөн эхний гурав нь л хүмүүсийн хэрэгцээнд олдох боломжтой байснаас ихэнх хүмүүсийг туйлын үнэний зүг хөтлөх хөтөлбөр, гарын авлага байгаагүйнх ажээ.

МАЙДАРЫН СЭТГЭЛ ТӨДИЙТНИЙ УРСГАЛ

Майдарын сургаалыг 11-р зууны алдарт шид бүтээлч **Майтрипаг** гарч ирэх хүртэл гүнд нь ортол гүйцэд ойлгож байсангүй. Викрамшила хотын хувраг Майтрипа ёс суртахууныг ариун сахидгаараа алдаршсан ба шидтэн Наропа багшаас дандарын бясалгалын увдис, зааварчилгааг хүртэж гэгээрлийн өндөр түвшинд хүрсэн нэгэн байжээ. Хийдэд шавилан сууж байх үеэсээ тэр эхнэр авч, архи дарс уух болж энэхүү нууц явдал нь илэрсний хар гайгаар хийдээс хөөгдөж гарахад хүрч байжээ. Гэвч түүний шид бүтээлч байсан нь мөн удалгүй илэрснээр ихээхэн хүндэтгэлийг дахин хүлээх болсон гэдэг билээ.

Нэгэн өдөр тэр хээр хэсүүчлэн явж байгаад нэгэн суварганы туурь байсны дэргэд хүрч очтол цөмөрсөн хэсгээр нь гэрэл гялалзаж байхыг анзаарчээ. Түүгээр шагайн харвал гурван судар байх юм гэнэ. Эд бол Майдарын сүүлчийн хоёр ном болон Асангагийн өөрийнх нь туурвисан *Их хөлгөний үндэсний ламын шастирт* хийсэн тайлбар байсан юмсанж. Гэвч увдис дамжлагыг хүртээгүй Майтрипад тэдгээрийг ойлгох учир байсангүй. Амьтны тусыг бүтээх чин сэтгэлдээ хөтлөгдсөн Майтрипа Майдар Бурханыг дуудан залбиртал гэнэт өмнө нь урган гарч ирээд бүрэн лүн авшгийг дамжлагын хамт хүртээжээ.

Майтрипа Викрамашилад эргэн ирж эдгээр судруудыг бусдад анх удаагаа зааж эхлэв. Ийнхүү Майдарын туйлын үнэний сургаал ил тод болж Хутагт Асангагийн сайн үйлийн эцсийн оролдлого дээр гэгээ нэмэн цацарсан билээ. Энэ мөчөөс эхлэн Энэтхэг Төвөдийн олон лам эрдэмтдийн бишрэлийг төрүүлсэн *Агуу төв үзэл* \Махамадямака\ хэлбэрээ олон гарч ирсэн бөгөөд Марав Лозова, Атиша Дипамкара хоёрын уламжлал дотор тэгтлээ алдаршсан *Майдарын Махамудра* энэ байсан юм.

Майдарын Гэгээний Таван номын бүрэн эрхийг Майтрипа, түүний шавь **Ратнакарашанти** нараас хүртсэн алдарт эрдэмтэн **Анандагирди** бусдад танигдахгүйн тулд тэнүүлчин дүрд зүсээ хувирган Кашмирт ирсэнд ийм зүтгэл гаргасны хэрэг ч гарсангүй **Санжана** гэдэг бандида түүнийг их эрдэмтэн болохыг дор нь таньж итгэл одуулаад ном айлдаж өгөөч хэмээн айлтгажээ. Санжана түүний хайрласан бүхий л сургаал, оньс зааавар тэргүүтнийг тэмдэглэн аваад Төвөдийн шавь нартаа дамжуулах болсон байна.

11-р зууны сүүл үед Ог Лодон Шэйрав нэртэй орчуулагч бурханы номыг судалж орчуулахаар Кашмирын зүг хөдөлжээ. Түүнтэй ханьсан явсан хүн нь Зан Хавочэ гэдэг хижээл эр байв. Ог Лозава Санжанагаар ном заалгаж *Их хөлгөний үндэсний ламын шастир* болон бусад Майдарын сургаалуудын авшиг, дамжлагыг аваад сэтгэл ханан Төвөдөдөө буцахад Цэн Кавочэ харин Кашмирт үлдэн, **Зу Гавай Дорж** гэдэг өөр нэг орчуулагчийн туслалцаатайгаар Майдарын сургаалын бясалгалын увдис, зааварчилгааг өөрийн хойд насны явдалд бэлтгэх зорилгоор зааж өгөхийг хүссэн байна. Ийм маягаар Санжана **Зан Хавочэд** таван сургаалыг дамжуулж өгсний дотор *Майдарын Төгс үзлийн урсгал* хэмээн нэрлэгдэх болсон урсгалын гүнзгий увдис, зааварчилгаа мөн багтсан байжээ.

Зу Гавай Дорж, Зан Хавочэ хоёр Төвөдөд буцаж ирснээс хойш хүссэн болгонд уг сургаалыг айлдаж байв. Гавай Дорж олон судрын орчуулгыг хийснээс гадна мөн Санжанагаас хүртсэн сургаалууддаа тайлбар бичсэн билээ. Төвөдийн дээр үеийн Шандон мастеруудаас мэдэгдэж байгаагаар Чой Додэ Бүг гэдэг газраас ирсэн **Дарма Зундуйд** Зан Хавочэ мэддэгээ өвлүүлэн үлдээсэн ба Падамба Сэнгэгийн *Номхотгох урсгал \Жижэ* -ийн их багш тэрээр Майдарын олон судруудад тайлбар бичсэн нэгэн билээ.

Дарнатын бичиж үлдээснээр бол дээрх сургаалууд Дарма Зундуйгаас цаашаа Гаадамбын их багш **Долба Ниэн Еэшэ Жуннай** болон **Жанчив Жаб, Шонну Жанчүв** хэмээх ах дүү хоёрт нууц увдисаар дамжиж эцэстээ Нартан хийд хүрч, муу ёрын сүнсээр үүсгэгдсэн өвчнийг анагаах тал дээр гаргуун Очирвааний бүтээлч бясалгагч **Жотон Молом Цүлтимд** дамжжээ. Хамба лам асан түүний удирдлаган дор Нартангийн модон барын хэвлэл байгуулагдаж олон ном судруудыг хэвлэн гаргасан байдаг. Түүний гол шавь алдарт **Жомдан Ригба и Ралди** *Төвөдийн Ганжуур, Данжуурын* анхны бүрэн эхийг цуглуулан бэлтгэсэн гавьяатан билээ.

Майдарын урсгал Ригбэ Ралдигийн шавь **Жи дон Жамъян Дагваар** дамжин Сажагийн хийдэд хүрсэн байна. Жотонва бол Нартан хийдийн алдартай эрдэмтэн лам байсан боловч 14-р зууны эхэн үед улс төрийн шалтгаанаар шавь нараа аван зайлах хэрэгтэй болсон аж. Тэд Сажагийн хийдэд хүрч хүндэтгэлтэйгээр залагдан суух болсон бөгөөд судар тарнийн ёсонд нэвтэрхий болж ялангуяа *Цагийн хүрдний Дандар, Бодьсадвын гурван эрхэм, Утгын арван судар, Шимийн арван судар, Майдарын Гэгээний Таван ном* зэрэгт тусгагдсан чинагуух утганд онцгойлон анхаарч байжээ. Өргөн мэдлэг гүнзгий увдис, зааварчилгааны хүчээр тэр олон тооны чадварлаг шавийг эрхэндээ хурааж чадсан нэгэн билээ.

***

Бурханы шашны хөгжлийн явцыг эргээд харахад өөр өөр үеүдэд улам өөдөө арвижин хөгжсөөр нас биенд хүрэх нэлээд ойртсоныг тодхон харж болно. Бурхан багшийн үеэс авахуулаад сургаалын гүнийг ч, өргөнийг ч аль алийг бүрэн ойлгож чадахуйц мэргэн шавь нар ямагт төрсөөр ирсэн. Гэвч буддистуудын нийгэмлэг тэдгээр сургаалыг хүлээн авахад бэлэн болтол бас мянга таван зуун жил шаардагдсан юм. Эцэст нь тэднийг Бурханы санааг бүрэн ухаж ойлгох хэмжээнд хүрэх үед дандарын сургаал дахь дээд түвшний мэргэн аргын их сангийн түгжээ задран онгойсон билээ.

Өөр өөр урсгалууд анх Төвөдөд урсан орж ирсний нэгэн адилаар энэ ч бас өргөн фронтоор дэлгэрсэнгүй, ойлгож хүлээн авах хүн тоотойхон байсны улмаас харин багшаас шавьд чимээ аниргүйхэн дамжсаар гурваас дөрвөн зуун жилийг элээжээ. Зөвхөн 14-р зууны эхэн үед л аугаа Шандон үзэл далайцтайгаар үзэгдэх нөхцөл бүрэлдэхэд, Сажагийн алдарт хийдэд Жи дон Жамъян Дагва Майдарын Төгс урсгалын оньс, увдисыг атган байхад Жонангийн хийдэд Хай зүн Ёндон Жамц Очирт Зургаан Йогийн увдисыг атгаж гарч ирсэн юм. Энэхүү хоёр агуу мөрнийг нэгтгэн их далай руу чиглүүлж чадах ганц шавь л хэрэгтэй байсан ажгуу.

-Долбуба Шэйрав Жанцан-
Шандон Ухааны чинагуух утгын тодруулагч

Төвөдөд Мэндэлсэн Ригдэн Хаан

1240 оны Монголчуудын булаан эзлэлтээс өмнө Төвөд улс олон жижиг хаадын өрсөлдөөний талбар болон тархай бутархай байдалд оршиж байлаа. Төв Төвөд рүү хийсэн хэд хэдэн жижиг дайралтын дараагаар Монгол ямартай ч гэсэн Амдо, Хам аймгаас зүүн хэсэгт хяналтаа тогтоож чадлаа. Бага зэргийн эсэргүүцэлтэй тулгарсан ч тэд Үй ба Зан аймгуудыг түрэн эзэлсээр эзэнт гүрнээ томсгосоор байсан юм.

Тэр үед Монголчууд Сажагийн хийдийн алдартай тэргүүн лам нартай холбоо тогтоож, Сажагийн агуу бандида Гунгаа Жанцан монголын хааны ордонд уригдан Годан хан шашны зөвлөх хүртэл хийж байсан түүхтэй. Гунгаа Жанцанг бурхан болсны дараагаар Чойжил Пагва гэдэг лам Хубилай Хааны лам багшаар томилогдон очиж байсан билээ. Ийм маягаар Сажагийн урсгалын тэргүүн Төвөдийн шашны тэргүүнээр тунхаглагдав.

Монгол улс цэргээ татаж авсны дараагаар төрийн эрх Төвөдийн ард түмэнд шилжсэн билээ. Сажагийн урсгалын удирдлаган дор Үй, Зан аймгууд арван гурван захиргааны нэгжүүдэд хуваагдаж *мириархууд* (Түмэн айл өрхийн захирсан түмтийн захирагч нар) хэмээн нэрлэгдэх болов. Нэгж бүр нутгийн Захирагчтай \трипон\ бөгөөд тэдгээр нь ажлаа Сажагийн хийдийн Их Захирагчид \пончэн\ мэдээлж байх үүрэгтэй. Анх удаа ингэж Шинэ Орчуулгын үейийн ганц урсгал дангаараа шашны тэргүүлэгч болон бусад урсгалаас дээгүүрт тавигдах болсон тохиолдол энэ байлаа.

Сажагийхнийг ийнхүү Монгол улстай дотно харьцаатай байх зуурт 13-р зууны сүүл үеэр Үй, Зан аймаг дөнгөж шашны сэргэн мандлынхаа үед явж байсан юм. Төв үзлийг барьсан олон сайн эрдэмтдийн ачаар Бурханы сургаалын хуучин, шинэ орчуулгууд үнэхээр цэцэглэн дэлгэрсэн билээ. Энэ бол Төвөдийн хамгийн их нөлөөтэй холыг харсан суутнууд төрөн гарах ер бусын эрдэм боловсрол, ухамсарлахуйн гайхам ховор нөхцөл бүрдсэн газар болоод байлаа.

Их хэнгэрэгний судart зөгнөн бичигдсэнээр бурханы сургаал үгүй болох шахсан үед нэгэн агуу лам төрж, төгс гэгээрлийн сургаалыг номлох болно гэжээ. Энэтхэгийн ариун газарт бурханы шашин дорожиж эхэлсэн тэр үед Непалийн Долбу хэмээх нэгэн зэлүүд орших гацаанд нэг хүү төрсөн нь Гурван цагийн мэргэн Будда хэмээн алдарших тавилантай **Долбуба Шэйрав Жанцан** байв.

Хүүхэд байхдаа Долбуба гэр бүлийнхээ Нямава урсгалыг даган өсөж Важракила бясалгалыг дадуулан үйлдэж дандарын ван авшиг олонтаа хүртэж байжээ. Нэг удаа Улаан Манзуширийн авшиг хүртээх зан үйлийн үеэр түүний оюун санаа гэнэт задран Бурханы сургаалыг судлах хүсэл сонирхолд автжээ.

Арван хоёр хүрч Долбуба лам болоод илүү өргөн мэдлэг олох боломжийг хайж эхлэв. Нямавагийнхан тэр үед тарнийн ёсоороо алдартай байсан бол Сажагийнхан эрдэмтдийнхээ нэр алдраар илүү байв. Долбубагийн аз дайрахад Сажагийн алдартай лам Жотон Жамъян Дагва Мустанг орох замдаа тэднийхээр дайрсанд түүнтэй номын бат барилдлага тогтоох бололцоо гарчээ. Долбубад Жотонг даган явах хүсэл асар их байвч, эцэг эх нь дургүйцэн Нямавагийн урсгалдаа үлдэж тарнийн ёсоо дага хэмээв.

Эцэг эхийн үгийг дагахаас татгалзаж Долбуба арван долоо хүрээд гэрээсээ оргон Жи тоны сүүлчийн таван жил багшилж байсан Мустанг руу дүрвэж очоод тэнд гүн ухаан, танин мэдэхүйн ухаан, сэтгэл зүй, одон орон зэргийг заалган энэ бүхний ерөнхий үндэс болсон нэр томъёог хурдан эзэмшиж төгсгөв. Удсан ч үгүй чухал сэдвүүдээр ахлах шавь нартай мэтгэлцээнд ч ордог болов. Жотон багшийгаа чухал хэргээр дуудагдан явсны хойгуур Долбуба Мустангдаа үлдэн мэдлэгээ хурцалсаар байж байтал багш нь түүнийг Сажагийн урсгалыг орхин явж чадахгүй гэдгийг нь ойлгоод цааш үргэлжлүүлэн сурахыг хүсвэл бусад шавь нарын хамтаар араас хүрээд ир гэсэн хэл илгээжээ.

ДОЛБУБА АЛДАРТ РИМЭ ЭРДЭМТЭН БОЛСОН НЬ

Долбуба Жотон багштайгаа дахин хамт байх болсон цагаасаа маш зоргоороо чөлөөтэй сэтгэдэг гэсэн нэр авав. Бусдын адил нэг цаг үед нэг л сэдвийг гаргуун эзэмших бус олон сэдвийг нэгэн зэрэг судалдаг арга барилтай байлаа. Түүний энэ өвөрмөц арга нь дурын сэдвээр гүнзгийрэх боломжийг түүнд олгон жил гаруйн дараа тэр бүгдэд нь нэвтэрхий болсон байжээ.

Долбуба Сажагийн олон агуу багш нараас суралцсан ч Жи тон Жамъян Дагваас суралцсан нь хамгаас илүүтэй байв. Очирт Зургаан Йогийг хязгааргүй дээдлэн бишрдэг Жи тон Цагийн хүрдний дандарын сургаалыг ямагт хамгаас өндөрт үзэн, *Майдарын төгс урсгалын* уламжлалыг залгамжлагчийнхаа хувьд Майдарын номлолыг мөн онцлон үздэг байсан энэ хоёр шалтгаан Долбубагийн хойчийн гүн ухааны үзэл баримтлалын шинэчлэлд үндэс суурь нь болж өгсөн гэж үздэг.

Жи тон болон Сажагийн бусад багш нарынхаа удирдлаган дор Долбуба судар тарнийн ёсонд хурдан нэвтэрч Цагийн хүрднээс гадна Хэважра тантра, *Зам мөр хийгээд түүний үр \Лам Дэ* гэдэг бясалгалын аргад мөн давхар суралцжээ.

Тэгсээр удалгүй ном айлдуулах гэсэн анхны айлтгалыг хүлээн ав">аад Долбуба үүнд бэлтгэхийн тулд ойролцоох Танаг гэдэг сүмд очиж гурван сарын турш Ринчен Еэшэ багшаас *Майдарын гэгээний Таван номын* дэлгэрэнгүй айлдварыг оньс, увдис зааврын хамтаар хүртэв. Тэрбээр Сажагийн хийддээ буцаж ирмэгцээ одон орон, гүн ухаан, танин мэдэхүйн онол, сэтгэл судлал, ёс суртахуун гэсэн таван ухаанаар өргөн хичээл заан өөрийн суралцсан арга барилын дагуу цагийг нь өглөө гурав, үдээс хойш хоёр ухааныг заахаар зохицуулан нэгэн зэрэг зааж эхэлжээ. Номлолын төгсгөлд тэрбээр хэчнээн өргөн мэдлэгтэй болохоо харуулснаар Сажагийн урсгалын хамгийн тод од болон гялалзаж эхлэв.

Хэдийгээр Сажагийн хийдийн хананы цаана суралцсан ч гэлээ Долбуба бусад урсгалуудыг хэзээ ч ялгаварлан үзэж байсангүй. Хорин долоон насандаа Үй, Зан аймгууд руу аялалд гарч бараг бүх томоохон төвүүд дээр очин суралцаж бүхий л урсгалын их багш нараар ном заалган явахдаа хурц ухаанаараа ямагт гайхагдан "мэргэн Долбуба" хэмээн нэрлэгдэх болсон байв.

Энэ аялалынхаа үеэр тэр Чойлун хийдийн хамба Сонам Дагва гэдэг ламаас бүтэн сахил хүртэн, Гаржүд, Нямавагийн урсгалын дэлгэрэнгүй номлолыг мөн заалгаж, ялангуяа *Номхотгох урсгалын* \Жижэ\ *сургаал, Тасар татах ёс* \Жод\ зэрэг сургаалыг заалгасны дараа Лхаст очин алдарт Жохан хийдэд Шагжамүни Бурханы дүр Зуу Бурхан шүтээнд, дараа нь Дорбу орж Майдар бурханы шүтээн дүрд мөргөл үйлдэж, Их суваргандд мөн гайхан бишрэх сэтгэлээр итгэлийг одуулжээ.

Тэрээр Сажагийн хийдэд буцаж ирэх үедээ нийт гуч гаруй багшаас далай их номлолыг заалгасан байжээ. Ван авшиг тэргүүтнийг шавь нартаа далай ихээр хүртээснийхээ дараа Долбуба Хэважра дандарын бясалгалд орж сууснаар гэгээрлийн гүнзгий түвшнээ илрүүлсний олон шинжүүдийг үзэж, гол ядам бурхад, найман дагинас тэргүүтэнтэй учирсан гэдэг. Долбуба хорин наймхан насандаа Сажагийн хийдийн хамбаар өргөмжлөгджээ.

ДАНДАРЫН БЯСАЛГАЛД ТӨВЛӨРСӨН НЬ

Хамбаар өргөмжлөгдсөнийхөө дараагаар Долбуба ойр хавийнхаа сүм хийдүүдээр аян хийх болов. Жонан уулын бясалгалын төвд анх айлчлан очихдоо номын утгыг илт оносон гүнзгий түвшинд хүрцгээсэн ийм олон хүнтэй учирсандаа гайхширан зог туссан тухайгаа сүүлд дурсан ярьсан байдаг. Жонангийн бясалгагч нарын толгой дараалан илт мэдэлд хүрч байхыг үзээд би тэдний дэргэд дэндүү жаахан болохыгоо анх удаа мэдэрсэн хэмээн дурссан байдаг билээ. Жомонан хөндийг орхин явахдаа тэр Жонан урсгалын сургаалд хэдийнэ сүсэг бишрэл ихэд төрүүлсэн байжээ.

Тэндээсээ Цурпу дахь Гаржүдвийн хийдэд очин гуравдугаар Гармава Ранжун Дорждтой уулзжээ. Бурханы сургаалын талаар зөндөө удаан ярилцаж суухдаа Гармава түүнийг удахгүй өөрийг нь хол даван гарах ухамсрын нарийн түвшинд хүрэхийг нь зөгнөн мэдэв. Энэ хоёр явдал Долбубад хүчтэй нөлөө үзүүлсэн тул Сажаагийн хийдэд буцаж ирснээсээ хойш бясалгалд бүх амьдралаа зориулахаар шийдэн өндөр албан тушаалаасаа татгалзахаар боллоо.

Түүнийг Жонанг зорин гардгийн урд орой багш нарын нэг болох Гүнбэн Дагва Жанцан нэгэн зүүд зүүдэлсэн нь, Бодьсадва Жанрайсэг гэрлэн бүрхүүлээр хүрээлүүлэн олон лам нарыг бараа болгон Жонангийн зүг зорин явах ажээ. Яг тэр үед Жонангийн Цагийн хүрдний их багш Жэвзүн Ёндон Жамц мөн нэгэн зэрэг, Ригдэн Хаан Пундарикаг Жонан хийдэд Бурханы сургаалын ялалтын дарцаг өргөлөө хэмээн зүүдэлсэн байв.

Дараа өдөр нь Долбубагийн найман лам бүхий жижиг баг Жонанд хүрэлцэн ирэхэд Ёндон Жамц түүнд Цагийн хүрдний авшиг даруй хүртээж *Бодьсадвын Гурван Эрхэм* сургаалын аман зааварчилгааг дамжуулж, Очирт Зургаан Йогийн бүх увдис зааврыг бүрэн хүртээлээ. Тэгээд сайны бэлэгдэл болгон Хачо Дэдэн гэдэг алдарт Гүнбэн Түгжэ Зундуйгийн бясалгадаг байсан оромжийг түүнд бэлэглэсэнд Долбуба тэр даруй бясалгал нямбанд орон суувай.

Бясалгалаа дуусахад Долбуба *Зогчин, Наропагийн зургаан сургаал* гэдэг судруудыг заалгахаар Жум Чойлун гэдэг газар руу хөдлөв. Тэнд түүнийг гайхамшигтай бодьгал болохыг дор нь таньсан Гүнбэн Чадраа Бал угтан авчээ. Түүнийг Жонанд буцах үед Чадраа Бал Жуйруг дахь гацаандаа хамтдаа бясалгалд сууя хэмээн ятгаж чадсан бөгөөд тэнд байхдаа Долбубагаас *Хиргүй гэрэл* судрын номыг хүртэв.

Чадраа Бал түүнтэй уулзахаас өмнө ч хэдийнэ алдартай бясалгагч болсон байсан ажээ. Долоон настайдаа *Майдарын Гэгээний Таван номыг* цээжилж түүнээс хойш удсан ч үгүй Гүнтан хийдийн хамбаас шинэхэн сахил хүртсэн байна. Арван хоёр насанд хүртлээ гүн ухаан, танин мэдэхүйн онол, сэтгэл судлалд бүх цагаа зарцуулан байгаад дараачийн арван нэгэн жилийг сүм хийдээр хэсэн явж шинэ зүйлд суралцан ухаанаа хурцлахад зарцуулжээ. Түүнд ном айлдсан багш нарын дунд Сажагийн Жамъян Чойжи Жанцан, Жалу урсгалын Будон Ринчендүв, Самбуу Ниэдог урсгалын Тарва Лозова Няма Жанцан нар байлаа.

Хорин таван настайдаа Чадраа Бал Жэвзүн Ёндон Жамцаас бүтэн санвааp хүртсэн ба мөн дэлгэрэнгүй Цагийн хүрдний сургаалыг заасны нь дотоод хийн бясалгалын туршлагаа нэмэгдүүлэхийг зорив. Сүүлд Жум Чойлин хийд рүү Чойжэ Жумбатай хамт суралцах болоод бясалгахаар нүүсэн билээ.

Долбуба Чадраа Бал хоёр бясалгалаа дуусгаад хамтдаа Жонанд буцаж ирэхэд Чадраа Бал түүний хувийн туслах болжээ. Ирэх хавар нь Ёндон Жамц Долбубаг шавь нартаа ном айлдаж өгнө үү гэж хүсээд, мөн өөрт нь *Гухясамажа дандарын Таван Шат, Чакрасамбара дандар, Зам мөр ба үр дүн, Номхотгох сургаал, Тасар татах ёс* гэдэг аргуудын хамтаар өвөрмөц олон номлолыг далай ихээр хайрлалаа. Долбуба тэндээсээ Сажагийн урсгалын Хөн гэдэг айлд Цагийн хүрдний авшиг хүртээхээр хөдөлсөн гэдэг.

Жонанд багшилж байх үедээ тэр хоёр гол шавьтайгаа учирсан нь Лозова Лодой Бал, Мати Банчэн хоёр юм. Лодой Бал маш авьяаслаг хүүхэд байсан ба арван хоёр настай байхдаа л уулзсан болгоныг шагшруулсан өргөн мэдлэгтэй хүүхэд байсан гэлцдэг. Арван таван настайдаа тэрбээр Сажагийн хийдэд очин Тонба Намхай Еэшээр ном заалган хорин тав хүрээд Дракрам орж алдарт орчуулагч Пан Лозоватай хамт санскрит хэлд суралцаж болов. Олон жилийг хамтдаа үдсэний хойно Пан Лозава түүнд одоо дотоод сэтгэлийнхээ гүн рүү нэвтэрч илт онож мэдэхүйд хүрэх цаг болсон гэж хэлснээр Долбуба Шэйрав Жанцанг санал болгожээ.

Лодой Балыг Жонанд хүрэлцэн очиход Долбуба Пундарикагийн бичсэн Цагийн хүрдний тайлбар сургаалыг Жонангийнханд айлдаж таарчээ. Алдарт их багштай биеэр уулзаж ярилцах боломж олдсонд балмагдаж бантсан Лодой Бал өөрийгөө маш жаахан болсноор сэтгэж Сүмбэр уулын дэргэдэх өчүүхэн жижиг цэцэгтэй өөрийгөө зүйрлэж байв. Энэ үеэс эхлээд Лодой Бал Долбубагийн дэргэдээс холдсонгүй Бурханы сургаалд ихэд шамдан суралцаж, номын ван авших, дамжлага, нууц оньс зааваруудыг арвин ихээр хүртжээ.

Энэ үе орчим Долбуба Мати Банчэнтай дайралдсан гэдэг. Майдар Бурханы хувилгаан дүр гэгддэг Мати дөрөвхөн настайдаа *Майдарын Гэгээний Таван номыг* цээжээр дууддаг байсан гэдэг. Анх Ниэтан Аймгийн Гаржүдвийн Дугба хийдэд сахил хүртэн дараа нь Ралунд хүрч эцэстээ Сажагийн урсгалтай нийлэн Жамъян Чойжи Жанцангаар олон ном заалгасан байна. Жалу хийдэд сууж байхдаа Долбуба багшийн нэрийг анх сонсоод нулимс унагасан гэсэн яриа байдаг.

Лодой Балын адилаар Мати Банчэнг очиход Долбуба бясалгалаа дуусгаад *Хиргүй гэрэл* судрыг номлохоор зэхэж байв. Түүнийг асар олон тайлбаруудаас баруун солгойгүй иш татан байхыг үзээд Мати машид гайхан биширч ийм багштай учирсан өөрийн золтойд баярлах сэтгэлд эзэмдүүлэн дахин нулимс унагаажээ. Үүнийг ажсан Долбуба түүнийг өрөөндөө урьж ирүүлэн тусдаа уулзаж тэр хоёр шөнө дөл болтол ярилцанаас хойш Мати багшийхаа дэргэдээс дахин холдсонгүй. Тэрбээр Чадраа Бал, Лодой Бал зэрэг бусад шавь нараас мөн адил суралцаж байсан билээ.

ШАНДОН ҮЗЛИЙГ ИЛРҮҮЛСЭН НЬ

Сажагийн урсгалынханд Цагийн хүрдний ван авшиг хүртээснийхээ дараагаар Долбуба Хачо Дэдэнд хатуужил бясалгалд орон суув. Нэг жил тэрбээр Очирт Зургаан Йогийг сатаарал үгүй бясалгажээ. Чадраа Балын тэмдэглэн үлдээснээр тэр эхний хоёр йогт голлон анхаарч мэлмийгээ ариусгаснаар хязгааргүй олон ядам бурхад, ариун газар тэргүүтнийг үзэх болж дараа нь гурав ба дөрөвдүгээр йогийг бясалгаж дуусахдаа дотоод хийгээ бүрэн захирч, дотоод гал махбодыг дүрэлзэхийг мэдэрчээ. Энэ үедээ нэгдмэл Шандон үзлийг анх ухаарч танин мэдсэн гэдэг билээ. Долбуба нэг чухал зүйлтэй учирлаа гэдгээ мэдэрсэн ч шууд зарлан тунхаглая гэсэнгүй харин бясалгалаа цааш үргэлжлүүлэн дахиад гурван жил болсны эцэст эхний гурван йогийг төгс эрхшээсэн их бүтээлч болжээ.

Энэ үед Долбуба дээр Жантон Жяво Сонам Дагва гэдэг нэртэй ядуухан лам зочлон ирэв. Жантон Жяво Үй аймгийн Гишо нэртэй гацаанд төрсөн бөгөөд ихэнх залуу цагаа Лхасын хийдэд шавилан сууж өнгөрөөсөн байлаа. Хорин хоёр насандаа Зан аймаг руу нүүж ирээд Сажагийн Жигмэд Дагва гэдэг ламаас сахил хүртээд тэр хавийн сүм хийдүүдээр хэсэн явж ном сурсан байв. Долбубагийн нэр орон даяар цуурайтсан үе тул Жантон Жяво гуравдугаар Гармавагийн тэмдэглэн хэлсэн Долбубагийн тухай үгэнд онцгой биширсэн байжээ.

Түүнд бололцоо олдож Долбуба дээр очсонд хэдийгээр бясалгалаа эхлэчихсэн байсан ч гэлээ түүнтэй уулзахыг зөвшөөрч тэд богино хугацаагаар ярилцсан байна. Энэ эрдэмтэй ламын гүнзгий ухаанд Жантон биширч барсангүй өөрийгөө аварга хангарьдын дэргэдэх жижигхэн бялзуухай мэтээр мэдэрч суужээ. Дараачийн найман жилд Жантон *Бодьсадвын Гурван Эрхэм* болон дандарсын олон сургаалын тоогүй олон ван авшгийг хүртэв.

Ёндон Жамц түүнийг Жонан хийдийн хамба ламын суудлыг эзэлж миний залгамжлагч болно уу гэж хүссэнээр Долбуба бясалгалаа дуусгах хэрэгтэй боллоо. Аглаг газарт бясалгаж сууxыг л мөрөөдөх болсон Долбуба түүнд юу гэж хариулахаа мэдсэнгүй Лхас орж Жохан сүмд мөргөл үйлдэхээр очихдоо Жанрайсэг Бурханы ариун дүрээс хамба болохын хэрэг байна уу хэмээн асуусанд Бурханы зүрхэн тус газраас гэрэл гялбан гарч Номын их ширээг хүлээн ав гэсэн үгс сонсогджээ. Ингээд буцаж ирэхдээ Ёндон Жамцын орыг залгамжлагч болон албан ёсоор заларлаа.

Эндээс эхлээд тэр бясалгал, номын айлдвар хоёрыг хослуулах болов. Өвөл, зун хоёр бясалгалд суугаад, намар, хавар хоёр нь номоо айлдаж Жотон Жамъян Дагва гэх мэт олон багш нараасаа заалгасан туйлын үнэний олон тайлбаруудыг голчлон заавч яаж ийгээд л Пундарикагийн Цагийн хүрдний тайлбартай холбогдчихсон байдаг байлаа.

1327 онд Ёндон Жамцыг нирваан дүрийг үзүүлэхэд их багшийнхаа хүндэтгэлд зориулж Долбуба Тропуд явж байхдаа үзсэнтэйгээ адил маш том суварга бариулахаар шийджээ. Энэ бол зөвхөн багшийнхаа хязгааргүй сайхан сэтгэлийн хариуд өргөж буй бэлэг төдийгүй мөн Бурханы сургаалыг судлах хийгээд дадуулах бололцоогүй байсан тэдгээр бүх сүсэгтнүүдийн бишрэлийг гэрэлтүүлэгч тэмдэг болох ажээ.

Дээд Сандэн орчим барих гэж нэлээд оролдоод бүтэлтэй болсонгүйд доод Сандэнгийн ойролцоо тохиромжтой газар олж суваргаа босгож эхэллээ. Энэ төсөл үейин үед далай их буян хураахын шалтгаан болж, үүнийг холоос ч атугай харсан тэр бүү хэл сонссон, үүнд гар хүрсэн хэн бүхний буян хишиг хязгааргүй арвижин нэмэгдэнэ гэдгийг Долбуба бүхэнд тодорхой зарлаад, үүний эсрэг санаатай хэн боловч сүүлд машид ихээр харамсах болно гэдгийг анхааруулж байлаа.

Зураач, урчууд, барилгын ажилчид улс орны өнцөг булан бүрээс мэдлэг авьяас бүхнээ Долбубагийн холч хараа мэргэн ухаанд итгэн зориулахаар ирцгээн түүхий эд материал, хүнс хоол тэргүүтнийг хандивлан өргөж чулуу бүхнийг нигүүлсэхүйн их сан Жанрайсэг Бурханы зүрхэн тарнийг дуудан байж өрөв. Энэ төслийн сураг орон даяар цуурайтаж бүгд тэр зүг хошуурцгаахад Долбубагийн хувилсан дүрүүд тал бүрт үзэгдэх болж, заримдаа шавь нартаа номоо айлдахад тэр цагт мөн суваргын чулууг тавилцаж байх жишээтэй.

Ийнхүү номоо ч айлдсаар, суварга ч өндийсөөр байх яг тэр үедээ анх Шандон, Рандон үзлийн ялгааны тухай нийтэд сонордуулсан билээ. Тэрбээр *Бодьсадвын Гурван Эрхэмээр* Шандон үзлийн тарнийн талыг, *Майдарын гэгээний Таван ном, Шимийн арван судраар* Шандон үзлийн судрын талыг харуулан тоогүй олон удаа номлолоо айлджээ.

Эдгээр шинэ үзлийн дуулиан шашны нийгэмлэгээр хурдтай тархаж мэтгэлцэхийг хүсэгчид Их багшийн үүдэнд дугаарлан зогсох болцгоов. Тэдний нэг нь алдарт багш **Чоглэ Намжал** байсан юм. Чогжалва Ари гэх баруун нутагт өсөж торнин Драграм ба Сажагийн хийдийг оролцуулсан Непалийн болон Зан аймгийн олон газарт ном үзэж явахдаа мэтгэлцэх урлагт нарийн мэргэжсэн тул "Зүг бүхнээ ялгуусан" гэдэг нэрээ олж авсан ажээ. Тэр үед Чогжалва рандон үзэлд үнэнч, түүнийг улайран хамгаалагч байсан болохоор Долбубагийн үзлийн талаар сонсоод энэ талаар гүнзгий мэдэж авах гэсэн сониуч зан нь хөдөлсөнд гайхах юмгүй билээ.

Чоглэ Намжалыг Жонанд ирэхэд Долбуба гол зан үйлийнхээ өмнөх номын уншлагыг дөнгөж дуусгаж таарав. Чоглэ уулзах зөвшөөрлийг олоод орж очмогцоо Номын Эзний биеэс цацрах гялбаанд сохрох мэт болж хөшин зогсчээ. Омог нь дарагдсан тэрбээр гараа чичрүүлэн байж тахил өргөсөн байна. Тэр хоёр гүн ухаан, танин мэдэхүйн онол, сэтгэл судлалын олон сэдвээр ярилцаж санал солилцох явцад Чогжалва түүний гүнзгий ухаанд бахдахгүй байж чадсангүй өмнө нь хэзээ ч сонсож байгаагүй судраас эш татах үед нь их голын дэргэд сүрдэн зогсоо жаахан гөлөг шигээр өөрийгөө мэдэрч суужээ. Тэр дороо шавь орох хүслээ илэрхийлэн ном айлтгана уу хэмээн хүссэн гэдэг.

Цагаа болоход тэрбээр Цагийн хүрдний сургаал түүний төгсгөлийн зэргийн дадлагын оньс, увдис, зааварчилгаа зэргийг бүрнээр хүртсэн байна. Эхэндээ энэ бүхэн түүнд амьсгал авахад ч бэрхтэй мэт байснаа яваандаа Долбубагийн шавь Чадраа Бал, Мати Банчэн нарын тусламжтайгаар сүрхий гүнд нэвтрэн орж эхэлжээ.

Энэ үеийн зарим ухаалаг лам нартай хэлэлцэн ярилцах замаар Долбуба Шандон үзлийг улам чамбай нягталж авснаар *"Уулын Суртгаал: Гүнзгий үзлийн далай"* хэмээх гайхамшигт бүтээлээ туурвисан билээ. Энэ ганц бүтээлдээ тэр тарни хийгээд судрын ёсны олон судруудаас иш татан, өөрөө-үгүй хоосныг туйлын үнэний мөн чанар гэж үзэхийн алдаатай талуудыг дурдан зааж нотлон харуулсан бөгөөд гарч ирсэн маргаантай асуулт болгонд учир шалтгааны үүднээс тодорхой зөв хариултыг өгч чаджээ. Олон эрдэмтэд түүний үзлийг мохоох гэж оролдож байсан ч энэ бүх шүүмжлэлийн эсрэг түүний нотолгоонууд өнөөг хүртэл баттай зогссоор ирсэн билээ.

Долбубагийн "шинэ" онолын нэг өвөрмөц тал нь гэгээрлийн мөн чанарын өөр нэг талыг гаргаж харуулсан явдал юм. Мөн урьд хэрэглэгдэж байсан гүн ухааны олон нэр томъёог өөрчлөн тодруулж өөрийн байр суурийг улмаар бататгав. Энэхүү үгсийн хэтэрхий чөлөөт хэрэглээнээс болж олон эрдэмтэд түүнийг эсэргүүцэж байсан ба хоосон чанарын талаар өөр байдлаар илэрхийлсэнд нь олон хүн дасаж чадахгүй байсан билээ.

Долбубагийн бас нэг томоохон давуу тал бол өөрийн санааг бататгах эшлэлийг асар өргөн хэрэглэсэн явдал юм. Эртний олон эх сурвалжаас зогсоо чөлөөгүй иш татан байж Бурханы сургаалын өргөн утгыг байн байн гаргаж үзүүлсээр байлаа. Ийнхүү зүтгэсээр суурь, зам мөр, үр дүнгийн түвшинд тус тусад нь чинагуух үнэнийг хэрхэн ойлгох талаар нэгдмэл үзлийг баталсан билээ.

Туйлын үнэнийг танин мэдсэн илт мэдэл дээрээ үндэслээд Долбуба *Цагийн хүрдний дандарын* сургаалын орчуулга хийгээд түүний тайлбар болох *Хиргүй гэрэл* судрын аль алийг дахин хянаж засварлах хэрэгтэйг анзаарч харсан байна. Тэгээд Лозава Лодой Бал, Мати Банчэн, Лодой Жанцан нарын туслалцаатайгаар тэр тухайн үед олдсон санскрит эх бичмэлд тулгуурлан шинээр орчуулга хийх ажилдаа шаламгайлан оров.

Шавь нараа орчуулга дээр ажиллаж байх зуурт тэр өөрөө эх судрыг хянах, нягтлах талыг дааж гүйцэтгэн тэмдэглэл, тодруулга тайлбар хийж нуугдмал утгыг улам тодруулахад ихэд анхаарч байжээ. Энэ завсраа мөн түрүүн иймэрхүү засварыг хийж байсан Будон Ринчендүвийн тайлбар, тэмдэглэлтүүдийг ч адилхан хавсаргаж явлаа. Багшийхаа араас шил даран Чоглэ Намжал мөн хянаж явсан гэдэг бөгөөд түүний тайлбар багшийнхаасаа зарим талаар өөр байсан гэлцдэг. Долбубагийн хийсэн тайлбар элбэг олдох мөртлөө түүний тэмдэглэлтүүд маш ховор тааралдах тул Чоглэ Намжалын тэмдэглэлээс ялгахад маш хүндрэлтэй болсон гэдэг билээ.

ХОЁР ДАХЬ ШАМБАЛ ТӨВӨДӨД ҮЗЭГДСЭН НЬ

Их Суваргыг бүтээж дууссаны дараагаар Жонангийн хөндий Төвөдийн бүх сүсэгтэн олны очиж мөргөдөг чухал газруудын нэг болон хувирчээ. Долбубагийн нэр ихэд алдаршин яах аргагүй цагийг эзэлсэн их багш хэмээн хүндлэгдэх болсноор дараагийн жилүүдэд тэр аймгаас аймаг хэсэн сүм дуган бариулж бясалгалын төвүүдийг бий болгон, уртын бясалгалд хүмүүсийг удирдан хамруулж явав. Ийм нэгэн бясалгалын үеэр тэр Дээд амгалангийн орон Шамбалыг нэгэнтээ үзэж аялаад ирсэн гэх билээ. Ихэнх уртын бясалгалын үеэр тэр Бурханы сургаалыг тал бүрээс нь шинжлэн орхигдсон зүйлсийг тэмдэглэн бясалгал дадлагын гарын авлага зохион суудаг байлаа.

104

Энэ үедээ Долбуба олон дагалдагсадтай болсон бөгөөд гол шавь нар нь цөм нэг бүрчлэн Шандон үзлийн санаанд өөрсдийн хувь нэмрээ оруулцгаасны дотор Шандон үзлийг хамгийн улайран дэмжигч нь **Нябон Гунгаа Бал** байсан юм. Ёндон Жамц түүнийг жаахан байхад нь Цагийн хүрдний их багш Жамсар Шэйравын хойд дүр гэж тодруулсан билээ. Түүнээс хойш Сажагийн хийдэд эхлэн суралцаад дараа нь Үй, Зан аймгуудад үргэлжлүүлэн боловсрол олж гол томоохон урсгалын багш нараар ном заалгажээ. Нябон Гунгаа хурц ухаантай мэтгэлцээнд сайнаараа онцгой. Хорин насандаа маш хүндээр өвчлөөд байхад нь Долбуба Сажагийн хийдээр орж яваад таарсан байв. Нябоны найз түүнийг Номын их бүтээлчийн өмнө авчирсанд ганц тарни шившээд өвчнийг илааршуулсан гэдэг. Дараа нь Жагошон хийдэд тэр хоёр дахин учирч олон зүйлийн талаар ярилцахад Нябонд нугаршгүй бат итгэл төрөн түүнийг дагаж Жонангийн хөндий орсон ажээ. Тэнд олон ван авшгийг Долбубагаас болон Чоглэ Намжялаас хүртсэн байна.

Долбубагийн бас нэгэн гол шавь Чойжэ Ринцулва анх Ринчен Цүлтэм гэдэг нэртэй төржээ. Нэнин, Жалугийн хийдэд суралцаад дараа нь Гуравдугаар Гармава Ранжун Доржид шавь орсон байна. Гармава түүнийг Энэтхэгийн алдарт бандида Аръяа Асангагийн хойд дүр болохыг тодруулжээ. Тэгээд Жонангийн хийдэд очихыг зөвлөж түүнээс хойш хорин жилийн турш Ринцулва Долбубагийн дэргэдээс салсангүй, Чадраа Бал, Лозова Лодой Бал, Мати Банчэн, Чоглэ Намжял нараас ч мөн суралцсан байна.

Сажагийн хийд орох үедээ Долбуба бас нэгэн гайхалтай ламтай дайралдсан нь Лодой Жанцан байлаа. Урьд шөнө нь Лодой Жанцан Важраварахи ядамтай уулзлаа хэмээн зүүдэлсэн байв. Ядам Бурхан түүнд Ригдэн Хаан ирж ном айлдах болно гэсэн ажээ. Долбуба түүнд чамгүй цаг зарцуулан *Бодьсадвын Гурван Эрхэм, Цагийн хүрдний дэлгэрэнгүй* сургаалыг *Очирт Зургаан Йогийн* арван хоёр төрлийн оньс, увдис зааврын хамтаар хүртээжээ. Мөн шавь нараас нь, ялангуяа Чоглэ Намжялаас олон ном хүртээд зогссонгүй Чоглэ Намжял түүнийг Мэнчу гэдэг газарт байршуулснаар удалгүй Мэнчухава гэдэг нэрээр алдартай болсон билээ.

Донио Жанцан гэдэг Сажагийн лам Жонанд очин Долбубагаас ном айлдаж өгөхийг хүсчээ. Тэр бас Танбо Чунва хэмээх залуухан ламыг дагуулан иржээ. Түүний бараанг хармагцаа Долбуба ихэд баярлан Цагийн хүрдний ван авшиг хүртээж Очирт Йогийн зааварчилгааг тэдэнд дамжуулаа. Долбубагийн авшиг маш хүчтэй тул хүртэгч голдуу гүн бясалгалд гэнэт умбаж орхих нь элбэг бөгөөд *парио* гэж нэрлэгддэг ойлголт төсөөлөлт бодол бүрэн зогсох сэтгэшгүй ахуйд орших тул янз бүрийн төрх авир үзүүлэх нь элбэг байдаг байв. Зарим үед завилж суусан чигээрээ агаарт өндөр үсрэх мэт үзэгдэл Долбубатай хамт байх үед гарах нь элбэг байсаар энэ нь Жонан урсгалын бусдаас ялгарах өвөрмөц шинж болон хувирсан ажээ. Танбо Чунва тэр үед яг ийм хоосон чанарыг оносон хүчтэй илт мэдлийг олсныг Долбуба сүүлд тайлбарлахдаа тэр бол үнэн хэрэгтээ Юмо Мижэ Доржийн хойд дүр байсныг бясалгалынх нь бүс уягаар таньсан юмсанжээ.

Тийнхүү Танбо бүрэн сахил хүртэж шавь нарынх нь удирдлага дор онолын эрдэмд шамдан, дадлагаа үргэлжлүүлэх болсон гэдэг билээ.

Аръяадэвагийн хойд дүрээр тодорсон Гарунва Лха и Жанцан бол их амжилтанд хүрсэн римэ эрдэмтэн, егүзэр хүн байсан юм. Тэрбээр Цурпу хийдийн Тогдэн Драгсэн, Драграм хийдийн Гончиг Санбо, Сажагийн Жамъян Чойжи Жанцан, Пэлтаны Ринчен Санбо нарын шавь байгаад сүүлдээ өөрөө ч мөн алдартай багш болсон гэдэг билээ. Ралунд сурч байхдаа нэг өдөр Долбубагийн гайхам номлол ухааны талаар сонсоодохжээ. Гучин хоёр настай Лха и Жанцан бишрэх сэтгэлдээ хөтлөгдөн Жонан орж Долбубад даруй шавь ороод Цагийн хүрдэн, Хэважра, Чакрасамбара дандарсын сургаалыг хүртсэн байна.

Танвочэ Гунгаа Жобум хэмээгч бас нэгэн залуу лам Зум Чойлин хийдэд Чойжэ Зумбатай хамт суралцаж байхдаа Долбубагийн *Суртгаалын ерөнхий тайлбар* судрын хуулбартай учирчихаад учиргүй шүтэн Жонангийн хийдэд явж очоод Долбубатай олон зүйлийг хэлэлцэн, газар сайгүй хэсэж олон багштай учрахдаа ийм багштай анх дайралдаж байна, чухам Бурханы номд орох үүдийг Долбуба л түүнд нээж өглөө хэмээн мэдрээд дэргэдээс нь дахин холдоогүй гэнэ.

Зөвхөн Төвөдийн сүсэгтнүүд л Долбубагийн нэрийг дуулсан төдий биш байлаа. Юань гүрний Тогоон Төмөр Хааны сонорт энэ нэр хүрч, Хаан Долбубаг ирж ном айлдаж өгнө үү хэмээн Төвөд рүү элчээ илгээж байсан гэдэг. Улс төрд оролцох сонирхол огт байгаагүй Долбуба урилгыг хүлээн авахаас татгалзаж, дөрвөн жил үргэлжилсэн бясалгалд сууж орхисонд, Хаан түүний дургүй байгааг ойлгоод түүнд "Төвөддөө үлдэж номоо айлдаж дэлгэрүүл дээ" гэсэн мэдээг элчээрээ илгээсэн түүхтэй.

Хятадаас элч ирдгийн өмнөхөн Долбуба Жонангийн хамба ламын суудлаа өөрийн залгамжлагч Лозава Лодой Балд шилжүүлэн өгсөн байв. Ийнхүү чөлөөтэй болсон тэрбээр илүү уртын бясалгалд орох боломцоотой болсон аж. Лодой Бал энэ суудлыг 1354 онд нирваан дүрийг олох хүртлээ арван-долоон жил барьсан байна.

Долбуба Лодой Балын оршуулганд оролцохоор Жонанд эргэж ирэхдээ Чоглэ Намжалыг шинэ хамбаар томилсон нь тухайн цагт Долбубагийн шинээр байгуулсан Намрин Хүрээлэнд мөн алба хашиж байсан ажээ. Дөрвөн жилийн дараа хоёр хийдийн хооронд амжихаа болилоо гэсэн шалтгаанаар ширээнээсээ бууж, Долбубагийн заавраар Гарчун гацаанд бясалгалд суужээ. Түүний орыг Гончог Жанцан эзэлж шинэ хамбаар томилогдлоо.

Энэ үеэс Долбуба Нартан хийд орж ном айлддаг болоод тэнд Чойжэ Пунцог Балсан гэгч Гуравдугаар Гармава Ранжун Доржийн ойрын шавь ламтай дайралдсан байна. Тэрбээр Цурпу ба Таглун дахь Гаржудва урсгалын хийдэд шавилан сууж байхдаа *Чинагуух үнэний далай* судрын хуулбарыг олж үзмэгцээ биеийх нь шар үс босож энэ хүний номыг сонсдог болоосой хэмээн нулимс дуслуулан залбирч байжээ. Тэгээд Мэргэн Долбубаг Нартанд ирээд байна гэдэг мэдээг дуулаад тийш аялан очиж хүссэндээ хүрсэн гэдэг билээ.

Чинагуух утгын далайн эх булаг - Жонангийн Их Суварга

ТӨВ ТӨВӨДИЙН НУТАГТ ЭНХ ТАЙВАН, ЭВ ЗОХИЦОЛ ДЭЛГЭРСЭН НЬ

Долбубагийн шавь нар цөм гэгээрлийн дээд түвшинд хүрцгээгээд өөр гацаанд хийд хариуцан сууцгаах болжээ. Шашин шүтлэгийн асуудал зөв хүмүүсийн гарт орсон тул санаа зовохоо больсон Долбуба Сажагийн урсгалын Зан аймаг дахь удирдагч, Төв Төвөдийн Пакмодру нарын хооронд гараад улам газар авч байгаа улс төрийн мөргөлдөөнийг зохицуулахад анхаарлаа чиглүүлэх болов.

Пакмодру бол Сажагийн урсгалын удирдлага доорхи арван гурван аймгийн нэг байв. Энэ хаант улс уг нь Гаржүдвийн урсгалын эрдэмтэн Пагмо Дува Дорж Жалпогийн 1158 онд үндэслэсэн улс байв. Тэр үеэс эхлэн шашны нийгэмлэг томоохон, баян улс төрийн хүчинтэй холбогдох болсон ажээ.

Монголын Юань гүрэн унаптанд орж байх үед Төвөд дэх тэдний нөлөө багасаж ирсэнд Монголын төрийн дэмжлэггүйгээр Сажагийхан эрх мэдэлд дуртай Жанчуб Жанцанг Үй аймгийг эзлэн тусгаар тогтноло зарлахыг нь болиулж чадсангүй. Удалгүй Сажагийн урсгалын ноёрхол нуран унаж Пакморду, Үй, Зан аймгуудыг хоёулангийн нь захирснаар төгссөн билээ.

Энэ тэмцлийн үеэр олон сүм хийдүүд засагдах аргагүйгээр сүйрэхэд хүрсэн тул ямар нэг юм хийхгүй бол болохгүй гэж Долбуба бодсон байлаа. Тэр жаран зургаа насыг зооглож, хол газар алхах амаргүй болсон байсан ч Лхас хот орж Бурхан багшийн ариун дүрийн өмнө амгалан энхийн залбирал үйлдэхийг хүсэж байв.

Тэгээд завинд суун Цанбо голын дагуу хөдөлж энэхүү зоригт аянаа эхэллээ. Замдаа Нэсар, Чойлун зэрэг газарт ном айлдаад Дамба Сонам Жанцан ламын хүсэлтээр *"Дөрөвдүгээр цогц"* ба түүний тайлбарыг зохиохоор Чойлунд нэг жилийг үдсэн байна.

Үний дараагаар аянаа үргэлжлүүлэхэд итгэлт шавь нар нь түүнийг сүйх тэргэнд суулган дамнаж Зан аймгаар авч явсанд газар бүр зогсож бишрсэн олонд номоо айлдан тэдний мөргөл магтаалд баясан явж байлаа. Цугласан хүмүүс олон тул арын хүмүүст өмнөх хүмүүс нь Долбубагийн үгийг дамжуулан хэлж өгч явжээ.

Зургаан сар ийнхүү аялаад Лхаст ирж арвин их алт, зул тэргүүтнээр тахил өргөөд дахин ном айлдаж зургаан сарыг үдэв. Түүнийг зорин ирэх сүсэгтний тоо өдрөөс өдөрт нэмэгдсээр бүгдийг багтаах газар үгүй болж сүмийн өмнөх шат хүнээ даалгүй нурж байсан түүхтэй ажээ.

Долбуба Лхаст ном айлдаж байх үедээ нэгэн залуу ламтай дайралдсан нь дөнгөж жилийн өмнө бүтэн сахил хүртсэн Сонам Самбуу гэдэг хүү байсан бөгөөд тэдний хооронд бат холбоо тогтсон тэр өдрөөс хойш хувийн туслах нь болон хувирав. Жонанд эргэж ирнэ үү гэсэн урилга аваад Долбуба, Самбуу болон тэднийг дагалдсан нүсэр багийхан Зан аймгийн зүг буцах аяндаа орон хөдөллөө.

Түүний хаа явсан газарт адистид хүртэх гэсэн олон сүсэгтэн байнга дагалдаж, хамт явсан лам нар нь багшийгаа дугуйран тойрч зогсоод сүйхийг нь дээр өргөхөд хошуурсан олон нэг эгнээ болоод тэргэн доогуур бахдал бишрэлдээ автан цуварч зарим нь зууран орилж байсан гэлцдэг.

Замдаа тэр Ниэтан хийдийн дэргэд Атиша богдын суваргандад түр саатан байхдаа Сажа, Гаржүдийн урсгалаас суралцаж нэлээд өндөр амжилтад хүрсэн байсан бясалгагч Дэргэн Лозоватай тэнд учирсан байдаг. Тэр хоёрын уулзалтын үеэр Дэргэн Лозова өөрийгөө агуу нарны дэргэдэх жижиг цох адил санаж хязгааргүй хүндлэх сэтгэл төрөн наснихаа эцсийг хүртэл түүний дэргэдээс холдоогүй гэдэг билээ.

Долбуба Жалу хийдэд ном айлдана уу гэсэн урилгын дагуу тэнд очихдоо Будон Ринчендүвтэй ном хаялцах хүсэлтэй байгаагаа мэдэгдсэн байдаг. Тэр үед Рибуг хэмээх гацаанд бясалгаж суусан Ринчендүв очих уу, байхуу гэдгээ шийдэхийн тулд дохио эрж байгаад ямар ч хамаагүй судраас уншина уу гэж шавиасаа хүссэн тухай Чадраа Балын дурсамжинд өгүүлсэн бий. Туслахын сонгосон сударт Долбубагийн төрлийг зөгнөн хэлсэн байж таарсанд Будон их мэргэн дохио байна гэж үзээд мэтгэлцээнээс эелдгээр татгалзав. Жалугийн лам Будоныг бие тааруухан байгаа тул ирж чадахгүй нь гэдгийг дамжуулахад Долбуба мэтгэлцээн эхлэхэд хэлдэг үгийг чангаар дуудан сүмийн хананд цав үүсгэсэн гэдэг домогтой.

Гурван жилийн дараа Долбуба арай гэж Жонанд эргэн ирж дараа жил нь Дэвачэн гацаанд үлдээд эцэс төгсгөлгүй цуврах түмэн олонд сургаал адислалаа хайрласаар өнгөрөөлөө. 1361 онд тэрбээр 69 насандаа төгсгөл ойртсоны шинжийг үзүүлж эхэлжээ. Удалгүй тэрбээр нийтэд *"Уулын суртгаал"*-аа Цагийн хүрдний бэлтгэлийн зэргийг дадуулан үйлдэх дэлгэрэнгүй зааварчилгааны хамт сүүлчийн удаа номлох болно гэж зарлалаа. Зургаан хоногийн дараа номлолынхоо зөвхөн талд нь хүргээд цааш айлтгалаа зогсоолоо хэмээн шавь нартаа мэдэгдээд сүүлчийн захиасаа тэдэнд хэлжээ. Энэ үед Долбубаг өвчтэй гэж хэлэх ямар ч гадаад шинж тэмдэг үзэгдсэнгүй урьд урьдынхаас илүү гялалзсан дүртэй байжээ.

Тэр оройдоо Долбуба ахлах шавь нараа цуглуулаад *Ертөнцийн бэлгэ тэмдэг Арван-үсэгт хүчирхэг тарнийн* учрыг тэдэнд нарийн тайлбарлаж өгөөд явуулсныхаа дараагаар туслахаасаа "Үүр цайв уу?" гэж асуужээ. Шөнө талдаа ч ороогүй байна гэвэл: "Удахгүй үүр цайнаа" гэж хариулжээ. Үүрийн цолмон гийх үед тэр өндийж суугаад орхимжоо засаж тэгш агуулалд бясалган суулаа. Хэдэн минутын дараа нүдээ хараастай чигээр эгц ширтсээр нирваан дүрийг олсон билээ.

***

Мэргэн Долбуба Шэйрав Жанцан амьдралынхаа сүүлчийн жилүүдэд Төвөдөд арилшгүй мөрөө үлдээсэн билээ. Сургаалыг нь гүнзгий мэдрээгүй зарим нэг хүний хувьд эргэлзээтэй мэт санагдавч тэр хамаг амьтны тусын тулд нэг ч мөч алгасараагүй юм. Эцсийн амьсгаа тасрах хүртлээ өөрийгөө гэх сэтгэлийн өчүүхэн ч ул мөр үгүй оюун мэдлэгээ хуваалцсаар уулзсан болгоноо туйлын үнэнд улам бүр ойртуулсаар явсан.

Аль нэг талыг үл баримтлах эв нэгдлийн үзлийнхээ ачаар тэр тоолшгүй олон дагуултай, тэр үеийн хамгийн томоохон урсгалуудаас гаралтай гайхам олон шилдэг шавьтай болсон ажээ. Ялангуяа түүний арван-дөрвөн зүрхэн шавь Төвөдийн хязгаар олон аймаг Амдо, Хам зэрэг газруудаар Шандон үзлийг дэлгэрүүлэн түгээж явсаар, түүний зөгнөн хэлсний дагуу дараагийн наян жилийн турш уг сургаал тасралтгүй цэцэглэсэн гэдэг билээ.

Жонангийн Ном Сургаалын Хөгжил

Пакморду гүрний үе Төвөдийн хувьд энх тайван, сүр хүчин төгөлдөр үе байсан гэж хэлж болно. Тай Ситу Жанчив Жанцангийн захиргаан дор Үй, Зан аймгууд олон шинэ салбарууд болон хуваагдаж, бүтээн босголт өрнөсөн билээ. Эдгээр нутгийн захирагч нарыг гурван жилийн хугацаатай солигдож байх журам тогтоосон нь хүчээ тогтмол хэмжээнд барьж чадах боломжийг олгожээ. Ерөнхийд нь хэлэхэд Пакморду Төвөдийн ард түмэнд сүсэг бишрэлээ дагаж хөгжүүлэх таатай уур амьсгалыг бий болгосон юм.

Үүний дүнд 14-р зууны хоёрдугаар хагаст шашны урсгалуудын олон янз байдал өсөх хандлагатай болж Сажагийхан хэдийгээр голлох байр сууриа алдаагүй байлаа ч Гаржүдийн урсгалын хийдүүд олширч бараг овог болгонд нэг дэд-сургууль байгуулах нь холгүй болов. Нямава, Гаадамбын хийдүүд мөн л хүчирхэг хэвээр бөгөөд Шанба, Жижэ, Жод урсгалынхан өөрсдийн гэх сүм хийд үгүй ч гэсэн сургаал дадлагыг нь хүмүүс өргөн хэрэглэсээр байлаа.

Долбубагаас өмнө Жонангийнх ерөнхийдөө Сажагийн урсгалын Цагийн хүрдэнг дагнасан нэгэн хэсэг гэж үзэгддэг байсан бол Долбубагаас хойш Шандон ухааныг гарган танилцуулснаараа бусдаас салангид бие даасан урсгал болохоо ялган харуулсан билээ. 14-р зууны үеэс эхлэн Жонангийн урсгал бусад урсгалуудтай нягт холбоог сахихыг эрхэмлэж ирсэн бөгөөд баримталдаг үзэл хийгээд бясалгалын аргуудаа өвөрмөц хэвээр нь хадгалан үлджээ.

Жонангийн урсгалыг дэгжин дэвжиж эхлэх үед Үй, Зан аймагт нэгэн урсгал газар авч эхэлсэн нь Гэлүг гэдэг Зонхов Лувсан Дагвын үндэслэсэн урсгал байв. Зонхов цагтаа тэр үеийн бүх том урсгалуудаас суралцсаар аль нэг талыг барьдаггүй маш том римэ багш явсан ажээ. Тэрбээр өөрийн цаг үедээ хэрэгтэй гэж үзсэн өөрчлөлт шинэчлэлийг гайхамшигтай өрнүүлж, засах ёстой ёс суртахууны болон үзэл бодлын алдааг засан тохинуулах авьяастай нэгэн байжээ.

Зонховын нэг гол багш бол Сажагийн мастер Рэндава Шонну Лодой байлаа. Рэндава анх Шандон үзлийг Нябон Гунгаагийн удирдлаган дор сурсан боловч, дараа нь Долбубагийн санаанд их л шүүмжлэлтэй хандах болсон байв. Тэрбээр Шандон үзлийг Цагийн хүрдний ёстой хамтад нь үнэ цэнэгүй болгох бодлогыг явуулж "Буддын бус үзэл" гэж тэднийг нэрлэхэд хүрэв. Зонхов хувьдаа Рэндавагийн Цагийн хүрдний шүүмжлэлтэй санаа нийлээгүй хэрнээ түүний онцлон үзсэн *Прасангика Мадъямака* үзлийг туйлын үнэнийг ойлгох шалгарсан үзэл хэмээн дэмжиж байсан юм. Зонхов, Нагаржунайн сургаалыг тайлбарласан Зандрагирдигийн хөрвүүлгийн аугааг үл зөвшөөрөн маргасан шинжтэй маш олон тайлбаруудыг бичсэн байдаг.

Зонховын гүн ухааны үзлийг хүн болгон хүлээн аваагүй ч түүний утгыг тайлбарлах тод томруун айлдвар сургаалд талархах хүмүүс олон байв. Энэ явдлаас хойш удсан ч үгүй Рандон, Шандон болон эсрэг хоёр талд хуваагдсан билээ.

Гүн ухааны энэхүү шинэчлэл дээрээ нэмээд Богд Зонхов Бурханы шашны лам, сахил санваартнуудын ариун явдал, ёс суртахууныг тодорхой тунгалаг тайлбарлан шинээр сэргээн байгуулж, Монголын засаглалын үед олон лам нар архи дарс ууж, эхнэр авах болсныг гол дутагдал мөн гэж үзээд, түүнийг засахын тулд хуврагийн сахил санваарь \винай ёс\ болон Бодьсадвын явдал мөрийн зарчмуудыг дахин судлахыг чухалчлав.

Тэр үед буянтайгаараа нэр хүнд сайтай байсан Пакморду Богд Зонховын шамдлагад ихэд сэтгэл хөдөлж Лхасын захад шинэ хийд бариулахад нь ивээн тэтгээд зогсоогүй Лхаст жил бүр Их ерөөлийн хурал зохиож байх уламжлал бий болгожээ. Шинээр боссон Гандан хийд Богд Зонховын дагалдагч нарын гол төв газар болсон нь тэр билээ.

Богд Зонхов удалгүй олон тооны шавь нарыг Лхасын зүг хурдтай татах болсноор Брайбүн, Сэра гэх хийдүүд ар араасаа байгуулагдав. Хэдэн жил өнгөрөхөд энэ гурван сүм хананыхаа цаана арван-мянга гаруй ламыг багтаасан жижиг хотын дайтай болон хувирч Богд Зонховыг дагалдагчид "Буянтнууд" буюу Гэлүг хэмээн нэрлэгдэх болсон ажгуу. Тэдний урсгал Их хөлгөний судруудад голчлон түшиглэн онолын талыг барьснаар дандарын бясалгалыг зөвхөн хорин таваас дээш жилийн уйгагүй сургалтыг дүүргэсэн хүмүүст л дадуулахыг зөвшөөрч байжээ.

ДОЛБУБАГИЙН ТААЛЛЫН АРВАН ДӨРВӨН ШАВЬ

Богд Зонховын сургаал өргөжин дэлгэрч байх зуурт Долбубагийн үзлийг хамгаалан дэлгэрүүлэх хариуцлага түүний арван дөрвөн зүрхэн шавийн нуруун дээр үүрэгдсэн гэж хэлж болно. Нарны цацраг цацрах мэт тэдгээр шавь нар Жонангийн зүрхнээс тал тал тийшээ цацран гарч Үй, Зан орчмын олон сүм хийдүүдэд таран сууцгаажээ. Тэд бүгд Очирт Зургаан Йогаар дадуулан гэгээрлийн өндөр түвшинд хүрсэн байсан тул зөвхөн үзлээ хамгаалаад зогсолгүй, мөн өөрсдийн хүрсэн түвшинг батлан харуулах гялалзсан жишээ болж явжээ.

1. **Гүнбэн Чадраа Бал**: Жонангийн Их Суваргыг гүйцээснээс хойш Чадраа Бал ганцаарчилсан бясалгалд голлон анхаарахаар шийдэв. Гэвч түүний аглагт хийсэн бясалгал удаан үргэлжилж чадсангүй Тонба Еэшэйн урилгаар шашны сургуульд туслахаар Чойсан хийдэд уригдав. Урилгыг хүлээн авсан тэрбээр олон төрлөөр номлол айлдан Цагийн хүрдний тайлбарыг дөрвөн ч удаа номлосон гэдэг. Багшлаагүй үеэ бясалгалд

зориулахыг хичээж, Амтиба бурханы Сухаваадын орон зэрэг олон газрыг үзэж бясалгалын өндөр зэрэгт хүрсэн байна. Эрчимтэй бясалгалынхаа хүчээр тэр шидийг бүтээлийг олсны дотор хүссэн дүрээр харагдах чадвартай болсон гэдэг билээ.

Долбубагийн оронд тэр Хятад руу очин увдис шидийг үзүүлэн, долоон сарын турш Эзэн хаанд ном зааж байжээ. Тэр Долбубагийн амьдралын түүхийг тоочин хүүрнэж, түүнийг чандарласны дараа олсон ясаар урласан нандин шүтээнийг эзэн хаанд өгч байжээ. Тэгээд Чойсанд гэртээ буцаж ирэх замдаа олонтаа саатан зогсож Цагийн хүрдний тайлбарыг номлон явдаг байсан байна.

Чадраа Бал наян-нэгэн настайдаа Палтэн хийдэд ном айлдаач гэсэн урилгыг хүлээн авсан байв. Далдыг харах увдисынхаа хүчээр энэ аялал түүнд аюултай болохыг мэдсэн хэрнээ урилгыг хүлээн авчээ. Тэгээд замд гарч нутгийн дайнч ноён Жамба Сидди гэгчийн бүлгийнхний дайралтад өртөн хутгалуулж насан өөд болсон билээ. Түүний цогцсыг номын ах дүү нар болох Мати Банчэн, Чоглэ Намжал нар чандарлан оршуулсан гэдэг.

2. **Лозава Лодой Бал:** Лодой Балыг дөчин-нэгэн настай байхад нь Долбуба түүнд ариун тахилын хэрэгсэл сэлтийг өгч өөрийн залгамжлагчаар Жонангийн тэргүүн суудалд залжээ. Дараачийн арван-таван жилийн турш Их Суйраганд зориулсан чимэглэл зэргийг бариулах ажлыг удирдсаны дотор арван-зургаан архадын хөшөө, гол танхимын гучин-хоёр урт багана хийгээд тавцангийн наян богино багана зэрэг багтана. Түүний зүтгэлийн хүчээр Жонан, Их Суварга хоёр тэр үед машид өнгөлөг гялалзаж байсан гэдэг. Түүнийг насан өөд болоход чандарлах үйл явцад тэнгэрт солонго дүүрээд газар доргих гэх мэтийн олон гайхамшигт шинж тэмдэг үзэгдсэн ажээ.

3. **Сабзан Мати Банчэн:** Долбубагийн өргөн мэдлэгийн төгс дамжуулгыг хүртсэн цагаас эхлэн Мати Банчэн алдартай эрдэмтэн-егүзэр болжээ. 1337 онд түүнийг Гандан хийдэд урихад тэнд жилийг өнгөрөөхдөө *Хиргүй гэрэл* судрын тайлбарыг айлдсан байна. Онцгой сэтгэгдэл төрсөн Дава Жанцан түүнд бүхэл хийдийг эзэмших санал болгосон цагаас Сабзан Мати Банчэн гэдэг нэрийг олсон ажээ. Тэрбээр үлдсэн амьдралаа Нартан, Нагбуг, Жалу, Ралон, Нянтон, Сажа болон Санпу зэрэг хийдүүдэд олон номлолыг айлдан явж өнгөрөөсөн байна. Түүнийг багаар бодоход дөрвөн-зуун шавь байнга хүрээлэн байдаг байсан гэж ярьдаг.

4. **Шандон Жалво Сонам Дагвал:** Сонам Дагвал амьдралынхаа хорин найман жилийг Долбубагийн дэргэд өнгөрүүлжээ. Жаран-дөрөвтэй байхад нь Ханчэн Лхаван түүнд Палтэн дахь дөрвөн ч хийдийг санал болгож байсны нэгэнд тэр Долбуба багшийхаа жинхэнэ биеийн хэмжээтэй алтан хөшөөг босгосон байна. Чадраа Балыг хөшөөг аравнайлах үеэр тэнгэрийг

солонго бүрхэн цэцгэн хур орох гэх мэт олон сайхан шинж үзэгдсэн байна. Түүнээс хойш арван-таван жилийн турш зун болгон Сонам Дагвал *Бодьсадвын Гурван Эрхэмийг* номлох болсон ба үлдсэн цагийг ном судар бичих, бясалгах зэрэгт зориулдаг байжээ. Түүнийг сонсох, санах, бясалгах оюунаа төгөлдөржүүлсэн нэгэн байсан гэдэг билээ.

5. **Жонан Чоглэ Намжал:** Намрингийн хийдэд Цагийн хүрдний номлол айлдсаных нь дараагаар Чоглэ Намжалыг тэд хамба ламаараа өргөмжлөх санал гаргажээ. Лозова Лодой Балын насан өөд болсны дараагаар Долбуба түүнээс орыг нь эзлэхийг Чоглэ Намжалаас хүссэн байв. Тэгээд дөрвөн жилийн турш тэр Намрин, Жонан хоёрыг хоёуланг нь зэрэг удирдах болов. Хэвлэлийн шинэ чулуун бар аравнайлах үеэр Чогжалваг будаа цацсанд зан үйлд оролцсон Жонангийн хийдийн лам нар шидээр Намрингийн хийдэд оччихсон байсан гэх яриа байдаг.

Долбубагийн зөвшөөрөлтэйгөөр хоёр хийдийн ажлаас чөлөөлөгдсөнийхөө дараагаар тэр Сэ Гарчун хэмээх гацаанд хатуужил, бясалгалд орон сууужээ. Тэрбээр Долбуба багшийгаа насан өөд болсны дараа л Жонангийн суудлыг дахин авсан гэдэг. Ингээд арван-таван жилийн турш Цагийн хүрдний дэлгэрэнгүй тайлбарыг олонтаа номлосон билээ.

Далан-хоёр настайдаа Чоглэ Намжал Лхас болон төв Төвөдийн нутгаар аялан явж Цагийн хүрдний сургаалыг олон хүнд заажээ. Зан аймагт буцаж ирснийхээ дараагаар Сэ Гарчун дахь гацаандаа дахин бясалгах болжээ. Түүнийг гацаандаа очихоор буцан явах үед Чадраа Балыг хөнөөсөн нөгөө дайнч ноёны дайралтад мөн өртсөн гэсэн яриа байдаг. Чогжалвагийн далдыг мэдэх увдис нь л түүнийг аварсан бөгөөд 1386 онд насан өөд болох хүртлээ Сэ Гарчун гацаанд амьдарсан билээ.

6. **Цэчэн Нябон Гунгаа Бал:** Тэр тавин-зургаа хүртлээ Долбубагийн дэргэд амьдрахдаа мэргэн багш болон түүний сайн шавь нараас ялангуяа Чоглэ Намжалаас олон дэлгэрэнгүй номлолыг хүртсэн гэдэг. Нябон Сажагийн хийдэд уригдан очоод байхдаа олон жилийн турш Шандон үзэл, Цагийн хүрдний дандарын сургаалыг айлдсан гэдэг бөгөөд чухам энэ үед Рэндава энэ агуу багшаас гол увдис заав_арчилгаануудыг дамжуулж авсан байж таарах билээ.

1366 онд Нябон, Нянг Хөндийд Цэчэн хийдийг байгуулжээ. Тэрбээр тэндээ насны эцэс хүртэл амьдран гүн ухаан, танин мэдэхүйн онол, Цагийн хүрдний агуу тайлбар зэргийг тасралтгүй номлон өнгөрөөсөн ажээ. Сүүлдээ Цэчэнгийн хийдэд зургаан-зуу гаруй лам шавилан суух болсноор Үй, Зан орчимд Жонангийн хамгийн том хийд болон хувирсан байна. Мати Банчэн хийд баригдсаны дараагаар ариун тахилын хэрэгсэл сэлтийг аравнайлахад нь Нябонд туслахаар Цэчэнд очиж байсан гэсэн яриа мөн байдаг. Нябон Гунгаа ерэн-таван насандаа нирваан дүрийг үзүүлэн гэгээн гэрлийн туяанд найман хоногоор саатан байж оджээ.

7. **Чойжэ Ринчен Цүлтэм:** Ринцүлва тавин-найман настайдаа Үй аймаг дахь Толун Намжал хийдэд уригдан очиж суухдаа Цагийн хүрдний дэлгэрэнгүй тайлбар болон бусад олон ном судрыг айлджээ. Тэрбээр Майдар Бурханы том хөшөөг бүтээж Мати Банчэнг аравнайлуулах ёсолдоо урьж байжээ.

Тэндээсээ тэр Гунтан хийдэд очин Очирт Зургаан Йогийн зааварчилгааг өгч, тэр үеэрээ таван хоногийн турш мэтгэлцээнд оролцон, учирсан болгоноо ялж байсан гэдэг. Тэнд байсан лам нар түүнд ихэд бишрэн сүсэглэж аугаа егүзэр-эрдэмтэн гэдгийг нь хүлээн зөвшөөрсөн байна. Насныхаа төгсгөл үед Толун Намжал хийддээ буцан ирж *Бодьсадвын Гурван Эрхэмийг* номлон гурван жилийг үдэв. Мөн тэр цагтаа *Хоёр Чуулганыг Арвижуулах Зам* \Цогни Ламжуг\ гэдэг нэртэй маш том хоёр тайлбарыг зохиосон билээ.

8. **Манчу Гава Лодой Жанцан:** Тэр Чоглэ Намжялын ойрын шавь байсан бөгөөд түүнээс Гухясамажа, Чакрасамбара гэх мэт олон өөр урсгалын сургаал номын дамжуулгыг хүртэж байжээ. 1358 онд тэрбээр Чогжалвагийн туслах маягаар Үй аймаг руу аялан явсан байна. Буцаж Зан аймагтаа ирсний дараа Лодой Жанцанд Манчу дахь жижиг эдлэнг санал болгосон багшийхаа үгийг даган яаралтай бясалгалд орон хөл хорьжээ.

Нэгэн удаагийн эрчимт бясалгалынхаа үеэр тэр Майдар Бурханыг гэрэлт цагаан арслан унаад давхиж явахыг харсан байна. Түүнийг арван-зургаан архад тойрон хүрээлсэн байх ба *Майдарын Гэгээний Таван Номыг* хүүрнэн явцгаана гэнэ. Маргааш өглөө нь Лодой Жанцан сэрээд цан хэнгэрэгний дуу гарахыг сонсон аугаа Мати Банчэн цагаан сарлаг зайдлаад арван зургаан ламаа дагуулан ирэхийг үзэв. Манчу Гава үүнийг машид бэлэгшээ үзээд Мати Банчэнг Майдар Бурханаас салшгүй нэгэн гэж үзлээ. Тэгээд түүнээс Майдарын Гэгээний Таван Номын айлдварыг хүртэх сайхан боломж гарлаа гэвэл Мати түүнд: "Би чиний зүүдэнд аль хэдийнэ айлдсан болохоор энд дахин давтах хэрэг алга" гэсэн гэдэг. Гэсэн хэдий ч дараа сар хүртэл тэндээ саатан тэнд цугласан мянга гаруй ламд дэлгэрэнгүй сургаал айлдахыг зөвшөөрсөн байна.

Бас нэгэн тохиолдолд Дамба Сонам Жанцан лам, Үй аймаг дахь Ниэтан хийдэд ном айлдахаар иржээ. Тэнд туйлын үнэнийг юу ч үгүй хоосон хэмээн итгэдэг Рандон үзлийг дэмжигчид олон байлаа. Манчу Кава тэдгээр лам нартай долоо хоног мэтгэлцээд эх сударт заасан болон шалтгааныг тайлбарласан аль алинаар гүнзгий сэтгэгдэл төрүүлж чадсан байв. Дамба ламтай хийсэн мэтгэлцээний төгсгөлд бусад лам нар Манчуг ихэд бишрэн элбэг арвин тахил, хүндэтгэлийг үзүүлсэн гэдэг билээ.

Манчу Гава Бабрим, Дригун гэх мэт Үй аймаг дахь олон хийдүүдэд ном айлдаж байжээ. Цагийн хүрдний сургаал болон өөр олон номыг айлдсаныхаа дараагаар Манчу гацаандаа эргэн ирж бясалгалдаа дахин оров. Тэгээд өөрийн багш Чоглэ Намжалыг Нетанд ирээд байна гэдэг сураг дуулан яаран очиж энэ удаа түүнийг Буддын гүн ухааны гүнзгий сургаалуудаа айлдуулахаар зөвшөөрүүлж чадсан гэдэг билээ.

9. **Танбо Чунва Лодой Бал:** Ринчен Цүлтэмийг насан өөд болсны дараагаар Танбо Чунва, Толун Намжал хийдийн хамбын суудлыг эзлэв. Тэрбээр олон жилийн турш олон номын айлдвар хийхдээ Цагийн хүрдний сургаалыг онцлон үздэг байсан байна. Тэгээд насан хутгийг олох үедээ тэгш агуулахуйн байдалд шингэсэнд цогцос нь муудалгүй гэгээн гэрлийн туяанд дөчин-есөн хоног саатсан гэдэг билээ.

10. **Гарунва Лха и Жанцан:** Долбубагийн болон түүний шавь нарын дэлгэрэнгүй сургаалыг дагасан Лхаи Жанцан Гарун хийдийн хамба болно уу гэсэн хүсэлтийг хүлээн авчээ. Тэрбээр тасралтгүй олон жил ном сургаал айлдахдаа өөрийн суралцсан олон шашны урсгалын сургаалуудыг хамтруулсан өргөн мэдлэгээ ашиглаж байжээ. Тэгээд Хэнпо Жанчүв Санбогийн хүсэлтээр Найчэн Намхай Зод хийдэд шавилан сууж тэндээ олон жил болохдоо олон ариун шүтээнийг бүтээж, олон сүмийг өргөжүүлэх ажлыг гүйцэтгэж номоо айлдан явжээ. Тэр Очирт Зургаан Йогийн алхам бүрийг заасан тайлбар зохиосон нь *Эхлэл, Явц ба Төгсгөл* гэсэн нэртэй ажээ.

11. **Танбочэ Гунгаа Жобум:** Дөчин-найман настайдаа Танбочэ Танаг хийдэд айлчлан очиж тэндхийн хамба болоод зургаан жилийн турш Цагийн хүрдний сургаалыг айлдсан байна. Дараа нь Ярлун аймагт нүүн суурьшиж дахин өөр хийдэд *Хиргүй гэрэл* судрыг үргэлжлүүлэн айлдсаар далан-хоёр насандаа нирваан дүрийг олсон байна.

12. **Чойжэ Пунцаг Бал:** Долбубагаас бүтэн сахил хүртсэн Пунцаг Бал Үй аймаг дахь Санпу хийдэд Цагийн хүрдэн, Очирт Зургаан Йогийг заалгахаар уригджээ. Дараа нь тэр Бабрим хийдэд залагдан Цагийн хүрдний илүү дэлгэрэнгүй номлолыг айлдахын хамтаар *Туйлын Үнэний Утгын Судруудад* үзүүлсэн Шандон үзлийг мөн номложээ.

Пунцаг Бал Лхас орж *Оюун судлахуй* \Ложон\ хэмээх судрыг айлдах үедээ Сэра, Брайбүн хийдүүдээр орох боломцоо олжээ. Тэнд үгүйсгэх үзлийг баримталсан зуу зуун рандон лам нартай мэтгэлцээд эцэст нь бурханы Номыг асар ихээр тодруулан таниулснаар оролцсон хүмүүсийн гүн хүндэтгэлийг хүлээх болсон гэдэг.

Дараа нь удалгүй Лхасаас хойшоо Пэнюль аймагт Калапа нэртэй бясалгалын төвийг нээжээ. Өөрийн бясалгалын төвдөө тэр *Бодьсадвын Гурван Эрхэмийг* чадвар хязгаартай хүмүүст номлож, *Очирт Зургаан Йогийг* илүүд чадавхитай хүмүүст зориулж номлодог байв. Насан өөд болохдоо гэгээн гэрлийн туянд долоо хоногоор саатан олон бэлгэ шинжийг үзүүлсэн гэдэг билээ.

13. **Цалминба Сонам Санбо:** Долбубаг насан өөд болсны дараа Сонам Санбо тэр үеийн цагийг эзэлсэн их багш нараас ном хүртэх болжээ. Тийм ч учраас Нябоны олон шавь нараас хамгийн их гялалзсан шавьд тооцогддог болсон аж. Тэр мөн Мати Банчэн, Чоглэ Намжал, Будон Ринчэн Бал, Дамба Сонам Жанцан, Жалцэ Тогмэ Санбо нараас ном хүртсэн гэдэг.

Тавин-гурван насандаа Сонам Санбо Хам аймаг дахь Миняг хошууны Лхаган Хийдэд уригдав. Энэ хийд Долбубагийн шавь Лодой Дагва буюу мөн Жамба Гавочэ нэрээр алдаршсан ламын байгуулсан хийд байсан юм. Долбуба түүнийг Балдан Лхамын хувилгаан дүртэй учрах ба тэр түүнд илжиг өргөх болно гэж зөгнөсөн байжээ. Тэгээд илжгийг даган явж эцэстээ унтахаар хэвтэхдээ номын лавайг үлээн хийдийн шав тавих газрыг зааж өгнө үү гэж Долбубад залбирч мөргөөд унтах учиртай байв. Энэ зөгнөлийн дагуу Нэдонги Чойжи Хийд байгуулагдсан түүхтэй. Тэр цагт Лодой Дагва тэр хавьд мөн өөр олон хийдийг байгуулсан гэдэг. Сонам Санбо Хам аймагт нийтдээ арван-нэгэн жил Цагийн хүрдний тайлбарыг номлосон байна.

Жаран-гурван нас зооглоод байхад нь Гарма Чойпэл Санбо түүнд Цалмингийн хийдийг санал болгосон цагаас эхлэн тэрбээр Гаржудвийн урсгалын чухал багш болон хувирсан байна. Өөрийн хувиршгүй римэ үзлээр Сонам Санбо 15-р зууны үеийн олон нэрт эрдэмтэн лам нарын багш болсон билээ. Түүний дотор Сажагийн Рандон Шижа Гунриг, Зургадугаар Гармава Тонва Тондэн багтдаг ажээ. Тэр өөрийн сайхан сэтгэлээр бүгдэд хайрлагдан хүндлэгдэж байсаар насны эцэст хүрсэн байна. Тэгээд өвчтэй байсан ч ялгаагүй номоо айлдсаар ерэн-хоёр хүртлээ \нас барахаас нэг жилийн өмнө\ Цагийн хүрдний сургаалыг айлдсаар байжээ.

14. **Дригүн Лозава Манэгшри:** Дригүн Лозава Долбубатай насан эцэслэхээсээ өмнөхөн Үй, Зан аймгуудаар аялж явахад нь дайралджээ. Долбубатай богинохон хугацааг хамтдаа өнгөрүүлэхдээ Очирт Зургаан Йогийн дэлгэрэнгүй сургаалыг хүртсэн байна. Нас барсных нь дараа хүмүүс түүнийг адгуус амьтантай ярилцаж байхыг нь үзсэн гэх Драггар Чойтэнд бясалгал нямбанд суусан байна. Энэ явдлаас хойш түүнийг бишрэх шавь нарын тоо олшрон гурван жил өнгөрөхөд олон шилдэг шавь нарыг хэдийнэ төрүүлсэн байжээ.

Өөр нэгэн тохиолдолд Дригүн Лозава, Сэнгэцэ-гийн удирдагч болон өөр гурван зуун ламд До урсгалын журмын дагуу Дүйнхорын ван хүртээнэ үү гэсэн хүсэлтийг гүйцэтгэж байх зуурт тэнгэр солонгын олон өнгөөр бүрхээд зогсохгүй түүнийг өөрийг нь хонх очир хоёр цээжиндээ зөрүүлэн бариад агаарт дээр хөвөн байхыг харцгаасан гэдэг.

Нябон Гунгаа Бал тэгэхэд нь түүнийг Цэчэнгийн хийдэд урин тэд хамтдаа Ном хаялцан таван хоногоор суусан гэдэг билээ. Үүний дараагаар тэр Жянцэгийн удирдагчид сургаал айлдахаар тийш хөдөлсөн мэдээ бий. Тэнд сар болох хугацаандаа тэрбээр Долбубагийн үзлийг хамгаалан хорин-таван эрдэмтэнтэй мэтгэлцээн хийж Шандон ухааныг итгүүлэн бишрүүлж чадсан гэдэг.

Олон жил хол байж сая Жонанд буцан ирээд тэндхийн лам нарт ном айлдах болов. Долбубагийн Их Суваргыг анх үзээд Дригүн Лозава нулимс унаган баярласан нь мэргэн багшаа хайрлах түүний хайр ийм агуу байсан ажгуу. Далан-тав хүрэх үедээ тэр ихэнх зан үйлийг үйлдэхэд амаргүй болсон тул голдуу бясалган суух болсон байна. Харин *Бодьсадвын Гурван Эрхмийг* номлохоо болихоос татгалзан үргэлжлүүлэн байсаар хэдэн жилийн хойно насан өөд болсон гэдэг билээ.

Эдгээр агуу багш нарын хэмжээлшгүй хичээл зүтгэлээр Жонангийн сургаал Үй, Зан аймгуудад амжилттай дэлгэрсэн билээ. Долбубагийн Шандон үзлийн бүтээлүүдээс гадна түүний Арван дөрвөн тааллын шавь нарын бичсэн тоогүй олон бүтээл тайлбарууд бидний ойлгохгүй олон юмыг тодорхой болгож өгсөн юм. Үүнээс цаашлаад туйлын үнэнийг үзэх Шандон үзэл аажимдаа одоогийн оршин буй ихэнх шашны хүрээлэнгүүдийн баримтлах гол үзэл болон хувирсан ажгуу.

ЗҮҮН ЗҮГ РҮҮ ТЭЛСЭН НЬ

Долбубагийн нөлөө Үй, Зангаар зогссонгүй. Өмнөх бүлэгт дурдсанаар Жонангаас гарч Хам, Амдо аймгийн хилийг даван **Жамба Гавочэ** морилоод ном айлдаж олон сүм хийд, бясалгалын төвүүдийг байгуулсан билээ. Түүний жинхэнэ нэр нь Хам аймгийн Миняг хошуунаас гаралтайгаараа Миняг Лодой гэдэг бөгөөд анх Долбубагийн номлолыг сонсохоор ирээд буцалгүй зургаан жил болсон ажээ. Тэгээд буцах замдаа Амдо, Хам аймгийн нутгаар ном айлдан явахад тэндхийн ихэнх сүм хийд өөр урсгалуудад уусан орсон байх хэдий ч Лодой Дагва Шандон үзлийг тэдэнд аваачсан хүн яах аргагүй мөн юм.

Дараагийн ийм аянг 1425 онд Жонангийн мастер **Раднашир** хийж, Замтанд Чойжэ Хийдийг барьснаар эхэлжээ. Амдо аймгийн Жялрон гэдэг газарт төрсөн Ринчен Бал \анх ийм нэртэй байв\ маш багаасаа ном үзэж эхлэн шинэхэн сахил хүртсэнийхээ дараа олон янзын номыг заалган явсаар баруун тийш аялж Зан аймагт ирээд цагийг эзлэсэн томоохон багш нараар тарнийн болон судрын ёсыг заалгасны дотор Мати Банчэн, Жонанва Чоглэ Намжал, Цэчин Нябон Гунга, Принлэй Самбуу, Жанчув Сэнгэ, Жанчив Цэмо нарын багш нар байлаа. Эдгээр олон том лам нарын ивээл дор Шандон үзлийг баримталсан алдартай лам болон өслөө.

Зан аймагт арван-хоёр жилийг өнгөрөөгөөд Долбубагийн зөгнөн хэлснийг даган зүүн зүг рүү буцах цаг боллоо хэмээн Чоглэ Намжял түүнд хэлэх үед Жамба Гавочэгийн Лхаган хийдийг байгуулсантай төстэй байдлаар Ратнашир илжигний нуруунд номын лавай, суварга зэргийг богцлон Хам аймаг, Амдогоор дамжин зүүн зүг рүү хөдөлжээ. Илжиг цааш алхахаа болиод хэвтээд өгөх хийгээд дунгийн хальс дүнгэнэн дуугарах үе хийдийн шав тавих газрын дохио болон яг таг зааж хэлэх учиртай байлаа. Ратнаширд багшийгаа орхин явах хүнд байсан боловч тэрбээр Чоглэ Намжялын үгийг даган аян замд морджээ.

Дээд Төвөдөөр дамжин Хам орохдоо Ари, Амдо-г өнгөрч өмнө талаас нь орж очив. Замдаа тэр Ари Чойзон мэтийн хэдэн сүмийн суурийг тавьсан хэдий ч зөгнөлт сүмийн шавыг Замтангийн хөндий орж байж тавих учиртай байсанжээ. Ратнашир тэр үед Манзушрийн судраас уншин явж байгаад номын лавай хангинан дуугарах тэр мөчид "Энэ бол Номын ялалтын дарцгийг хийсгэхэд гайхамшигтай газар мөн" гэсэн мөрийг уншиж таарсан байна.

Ратнашир сүмээ босгож эхлэх явцдаа Бон урсгалынхан мөн тэр хөндийг эзэгнэн буйг анзаарчээ. Тэр үед яг хэрхэн болсныг мэдэх аргагүй ч Ратнашир тэдэнд гутал бэлэг болгон илгээсэнд Бонгийхан хариу суудлын цагаан олбог ирүүлснээр Бон урсгал тэндээс нүүж харин Жонангийнхан Замтанд хийдээ босгох болсон түүх энэ гэнэ. Чойжэ ламын хийд ийнхүү амжилттай босоод дорхноо эрдэмтэн бясалгагч нарын их хөлийн газар болон хувирсан билээ.

Замтан нутаг Үй, Зан аймгуудын захирагч Пакмордугийн бус Хятадын Мин улсын хамгаалалт дор байсныг хэлэх хэрэгтэй. Зүй ёсоор уг газар Хам аймгийн нэгээхэн хэсэг гэж тооцогддог боловч Гармаваг Хятадын Эзэн хаантай ойрын сүлбээтэй байснаас болоод хятад улс төр, цэрэг зэвсгийн тусламж үзүүлэх зорилгоор цэргээ оруулсан байсан ажээ. Энэ нь Хам аймгийг эрх булаалдсан тэмцлийн хөлөөс зайдуу алслагдсан байсныг харуулдаг бөгөөд хожим Жонангийн урсгалд зориулагдахаар хадгалагдан үлдээ юү гэлтэй.

Ратнаширийн чадварлаг зохион байгуулалт дор Чойжэ хийд хурдтайгаар хөгжиж хол ойроос ирж суух лам нарыг багтааж дийлэхээ болиод өргөтгөн томруулах шаардлага гарч ирэв. 1462 онд Газэба Ринчен Балын ойрын шавь **Ринчен Дагва** \санск.Ратнагирди\ Цэчу хийдийг үндэслэн Ратнаширийн удирдлаган дор Цэчу тэр орчиндоо Жонангийн хоёр дахь гол хүрээлэн болон хувирчээ. Хэсэг хугацаа өнгөрөхөд Чойжэ, Цэчу хоёр хийдэд арван-мянга гаруй лам Долбуба болон түүнийг залгамжлагч нарын сургаалыг судлан суух болсон гэдэг билээ.

Ратнаширийн эхний хойд дүрээр **Ринчен Самбуу** тодорсон нь Жялрон аймгийн Зашод гэдэг газарт төрөөд Цагийн хүрдний уламжлалыг баригч их багш болон өсөж Чойжэ хийдэд Ратнаширийн залгамжлагчаар томилогдон Чойжэ Жалва Сан гэдэг нэртэй болов. Тэрбээр олон лам нарыг сургаж бэлтгээд ойр хавийн газруудаар явуулан салбар хийдүүдийг босгуулснаараа түүхэнд алдаршсан бөгөөд Жялрон аймагт л гэхэд зуун-найман Жонангийн хийд боссон байлаа.

Жалва өөрөө, өөрийн төрсөн Зашод хошуунд гэхэд таван хийдийг байгуулсан ба тэнд насныхаа эцсийг хүртэл бясалган суусан гэдэг.

Жалва Санг насан өөд болсны дараагаар Төвөдийн алдарт Сронзан Гомбо хааны удам угсааны гэр бүлд нэгэн хүү төрснийг **Балжор Санбо** хэмээн нэрлэв. Хүү маш багаасаа дандарын сургаалаар хичээллэж Раднасамбава гэх мэт ядмуудыг үзэх болжээ. Тэр арван настайдаа Цэчу хийдэд шинэхэн сахил хүртсэн бөгөөд Ратнагирди түүнийг Чойжэ Сангийн хойд дүр болохыг тодруулав. Хэсэг хугацааны дараа Чойжэ хийдийн залгамжлагчаар өргөмжлөгдлөө.

Чойжэ Балжор Санбо бүхий л амьдралаа олон багш нарын удирдлага дор Цагийн хүрдний ёсыг судлахад зарцуулсан билээ. Хорин-гурван настайдаа төгс мэдлэгтэй их багш болж, *Хиргүй гэрэл* судрыг өдөртөө нэг удаа эхнээс нь дуустал уншдаг болсон байв. Номоо судлан олон газраар явж, эзгүй агуйд өчнөөн бясалган суусныхаа хүчээр хадан дээр мөрөө гаргах мэтийн олон увдисыг эзэмшив. Нэгэн удаа дайн гардгийн даваанд тулаад байх үед тэнгэрт арслан унасан дүрд өөрийгөө хувилган дайныг зогсооснос нь хойш Арслангийн Хаан Жалва Санжай гэдэг нэрийг авсан гэдэг билээ.

Түүний их амжилт нутаг даяар цуурайтсанаар "Хар малгайт" Гармава, Дэжин Шэгва нарын алдартай шавь нарыг олноор өөртөө татаж чадсан байна. Тавдугаар Гармава Мин улсын Хаан Гонгма Тэмины (Юунлө Мин Тайзун хаан) лам багш байсан боловч дараахан нь Жалва Санжэг ном айлдахаар Бээжинд уригдан очиж хааны ордныхонд дэлгэрэнгүй номлол айлдсанаар Замтан ба Хятадын хааны ордон хоёрын хооронд номын барилдлага тогтсон аж. Энэ барилдлагын тусламжтайгаар Жонангийн урсгал машид хурдтай хөгжиж Амдо, Хам аймгийг сүсэг бишрэлийн жинхэнэ орон болгон хувиргасан дөрвөн-зуу гаруй сүм хийдтэй болсон нь тэр ажгуу.

ҮЛ АЛАГЧЛАХ УХААНЫ ДАЛАЙ

Үй, Зан аймагт тэр үед огт өөр өөрчлөлт явагдаж байжээ. Богд Зонховын дараагийн үе залгамжлагчид болох түүний зүрхэн шавь Жалцав жэ, Хайдүв жэ нарын удирдлагаар Гэлүгвийн сургаал дангаар ноёрхох байдалтай болсон байлаа. Цаг хугацаа өнгөрөх тусам Гандан, Брайбүн, Сэра хийдүүд Зонховын сургаалын орчуулгыг л агуулсан судруудыг судлах болсон байв.

Рандон ба Шандон үзлийг баримтлагч талууд бүр холдож дуу хоолой нь улам чангарах болов.

"Шинэ Сажа" ба "Хуучин Сажа" гэсэн хуваагдал мөн үүсэж Шинэ Сажагийхан Гэлүгвийн рандон үзлийг дэмжин судалгааг бясалгалаас дээрд тавих болсонд Хуучин Сажагийхан өвөг дээдсээсээ уламжилж ирсэн *Зам ба түүний үр \Ламдэ* гэдэг сургаалаа хэвээр баримталдаг дандарын бясалгалагчид байв. Бясалгал-егүзэрийн замнал нь тэднийг Нямава, Гаржуд, Жонангийн урсгалтай илүү ойртуулж байсан юм.

Дараачийн хэдэн зуун жил Гэлүгвийн урсгалынхан хийгээд түүнийг дэмжигчид улам хол салангид болон хувирч харин бусад урсгалууд онол, дадлага хоёрыг адилхан чухалчлан үзсээр байжээ. Тэдгээрийн хоорондын мэтгэлцээнийг бүр ч сонирхохоо больсон Жонангийнх егүзэрийн бясалгалынхаа аргаар дадуулан үйлдэж гүнзгий ухамсарлахуйд хүрэх явдалд голлон анхаарахыг зорьж байсан юм. Жонан Цагийн хүрдний ёсоо дагнасан хэвээр байвч тэдний олон том лам нар өөр урсгалын дамжлагад холбогдох болсон байв. Энэ шалтгаанаар бусад урсгалуудаас мөн хүмүүс Жонанд ихээр шавилан суух болсноор Жонан өөрөө ч мэдэлгүй аль нэг талыг үл барих римэ (non-sectarian) эрдэмтэн лам нарын чуулган болон хувирах нь тэр.

Энэ үеийн нэг томоохон төлөөлөгч бол Цэчин Нябон Гунгаагийн зүрхэн шавь **Дүвчэн Гунгаа Лодой** байсан юм. Уг гарлаараа Зангийн Шарха овгоос гаралтай тэрбээр тавхан настайдаа Долбубагийн дүрийг олонтаа үзэх болж найм хүрэхдээ магад гарахын сэтгэлд хүчтэй автан Сажагийн Лам Дамба Сонам Жанцангаас сахил хүртсэн байна. Сүүлд түүнийг агуу Будон Ринчендүвийн хойд дүр байсныг тодруулсан билээ.

Үүнээс хойш арван-гурван жил Гунгаа Лодой багш Нябон Гунгаагийн ивээл дор ном заалган Чоглэ Намжял түүний залгамжлагч Жалва Жосан нараас мөн ном хүртсэн байна. Нябон Гунгааг хийд байгуулахад Гунгаа Лодой хамтдаа байлцан үргэлжлүүлэн сурсаар 1386 онд Цэчин хийдэд Нябон Гунгаагийн залгамжлагчаар суудал эзлэх боллоо.

Тэгээд бас арван хоёр жил болоход Шарха овог дотор айхавтар будлиан үүссэнд дотоодын энэ дайсагналцаан Гунгаа Лодойд төвөгтэй болж оролцохоос аргагүй байдалд хүргэсэнд тэр хоёр талыг дуудаж Цэчин хийдэд найрамдлын гэрээ байгуулах зорилгоор уулзалт зохион эвлэрүүлжээ. Үүнээс хойш гурван жил хиртэй тайван амгалан байснаа байдал дахин хурцдаж ирсэнд Гунгаа Лодой орчлонгийн амьдралаас үнэнхүү дур гутан уйсах сэтгэл нь улам хүчтэй төрөөд суудлаасаа татгалзан аглаг уулнаа ганцаарчлан хатуужил дияан бясалгалд орон суужээ.

Амьдралынхаа бараг тавин жилийг бясалгалд бүрэн зориулснаар илт мэдлийн маш нарийн түвшинд хүрч чадсан билээ. Түүний гол дадлага Очирт зургаан Йог байсан боловч мөн багшийхаа нэгэн адил олон төрлийн дандарын бясалгалыг дадуулан үйлддэг байснаараа алдартай ажээ. *Тэрбээр Цагийн хүрдний Очирт Йог, Зам мөр ба үр, Гухясамажагийн таван шат, Нигума, Сухасидди, Наропагийн зургаан сургаал* зэргийг бусдад зааж номлон явсан бөгөөд юу ч зааж байсан ялгаагүй зөвхөн мэдээд зогсохгүй дадлага болгон үйлдэж гүнзгий зааварчилгааг дагах ёстой гэдэг дээр машид хатуу анхаардаг байжээ.

Гунгаа Лодойгийн гол шавь нь **Жамъян Гончог Санбо** байсан юм. Зан аймгийн Драгмар гэдэг газарт төрсөн Гончог Санбо Жонангийн хамба Чойпэл Гомбогийн удирдлага дор нэг хэсэг суралцжээ. Гончог Жанчив, Чойжи Лодой нарын бусад багш нараар ч мөн ном заалгасан байв. Мэтгэлцээн хийж ухаанаа хурцлах зорилгоор тэр Сажа, Цэтан, Санпу, Гунтан зэрэг хийдүүдээр хэсэн явдаг байжээ.

Түүнийг Лхас орох үед хоёр үзэгдэл үзэгдсэн нь түүний сэтгэлд гүнзгий мөрөө үлдээсэн байв. Эхнийх нь, түүнийг Шагжамүни Бурханы шүтээн дүрийн өмнө очих үед Номын их эзний зүрхэн тус газраас гэрэл цацран биед нь орж шингэхэд гэнэт гүнзгий бясалгалын байдалд автан үнэний чинагуух мөн чанарыг ухаарсан явдал байв.

Хоёр дахь нь, Жокан сүм дэх Долбубагийн дүрийн өмнө түүнийг очиход баримлын зүрхнээс тоогүй олон Долбуба хувилан гарч орчныг дүүргэснээ буцаад баримлд шингэж ороход тэр амилж Гончог Самбод урьд дуулдаж байгаагүй олон айлдвар зөвлөгөөг өгсөнд эдгээр номлолын хүчээр гайхамшигтай ухамсарлахуй мөн сэтгэлд төрсөн явдал болжээ.

Гончог Санбо олон газраар хэсүүчлэн явахдаа Долбубагийн шавь Цалминва, Нямавагийн хамба Пэма Самбуу, Сажагийн их багш Жамъян Ринчен Жанцан гэх томоохон лам нараас номын айлдвар хүртэж явжээ. Гэвч үндсэн язгуурын багш нь ямагт Цэчингийн Гунгаа Лодой байсан билээ. Түүнээс тэрбээр Дээд ба Доод дандарын сургаалын ван авшиг, заавар дадлагыг далай ихээр хүртэн, Самдин Жонну Дүвээс Шанба урсгалын тусгай зааваруудыг заалган явсаар судар хийгээд тарнийн ёсны томоохон римэ багш нарын нэг болон хувирчээ.

Олон жилийн турш Гончог Санбо энд тэндхийн сүм хийдүүдэд суудал эзэмшин явсаар Жонангийн хийдийн арван-дөрөвдүгээр хамба, Цэчин хийдийн хамба, Самдингийн Бодон хийдийн хамба, Жанцэ дахь Пэлхор Дэчин гэдэг аль нэг талыг үл бариг хийдийн хамбын суудлыг тус тус эзэмшиж явжээ.

Пэлхор Дэчинд нэг удаа бясалгаж суухдаа тэр Шамбалын орны Ригдэн хаадыг үзэн, тэд түүнийг Очирт Зургаан Йогийг зааж эхлэхийг яаруулан байхыг мэдэрчээ. Тэгээд бясалгалаа яаралтай зогсоон гурван-зуун ламд номлолоо айлдсанд гүнзгий бясалгалд умбах, гэгээн гэрлийн туяаг үзэх, асар холыг алдалгүй харах гэх мэтчилэнгийн янз бүрийн шид хүн хүний чадвараас шалтгаалан илэрч байжээ. Энэ номын айлдварт оролцсон болгон өөрчлөгдсөн гэдэг билээ.

Гончог Санбо ийнхүү Жонангийн төдийгүй Сажа, Гаржүдийн Шамба урсгалын дамжлагыг уламжлагч болон үлдсэн бөгөөд түүний олон шавь нараас дөрөв нь Жонангийн урсгалтай илүү холбоотой байсан нь: Сонам Жанцан, Гончог Жанцан, Намхай Чойгон, Чойгон Жанцан нар юм. Үүнээс Очирт Зургаан Йогийн гол залгамжлагч нь Намхай Чойгон байсан юм.

Зан аймгийн Жэй Тонмон гэдэг газарт төрсөн **Намхай Чойгон** бага балчир наснаасаа эхлэн Бурханы номд суралцан Намрин хийдийн хамбын туслах хүртлээ өсчээ. Тэр Цагийн хүрдний болон Очирт Зургаан Йогийн ихэнх номлолыг Үндсэн багш Жамъян Гончиг Самбуугаас дамжуулж авсан ба багшийхаа жолоодлого дор Жонангийн Шандон үзэлд сайтар суралцжээ. Тэр Цэчин хийдэд нэг хэсэгтээ хамба байгаад удалгүй Жонангийн хийдэд суудалтай болов. Хамбын албыг хашиж байхдаа тэр дэлгэрэнгүй номлолыг тогтмол айлдан, Их Суваргыг сэргээн засварлах Дэвачэн, Гуйбуг, Хачо Дэдэн зэрэг бясалгалын төвүүдийн ойр орчинг мөн засах ажлыг эрхлэн явуулсан байдаг.

Намхай Чойгоны залгамжлагч Жонангийн римэ мастер **Горум Гунгаа Лэгва** байжээ. Горумва залуу цагтаа Балун ба Сажагийн хийдүүдэд ном эрдэмд суралцсан бөгөөд *Зам мөр ба үр* гэдэг сургаалаар эрдмээ дадуулан үйлдэж бясалгалын ихээхэн амжилтанд хүрчээ. Тэр Гүнбэн Доринвагаас *Махамудра* болон *Нигумагийн зургаан сургаалын* увдис, зааврыг дамжуулж авснаараа Гаржүдийн Шанба урсалын гол дамжлагыг залгамжлан авчээ. Амьдралынхаа сүүлийн жилүүдэд Намхай Чойгоны ойрын шавь болон *Цагийн хүрдэн, Очирт Зургаан Йогийн* дэлгэрэнгүй сургаалыг заалгаснаар барахгүй Долбуба Шэйрав Жанцаний бүхий л бүтээл сургаалыг Чоглэ Намжялын хийсэн тайлбаруудын хамтаар судлан төгсгөсөн нь түүнийг Шандон үзлийн томоохон төлөөлөгч болон үлдэхэд хүргэсэн гэдэг.

Горумва бясалгалд ихээхэн цагаа зарцуулан төрөл бүрийн ядам бурхадын нигуурыг үзэх ба Гүнбэн Түгжэ Зундуй гэх мэт томоохон мастеруудтай бясалгалын хүчээр уулзан номлол хүртэх болсон нь олонтаа тэмдэглэгдсэн байдаг. Жонангийн хамба болсноосоо хойш дал орчим лам гэлэнмээ нарын гурван жилийн уртын бясалгал, илүү дадлагажсан бясалгагч егүзэр нарын хатуужил бясалгал зэргийг удирдан явуулдаг байжээ. 1528 онд Номын нөхөр Намхай Балсанд халаагаа өгч шираэнээсээ буусан байна.

Банчэн Намхай Балсан бол Намрингийн хийдэд Шанба урсгалын Гунгаа Балдангаар Цагийн хүрдний "*Намжял Дагвын хойд урсгал*" гэдэг сургаалыг заалган боловсорсон бөгөөд Жонанд ирснээсээ хойш Намхай Чойгоны заавар дор Цагийн хүрдний ёсыг судалж, Очирт Зургаан Йогийн бясалгалд ороод далд ухамсрынхаа гүнзгий түвшинд хүрсэн байв. Үүний дараагаар Намхай Балсан Брайбүн хэмээх \Гэлүгвийн яг ийм нэртэй хийд байдагтай бүү андуураарай\ хийдийг байгуулж тэндээ насныхаа эцсийг хүртэл эрэгтэй, эмэгтэй бясалгагч-егүзэр нарт Очирт Зургаан Йогийг заахад бүх цагаа зарцуулсан гэдэг. Намжял Дацанд ламын суудлыг арван-найман жил барих үед нь Жан өвгийн хааныхан гэр бүлээрээ түүнд шавь орсон байжээ. Намхай Балсан Долбубагийн судруудын цуглуулга болон Цагийн хүрдний дэлгэрэнгүй сургаалыг номлоод зогсохгүй Чакрасамбара, Хэважра, Гухясамажа, Важрабайрава, Нигумагийн Зургаан Сургаал, Мажиг Лабдоны Жодын сургаал, Гаадамбын Оюун судлахуй болон бусад олон сургаалыг номлодог байсан ажээ.

Намхай Балсангийн араас Ринчен Самбуу буюу **Лочэн Раднабадра** гэдэг санскрит нэрээрээ илүү алдаршсан илт мэдлийн гүнзгий түвшинд хүрсэн нэгэн лам гарч ирсэн юм. Тэр хэдэн том хийдүүдэд суралцсаныхаа дараагаар Намхай Балсан, Горум Гунгаа Лэгва нарын шавь болж тэдний эрдэнэ мэт мэдлэгийн сангаас хүртээд, дөрвөн жил найман сар Цагийн хүрдний Очирт Зургаан Йогийн хатуу нөхцөлтэй бясалгалд сууснаар илт мэдэлд хүрчээ. Энэ үедээ олон сүм хийдийг байгуулсны дотор Жан аймаг дахь Намрин хийдийн ойролцоо Мэндин хийд гэдгийг байгуулж Шанба урсгалын агуу багш Тантон Жалбогийн Чун Ривочэ хийдийг сэргээн, Догми Лозовад харъяалагддаг Манхар Мугу Лун гэдэг гацааг мөн сэргээн босгосон гавьяатан билээ.

***

15-р зууны сүүлээр Жонангийн хийд Шандон үзэл хийгээд Цагийн хүрдний гол төв болоод зогсоогүй Энэтхэгээс Төвөдөд орж ирсэн *Бясалгалын найман аугаа урсгалын* уулзварын цэг болсон юм. Наланда, Викрамашила нарын нэгэн адил Жонангийн хөндий дандарын егзэрүүдээр давлагаалан тэд цөм дараа дараагаар туйлын үнэний гүнзгий бясалгалаар илт мэдлийг олж байсан гэхэд болно. Энэхүү газар л чухам туйлын үнэний үүрд дурсагдах их мастерууд болох Мэргэн Долбуба, Жэвзүн Дарнат нарын гэгээрлийн тайзыг зассан өлгий нутаг билээ.

Төв Төвөд дэх Хямрал, Зөрчилдөөн

15-р зууны эхэн үе орчим Зан аймгийн Ринпун хэмээх газрыг Төвөдийн өмнөх Хааны шадар түшмэл агсаны үр сад болох Гар Намхай Жанцангийн мэдэлд шилжүүлэн өгчээ. Ринпун эд баялаг эрх мэдэлд умбахын сацуу Үй, Зангийн хооронд тэмцлийн гал дахин дүрэлзлээ. Ринпуны хаант улс өөрийн мэдэлд буй цэргийн хүчиндээ дулдуйдан Зан аймгийн ойролцоох ихэнх эдлэн газруудаар хяналтаа тогтоож эхэлсэн нь Пакмордугийн эзэгнэл рүү шууд довтолсон хэрэг байв.

Ринпун Пакморду хоёрын хооронд тайван байдал ихээхэн тогтвортой хэвээр үлдсэн ч гэлээ Занг эзэлснээр Ринпуны эрх мэдэл асар өсөж харин Пакморду Үй аймаг дахь хэсэгхэн газарт нөлөөгөө хадгалан үлдсэн ажээ. XV зууны сүүл рүү Пакморду гүрний хааны ордон доторх дотоодын будилаанаас болоод тэд эрх мэдлээ сүрхий алдсан нь Ринпунд эзэгнэлийн хаалгыг нээж өгсөнтэй ижил болжээ. Шигацэ дахь төвөөсөө Ринпун Үй, Зан аймгуудыг хянангаа Пакмордуг төрийн толгойд бэлгэдлийн чанартай хадгалсаар байжээ.

Цаашлаад Үй-г улам эзэгнэх гэсэндээ Ринпун Лхас хот руу дөхөв. Ринпуныхан голдуу Зангийн шашны урсгалыг дагагчид байсан тул Гаржүд, Жонан, Сажагийхантай ойр байжээ. Харин Лхасын эргэн тойронд энд тэндгүй байрласан Гэлүгвийн хийдүүд тэдний дайсан Пакмордутай сүлбэлдсэнээс эрх мэдлийг хүсэх замд нь ноцтойгоор заналхийлж байв. Үүний улмаас Ринпуны хаант улсаас Гэлүгвийн лам нарын үйл ажиллагаанд хориг саад тавьж эхлэхээс аргагүйд хүрчээ.

Эхлээд тэднийг Пакмордугийн туслалцаатайгаар Зонховын өөрийнх нь үндэслэсэн Их ерөөлийн зан үйлд оролцохыг хориглолоо. Оронд нь Гаржүд, Сажагийн лам нарыг тэрхүү нүсэр ёслолд оролцуулахаар болгов. Дараа нь Гэлүгвийн лам нарын заншил болсон шар малгайг Гаржүд, Жонан, Сажагийнхантай адил улаанаар солихыг шаардав. Үйлдэл болгон нь Гэлүгвийн ялгаатай талыг дарагдуулан Лхас хотод Гаржүдвийн урсгалын байр суурийг бэхжүүлэх гэсэн зорилготой байлаа.

1506 онд Ринпунва ивээн тэтгэж Гаржүдвийн хийдийг Лхаст бариулсанд бусад хориг саадыг нь тэсвэрлэхэд хүрсэн Гэлүгвийн лам нар тэвчээр нь барагдан уг хийдийг нураан устгажээ. Улс төрийн илэрхий шалтгаанаар хийсэн энэ алхам Гэлүгва, Гаржүд хоёр урсгалын дунд явцуу хуваагдалт дайсагнасан байдлыг хурцатгаж он жил өнгөрөх тусам энэ нь улам эрчимжсэн билээ.

РИМЭ ХӨДӨЛГӨӨНИЙ ЗАМ НЭЭГДСЭН НЬ

Өөр өөр урсгалуудын хооронд байдал эгзэгтэй болохын хажуугаар зарим их багш нар урсгал тус бүрээс авууштай талууд байгаа олж харан ялгаварлал үгүй, явцуу хувaагдлын-бус замаар аль нэг урсгал доторх заншил болсон өвөрмөц зан үйлийг дэмжин өргөж, хэлхээ нь тасрах аюул заналхийлж байгаа буюу мартагдахад хүрээд байгаа урсгалыг хадгалан үлдээх тал дээр мөн нэгэн зэрэг анхаарч эхэлжээ. Эдгээр шинэчлэгч эрдэмтдийн нөлөөгөөр зүүн зүгийн Хам аймагт орших хаант улсууд мөн иймэрхүү төстэй хөдөлгөөн өрнүүлж эхлэв.

Бидний тэмдэглэснээр Жонангийн урсгал онол, дадлага-бясалгал хоёрыг хослуулан байж Бурхан Багшийн сургаалыг бүрэн хэмжээгээр нь хэрэгжүүлэхэд зорьсон байсан учраас Цагийн хүрдний сургаалын гүнзгий ухаанаар тэдний эрдэмтэн лам нар шашин, төрийн аль алинд мөн л римэ үзлээр хандаж ирсэн байна. Тэд аль нэг талыг барих гэхийн оронд бясалгал, дадлагадаа л бүх эрч хүчээ зарцуулахад анхаарч байжээ.

Үүний нэгэн тод жишээ бол Жонангийн их багш **Балдан Гунгаа Долчог** юм. Одоогийн Непаль улсын Мустанг гэдэг газарт төрсөн Гунгаа Долчог Сажагийн сургаалаар сурч хүмүүжин, авга ах Думба Чойжэ Гунгаа Чогдүв гэдэг ламаас шинэхэн сахил хүртэн лам болоод дөрвөн жилийн турш багшийнхаа мэддэг бүхнийг нь заалгуулж авчээ. Ялангуяа *Зам мөр ба үр* судрын авшиг дамжлагыг бүрэн хүртсэн байна.

Арван-дөрвөн настайдаа тэр төрсөн ахынхаа хамтаар хойд Зан аймгаар аялан ном сурахаар яваад Сажагийн их багш Гүнбэн Доринбагаар ном заалгаж мөн Сэрдогчэнд очихдоо Шагжаа Чогдэний шавь Дониддүв \Амгаасид\ гэж мөн нэрлэдэг\ гэдэг ламаар гүн ухаан, танин мэдэхүйн онол заалгуулсан байна. Тэндхийн хийдэд тэр үед улаан бурхан өвчин дэлгэрсэнд Гунгаа Долчогийн ах тэргүүтэй олон лам нар тaалал төгсжээ.

Гашуудалдаа нэрвэгдсэн тэрбээр найман сарын турш бясалгалд хөл хорин сууггаад ном цээжлэн цагийг өнгөрөөж байтал нь Амгаасид лам түүн дээр ирж дэмий зүйлд цаг үрэв хэмээн загнаж судар их үзээд гэгээрэлд хүрэх амаргүй, бурханлаг-чанар, илт мэдэлд хүрье гэвэл бясалгалдаа шамдах ёстой гэж сургаад зохих увдис зааварчилгааг хэлж өгсөнд үлдсэн цагаа үр ашигтай өнгөрүүлэхээр хичээх болсон байна.

Бясалгалаа дуусгаснаас хойш таван жилийн турш Намрин, Ор зэрэг хийдээр явж ном үзэхийн хамтаар *Зам мөр ба Үр* сургаалаа үргэлжлүүлэн судалсаар байв. Тэгээд амжилт гарсны дараагаар Мустангадаа буцан ирж авга ахаасаа энэ удаад бүтэн сахил хүртээд мөн Орын Лхачэг Сэнгэ ламаас олон гүнзгий сургаалын лүнг хүртэв. Удалгүй тэр Бубаг хийдэд шинэхэн хамба болон заларчээ.

Ирэх жил нь ачит багш Думба Чойжэ, эцэг хоёроо зэрэг алдаж гунихарсан Гунгаа Долчог үхэл мөнх бусыг ийнхүү дахин нэг ухаараад хамбын суудлаа орхин тэнүүлчин бадарчны амьдралаар амьдран Мустанг дахь хүнгүй зэлүүд газруудаар голдуу орогнон хаая л Бубагт очиж ном айлдах болов. Гэтэл түүний бас нэг лам насан өөд болсонд хийдийн ажлыг удирдах үүрэг түүнд оногдсоныг ухааран гурван жил хиртэй ажиллахдаа эрчимтэй суралцах боломцоо гарлаа хэмээн сэтгэжээ.

Хорин-долоон настайдаа хойд зүг рүү аялалд гарч энэ удаад Үй аймаг, Лхасын зүг зорив. Замдаа түүнд Цурвугийн нэг сайхан хийдэд суудал эзлэн сууж Гаржүдвийн урсгалын олон номын авшгийг хүртэх аз тохиолдсон байна. Тэгээд Мустанг, Үй хоёрын дунд нааш цааш явж хэдэн жилийг ном үзэх ба сурснаа бясалгах үйлсэд зориулсаар өнгөрөөв.

Түүний сурсан бүх ном судруудын дотроос Шанба Гаржүдвийн урсгалын Чюнбо Налжорыг хамгаас илүүтэй биширч байв. Эдгээр сургаалыг түүнд багш лам Жагом Лэгба Жанцан хайрласан бөгөөд Нигума дагинатай олон удаа нүүр учрах болсноосоо хойш нугаршгүй итгэлээр дээдлэн үзэх болов.

Анх Нигума дагиныг үзэх үед түүнд өөрийн Зургаан Сургаалыг Махамудра, Улаан ба Цагаан Гэчари гэх мэт бясалгалын аргуудын оньс, увдис заавраын хамтаар өгөөд салахдаа дагина: "Одоо чамд өөр авшиг хэрэггүй" гэж хэлсэн гэдэг.

Дараа нь нэг удаа түүний зүүдэнд хоёр эмэгтэй түүнийг Сосалин дахь чандарлах газарт аваачсанд Нигума дагина олон дагинасын дунд Цог өргөх зан үйлийг үйлдэн байснаа түүнд маш их адистидыг хүртээгээд нөгөө хоёр эмэгтэйгээр бараа болгуулан Төвөдөд гэртээ ирэнгүүт сэрчихжээ. Ийнхүү тэр Энэтхэг Төвөдийн олон шидтэнгүүдээс олон номлол, увдис дамжлагыг нэмж хүртсээр байлаа.

Өчнөөн жилийн турш Гунгаа Долчог явсан газар болгондоо *Нигумагийн Зургаан Сургаал, Зам ба Үр* хоёрыг номлосоор явсан бөгөөд Шанбагийн сургаалыг амьдралдаа зуу гаруй удаа номлосон байсан гэдэг. Эцэст нь *Цогт Цагийн хүрдний Очирт Зургаан Йогийн* бясалгалыг анхааран авлага болгох чин хүсэл түүнийг эзэмдэх болсноор энэхүү сургаалыг хэнээс суралцдаг билээ хэмээн төлөг тавьж үзвэл Цагийн хүрдний их багш Лочэн Раднабадраг эрж олох хэрэгтэй гэсэн зөн хүчтэй болсонд тийнхүү шийдлээ.

Жонанд ирээд тэр шаардлагатай ван авшгийг Раднабадрагаас хүртмэгцээ шууд бясалгалд орон суужээ. Тэрбээр Раднабадрагийн шууд заавар дор ухамсарлахуйн гүнзгий түвшиндээ хүрснээр Очирт Йогийг дээдлэн шүтэх болов.

Жонангийн хийд удалгүй шинэ хамба өргөмжлөх хэрэгтэй болсонд Долбубагийн Их Суварганы өмнө тэд ёслол үйлдэн нэр сугалсанд Гунгаа Долчогийн нэр гарч ирж хамбын суудал эзлэх дараачийн хүн болохыг нь тодорхойлжээ. Тэрбээр хорин жилийн турш тасралтгүй ном айлдан, бясалгал нямбанд суух, судар бичих зэрэгт бүхий л цаг заваа зарцуулсан билээ.

Энэ үедээ Гунгаа Долчог амьдралынхаа туршид цуглуулсан өргөн хүрээтэй сургаалуудаа эмхэтгэн *"Долчогийн шимт зааврууд"* хэмээх ганц боть эмхэтгэлээ бүтээсэн байдаг. Ийнхүү бясалгалын агуу найман урсгалын сургаал ингэж нэг дор цогцлон эмхэтгэгдэж Төвөдийн олон урсгалын голт зүрхэн болон тусгагдсан нь энэ ажгуу. Уг судар олон үеийг эзэлсэн үл алагчлах үзлийг баримтлагч их багш нарын үйлсээр баяжин өргөжих тавилантай римэ үзэл хэмээх шинэ утга зохиолын төрөл гарахын эхлэл болсон билээ.

Энэ судрын нэгэн гайхамшигтай өвөрмөц тал нь гэвэл олон өөр урсгалын дамжлагын эрхийг нэг суудал дээр зэрэг хүртэж болох боломжийг олгосон явдал юм. Олон өөр судруудыг цуглуулан шүүж суухын оронд ганц энэ судрын ачаар бүгдэд нь нэвтрэхэд асар хялбар болсноос гадна урьд өмнө хаана ч бичигдэн үлдэж чадаагүй байсан олон өөр увдис зааварчилгаанууд энд багтаж орсон, энэ хоёр ач холбогдлоороо Гунгаа Долчогийн бүтээл шашны олон урсгалуудын дунд бүрэлдэж байсан дайсагналын өмнө онцгой чухал болоод зогссонгүй, зарим нэг уламжлалыг хадгалан авч үлдэж чадсанаараа үнэлж барамгүй гавьяатай билээ.

Босогчид, өглөгийн эзэд болон шашны урсгалын мөргөлдөөн

Гунгаа Долчог амьдралынхаа сүүлчийн жилүүдэд Үй, Зан аймгууд дахь улс орны сүсэг бишрэлийн тогтворт байдлыг зохицуулагч эрх мэдэл дахин нэг удаа холбирохыг үзэх тавилантай байжээ. Тэдгээр аймгийг эзэрхийлэгч Ринпунд дайсан мундсангүйгээс гадна Зан аймгийнхан дээрээ мордсон энэ эзэрхэг гэр бүлийг унагаах ашигтай үеийг хүлээж байжээ.

Ринпуны ноёд Гарма Цэдэн гэгч даруухан төрийн хүнийг Шигацэ дүүргийн захирагч хэмээх стратегийн чухал суудалд томилох мөчид тэдний хүлээсэн тэр боломж гарч ирсэн байна. Гарма Цэдэн Ринпуныг бариц алдуулан эрх мэдэл атгасан даруйдаа төрийн эсрэг босож өөрийн эргэн тойрны нутгуудаар босогчдын далбааг намируулаа. Ийнхүү иргэний дайн эхэлж хэдэн жил цус асгаруулан туалдаад Гарма Цэдэнгийн ялалтаар төгсөж өөрийгөө Дээд Зан аймгийн хаан - Зантон Жалбо хэмээн нэрийдээд Занпа гүрнийг байгуулав.

Урьд нь эрх барьж байсан хаадыг бодвол хаан угсааны хүчирхэг холбоо үгүйн улмаас Гарма Цэдэнгийн хувьд хаанчлалаа зөвшөөрүүлэх нь л хамгаас чухал байсан юм. Тэгээд үүнийгээ гүйцэлдүүлэхээр эхлээд Пакмордугаас Үй аймгийг цэргийн хүчээр байлдан дагуулж, газраа томруулан улмаар Амдогийн дээд Монголтой сүлбээ тогтоон баруун Төвөдийн ихэнх нутгийг эзэллээ. Дараа нь Есдүгээр Гармава, тавдугаар Шамарва нартай багш шавийн барилдлага тогтоон тэднийг багшаа болгон хүндлэл үзүүлээд, дээр нь бас Гарма Гаржүдвийн урсгалыг дэмжигч болохоо нотлон харуулахаар элбэг дэлбэг өргөл барьцыг Жонан, Сажа, Нямавагийн хийдүүдэд өргөжээ.

Энэ үед Лхас хотод Соднам Жамц гэдэг залуу лам Гэлүгвийн урсгалын тэргүүн болон алдаршиж гарав. Богд Зонховын шавь Гэндэндүвийн гуравдугаар хойд дүр болох Соднам Жамц сурсан болгондоо нэвтэрч насандаа баймгүй гайхам оюуныхаа хүчээр хурдан өсөж Брайбүн, Сэра хоёр хийдийн хамба болон залрав. Сүм хийдэд шавилан суугч олон мянган лам хуврагууд ойр хавийн газруудын хүнс, эд идээний хандивт дулдуйдан оршдог байсан тул III дүрийн хувилгаан болсны хувьд Соднам Жамц хөдөө орон нутгуудаар айлчилж, хандив цуглуулах үүрэгтэй байснаас түүний нэр нөлөө ихэд өсөж улмаар тэр үеийн Монголын эзэн хаан болох Алтан хааны сонорт өртжээ.

Ингээд Соднам Жамц Алтан Хааны урилгаар Монголд очин ордон хийгээд ойр хавийн газруудад ном ихээр айлдан явсан бөгөөд энэ айлчлалын үеэр түүнд анх "Далай лам" гэдэг цолыг хайрлажээ. "Далай" гэдэг нь Төвөдийн "жамцо" гэдэг үгийн монгол орчуулга ажээ. Төвөдөд буцаж ирэхдээ Далай лам хойд зүгт Монгол улс гэдэг хүчирхэг хамсаатантай болсон байлаа.

Занпа Хаад энэ үед Гэлүгвийн урсгалыг сүрдүүлэх байдлаа өсгөн Үй, Зан аймагт байр сууриа бататгаж авахыг хичээн, Монгол шиг гадаадын хүчнийхний эсрэг шийдвэртэй тэмцэж байсан Гаржүдвийн урсгалын дэмжлэгт дулдуйдан хэдийнэ хоёр тал болчихоод байсан хуваагдмал үзлийн гал дээр тос нэмсэн хэдэн болчимгүй үйлдлийг хийчихжээ.

Гарма Цэдэнгийн ач хүү Гарма Тэнжоны удирдлагаар Гэлүгвийн нөлөө айхавтар доройтоход хүрэв. Тэдний сүм хийдүүдийг Гаржүдвийн урсгалын шашны төвүүдэд дагаар оруулж газар нутгийг нь Занпа цэргийн хүчээр хураан авчээ. Гол сүм хийдүүдээс хүнсний хэрэглээ нь таслагдсан Сэра, Брайбүн хийдийхэн хоёр-мянга орчим халх монголчуудын хамтаар зэвсэг барин боссон боловч удалгүй нам дарагдаж Занпа хариуд нь сүм хийдүүдийг нь сүйтгэн, лам нарыг нь Лхасын хойд руу цөлж явуулжээ. Гарма Тэжон энэ боломцоог ашиглан Аравдугаар Гармаваг тодруулан Чойжин Доржийг Төвөдийн шашны тэргүүнээр сонголоо.

Энэ дүйвээний үеэр Ра Лозова Дорж Дагийн удмыг залгасан хүү төрсөн нь **Гунгаа Нямбуу** байсан юм. Ра Лозова бол мэтгэлцээнч лам байсан бөгөөд догшин бясалгал, увдис шидийн зан үйлээрээ нэрд гарсан, тайж удамтай нэгэн байв. Төрөөд нэгхэн жил болсныхоо дараагаар хүү урьд төрлөө санах чадвартайгаа илтэд харуулан: "Би Гунгаа Долчог байна" гэж орилсон гэдэг ба түүний хэн болохыг гэрийхэн нь дөрөв хүртэл нь нууцалсан гэдэг билээ. Дараа нь Чойлун Жанцэ хийдэд суух Гунгаа Долчогийн гол шавь Лундэг Жамцын өмнө түүнийг аваачжээ.

Лунриг Жамц аугаа Шандон багш Шагжаа Чогдэний хийд болох Сэрдогчэнд бага боловсрол эзэмшээд ихэнх цагийг хөдөө сэлгүүцэн бөглүү газарт дияан хийхэд зориулан, зүүдэндээ учирсан Очирт дагины бясалгалыг хичээнгүйлэн хийдэг байжээ. Тэрбээр Цагийн хүрдний сургаалыг Жонангийн Гунгаа Долчогоос заалган сүүлд бусад ван авшиг бүрэн дамжлагыг мөн түүнээс хүртсэн байв. Ийм замаар Лунриг Жамц ганц Жонангийн биш Зан аймаг дахь олон өөр урсгалын дамжлага хадгалагч болсон ба Гармава, Сажа Тризин хоёр хоёулаа түүнийг "Номын их сан хөмрөг" хэмээн цоллох болсноор тэдний урсгалын хүндтэй багш хэмээн тооцогдох болсон билээ. Эцэст нь Гунгаа Долчогийн байгуулсан Чойлун Жянцэ хийдэд тэр хамбын суудалд заларсан байна.

Гунгаа Нямбуу хүүг Долби Гомбо хэмээн нэрлэж, Гунгаа Долчогийн дэлгэрэнгүй сургаалыг дамжуулж өгөөд албан ёсоор суудалд нь залсан хүн бол Лунриг Жамц байсан юм. Гунгаа Долчогийн өөр бусад шавь нар болох Жамба Лхундүв, Дорин Гунгаа Жанцан, Дагдан Лхаван Дагва нарын ивээл адислал дор Долби Гомбо судар тарнийн ёсонд эрчимтэй суралцан Сажагийн *Зам ба Үр* судрыг *Махамудрын* увдис заавар, *Нигума ба Наропагийн Зургаан Сургаал* зэрэг бясалгалын аргуудын зааварчилгааны хамтаар бүрэн суралцав. Эдгээр заалгасан эрдмээ бясалгаж эхлээд Долби Гомбо язгуур ухамсарлахуйн гүнзгий түвшиндээ хүрч илт мэдэлд удалгүй хүрсэн ажгуу.

-Жэвзүн Дарнат-
Долбубагийн Шандон үзлийг сэргээгч Жонангийн Агуу Римэ Багш

Гунгаа Долчог өөрийн дүүгийн хүү Гунгаа Балсанг залгамжлагчаараа томилсон байв. Түүнээс Долби Гомбо *Номын Сахиус Зургаан Гарт Махгал*, *Цагийн хүрдний тайлбар* зэргийг хүртсэн байна. Долби Гомбыг номын сав бэлэн болохын үед Лүндэг Жамц өөрөө удирдан шаардлагатай бүх ван авшгийг *Цагийн хүрдний Сургаал болон Очирт Зургаан Йогийн* оньс зааврын хамтаар өвлүүлэн өгснөөр барахгүй Долбубагийн бүтэн сургаалын эмхэтгэл зэргийг дамжуулан өгснөөр Долби Гомбын ухаан хурдтай тэлэн задарч ер бусын олон шидийг үзүүлэх болсон билээ.

16-р зууны сүүл үеэр Хинду, Исламын шашин өргөн дэлгэрснээр Буддын сургаал Энэтхэгт тасрахад хүрчээ. Маш олон дандарын бясалгагчид үлдээд, нууцаар гүрү багшийн заасныг давтсаар хөдөө газраар тархан, олонхи нь нутгаа орхин дүрвэж Бурханы шашин дэлгэрсэн орныг зүглэх болсон нь гайхалтгүй. Ийнхүү Долби Гомбо арван-дөрвөн настайдаа өөрийн Энэтхэг багш Буддагубта-нататай дайралдсан ажгуу.

Буддагубта-ната түүний урьд уулзаж байсан хэнтэй ч адил байсангүй. *Чүлэн* гэдэг бясалгалыг төгс эзэмшсэн гүрү багшид хоол идэх шаардлага байсангүй бөгөөд биеэс нь дулаан аяндаа ялгарах тул Төвөдийн өвлийн тэсгим хүйтэнд ч хувцас өмсөлгүй явах зэрэг түүний үзүүлэх шидийг тоолоод баршгүй. Уулзсан болгоноо шагшуулж явдаг энэ гүрүгээс Долби Гомбо далай их сургаал номыг хүртсэн нь урьд өмнө Төвөдөд хэзээ ч дуулдаж байгаагүй сургаалууд байжээ.

Амьдралынхаа явцад тэр түүнээс өөр олон алдартай Энэтхэг гүрүгээс \ буддист болон буддист бус\ үргэлж суралцсаар байсан бөгөөд тэдэнтэй хамтран урьд Төвөд хэл дээр гарч байгаагүй нэлээд судруудыг орчуулан гаргаж сургаалын утгыг тодруулах тал дээр их амжилт гаргасан байдаг. Долби Гомбыг Энэтхэг гүрүгээс ном хүртсэн бараг хамгийн сүүлчийн Төвөд лам гэж нэрлэж болох билээ.

1588 онд тэр Жонан хийдийн хамба ламд өргөмжлөгдөн Төвөдөөр "Гэтэлгэн чөлөөлөгч" буюу **Жэвзүн Дарнат** гэдэг санскрит нэрээр нэрлэгдэх болжээ. Ийн нэрлэсний учир гэвэл нэг талаар Энэтхэг багштай байсны нөлөө, нөгөө талаар урьд насандаа Энэтхэг шидтэн Нагбуба байсныгаа тод санадаг байсантай холбоотой байлаа. Өөрийн эдгээр дурьдатгал болон Буддагубта-ната багшийнхаа ярианд түшиглэн Дарнат Энэтхэгийн түүхийг маш дэлгэрэнгүй өгүүлсэн бүтээл туурвисан нь үнэн байдалтай яв цав нийцэж байсан төдийгүй өнөө цагийг хүртэл эрдэмтэн мэргэдийн хэрэгцээнд ашиглагдсаар байгаа билээ.

Жонанд сууж байхдаа Дарнат хүмүүс Долбубагийн Шандон үзлийг нэн доогуур үнэлж байхыг анзаарчээ. Он жил улиран өнгөрөх явцад Жонангийн урсгалыг уламжлагчид Долбубагийн зорилгыг бүрэн сайн ойлгоогүйгээс түүний үзлийн санааг бусдад таниулах үйл явцуурч, буруу тайлбарлах зэргээр үнэлгээ нь доошилсон гэж үзэн хэрэв энэ янзаараа үргэлжлэх юм бол цаашид бүр сураг тасарч мэднэ хэмээн эмээж байв. Тэгээд энэхүү эрдэнэ мэт нандин сургаалыг алдагдахаас сэргийлэн Шандон үзлийг тодотгон харуулах үүргийг хүлээн Долбубагийн анхны үзлийг дахин амьдруулан босгож ирсэн юм.

Дарнат олон эрдэмтэн мэргэдтэй мэтгэлцэн байсаар Шандон үзлийн талаар буруу ойлголттой байгаагаас болж жинхэнэ утга алдагдсаныг мэдлээ. Жишээ нь, тэд Шандон Читаматра хоёрыг адилхан гэж ойлгоод Читаматрагийн алдааг мөн Шандонд хүлээлгээд байгаа аж. Дарнат иймэрхүү буруу ойлголтыг ялгаж засахад ихээхэн чармайлт гаргаж байснаас түүний бичсэн ихэнх бүтээл Шандон Төв үзлийн зөв санааг ойлгуулахад зориулагдсан байсан юм.

Энэ үйлсэд дэм болж түүний багш Жамба Лхүндүв түүнд Долбубагийн ариун номлол дахин цэцэглэхийн бэлэгдэл болгож Их Суваргыг сэргээн босгохыг зөвлөв. Сэтгэл машид догдолсон Дарнат Их Суваргыг урьдын адил сүр жавхаагаа бадруулан байхыг харах юмсан гэж хязгааргүй хүсэн зүтгэсний хүчээр энэ ажил амжилттай явагдаж дууссан бөгөөд дуусах үед ер бусын үзэгдэл болж огторгуй гэгээрсэн бодьсадва нараар гэнэт дүүрээд тэд цөм нэгэн зүг рүү одох нь үзэгдсэн байна. Тэдгээрийг даган явбал нэгэн гурвалжин улаан хөндийд хүрч голд нь болор уул сүндэрлэн ургасныг харлаа. Уулын дотор орвол тоолшгүй олон суварга, суварга болгонд тоолшгүй олон бурхад, мөн тоолшгүй олон хуврагт ном айлдан суухыг Дарнат үзжээ. Тэдгээр бодьсадва нар суварганд арвин их тахилыг өргөх ажээ. Дарнат энэ бол Бурхан багш анх Цагийн хүрдний сургаалыг зарлигласан Данаякатака суварга мөн байна хэмээн ухаарчээ. Түүний оюун бодол зарлигийн адиститаар дүүрээд Жонангийн Их Суваргыг сэргээн босгоход их хүч зарсны шууд хариу шагнал энэ болжээ хэмээн сэтгээд буцав.

Баруун нутгийн Жан овгийхон ба Занпа удирдагч хоёрын дунд тэмцэл өрнөх үед дайсагнагч талыхан Жонангийн хөндийг сүйтгэнэ хэмээн заналхийлэх болов. Шандон үзлийг сэргээх гэсэн энэ их зүтгэлийн дараагаар байдал ийн эргэсэнд Дарнат аргаа баран хийсэн бүхэн хэзээ хэзээгүй устан алга болох нь дээ хэмээн яахаа мэдэхээ болжээ. Тэрээр бодол болон Их Суварганы ёроолд сууж, орчлонгийн энэ аахар шаахар зүйлээс даанч залхаж байгаагаа мэдрэн бясалгал дияанд оддог ч юм билүү гэж байх зуур үүр гийхийн алдад Их Суварганы нэгэн чулуу Долбуба болон хувираад итгэл алдах хэрэггүй бүх зүйл сайхан болно, эхэлсэн зүйлээ ёсоор цааш үргэлжлүүлбэл амьтны тусыг зайлшгүй бүтээх болно гэж өгүүлжээ.

Маргааш шөнө нь Дарнат дахин Долбубад мөргөлөө. Энэ удаад тэр Дармодгата бодьсадвын дүрээр үзэгдэн дөрвөн шад шүлэг хэлсэнд Дарнат туйлын үнэнийг гүнд нь ортол ухаарав. Ингээд түүний бүхий л эргэлзээ нэг мөсөн арилж *Шандон төв үзлийн чимэг* хэмээх бүтээлээ туурвиж, өөрийн санаанд дэмжлэг болохуйц олон судраас иш татан туслах тайлбаруудын хамтаар бичиж төгсгөв. Энэ үеэс эхлээд Дарнат Долбубатай байнга уулзах болж, сургаал номлолыг \зүүдэндээ болон хувилсан дүрээр\ үргэлжлүүлэн хүртэх болов.

Дарнат Шандон үзлийг тодотгон харуулахад жинтэй хувь нэмэр оруулсан боловч энэ тухай түүний бичсэн зүйлс бясалгал, зан үйлийн дадлагын талаарх түүний туурвисан бүтээлтэй харьцуулах юм бол маш бага хувийг эзлэх ажээ. Тэрбээр бясалгалд анхнаасаа голлон анхаарч ирсний тул дадлагаар дамжуулан сургах аргыг нэвтрүүлэхийг чухалчилж байлаа. Дарнат Жонангийн хийдийн хамба олон жил хийсэн гэхэд жил бүрийн айлдвараас хол байж, Жонанд маш бага цагийг өнгөрүүлдэг байжээ. Голдуу зэргэлдээ сүм хийдээр айлчлан ном судар цуглуулах, мэтгэлцээн зохиох, авшиг хайрлах, бясалгал дияанд ихэнх цагаа зарцуулж байв. Тиймээс хүмүүс түүнийг бадарчин буюу Жалхамба гэж нэрлэдэг байв.

Өөрийн өмнөх төрөл Гунгаа Долчогийн нэгэн адил Дарнат үл ялгаварлах римэ үзлийн гуйвшгүй багш байж *Бясалгалын найман Агуу урсгал* судрыг газар бүхэнд нэвтрүүлэн өвлүүлж үлдээхийн төлөө идэвхийлэн зүтгэсээр явахдаа устаж үгүй болох аюул нүүрлэсэн зарим нэг ховор нандин урсгалын сургаалыг цуглуулан *Долчогийн шимт зааврыг* сунган уртасгаж *Жонангийн Зуун-найман шимт хөтөлбөр* болгон бүтээсэн нь ихэд алдаршсан бүтээл болсон билээ. Тэр мөн энэ цуглуулганд туслах материал болгон маш олон залбирал, магтаал, түүх, бясалгалын гарын авлагыг дашрамд нь туурвисан билээ.

Зан аймаг дахь олон өөр урсгалуудын дунд гол цөм нь болж байсан эдгээр бүтээлүүдийнхээ ачаар Дарнат тэр хязгаартаа хамгийн их хүндлэл хүлээсэн их багш болсон төдийгүй Занпа гүрний удирдлага түүнийг багшаа болгох гэж улайран зүтгэсэн нь жаахан гайхалтай хэрэг байв. 1615 онд Занпа Дэси Гарма Пунцог Намжял түүнд Жомонан хөндийн захад хэсэгхэн газрыг хайрлаж сүм барь хэмээн харамгүй шан хүртээсэнд Дарнат талархан хүлээж авад "Дагдан Дамчой Лин" хэмээх хийдийн шавыг тавьжээ. Арван-гурван жилийн дараа шинэхэн баригдсан хийдээ аравнайлан хамбын суудалд суух болсон билээ.

"Дагдан Дамчой Лин" хурдтай өсөж дэвжин Бурханы шашны гол хүрээлэн болон хувирч Жонан урсгалын голт зүрх нь болон цохилов. Энэхүү том хийдийн хананы цаана шашны сургууль, бясалгалын төвүүд, арван-зургаан мөргөлийн сүм дээр нь мөн сүр жавхлан төгөлдөр гол дуганыг агуулж байлаа. Дарнат тэнд мөн жижиг хэвлэх газар нээж Ганжуур, Данжуур хийгээд Долбуба, түүний шавь нар болон Төвөдийн алдартнуудын бүтээлүүдийг хэвлэхээр шинэхэн модон барыг сийлж бүтээх ажлыг эхлүүлэв. Түүнээс хойш Дагдан Линд Монголоос олон хувраг ирж шавилан суух болсноор Дарнатыг Монгол Улстай холбоогоо зузаатгахад тусалсан гэдэг билээ.

Энэ зуур Төв Төвөдөд гол хяналтыг авахын төлөөх тэмцэл үргэлжилсээр Занпа бүх арга хэлбэрээр дайсантайгаа тулалдаж байлаа. Тэд Үй аймгийг эзлэн авахаар зүтгэн хоёр тал асар их хэмжээний хохирол хүлээсэнд Занпа-гийхний хөл дор Сэра, Брайбүн хоёр хийд үрэгдэхдээ тулаад Гэлүгвийн урсгалынхан аврагдах хэдэн замын нэгийг сонгох дээр хүрээд байжээ.

Дайн дажин Төвөдийн ард түмэнд хүндээр тусаж мөн өөрийнх нь амьдрал төгсөх ойртож байгаа зэргийг эргэцүүлсэн Дарнат ихэд цуцаж, энэ бүхэн цаашид улам л их зовлон зүдгүүр авчирна даа хэмээн харамсаж суув. Нэг өдөр тэр ойрын хэдэн шавь нараа мөн өөрийн хамтран бясалгагч Жэвзума Принлэй Ванмог байлцуулан нууц зөвлөгөөн хийж ирээдүйд болох хоёр үйлийн зөн төрсөн тухайгаа мэдэгдсэн байна.

Эхнийх нь, Брайбүн хийдийн лам Дарнат дээр ирж Гандан урсгалыг аварч амьтны тусыг бүтээнэ үү хэмээн гуйж байх юм. Нэг талаар Дарнат Зан аймгийн жолоодогч нартай гайгүй харьцаатай байсан нөлөөгөө ашиглаж Үй аймаг дахь Гэлүгвийн хийдүүдэд аядуу хандуулах гэсэн гуйлт байж болох ч нөгөө талаар Дарнатын дүрийн хувилгаанууд Жонангоос өөр бусад урсгалынханд буянаа хайрлах магадтайг зөгнөсөн зөн хэмээн тайлж болох байв.

Хоёрт, Дагдан Дамчой Лингийн захиргаанаас Дарнат захидал авсан явдал гэнэ. Төвөдөд хийдийн толгой ламыг гурван замаар сонгодог заншилтай байжээ: өмнөх хамбын гол шавь, тодорхой нэг гэгээнтний хойд дүр, эсвэл тодорхой нэг гэр бүлийн угсаа залгамжлагч энэ хэдийн аль нэг байх ёстой байв. Тэгэхээр Жонангийн урсгалыг цаашид үргэлжлүүлэн авч явах чадвартай хэмээн Дарнат өөрийн хамгийн дотны шавь Санжай Жамцыг сонгох санаатай байсан боловч захидалд ирээдүйн хамбыг Дарнатын гэр бүлээс гаралтай хүнээр сонгохыг мэдэгдсэн нь түүний дүүгийн хүүг хэлсэн ажээ. Дарнат үүнийг Дагдан Дамчой Лингийн ариун чанар удахгүй тасрахын зөн гэж тайлав.

Эдгээрийг сонсоод Принлэй Ванмо багшаасаа Жонанг бүү орхиоч хэмээн гуйж гарав. Түүний чин сүсэг ариун сэтгэлийг ойлгож байвч үйл явдал хэдийнэ өрнөөд эхэлчихсэн тул юу ч хийсэн нэмэр багатай болсныг мөн ойлгож байжээ. Тэдний үйлийн үр хуран үйлдэхийн тавилан хэдийнэ боловсорч сонголт хийхэд нэгэнт оройтсон байлаа. Шинэ байдлыг хожим ирэх үр дагаврынх нь хамтаар хүлээн авахаас өөр арга үлдсэнгүй.

АЗ ХАРЬСАН НЬ

1621 онд Занпа хүчнийхэн Лхасыг бүтнээр нь Үй аймгийн үлдсэн хэсэгтэй эзлээд байх үед Тавдугаар Далай лам Монгол холбоотондоо тусламж хүссэн элч илгээв. Амдогийн ойр Хөхнуур хүртэл аялаад хоёр мянга орчим монгол цэргүүдийг цуглуулж Лхасын зүг алхах замд тоо нь улам нэмэгдсээр Жижогийн монголчуудтай нэгдлээ.

Занпа арми Монголын цэрэгт түрэгдэн Лхасаас хурдан зайлж Чагвори цайзад хоргодохоос аргагүйд хүрэв. Хоол хүнсний нөөцөөсөө тусгаарлагдсан Занпа-гийнхан өлсөж үхэхгүйн тулд Гэлүгвийнхнээс дээрэмдсэн байсан газартаа эргэн очиж хорионд байсан Гэлүгвийн урсгалын олон лам нарыг чөлөөлөөд өөрөө эцэст нь Үй аймгаас бүрмөсөн дүрвэсэн билээ.

Гарма Тэнжон гэвч зүгээр бууж өгсөнгүй. Зан аймаг руу ухарч очоод зүүн нутгийн хамсаатнуудаасаа тусламж хүсэн элч мордуулав. Гэтэл тэдний дайсан Монголын толгойлогч Лигдэн хаан Занпагийн тусын тулд байлдахаар тангараг өргөн хөдөлсөн ч гэнэт нас эцэслэсэн тул энэ ёсоор болсонгүй. Өөр нэгэн монгол жанжин Цогт тайж Занпатай холбоо тогтоон Хөхнуурт дайснаа дарахыг горилон

байв. Бэригийн Бон улсын Хаан Донио Дорж, Гэлүгвийн урсгалын үзлийн нөлөөг хаант улсдаа аваачсан гэсэн ярианаас өөрийгөө чөлөөлөхийн тулд Занпатай нэг тал болох сонголтыг хийлээ.

Дээр дээрээсээ овоорсон энэ их аюулыг Гэлүгва болон түүний хамсаатнууд дангаар тэсэж дийлшгүй байсан тул Хошууд Монголын Гүүш ханаас тусламж эрсэнд зөвшөөрч Лхас хот руу яаралтай цэргээ илгээв. Гүүш ханы цэргийн хүчийг харж сүрдсэн Цогт тайжийн хүү дорхноо бодлоо өөрчилж Төв Төвөдийн талд зөвшилцлөөр орсноор Лхас хот монголчуудын мэдэлд бүрэн шилжиж Гүүш хан "Суртгаалыг дэмжигч номын хаан" гэсэн цолыг Тавдугаар далай ламаас хүртэн Төвөдийн дээд захирагчаар өргөмжлөгдлөө.

Гүүш ханы цэрэг зүүн хязгаарыг арчин өнгөрч Бэри хааныг буулган авч Хам аймгийн дийлэнхэд хяналтаа тогтоов. Дараа нь Хөхнуур орж Зан аймгийн үлдэгдлийг нухчин устгаад 1642 онд Гарма Тэнжоны армийг зүйл дуусгаснаар ерөнхийдөө Занпа гүрэн мөхсөн билээ. Шигацэ дахь Занпагийн хүчний сүмийн суудлаас Гүүш хан хуучин Сажагийн арван гурван дүүргийг цөмийг нь Үй, Зан, Хам аймгийг дахин Монголын мэдэл дор нэгтгэсний бэлэг тэмдэг болгон Далай ламд бэлэг болгон барьжээ.

Монголчууд ийнхүү Төвөдөд тайван байдал тогтоож улсын захиргааны эрхийг Тавдугаар далай ламд, түүний шинэхэн байгуулагдсан төрийнх нь Гандан Ордонтой хамтад нь үлдээлээ. Харамсалтай нь шинэ засгийн газар өвөг дээдэс лүгээ адил уучлах сэтгэлгүй гэдгээ харуулан өөрсдийн хүчний бие даасан баазыг байгуулахаар эсрэг талынхаа сүм хийдүүдийг эзлэн газрыг нь булаан авч бусармаг үйл үйлдэж эхэлсэн юм.

Занпа гүрэнд их дэмжлэг үзүүлсэн гэж Гаржүдвийн урсгал дангаараа Лхасынхны өшөө авалтын бай болж, Аравдугаар Гармава хүчээр цөлөгдөж Амдо, Хам, Бутаны хэсэг газарт дагаар орон олон сүм хийдүүд олзлогдоод Үй, Зан аймагт Гарма Гаржүдвийн урсгалын ул мөр бараг л үлдсэнгүй.

"Дагдан Дамчой Лин" хийд орвонгоороо эргэсэн нь

Хаа нэгтээ мөн адил тавилан биеллээ олж байсан нь Жонангийн урсгал байлаа. 1635 онд Дарнат насан өөд болоход Гандангийн Ордоноос Төвөдийн нутаг дэвсгэр дээр түүний хойд дүр тодруулах явдлыг хориглох зарлиг гаргажээ. Үүнээс болоод түүнийг Монголд дахин мэндэллээ гэж зарлах үүд нээгдэж Жавзан Дамба Ринбүчи гэж тодруулав.

Тэр үед нэвтрүүлж байсан янз бүрийн баримтаас харахад Дарнат амьдралынхаа сүүлчийн хорин жилийг Монголоор аялахад зориулсан гэж итгэцгээж байв. Тиймээс тэнд төрөл авсныг тайлбарлах шалтгаан энэ байлаа. Жавзан Дамбыг бас Шандон үзлийг ихэд дэмжигчээрээ алдаршсан Брайбүн хийдийг үндэслэгч Жамъян Чойжэгийн хойд дүр гэж үзнэ. Ингэж зарлан тунхаглах нь Жонан, Гэлүгва хоёрын холбоог батжуулахад ашигтай байсан бололтой.

Гэвч энэ хоёр таамгийн аль аль нь эргэлзээтэй юм. Яагаад гэвэл Дарнатын намтрыг дэлгэрэнгүй судлаад үзсэн ч Монгол руу аялж байсан тухай мэдээ байхгүй бөгөөд \монголд төрөл авсныг үгүйсгэж байгаа хэрэг бус\ мөн Гунгаа Долчогийн намтарт ч Жамъян Чойжэг өмнөх дүрээ гэж үзэх баримт байгаагүй билээ. Яг үнэндээ Жонангийн түүхэн баримтуудтай эдгээр нотолгоонууд шууд зөрчилддөг. Яадаг ч байсан энэ баримтыг Төв Төвөдөд хэрэглэн албан ёсны түүхийн ном судруудад ч ийн дурдагдах болсон билээ.

Дарнатын дараа түүний шавь Санжай Жамцыг Жонан хийдийн тэргүүн болно гэж бодоцгоож байтал бараг тэр дорхноо насан өөд болчихсон ажээ. Тиймээс Дарнатын нэг гол шавь **Гунгаа Ринчен Жамцод** суудлыг шилжүүлэв. Тэр Дарнатаас Цагийн хүрдний дэлгэрэнгүй сургаал болон Очирт Зургаан Йогийн увдис дамжлагыг уламжлан авсан нэгэн байв. Маш ой сайтай гэж алдаршсан Ринчен Жамц өдөрт гучин-зургаан хуудас цээжилж чаддаг байжээ. Тэрбээр арван-таван жилийн турш Дагдан Дамчой Лингийн хамбаар заларсан байна.

1650 онд Жамъян Тулку \өөр нэг нэр нь Жавзан Дамба\ ба түүнийг дэмжигч Банчэн ламын шахалтаар Дагдан Дамчо Линг Гэлүгийн сүм болгон хувиргах алхам хийгдэж эхлээд Долбуба, Дарнат нарын сургаалыг буруу хэмээн үзэж хэвлэхийг хориглоод дараа нь Гэлүгвийн урсгалын сургаалын агуулга бүхий шинэ номлол айлдагдаж эхэлжээ. Банчэн Лам бүх лам хуврагуудад Гэлүгва урсгалын номын авшгийг хүртээж, Гэлүгвийн урсгалын номыг уншуулах гэсэнд олон лам нар татгалзаж сүмээ орхин явсан байна. Ринчен Жамц өөрөө Сан-аг Риво Дэчэнд бясалгал дияанд суух болж үлдсэн лам нар урьд заалгасан байсан номлолоо чадлынхаа хэрээр давтан унших болцгоожээ. 1658 онд Дагдан Дамчой Лингийн нэрийг Гандан Пунцог Лин болгож солив.

-Дагдан Дамчой Лин-
Үй, Зан аймаг дахь Жонангийн сүүлчийн том гол хийдийн балгас

ЗҮҮН ХЯЗГААРААС АВРАЛ ЭРСЭН НЬ

Хэдхэн арван жилийн дотор Дагдан Дамчой Лин Жонан урсгалын гялалзсан од байснаа урьдын тэр их сүр жавхлангийн сүүдэр төдийхөн болж хувирлаа. Шашны гол хийд орноо алдсанаас болж ойр хавийн сүм хийдүүд ч мөн аажуухнаар гундаж яваандаа Төв Төвөдийн нутагт Жонангийнх байсан гэх ул мөр бараг арчигдах дээрээ тулав. Гэхдээ саад тотгор ихэд нүүрлэж байлаа ч Жонангийн бясалгагчид зүрх сэтгэл доторхоо өөрчилж чадсангүй билээ.

Аз болоход энэ явдал Жонангийн төгсгөл байгаагүй бөгөөд зүүн хязгаарт тэдний номлол бараг хөндөгдөөгүй чигээрээ үлдэж, Мин гүрний хамгаалалт дор Амдо, Хам аймаг дахь Жонангийн сүм хийдүүд цэцэглэн дэлбээлсээр байжээ. Зан аймагт байдал муудсаар байсан тул Дарнатын шавь нар цаашид яах ёстойгоо бодож эхлэв.

Лодой Намжал арван-зургаан настайдаа Дарнаттай учраад Жэвзүн Жонанватай хамтран судрын ба тарнийн ёсыг чадлыхаа хэрээр судалжээ. Дарнат түүнд анх шинэхэн сахил хүртээж, сүүлд Ринчен Жамцаас бүтэн сахил хүртсэн байна. Түүний заавар дор тэр Цагийн хүрдний сургаал, Шандон ухааныг төгс эзэмшигч болсон ажээ.

138

Дагдан Линд байдал хурцадсанаас хойш Лодой Намжал Даш Лхүнбэ руу аялж Нэгдүгээр Банчэн Ламаас номлол хүртэв. Цаашаа Лхас орж Тавдугаар далай ламд бараалхан Цагийн хүрдэн хийгээд Шандон үзлийн талаар удтал ярилцан суухад Далай лам түүний мэдлэгийг гайхан биширч байсан гэдэг.

Үй, Зан аймагт Жонангийн ирээдүй тийм ч сайн биш болохыг гадарласан Лодой Намжал урсгалаа хэрхэн хадгалж үлдэхээ бодон толгойгоо гашилгаж явав. Дараагийн хэдэн жил ийнхүү сэтгэлийн дарамттай яваад олигтой шийдэлд хүрсэнгүй байж байтал гэнэт гурван маш хүчтэй үзэгдэл үзсэнээр юу хийхээ ойлгож эхэлжээ.

Эхний удаад тэр Цагаан Дарь Эхийг үзэв. Дарь Эх түүнд Замбала бурханы \ өлзий хутгийн ядам\ галбир бүхий уул дайралдах болно. Тэнд нэг сүм бий түүнийг олоорой, Замтан аймгийн нутагт хайх хэрэгтэй гэж хэлсэн байв.

Хоёр дахь удаад, түүнийг Их Суварганаас дээхнэ Хачо Дэдэнд эрчимт бясалгал хийн сууж байтал Долбубагийн дүр үзэгдэн, түүний хувь заяаны зүг бол зүүн зүг гэж хэлсэнд Лодой Намжал үүнийг бясалгалын нөлөө байх гээд авч хэлэлцсэнгүй гэнэ.

Эцэст нь, Дрэгшэ сахиустай тэр учирсанд түүнийг Хам аймаг руу явахыг зааварчлав. Энэ удаад Лодой Намжял зөвлөгөө авахаар Ридо Чэнмо бясалгалын Төвөд бясалган суусан Жэвзума Принлэй Ванмо дээр очин учраа тайлбарласанд тэр хоёр ямартай ч зүүн зүг рүү явбал өлзийтэй юм хэмээн хэлэлцэж тохироод Лодой Их Суврагаанд арвин тахил өргөж, залбирал мөргөл үйлдээд аян замд гарлаа.

Эхлээд Даш Лхүнбэ, дараа нь Лхас орж Брайбүн хийдэд очлоо. Тэндээ жил болоод 1657 онд зүүн зүгт Хам аймаг руу хөдөлжээ. Энэ үед Дагдан Лин албан ёсоор өөрчлөгдсөн тул Лодой Намжял өвөг дээдсийнхээ үндсийг хадгалан нэрлэсэн Замтан Занва хийдийн нээлтийн ёслолд оролцжээ. Тэрбээр Дүйнхорын ван хайрлаж, тавь орчим ламд сахил хүртээн шашны нийгэмлэгийг бататган байгуулав. Дараа нь нутгийн Хаан Жялроны дэмжлэгтэйгээр Амдо нутгийн дагуу аялж ном айлдан явлаа. Тийнхүү арван хоёр жил амьдарсны эцэст Монголоор дамжин Төв Төвөдөдөө харьсан байна.

Занва хийдийг байгуулсан явдал Жонангийхнийг Үй, Зангаас гарч явсны эхлэл гэж тэмдэглэдэг боловч хүмүүсийг араасаа дагуултал дахиад хэдэн үеийг үзэх хэрэгтэй болжээ. Энэхүү өөрчлөлт хэрхэн явагдсаныг тод харуулах нэгэн жишээ бол Лодой Намжялын дүүгийн хүү **Агваан Принлэйгийн** амьдралын түүх юм. Тэрбээр арван-зургаан настайдаа авгаасаа шинэхэн сахил хүртээд Чалун хийдэд Чалун Дорж Данзанг багшаар шүтэн шавилан сууж хуврагийн ёс зүй, гүн ухаан, танин мэдэхүйн онол зэргийг заалган Лодой Намжалаас Цагийн хүрдэн, Очирт Зургаан Йогийн сургаалуудыг заалгажээ. Тэгээд бэлэн болмогцоо Тавдугаар далай ламын дэргэд \одоо заншил болсон\ шалгалт өгөхөөр очив.

Түүнд Замтанд багшлах боломж олгосон боловч тэр эцэг эхийн битгий яваач гэсэн үгийг хүндэтгэх үүднээс татгалзжээ. Авга ахыгаа насан өөд болсны дараа Дагдан Лин нэгэнт өөрчлөгдсөн тул даянч амьдралд орохоор шулуудан зургаан жилийн турш Жонангийн өөр өөр хийдүүдээр ном айлдан явж байгаад Амиту гацаанд Очирт Зургаан Йогийн бясалгалд орон суусан байна. Түүнийхээ дараагаар Пунцог Лхундүв хийдэд дөрвөн жил багшилжээ.

Энэ үедээ Агваан Принлэй римэ үзэлтэйгээрээ алдаршжээ. Тэр олон урсгалын сургаалыг судалсны учир Гэлүг, Сажа, Гаржүд, Жонан, Дүгва\Брүгва\ урсгалуудыг тэнцүүхэн хүндэтгэх болсон байв. 1707 онд Чалун Дорж Дагвын суудлыг түүнд санал болгосонд хүлээн авч Жонан урсгалын Очирт Зургаан Йогийн бясалгалд зориулагдсан тусгай сургуулийг байгуулснаас гадна Жонангийн олон сургаалыг Гэлүгвийн Брайбүн, Гандан гэх хоёр том хийдийн номлолд оруулан таниулж чадав. Энэ явдал Гэлүгийнхнийг бусад урсгалыханд нэлээд нээлттэй болж эхэлснийг илтгэн, Нямава, Сажагийн урсгалаас суралцаж асан Тавдугаар далай ламын жишээг дагаж явааг нь илтгэж байлаа. Эрх мэдлийн төлөөх тэмцэл бүрэн арилж Гэлүгва урсгал оюун санааныхаа хөгжилд дахин анхаарч эхэлсэн нь энэ байлаа.

1717 онд Агваан Принлэйг Замтанд дахин урьсанд энэ удаа тэр саналыг хүлээн авч олон жил тэндээ багшлан суусанаар олон нэртэй шавь нарыг төрүүлсэн гэдэг. Зэрэглдээх сүмүүдэд тэр мөн олон номлолыг айлддаг байсан бөгөөд Занвагаар зогсохгүй Амдо, Ава, Жялрон аймгуудад ч ном айлддаг байсан ажээ.

Амьдралынхаа сүүлийн жилүүдэд Лхавзан хааны урилгаар Монголд аялан очиж ном айлдаад Монголын дотоодын будилааны улмаас Төвөдөдөө буцаж чадалгүй дахин нэг жил болох хоорондоо нэлээд хэдэн шашны сургууль байгуулалцаж олон шавийг араасаа дагуулав. Аюул намдсаны дараагаар Зан аймагтаа буцан ирж насныхаа эцсийг хүртэл Даш Лхүнбэ хийддээ багшлан монгол лам Цэдэн Доржид Жонангийн номын авшгийг хүртээж явжээ.

Лодой Намжял, Агваан Принлэй мэтийн сайн багш нарынхаа араас даган Үй, Зан аймаг дахь Жонангийн олон лам нар Амдо, Хам аймгууд руу нүүхээр шийдсэнээр эдгээр лам нарын шилжилт олон сүм хийдийг шинээр бий болгоход хүргэсэн байна. 1614 онд Жавзан Жонанвагийн залгамж шавь алдарт Гар хэмээх овгийн үр сад Сэцэн Лам гэгч Амдо, Ава нутагт Сэ Хийдийг үндэслэсэн байна. Дараа нь 1657 онд Лодой Намжалын шавь Гунгаа Балсан гэгч Догхэ Самдүв хийдийг байгуулсан ба энэ хоёр хийд хоёулаа тун ч удалгүй Жонангийн сургаал цэцэглэн хөгжих гол төвүүд болон хөгжсөн билээ.

* * *

XVI-XVII зууны үед болсон гол үйл явдлуудыг ажиглан харахад аль нэг урсгалд л буруугаа тохох гэсэн улайрсан оролдлого байсан юм болов уу гэмээр. Нөхцөл байдал угаасаа дэндүү ээдрээтэй байсан учраас Үй, Зан аймаг дахь Жонангийн урсгал төр, шашны аль алины нөлөөнд хэлмэгдсэн гэдгийг би энэ бүлэгтээ харуулсан хэмээн найднам. Энэ нь хар эсвэл цагаан гэж ялгах ямар ч аргагүй будлиан байсан гэж болно.

Юутай ч гэсэн Далай лам, Гармава, Дарнат нар цөм шавь нараа энх амгалан, эв зохицолт нийгмийн зүг залуурдах гэж цөхрөн зүтгэж байсан нь илэрхий. Харамсалтай нь тэдний үг дүлий чихэнд сонсогдсонгүй, тэр цагт засгийн эрхийг баригчид эрх мэдлийн төлөө дэндүү улайраад тэмцлээ аль нэг урсгалын нэрийг барин хийх мөртлөө үйлдэл нь уг сургаалын яг эсрэг чиглэлтэй байсан юм.

Тэр үеийн үйл явдалд та бүхэн үл ялгаварлах үзлийн үүднээс хандаж алдаан дээрээ суралцан аль аль талд нь энэрэн хайрлах сэтгэлээр хандаасай. Тэгсэн цагт л бид бие биеэ уучилж эхлэн одоо болтол Төвөдийн нийгэмд эдгэрээгүй шарх болон байсаар буй тэр харууслыг аниулж чадна хэмээн найднам.

Төвөдийн Зүүн Зүгт Тэсэж Үлдсэн нь

Лхаст Гандангийн Ордон байгуулагдсан монголын булаан эзлэлтийн үеэр Төв Төвөдийн зарим хаант улсууд ихээхэн бие даасан тусгаар тогтнолтойгоо оршиж байв. Дотоодын самуунаас үл шалтгаалан Төвөд улс Монголын хаад, Хятадын Эзэнт гүрэн гэх хөршүүдтэйгээ найрсаг харьцаанд оршиж байсан юм. Төвөдийн лам нарыг шашны зан үйлээ хийн зөвлөгөө өгөх зэргээр үйлчилгээ үзүүлэхэд хариуд нь гадаадын хүчнийхэн улс төрийн хамгаалалт үзүүлэх маягаар хариу барьдаг байжээ. Иймэрхүү багш-шавийн харьцаа зүй ёсны үзэгдэл байсан болохоор Төвөдийн ард түмэнд үйл хэргээ өөрсдийн дураар зохицуулах боломцоог олгож байлаа.

Гүүш ханыг цэрэгтэйгээ орж ирснээс хойш гэвч энэ байдал айхавтар цэрэгжсэн шинжтэй болоод явчихсан аж. Гандан Ордонд байрлах төр өөрийн гэсэн цэрэггүй учраас монголын армиас ихээхэн хамааралтай байж гадаад дотоодын дайснаас хамгаалагдсан байсан ч гэлээ нөгөө талаар Төвөдийн хилийн дотор талд гадаадын цэргийн хүчний хөл хөдөлгөөн дэндүү их байх болж сайн ч, муу ч Үй, Зан аймгуудын хувь заяа гадаадын хүчинтэй ойрын холбоотой болчихоод байлаа.

Энэ үед Зүүн Төвөдөд өөр үйл явдал өрнөж байжээ. Байгалийн зүй тогтлоор хиллэгдсэн төв ба зүүн хязгаар бие биенээсээ улам алсарч зүүн аймгуудын алслагдсан гацааныхан лам, хар ялгаагүй цөм нутгийн ноёдоос тогтоосон хуулийн хүрээнд аж төрөн байв. Энэхүү хол алслагдсан ядуу нүцгэн газартай нутагт зориулсан төрийн ганц жижиг дүрэм журам гэх юм байгаагүй учраас улс бүр өөрсдийн үйл хэргийг отог омог дотроо шийдэж байжээ. Лхасын амьдралаас огтхон ч үл хамаарах эдгээр нутгуудад амьдрал яг энэ янзаараа зуу зуун жилийг элээсэн юм.

18-р зуунд шилжин ороход ч төв ба зүүн Төвөдийн харилцаа ойртсонгүй. Хоёр аймгуудын улс төрийн өөр өөр тогтолцоо өнгөрсөн цагийн бүлгүүдийн дайсагналцлаас болоод Төв Төвөдтэй холбоогоо бүрмөсөн тасалсан Жонангийн урсгалын түүхийг бүрэлдэн хэлбэржихэд гол үүргийг гүйцэтгэсэн гэж үзэж болно.

Хоёр их гүрний дунд

Хэдэн жилийн дараа Гүүш ханыг Төвөдөд Хошууд хан аймгийг байгуулахад Хятад гүрэн, хүчний тэнцвэр нэгээс нөгөө рүү шилжих том үйл явцын гэрч болсон юм. Хятадыг гурван-зуун жил удирдсан Мин улс 1644 онд өөрийн дайсан

Манжид ялагдаж нуран уналаа. шинэ гарч ирсэн Чин улс Бээжинд нийслэлээ байгуулав.

Тавдугаар далай лам шинэ эзэнт гүрэнтэй найрсаг харьцаатай байж төлөөлөгчөө Хятад руу илгээн баяр хүргэлээ. Хариуд нь Чин улс, унасан Мин улсын хүлээн зөвшөөрсөн байсан Пакмордугийн албан ёсны залгамжлагчаар Гандан Ордонг хүлээн зөвшөөрөв.

Төв Төвөдөд далай лам төрийн ихэнх үүрэг хариуцлагаа өөрийн ерөнхий сайд Дэсрид Санжаа Жамцод хариуцуулахаар шийдэв. Ингээд Дэсрид Санжаагийн удирдлаган дор нүсэр том Бодала Ордонг барих ажил өрнөж эхлэн цагийн цагт Далай ламыг хэзээ ямагт Төвөдийн эзэн байхын бэлэгдэл болголоо. Санжаа Жамц Гэлүгвийн урсгалын нөлөөг өргөжүүлэхэд маш их зүтгэл гарган хоёр-мянга гаруй сүм хийдийг барих ба өөрчлөх алхмуудыг хийв. Ингэсний дүнд дараачийн гучин жилд Гэлүгвийн урсгал 340 000 лам хуврагийг багтаасан 3150 гаруй сүм хийдтэй болтлоо өслөө.

1682 онд Тавдугаар далай лам насан өөд болсонд Санжаа Жамц түүний өөд болсныг Төвөдийн ард түмнээс нууцлахаар шийдсэн юм. Улс төрийн тогтвортой байдал Далай ламын ёс зүйн нөлөөн дээр түшиглэж байсныг тэр мэдэх тул будлиан самуун гарах болов уу гэж эмээсэн хэрэг ажээ. Хүмүүс Далай ламыг бясалгалд суусан байх гэж бодоцгоож байх хооронд Дэсрид төрийн эрхийг хяналтдаа байлгахыг хичээсэндээ шинэ Далай Лам **Цанъян Жамцог** албан ёсоор тодруулах хийгээд хүмүүжүүлэх ажлыг орхигдуулж орхижээ. Монголчууд Санжаа Жамцын хуурч байсныг мэдсэн даруйдаа дөнгөж арван-дөрөв хүрч байсан шинэ залгамжлагчийг хугацаанаас нь өмнө ширээнээс татан буулгасан билээ.

Залуу VI Далай лам маш дураар чөлөөтэй өсөж торнисон бөгөөд зөрүүд зантай, лам байх хүсэлгүй нэгэн байлаа. Харин түүний оронд цэнгээний газруудын байнгын зочин байж, архидан согтоод хайр дурлалын сэдэвтэй шүлэг найраг бичин олон амраг бүсгүйчүүдээ зугаацуулдгаараа нэрд гарсан байв. Түүний эдгээр араншин монголчууд болон хятадуудыг ихээхэн бэрхшээлтэй байдалд оруулж байснаас гадна түүнийг дээдлэн бишрэгч Гэлүгвийн урсгалынхан ч мөн яах учраа олохоо байжээ.

18-р зууны эхэн үе гэхэд Төвөд улс Хошууд Монголын Гүүш ханы удмыг залгагч Лхавзан Хааны мэдэл дор оршиж байлаа. Энэ үед Санжаа Жамц Зүүнгар монголын захирагчтай Лхаст сурч байхад нь танилцаж дотно болсон байжээ. Энэ найрамдлын хар гайгаар Санжаа Жамц Чин улсын эзэн, Лхавзан Хаан хоёрын ивээлийг алдаад байв. Улс төрийн өрсөлдөгчөөсөө салах аятай боломж гарсныг харсан Лхавзан хаан Дэсридийг устгаж өөрийгөө Төвөдийн хаанаар өргөмжиллөө.

Лхавзан Хааны хийсэн эхний алхам нь Зургадугаар Далай ламыг суудлаас нь огцруулж Бодала Ордноос гаргах явдал байсан бөгөөд Чин улсын Хааны хүсэлтээр залуу ламыг Бээжинд хүргүүлэхээр илгээв. Энэ хэрэг юу болж дууссан талаар хоёр янзын таамаг бий. Зарим нь Цанъян Жамцыг замдаа алуулсан буюу өвчний улмаас насан өөд болсон гэж итгэж байхад зарим нь түүнийг олзлогч нараасаа зугатан гараад хөдөө орон нутгаар насны эцсийг хүртэл тэнэж амьдарсан хэмээн итгэдэг. Аль аль нь үгүй л болов уу гэж бодогдовч аль хувилбар үнэн гэдгийг мэдэх тавилан юу л бол.

Цанъянжамцыг нас барсан мэдээ ирснээс хойш удалгүй Лхавзан хаан Тавдугаар Далай ламын хойд дүр шинэ Далай ламыг ширээнд нь заллаа. Ингэхдээ тэр Төвөдийн бурханы шашны төлөөлөгч нартай урьдчилан энэ талаар зөвлөлдөхөө умартсанаас Еэшэ Жамц хүмүүсийн нүдэнд зүгээр л том суудал горилсон хуурамч нэгэн болж үзэгдэв. Зарим хүмүүс түүнийг бүр хааны өөрийнх нь хүү гэлцэн улс төрд шатрын хүү болгохоор авчирсан гэцгээж байв. Энэ байдалд сэтгэл хангалуун бус байсан Төвөдүүд Зургаадугаар Далай ламын жинхэнэ хойд дүрийг эрж эхэллээ.

Шинэ өрсөлдөгчийн нэр Галсан Жамц хэмээх бөгөөд зүүн хязгаараас тодорсонд Чин улс Төвөдийн хөлийг туших бололцоо гарч ирлээ гэж олзуурхан үзэв. Залуу лам Лхавзан хааны улс төрийн эрх мэдэлд аюул тарьж мэдэх байсан тул дүрийн хувилгааныг Төв засгийхнаас хамгаалах явдал чухал асуудал босож ирсэнд Чин улс түүнийг яаралтай хамгаалалтад авч Зүүн Төвөдийн олон сүм хийдэд суулган ном үзүүлж эхэлжээ.

1717 онд Зүүнгарын Монгол Төвөдийн Хам аймаг руу довтолж Лхавзан хааныг хөнөөсөнөөр нутгаа томсгов. "Хуурамч" Далай ламыг огцруулаад Төвөдийн ард түмний дунд болчимгүй загнасанд нь Лхасыг торгохоор боллоо. Зүүнгарын монголчууд Гэлүгвийн урсгалыг айхтар дагагсад байснаас бусад урсгалд ялангуяа Нямава, Бонгийн урсгалынханд харгис хатуу хандаж байснаараа түүхэнд алдаршиж үлджээ.

Төвөд ийнхүү "харгис хүчний" хяналтанд орсон тул Төвөдийг монголын дарангуйлагч нараас "чөлөөлөх" нэрийдэл дор Чин улсаас олон удаа цэрэг илгээх хэрэгтэй болж байсан гэдэг. Төвөдийн баруун хэсгийн болон Зан аймгуудын цэргийн тусламжтайгаар Чин улс Лхас руу явган дайралт хийж Зүүнгарын монголыг хөөн гаргаад халамжлагчийн дүрээр Лхасыг гурван-мянган цэргээр бүслүүлж байгаад Галсанжамцыг VII Далай ламд залах ёслолыг албан ёсоор үйлдүүлэв. Дараа нь Чин улс Дэсридийн албан тушаалыг үгүй болгоод *Кашак* хэмээх захирах зөвлөлийг бий болгосноор шинэчиллээ цааш үргэлжлүүлэв. Гурван энгийн хүн, нэг хувргаас бүрдсэн энэ зөвлөл хууль дүрэм зохиогоод түүнийгээ *Амбан сайд* гэж нэрлэгдэх Их гүрний төлөөлөгчид танилцуулах үүрэгтэй ажээ. Харин аль нэг шийдвэрийг эцэслэн шийдэх эрхийг Далай ламд үлдээжээ.

ЖОНАНГИЙН АВРАЛЫН ТЭНГЭР

Үй, Зан аймгуудыг захирч байсан Хошууд ханыхан зүүн Амдо орчмын улсдаа хашигдан орших болов. Зүүнгарын монголыг хөөн гаргасныхаа дараа Лхас, Хошууд монголчуудыг буцан ирж магад хэмээн эмээсэндээ Чин улсаас цааш үргэлжлүүлэн тусална уу гэж хүсэв. Баруун хилээ чангатгахаар улайрсан Хятадын Эзэнт гүрэн Амдо, Хам аймгууд руу цэрэг илгээн Хошууд ханы үлдэгдлийг хөөн зайлууллаа. 1720-оод онд Шинин гэдэг суурин ажиллагааны төв байгуулагдан Амдо орчмыг тэр чигээр нь өргөжүүлэн тэлж Чинхай \Хөх нуурын муж\гэж шинээр нэрлэв.

Үүнээс хойш удалгүй Гүүш ханы ач Лувсан Данзан хоёр-зуу гаруй мянган Төвөд монгол цэргүүдийг удирдан эсэргүүцэн босож Шинин дэх Чин улсын цэрэг рүү дайрсанд Төв Төвөдийн хүчин Чин улстай нэгдэн нутаг нэгтнүүдийнхээ эсрэг хөдлөх сонголтыг хийснээр бослого нам дарагдаж оролцсон бүгдийг толгой дараалан хүйс тэмтэрсэн билээ.

Арваад жилийн дараа Хам аймгийн зүүн талаар мөн иймэрхүү хөдөлгөөн өрнөсөн бөгөөд Чин улс чадмаг хөдлөн байдлыг хяналтдаа амархан оруулж, Зүүн Төвөдийн ихэнх хэсгийг захирах болжээ. Лхаст суугаа амбаны тусламжтайгаар Төвөд, Хятад хоёрын хилийг шинээр тогтоон эдгээр аймгуудыг албан ёсоор Бээжинд шууд захируулахаар болголоо.

Хятад эдгээр аймгуудын стратегийн ашигтай байрлалыг л сонирхож байснаас бус засаг захиргааных нь удирдлагыг нутгийн ноёдод даатган орхисон билээ. Ингээд дараачийн зуун жилд Чинхай, Сичуан муж дахь Төвөдийн сүм хийдүүд улс төрийн том хямралд автлагүй шашны дотоод асуудлаа анхааран хөгжүүлэхэд бүх хүч чадлаа чөлөөтэй явуулах боломжтой болжээ. Энэ харьцангүй аюул багатай чөлөөт байдал Зан аймаг дахь Жонангийн урсгалыханд дахин төвлөрч багаа бүрдүүлэн сүм хийдээ бий болгох сайхан бололцоог олгосон байна.

17-р зууны үед Лодой Намжал зүүн ба төв Төвөдийн Жонан урсгалуудыг хооронд нь холбож өгсөн билээ. Агваан Принлэй тэрхүү холбоог батжуулан Занва хийдийн хөгжих нөхцөлийг бий болгосон гэж болно. Гэвч сүм хийд өөрөө аяндаа хөгжиж шальсангүй байсаар 18-р зуун эхлэх үед харин маш олон чадалтай Очирт хөлгөний их багш нарын хүчээр Очирт Зургаан Йогийн дадлага нийтэд түгж эхэлжээ.

Дарнат анх Лодой Намжалд Дагдан Дамчой Линд сахил хүртээх үедээ хоорондоо зангидаастай гурван өнгийн зангиа өгч энэ урсгалын дамжлагын уламжлалд гурван их Бодьсадва төрөхийг зөгнөн бэлэгдсэн ажээ. Лодой Намжялын гурван хойд дүрийн эхнийх нь **Агваан Данзан Намжал** буюу Гави Чойпэл байв. Зан аймагт өссөн Гави Чойпэл Чалонва Агваан Принлэйгээс олон ном заалгажээ. Арван насандаа Очирт Зургаан Йогийн увдис дамжлагыг хүртээд хоёр долоо хоног үргэлжилсэн богино хэмжээний эрчимт бясалгалд суужээ. Арван зургаан настайдаа сахил хүртсэнээр Агваан Данзан Намжал нэртэй болоод

Банчэн лам Лувсан Еэшэй, Чойжэ Гүнсан Ванбо зэрэг томоохон багш нарын удирдлага дор Бурханы сургаалыг үргэлжлүүлэн судлав.

Замтан хийдийн Чойжэ Жалва Лхүндүвийн урилгаар Занва хийдэд Очирт багшийн суудлыг хүлээн авч зүүн зүг Амдог чиглэн аялж өмнө зүг эргэн Замтанд хүрэлцэн ирэв. Замдаа Ажон хааны аймгаар дайрангаа Ажон Данзан Даржаа хаанд таван хоног ном айлдаж өгчээ. Яг энэ үед Яртан Хийд анх байгуулагдсан билээ. Уг нь Нямавагийн урсгалын хийд байсныг хаан болон Нямавагийн хийдийн хамба Домца Лама Гунгаа нар Жонангийханд бэлэглэсэн ба энэ нь Гологын зэлүүд нутагт байгуулагдсан Жонангийн анхны хийд боллоо.

Данзан Намжалыг Замтанд ирэхэд тэр хавийн лус савдагууд цугларан Бурханы номд зүтгэхээ андгайлан угтсан гэдэг. Нутаг хошуу даяараа баяр ёслолын байдалтай түүнийг угтан авахад Чойжэ Жалва түүнд өөрийн гэрийг өргөл болгон барьсан байна. Дараагийн хэдэн жил Данзан Намжал Дүйнхорын бүх ван авшгийг буулган, дэлгэрэнгүй номлолыг айлдаж Очирт Зургаан Йогийн тайлбарыг хийж, бясалгалд шавь нараа удирдан оруулах болов.

Замтанг гол төвөө болгоод Данзан Намжал ойр хавийн нутгуудаар явж ном айлдсанд Жонангийн сургаалд бишрэх сэтгэлийг ихэд төрүүлэв. Цаашлаад Амдо, Ава, Заго, Таху зэрэг газруудаар аялахдаа олон шинэ шавьтай болж асар их өргөл барьц хураасныгаа хэрэгцээтэй газруудад түгээн ялангуяа Үй, Зан-д үлдсэн лам нартаа дорвитой хэсгийн явуулжээ.

Данзан Намжалын алдар хавь орчиндоо түгсэнд нутагтаа залж аваачих гэсэн ноёдууд олширч эхлэв. Ном айлдах үедээ тэрбээр галыг захирах, усыг дор нь буцалгах гэх мэт увдис шидийг байнга үзүүлдэг байсан гэдэг. Тэр хавийн нутгийн хоёр хаан хоорондоо дайтсанд Данзан Намжалыг дундын зохицуулагч болооч гэж хүссэн байна. Тэр иймэрхүү зүйлд орооцолдохыг үл хүсэвч туслахаар зөвшөөрчээ. Харамсалтай нь хаадын нэг нь түүний хоолонд хор хийж өгснөөс болж насан эцэслэхэд хүрсэн ажээ.

Данзан Намжалын дараагаар түүний гол шавь болох **Агваан Жэвзүн Даржаа** Зангийн хийдийн Очирт багшаар томилогдов. Жэвзүн Даржаа бол ёс зүйг баримталдгаараа гайхамшигтай үлгэр дуурайл болсон нэгэн бөгөөд уйгагүй хичээл зүтгэлээр олж авсан өргөн уудам мэдлэгтэй байжээ. Тэрбээр Дарнан ууланд удаан хугацааны бясалгалд сууснхаа дараагаар нутгийн зөвлөлөөс түүнд адистид ихтэй газарт хийд барих саналыг тавив. Энэ газарт алдарт егүзэр Жигмэ Жэвзүн Жямцо Очирт Зургаан Йогийн номлолыг олонтаа айлдсан гэх бөгөөд бясалгалынхаа үеэр олон бурхдын ариун орныг үзсэн гэх ивээлт газар байснаар Голог, Амдо Ава орчимд Жонангийн оршин буйг хүндэтгэлтэйгээр илтгэсэн Цинан хийд тэнд ийнхүү сүндэрлэн босчээ.

Цагийн хүрдний их мастер Лодой Намжалын хоёрдугаар хойд дүр **Гүнсан Принлэй Намжал** маш багаасаа илт мэдлийн дээд түвшинд хүрсэн лам нараар ном заалган ялангуяа үндсэн багш лам Агваан Жэвзүн Даржаагаас олон номыг хүртсэн байна. Занвад тэр Цогт Дүйнхорын ван авшиг дамжлагыг бүрэн хүртэж эдгээр нандин эрдмийг хичээнгүйлэн судалж бясалгасаар сэтгэлийн нарийн түвшиндээ хүрчээ. Түүний алдар түгэн тарсанд далай их дагалдагсадтай болж 13-р Гармава, Дудул Дорж гэх мэтийн агуу дээдсүүд ч хол газраас аялан очдог болсон гэдэг.

Гүнсан Принлэй Намжалын тааллын шавь **Нүдэн Лхүндүв Жамцо** хэмээх маш чадварлаг егүзэр бүтээлч байсан бөгөөд дотоод гал *думмог* үлэмж төгөлдөржүүлэн, догшин хийгээд ялагдашгүй хоёр хүчийг сайтар эзэмшсэн нэгэн байсан ажээ. Тэр хавийн бүх тэнгэр хийгээд зэтгэрүүдийг эрхэндээ оруулж Бурханы номын үйлсэд зүтгүүлэх болсон гэдэг. Юг хэмээх хөндийд тэрбээр Доод Занва хийдийг байгуулж Дүвчэн Агваан Принлэйгийн хойд дүр Жигмэ Жамцын хамт амьтны тусыг бүтээх болсон байна.

Лхүндүв Жамцын дараагаар Лодой Намжялын гуравдугаар хойд дүр болох **Гончиг Жигмэ Намжал** аугаа Очирт багшаар гарч ирсэн билээ. Маргогийн хөндийд төрж Замтан хийдэд шавилан сууж Нүдэн Лхүндүв Жамц, Лама Лхацэ Жанцан нарын ивээл дор ном заалгажээ. Дараа нь Жонангийн хөндийд Гуйруг хэмээх гацаанд хатуужил бясалгалд хөл хорин суужээ. Жигмэ Намжял *Цагийн хүрдний Очирт Зургаан Йогийн* гол дадлагаасаа гадна *Нигумагийн Зургаан Сургаалын* авшгийг мөн хүртсэн байв. Уйгагүй зүтгэлийнхээ хүчээр тэр ухамсарлахуйн гайхам зэрэгт хүрч бүрэн эрхт Очирт мастер болж эцэст нь Замтан Занвад хийдэд Жонан урсгалын дамжлага атгагч удам дамжсан Очирт багшийн суудлыг зүй ёсоор эзэлсэн билээ.

ЗҮҮН ХЯЗГААР ДАХЬ РИМЭ ХӨДӨЛГӨӨН

18-р зууны төгсгөл үеэр Лхас дахь Төвөдийн засгийн газар болон өмнөд хөрш Непалийн харилцаа муудаж эхлэв. 1788 онд Непаль анхны Горхагийн булаан эзлэлт хэмээн түүхэнд нэрлэгдсэн дайралтаа хийлээ. Непалийг Төвөдийн хамгаалалтын системийг ийнхүү шалгах ажиллагаагаа явуулахад Чин улс Далай ламыг Лхасаас гаргахаас өөр дорвитой арга хэмжээ авсангүй. 1791 онд хоёр дахь дайралтаа хийх үед Непаль Зан аймаг дахь Шигацэ хотыг булаан эзэлж тэнд байсан Даш Лхүнбэ хийдийг булаан эзлэв. Төвөд Хятад хоёр хүчээ нэгтгэн дайрч Горхаг буцаан Катманда руу нь хөөснөөр энэ будилаан шийдвэрлэгдлээ.

Лхас дахь улс төрийн байдал тогтворгүй олон жил болсны дээрээс энэ хоёр удаагийн дайралт нэрмээс болж ямар нэгэн өөрчлөлт хийхгүй бол болохгүй байсан тул Чин гүрний Эзэн хаан Далай ламын төрийн үүргээс хамжуулах нэрийн дор хоёр шинэ амбан сайдыг хилийн хяналтыг бататгах зорилгоор томиллоо. Энэ байдлаас болж төв болон зүүн Төвөдийн нутгаар олон цэргийн хуаран барих хэрэгтэй болсонд Хятадын цэргийн хөл хөдөлгөөн бүр ч их болов. Зарим хүн Хятад улс төв Төвөдийг бүрэн хянаж Төвөдийн Кашак зүгээр ерөнхий зохицуулалт хийх бэлэг тэмдгийн чанартай хадгалагдаж үлдсэн хэмээн бодох болсон байна.

Энэ үед Эзэн хааны туслалцаатайгаар төв Төвөд бараг тэр чигээрээ Гэлүгвийн урсгал болсон байлаа. Цөөхөн хэмжээний бүлэг өөр урсгалынхан байвч эсвэл уусаж, олон жилийн турш явагдсан урсгал хоорондын тэмцлээс залхан дайжицгаасан ажээ. Урьд дурдсанаар дайжигсдын ихэнх нь олон ургалч үзлийг дэмждэг хаант улсууд болох Амдо, Хам аймгууд руу гарсан байна. Өөрсдийн уламжлалт шашнаа \ихэнх нь устдагийн даваан дээр байв\ авч үлдэх гэсэн чин хүслээр зарим томоохон лам нар римэ зам руу орохыг эрмэлзэх болжээ.

Алдарт римэ зүтгэлтэн Гунгаа Долчог, Дарнат, Сажагийн лам Жамъян Жянцэ Ванбо, Гаржүдвийн лам Жамгон Контрул Лодой Таеэ нар *Римэ Хөдөлгөөн* хэмээн түүхэнд нэрлэгдсэн хөдөлгөөний гол баатруудбайсан юм. 19-р зууны ихэнх үед тэд нар өөр урсгалуудын хоорондын тархай бутархай нэгдмэл бус байдлын эсрэг идэвхтэй ажиллагаа явуулан улс орон даяар сүсэг бишрэлээ дээдлэн бие биенийхээ үзэл баримтлал, арга барилыг хүндэтгэн, муу сэтгэлээ хэрхэн ялан дийлэхийг тэр үеийхэнд зааж үлгэрлэсэн билээ.

Жянцэ Ванбог өөр бусад урсгалуудыг цуглуулан хадгалж хойч үедээ өвлүүлэн үлдээхийг эрхэмлэдэг байхад Жамгон Контрул амьдралынхаа ихэнх хэсгийг тэдгээр урсгалуудыг нэгтгэсэн *Таван ном* хэмээх нэвтэрхий толийг бүтээхэд зориулсан билээ. Өөрийн бүтээсэн олон судар номдоо тэр Жавзан Жонанваг ихэд магтан мөргөж, итгэл бишрэлийн гол ундрага гэж нэрлэсэн байдаг. Контрул өөрийгөө намтартаа Дарнатын хойд дүр гэж илтэд үзсэн байх бөгөөд энэ нь түүний Замтанд очиж Лама Агваан Чойпэл Жамцын дор сурч бат барилдлага тогтоосных байж мэднэ.

Зука аймагт төрсөн **Агваан Чойпэл Жамцо** хар багаасаа л Замтан хийдэд сурч бясалгах юмсан гэсэн мөрөөдлөөр өсөж торнижээ. Тэрбээр арван настайдаа гэрээсээ оргож, сахил хүртэхээр Занва орсноос хойш олон жилийг ном үзэж өнгөрөөгөөд эцэстээ Лхацэ Агваан Жанцан гэдэг ламаас Дүйнхорын ван хүртжээ. Тэгээд гурван жил Эхний хоёр йогийн хатуужил бясалгалд сууснххаа дараагаар олон өөр урсгалуудыг судалж ялангуяа Зогчин ёсыг номлодог Нямавагийн урсгал, Нигумагийн сургаалыг судалдаг Шанба урсгалуудтай холбоотой болсон гэдэг.

Чойпэл Жамц Занва хийдийн ахлах ламаар сонгогдон хөдөө орон нутгаар явж байхдаа Занвагийн лам нарын тусын тулд олон зан үйлүүдийг үйлдэн явж ихээхэн чадварлаг лам болохоо нотлон харуулжээ. Үүний дүнд айлчилсан газар болгондоо ихээхэн тусыг бүтээн Замтан хийдийг томсгох эх үүсвэр, хөрөнгө мөнгийг чамгүй цуглуулсан байна.

Түүнийг тавин настайд нь Гончог Жигмэд Намжал өөрийн залгамжлагч болгон Замтан Занвагийн Очирт багшаар өргөмжилжээ. Энэ үеэс эхлэн номын ван авшиг, сургаал зааварчилгааг харамгүй хүртээх болов. Жамгон Контрул анх Замтанд ирснээс хойш Чойпэл Жамцаас Шандон Төв Үзэл, Гухясамажа, Жод болон Очирт Зургаан йогийн номлолыг сонсож тэд бат холбоог тогтооцгоожээ.

Тэр жилүүдэд Чойпэл Жамц, Хаан Мэй Жалбогийн урилгаар Ава аймагт уригдан янз бүрийн урсгалын хийдүүдэд номлол айлдан явж алдартай римэ мастер болохоо харуулсан билээ. Дараа нь Нямавагийн алдарт лам Патрул Ринбүчид Нигумагийн сургаалыг, Зичэн Вайрочанод очиж Очирт Зургаан Йогийн сургаалыг айлдан явсаар наснныхаа төгсгөл хүртэл амьтны тусыг бүтээн аль нэгэн урсгалаас үл хамааран цуцашгүй үйлсээр сургаж явах зуртаа гурван сайн шавьтай болсон нь: Агваан Чойжи Пагва, Агваан Чойжор Жамцо, Агваан Чойжин Жамцо нар юм.

Долоон настай байхдаа Жигмэ Намжялаас сахил хүртсэн **Агваан Чойжи Пагва** өөрийн бие сэтгэлийг хар багаасаа Бурханы номд зориулсан аж. Тэрбээр хоринтав хүрэхдээ өөр өөр дандарсын зуу гаруй хот мандлыг судалж тэр болгоныг нэг бүрчлэн гайхам нарийн дүрслэж чаддаг болсон байлаа. Түүнийг энэ авьяас нь Жонангийн алдартнуудын нэг болгосон билээ.

Жамгон Контрул, Патрул Ринбүчи, Юдог Гарма нараас олон номыг хүртсэн Чойжи Пагва гол томоохон урсгалуудын номлолыг хоорондо нь сайн ялгадаг болсныхоо дараа эдгээрийг бясалгалдаа хэрэгжүүлж олон сонин үзэгдлийг үзэх болсон гэдэг. Нэг удаа Цагийн хүрдний бясалгал хийж байхдаа Шамбалын Ригдэн Пундарика, Гүнчэн Долбуба нарыг, мөн Дамдин Янсэн Бурханыг бясалгалынхаа үеэр Диваажингийн ариун орныг үзжээ. Тэрээр Шамбалын орныг байнга харж цагаан титэмтэй хүн түүнд олон нууц үзэгдлийг таниулахыг хардаг байв.

Чойпэл Жамцыг насан өөд болсны дараа Чойжи Пагва тодхон зүүд үзсэн нь, багшийгаа тэнгэрийн оронд Бурханы номыг айлдан сууж, олон сургаалыг түүнд адислаж байна гэнэ. Энэ үеэс хойш маш олон тооны хүмүүс газар газраас ном заалгахаар ирцгээх болсонд Чойжи Пагва шавь оруулахдаа маш нухацтай хандан ирсэн болгоныг шавиа болгож авдаггүй журамтай байв.

Цагаан титэмтэй хүн дахин түүний зүүдэнд зочлоод хангалттай тооны хүнд ном айлдсангүй хэмээн түүнийг зэмлэснээс тэр тавьсан журмаа өөрчилж илүү олон хүнийг сургалтдаа хамруулах болсон ажээ. Ажион, Лхацэ, Зукагийн олон лам нарт номын эрх олгосны дараа тэр ихээхэн өргөл цуглуулснаа Замтан хийдэд маш том мөргөлийн сүм нэмж бариулах үйлсэд зориулжээ.

1878 онд Чойжи Пагва насны эцэс ойртсоныг ойлгоод шав нартаа: "Энэ жил би нөгчих болно. Та нар Жонангийн сургаалыг цэвэр ариун ёс зүйтэйгээр үргэлжлүүлэн, залхуурал хийгээд хөөрүү зангаар хэзээд бүү бохирдуулагтун. Би сахилаа хэзээ ч зөрчиж юмуу дорой түүлж яваагүй билээ. Миний хувьд салангид үзлээс бүрэн ангижирсан тул шөнө, өдөр хоёрт ялгаа нь үгүй. Би цаг үргэлж аяндаа үүссэн гэгээн гэрлийн туяагаар дүүрэн байдаг билээ" хэмээгээд удалгүй нирваан дүрийг үзүүлсэн гэдэг.

Чойжи Пагвагийн залгамжлагч нь **Агваан Чойжор Жамцо** гэдэг түүний номын нөхөр-дүү байв. Тэр Чойжи Пагвагийн нэгэн адил Занва Гэлон, Чойпэл Жамц нарын шавь байв. Арван-таван настайгаасаа эхлэн Чойжор Жамц

Очирт Зургаан Йогийн дадлагын дэлгэрэнгүй номлолыг Нигумагийн Зургаан Сургаалын хамтаар авлага болгон дадуулан үйлдсэнээр нэн ариунаар үзэхүйд хүрч багшийгаа Гүнчэн Долбубагаас ангид бус хэмээн сэтгэж үүндээ түшиглэн үл урвахуйн амгаланд уусан бясалгаж чадав.

Тэгээд дараа нь Очирт Зургаан Йогийн хатуу бясалгалд орох үедээ илт мэдлийн маш гүнзгий түвшинд хүрч олон дүрсийг бүрэн эрхшээгээд зогсохгүй маш нарийн түвшнийхээ хий дусалны эргэлтийг эрхэндээ хураасаар тоогүй олон өнгө хийгээд дүрс бүхий ядам бурхад, хэмжээлшгүй ариун орнуудыг нүдээр үзэв. Өөрөөр хэлбэл Чойжор Жамц эдгээр дадлагын дунд бурханлаг чанарыг илтэд онож дараа нь Нигумагийн Зургаан Сургаалаар бясалгаад гэгээн гэрэл, зүүдний йогийг төгөлдөржүүлэн өөр олон увдис шидийг эзэмшив.

Дөчин-таван насандаа хязгааргүй амжилтанд хүрсэн Чойжор Жамц Занва хийдийн Очирт багшийн суудалд заларлаа. Үлдсэн амьдралаа Замтанд суух олон лам хувьрагт ном айлдан, Бурхан багшийн үеэс уламжлан ирсэн Цагийн хүрдний ёсыг өвлүүлэн үлдээх, Жонангийн сургаалыг цэврээр нь хадгалах үйлсэд бүрэн зарцуулсан байна. 1910 онд өвчний шинж тэмдэг илэрснээр насан өөд болжээ.

Занва Гэлонгийн олон шавь нар дотроос **Агваан Чойжин Жамцо** бол дандарын ёсоор замнан хамгийн их амжилтанд хүрсэнд тооцогдож иржээ. Найман гэгээний нэг Акашагарба Бодьсадвын хувилгаан, мөн Долбубагийн шавь Чадраа Балын хойд дүр гэж үздэг Чойжин Жамц Очирт Зургаан Йогийг авлага болгогч олон мянган шавийг гайхуулсан олон увдис шидийг эзэмшсэн нэгэн байв.

Зука аймгийн Вашул гацаанд төрсөн тэрбээр сургуулийн насанд хүртлээ авга ахаараа ном заалгаж байгаад дараа нь Замтанд очиж Занва Голонд шавь орсон байна. Чойжин Жамц багшийгаа анх хараад шууд хязгааргүй сүсэг төрөн шавь орох хүсэлтээ дор нь илэрхийлэн мөргөжээ. Урьдчилсан бүх сургалтыг Очирт Зургаан Йогийн оньсон түлхүүр, увдис зааварчилгаа, Агваан Чойжин Жамц гэдэг нэрийн хамтаар хүлээн авсан байна.

Бясалгал бүтээлд суугаад зургаан йогийн шат болгонд зохих ухамсарлахуйн гүнзгий түвшинд хүрчээ. Эхний хоёр йогийг гүйцээгээд хоосон дүрсний арван шинжийг бүрэн үзсэнээсээ хойш бясалгалын байдал бясалгаагүй үеийн байдлын хооронд түүний хувьд ялгаа алга болсон байна. Гурав, дөрөвдүгээр йогт хүрэхдээ дотоод хий дуслуудаа бүрэн эрхэндээ оруулснаар хана нэвтлэн гарах, завилсан чигтээ агаарт хөөрөх зэргийн шидийг эзэмшив. Тавдугаар йогийг төгөлдөржүүлэхдээ Шамбалын орныг үзээд заавар авахаар тийш байнга зорих болсон байна. Нэг удаа түүнд олон шинэ дасгал хөдөлгөөний зааврыг өгсөнд тэдгээрийн маш их ашигтай болох нь удахгүй тодорхой болсноор бүхий л хийдүүд авлага болгон дадуулдаг заншил тогтсон гэдэг.

Очирт йогийн бясалгалд ормогцоо сэтгэл нь гэгээн гэрлийн туяанд бүрэн уусаж орхидог байсан бөгөөд Занва Гэлон багш нь түүнийг энэ янзаар орхивол ариун оронд шингэчихэж болох тул болгоомжлон өөрийн увдисыг ашиглаж шавиа буцааж биед нь авчирдаг байсан ажээ. Энэ үед Чойжин Жамц ариун газарт байлгасангүй хэмээн ихэд дургүйцсэнээ номын нөхдөдөө хэлсэн байдаг. Багш нь түүнийг энд уяж байх гэсэндээ уран бичлэг, одон орон, урлагийн хичээлээр анхаарлыг нь татах гэж үзэнд багшийн зөвлөгөөг үл харгалзан зургаан йогт төгөлдөржөөд өөр бусад дандарсын системүүдээр бясалгаж эхлэсэн байна.

Маш нэгэн гайхамшигтай ламтай учрах зөгнөл хүлээн авснаас хойш удалгүй Чойжин Жамц Лхацэ Жабгон гэдэг Нямавагийн ламтай учирч олон ном хүртээд ялангуяа *Тасар татах ёсон* \Жод\ хэмээх ёсонд гүнзгий дадлагажив. Энэ ёсны гол арга нь зэлүүд эзгүй газарт очоод өөрийн бие махбодыг оюун санаандаа сүнс чөтгөр зэрэгт тахил болгон өгч байгаагаар бясалгах явдал байсан бөгөөд түүнийг энэ дадлагадаа орох үед тэр зүгээс аймшигтай араатны дуу чимээ сонсогдох тул сонссон хүмүүс айж зугатаадаг байсан гэж ярьцгаадаг.

Амьдралынхаа туршид Чойжин Жамц Амдо, Хам аймгуудаар Занва хийдийн нэрийн өмнөөс аялан шидийг бүтээн гэмтсэн, өвдсөн зовсон хүмүүсийг эмчилдэг байжээ. Дотоод хийн хүчээр хол газрыг товчлон очиж шинэхэн өвчилсөн мэдрэмжийг дор нь амжиж ариунд урвуулж чаддаг байжээ. Эдгээр олон шидийнхээ ачаар Чойжин Жамц зэрэг дэв үл харгалзан түмэн олонд шилдэг бүтээлч хэмээн алдаршжээ.

Занва хийдийн өмнөөс хүлээсэн үүргээ биелүүлж дуусгаад тэр өөрийн уламжилж авсан гүнзгий сургаалыг бусдад түгээх үйлсэд зүтгэж эхлэв. Тэрээр Кари Ритрод \мөн Даш Лхари Цэ гэж нэрлэгддэг\ гэдэг гацаанд маш хувьтай хэдэн шавь нараа дагуулан Цагийн хүрдэн, Шанба ёсны сургаалын үүсгэлийн ба төгсгөлийн зэргийг анхааран авлага болгож, уртын бясалгалд хөл хорин суусанд шавь нарын ихэнх нь амжилт гаргаж багшдаа хязгааргүй итгэл төрөн биширсэн гэдэг. Чинхүү сүжиг бишрэл байвал зохих ёсоор дадуулж чадаагүй нэгэн ч гэсэн далай их билгүүний чуулганыг хуримтлуулдаг хэмээдэг нь үнэн ажгуу.

Чойжин Жамцыг ван авшиг хүртээх юмуу үүсгэлийн зэргийн аль нэг дадлагад орох болгонд шавь нар нь хувилсан ядмын дүрээр байнга хардаг байсан ба Нархажид Бурханы бясалгалын үед өөрөө Очирт Дагина болон үзэгддэг байжээ. Үүний адилаар догшин Ямандагын бясалгалд орохдоо тэр тоогүй олноор хувилан арван зүгт үзэгддэг гэж ярилцдаг. Лама Чойжин багштайгаа байх үедээ шавь нар нь үнэхээрийн гайхам үзэгдэл олныг үзэх болдог байжээ.

Амьдралдаа тэр *Манзушрийн Нэрийн* тарнийг тасралтгүй уншдаг байсан гэх бөгөөд *Цагийн хүрдэн, Чакрасамбара* хоёрын тарнийг таван сая гаруй тоолсон гэдэг. Очирт Зургаан Йогийн бясалгалын талаар маш олон ерөөл, магтаал залбирал, тайлбар зэргийг зохиосноор үүнийг авлага болгогчдын тоо сүрхий өсчээ.

Далан-таван насандаа маш их зүйлийг хэдийнэ амжуулсан Чойжин Жамц хүнтэй үг солих нь улам багасан сэтгэлийн нарийн түвшиндээ уусах нь элбэг болсоор дээд төрлийн орон энэ дэлхийн алинд байгааг ч ялгах аргагүй болсон байв. Олон хүн түүнийг өөд болох цаг ойртсоных гэж үзээд биднийгээ бүү орхин яваач хэмээн зүрхээ шаналган гуйх болжээ.

Тэдний хүсэлтийг болгоон нуруу эгцрэн сууж бас гурван жил хойшлуулахдаа идэх уух ч үгүй олон хоногоор байх болсонд жаахан ч гэсэн юм идээч хэмээн шавь нар нь хичээнгүйлэн гуйсаар идүүлэхэд хэчнээн ч идсэн дуслын төдий ялгадас үл гадагшлуулна. Энэ үедээ түүний авир таах аргагүй ба ер бусын хэдий ч ямагт хязгааргүй бишрэм байдаг байжээ.

Нөгчих үе ойртон ирэхэд Чойжин Жамц маш уртаар амьсгаа авч гаргах нь удааширчээ. Энэ янзаар хэдэн долоо хоносны дараа бүл дүү нь түүнийг бясалгах байдлаар суугаад нүдээ өөдөө чиглүүлсэн байхыг харжээ. Багшийгаа алдана гэхээс тэсэх аргагүй болсон бүл дүү нь жаахан юм идээч хэмээн гуйсанд Чойжин Жамц ихэд догширч дэмий саад хийлээ хэмээн дүүгээ зэмлэжээ. Тэгснээ зовох хэрэггүй гээд хажуу талаараа хэвтсэнээр гэгээн гэрлийн туяанд нэгдэн бүрмөсөн үнэний оршихуйдаа шингэжээ.

Сүүлд илэрхий болсноор Чойжин Жамц өөдөө ширтэн суусан нь оюун санаагаа хэдийнэ төрчихсөн буй хойд төрлийнхөө ухамсарт чиглүүлэхийг оролдож байсан ажээ. Харамсалтай нь бүл дүүгийнхээ тасалдуулж орхисноос болоод үүнийгээ гүйцэлдүүлж чадаагүй байна. Юутай ч гэсэн түүний үхлийн дараа олон гайхамшигтай үйл явдал тохиолдсон байдаг. Түүний цогцсыг чандарласны дараа ямар нэг эд зүйл үлдээж үү гэдгийг шалгахаар суваргыг онгойлгосонд хоёр хос яс олдсон гэдэг. Тэрхүү ер бусын шинж тэмдэг Чойжин Жамцын Дүйнхор Вишвамата эцэг, эхийн лагшинд төгс бүтсэнийг илтгэн байжээ.

ЖОНАНГИЙН СУРГААЛ ДАХИН СЭРГЭСЭН НЬ

Төв Төвөдийн хямралаас болоод Жонангийн урсгалынхан боловсрол гүн ухааны мэтгэлцээнээс нэлээд хөндийрчээ. Тэдний суралцах хөтөлбөр мэдлэг туршлагад тулгуурласан, аттаг ойлголт үгүй төлөвт оршиход чиглэн, итгэл бишрэл хийгээд бясалгалын хүчинд тулгуурладаг болсон байв. Үүнээс шалтгаалан Жонангийн эрдэмтэн лам нар тэр үед маш цөөхөн тоотой байсан бөгөөд тэдний судар бүтээлүүд бараг цөм дадлага бясалгалд зориулагдсан байсан гэж хэлж болно.

19-р зууны бүр сүүл үеийг хүртэл *Римэ Хөдөлгөөн* бүрэн сэргэх хүртэл дэвжсэнгүй. Зөвхөн тэр үед л Жонангийн авьяаслаг лам хув*рагууд дахин шинээр мэндэлж онолын талын бүтээлүүдээ туурвиж эхэлсэн билээ. Тэдний зүтгэлээр Жонангийн сургаал дахин сэргэж дадлага номлол хоёр илүү тэнцвэртэй хөгжиж эхлэх энэ өөрчлөлтийн тэргүүн эгнээнд **Бамда лам** зэргийн агуу мастеруудыявж байлаа.

Замтан хөндийн Бамда гацаанд төрсөн Түвдэн Гэлэг Жамц оюуны чадвар өндөртэй гэдгээрээ хурдан гайхагдаж ямар ч төрлөөр аливаа мэдэгдэхүүнийг ядах юмгүй ойлгож чаддаг ба Занва хийдийн багш нараасаа сурч мэдэх үйлсэд хамаг бага залуу насаа зориулсан байв.

Арван-найман настайдаа Бамда Гэлэг Хам аймаг руу аялж Зогчин хийдийн Шри Симха хэмээх шашны сургуульд бүртгүүлэн эртний Энэтхэгийн судрын ёсыг даган *Чойрын таван ботийг* судалжээ. Тэрбээр Зогчин Ринбүчи, Бадам Очир, Патрул Ринбүчи, Үржин Жигмэ Чойжи Ванбо болон Кэнпо Ажон зэрэг томоохон багш нараас далай их номд суралцжээ.

Тэндээсээ Балбун хийдийг зорьж очин *Наропагийн Зургаан Сургаалыг* тэнд заалган алдарт римэ мастер Жамгон Контрул Лодой Таеэгийн удирдлага дор шавилан суув. Тэнд байхдаа мөн *Бодьсадвын Явдалд Орохуйг* заалгасан бөгөөд онолын мэдлэг хуримтлуулснаар сэтгэл ханаж хэзээ ч үл болно гэж нэгэн хүний хэлснээс хойш дадлагадаа анхаарал их тавих болж, хүртсэн сургаал болгоноо харьцуулан шинжлэх болжээ.

Хорин-тав хүрээд бага дүүгийнхээ гуйснаар Замтанд эргэж ирэв. Тэрбээр Занва хийдэд суухыг зөвшөөрснөөр тэнд Занва Гэлонгийн заавар дор *Цогт Цагийн Хүрдэнг* арван хоёр жил судлан суухдаа өөр бусад урсгалын системийн ч авшиг зааврыг олонтаа хүртжээ.

Багш ламын өөд болсны дараа Бамда Гэлэг сургалтаа Замтан аймагт үргэлжлүүлэн Занвагийн шинэ Очирт багш Агваан Чойжи Пагвагийн шавь ёсоор Цагийн хүрдний сургаалыг төгсгөөд *Очирт Зургаан Йогийн* бүх оньс, увдис зааврыг дамжуулж авснаар 1877 онд багшийгаа бурхан болох хүртэл дэргэд нь байсан гэдэг билээ.

Бамда Гэлэг Бурханы номыг дээд туйлд нь хүртэл үзэхийг хичээдэг нэгэн байсан ажээ. Тэр Замтанд ном үзэх хугацаандаа Зонховын олон судрыг сонирхон судалж Жамъян Жэвагийн Гэлүгва урсгалын судруудыг үргэлжлүүлэн судлав.

1884 онд далай их судар тарнийн мэдлэгээ дадлага болгосугай хэмээн шийдээд Кари Ринпод орж, алдарт егүзэр Чойжин Жамцод шавь ороод олон үнэтэй зааварчилгаануудыг хүртээд эрчимтэй бясалгалд орж сууснаар амжилт олсны шинж тэмдгүүдийг дорхноо үзэв.

Тэндээсээ аялж өөр уулын гацаанд ном айлдаад хатуужил бясалгалд мөн суулаа. Ихэнх онолын сургаалаа тэр Гэмпэл Ридойд гэдэг гацаанд айлдсан байдаг. Бурханы номын өргөн их нэвтэрхий мэдлэгээрээ Бамда Гэлэг үнэнхүү алдарт римэ мастер болж, шавь орохыг хүсэгчид газар газраас хайж ирэх болов. Судар бичигт тайлбар зохиоход ихээхэн цагаа зарцуулах болсон бүтээлч ламын том зузаан эмхэтгэл ботиудын дотор Цагийн хүрдний дандарын ёсны бүхий л сэдвүүд болон Асангагийн *Илт онохуйн чимэг* судрын Төвөд хэл дээрх магадгүй хамгийн нарийн тайлбарласан тайлбар зэрэг багтдаг билээ.

Амьдралынхаа сүүл үед Бамда Гэлэг Ютог дахь Гаржудвийн хийдэд Очирт багшаар уригдан очсоноор тэнд *Наропагийн Зургаан Сургаалын* дадлагад зориулагдсан бясалгалын төв байгуулсан бөгөөд үлдсэн цагаа Контрул Ринбүчигээс хүртсэн сургаалуудаа дамжуулан өвлүүлэхэд зарцуулжээ. Түүний зохиосон хуваарийн дагуу бясалгасан шавь нар нэн даруй илт мэдлийг олж байлаа.

154

Жаран-гуравныхаа жил дээр тэр Манзушир Бурханыг бүтээж удахгүй түүнийг Дээд Шамбалын оронд Ригдэн хаан болон төрөхийн бошгыг хүртэв. Үүнээс хойш Бамда Гэлэгийн догшин зан араншин багасч аажуухнаар үхэлдээ бэлтгэж эхэллээ. Тэгээд нэг өдөр оройн хоолны дараа туслахуудаа явуулаад бясалгал хийх байдлаар сууснаа удалгүй *Наропагийн Зургаан Сургаалд* заасан тэр ёсоор ухамсраа урвуулан нирваан дүригг үзүүлжээ.

Бамда Гэлэгийн үйл хэргийг түүний шавь **Агваан Цогни Жамцо** үргэлжлүүлэв. Жонангийн аугаа эрдэмтэн Нябон Гунгаа Балын хойд дүр тэрбээр бага балчир цагаасаа Бурханы номд амтшин орж найман настайдаа цээжээр судар унших болсон аж. Арван настайдаа Кари Ридойд руу аялан Агваан Чойжин Жамцод шавь орохыг хүсчээ. Шинэхэн сахил хүртсэн Цогни Жамц *Цагийн хүрдний* бэлтгэлийн зэргийг хичээл зүтгэлтэйгээр зохих хэмжээнд хүргэн судлаад *Очирт Зургаан Йогийн* бясалгалд хэрэгтэй бүх авшиг эрхийг дамжуулан авснаас хойш удалгүй ухаан задарснаар ухамсарлахуйн олон өөрчлөлтийг үзэв.

Арван найман настайд нь Чойжин Жамц түүнд дандарсын бусад аймгийн ван авшгийг хүртээснээр зогссонгүй Гунгаа Хайдүв Ванбогоос Долбубагийн судрын цулуулгыг бүрнээр нь уламжлан авчээ. Цогни Жамц янз бүрийн ядам бурхадын тарнийг арвижуулан тоолсноор тогтвортой тодхон сэтгэлийн үзэхүйд хүрсэн байна.

Тарни хөгжөөн бясалгаснаар илт танин мэдэхүйг хөгжүүлсэн Цогни Жамц хамаг амьтны тусын тулд өөрийн үзлийг өргөжүүлэн тэлэх хэрэгтэй гэж цаашид суралцахаар шийдсэн байна. Тэрбээр Бамда Гэлэгийн удирдлага дор учир шалтгааны ухаан, танин мэдэхүйн онолын олон судруудыг судалжээ. Эдгээрээс судалгаа явуусны дүнд Бамда Гэлэг *Онолын Цуглуулга* \мэтгэлцээн хийж сурахад хэрэглэх болсон\ хэмээх судрын шинэ хувилбарыг зохион онол болгоныг дотор нь нарийн задалж үзүүлсэн билээ. Цогни Жамц Бамдагийн номд дэлгэрэнгүй тайлбар бичиж нэг ёсондоо үргэлжлүүлэн тайлбарласан ба энэ хоёр бүтээл сурагч хүмүүсийн бодлыг хурцлахаас гадна мэтгэлцээний нарийн аргатай болоход нь тустай бүтээл болсон юм.

Судрын хийгээд тарнийн ёсны маш олон судрын цаад учгийг баттай атгасан Цогни, Замтан хийд рүү нүүн сууршиж багшийхаа дэргэд сонсох, санах, бясалгалыг үргэлжлүүлэх болов. Зургаан Йогийн дэлгэрэнгүй номлол зааврыг хүртсэнээс хойш тэр бэрхшээлтэй асуудлуудыг тодорхой болгох талаар олон бүтээлийг туурвижээ.

Тэрбээр гучин насандаа Рэчун Дэдэн Чойсон дахь Замтан хийдэд голдуу байх болж учир шалтгаан, танин мэдэхүйн онол, судрын ёс, тарнийн ёс ялангуяа Цагийн хүрдний сургаалыг олон лам хув’рагт номлосон билээ. Тэр мөн буддын болон буддын бус шашны системийн ялгаатай байдал дээр маш цэгцтэй дүгнэлт хийсэн Шандон үзлийн талаар олон тайлбарыг бичиж үлдээсэн байна. Бамда Гэлэгээс өвлөж авсан римэ үзлээ тэрбээр Шандон үзлийн өвөрмөц ойлголтыг

Жонангийн сургаалын нэг шинэ чиг хандлага болгон харуулж чадсан ажээ.

Лама Цогни Жамцын зүрхэн шавь **Агваан Лодой Дагва** байсан ба Мати Ринбүчи нэрээр илүү алдаршсан байв. Тэр Жонангийн урсгалын хорьдугаар зууны хамгийн бүтээлч лам байсан бөгөөд түүнийг Долбуба, Гунгаа Долчог, Жэвзүн Дарнат, Ригдэн Намнан Дорж, Тэртон Хачод Линва ба Мипам Жамъян Намжял Жамцо нарын бүгдийх нь хамтын нэгдсэн дүр хэмээн үздэг байна. Хүүхэд байхын л уулын модонд гүйж очоод хэсэг модны хэлтэрхий дээр үсэг бичдэг байсныг эцэг эх нь ер бусын хэмээн таньж сургуульд явуулсанд долоохон настайдаа зөв бичлэг, одон орон, зан үйл, урлаг, уран зургийн нүдний дүрслэхүйн олон хэлбэр зэрэг мэдлэгийг хурдан сурч хөгжүүлэв.

Арван-хоёр настайдаа Дарна уулын төвд хэрхэн бясалгах ухаанд суралцав. Жаахан хүүхдэд хичээл заах сонирхолгүй байсан багш нь түүнд эхлээд Цагийн хүрдний бэлтгэлийн зэргийг маргааш өглөөний уншлагаас өмнө цээжилсэн байх хэрэгтэй гэж хэлэв. Маргааш нь түүнийг тэдгээр мөргөлийг чин сэтгэлийн бишрэлтэйгээр цээжээр уншихыг үзээд багш гайхсандаа хөшиж орхисон гэдэг. Тэгээд амласандаа хүрч түүнд үлдэхийг зөвшөөрсөн бөгөөд маргааш нь Лодой Дагва маш сонин зүүд зүүдэлсэнд, түүний өмнийн огторгуй суврагаар дүүрсэн байхыг харснаа хэлбэл багш сайны шинж хэмээн ихэд бэлэгшээснээр Цагийн хүрдний дадлагын замыг хүүд адислан хүртээсэн түүхтэй ажээ.

Гурван жилийн дараа Лодой Дагва сахил хүртэж Очирт Зургаан Йогийн оньс зааврыг хүртээд бусад олон дандарсын ёсны сургаалуудын хамтаар хичээнгүйлэн дадуулах болов. Ийнхүү зүтгэсний шимээр тэр ухамсар илт мэдлийн өндөр түвшиндээ хүрч чаджээ.

Тэрбээр Рэчун Уулан дахь бясалгалын Төвөд Жонангийн бүрэн сургаалыг Бамда Гэлэг Жамцын бичсэн тайлбаруудын хамтаар судалж байхдаа анх Цогни Ламтай дайралдсан ажээ. Тэгээд түүний заавар дор гүн ухаан, танин мэдэхүйн онол, судар, тарнийн бүх ёсонд төгс суралцжээ. Замтанд нүүж очсоныхоо дараагаар Лама Лувсан Цүлтэмд шавь орон суралцаж *Билиг Барамидын* судрын эмхэтгэлийг найман сар жаахан илүүтэйн дотор цээжилсэн гэж ярьдаг. Лодой Дагва Жонангийн тухайн үеийн томоохон хийд болгоноор аялж дуусаад тэр хавьдаа хамгийн мэдлэгтэй эрдэмтэн болон алдаршив.

Тэр зөвхөн сурч мэдсэнээрээ сэтгэл ханасангүй, мэдсэн зүйлээ улам өөд нь дэвжээхийн төлөө анхаарлаа чиглүүлсэн бөгөөд ихэнх цагаа *Очирт Зургаан Йог* болон *Нигумагийн Зургаан Сургаалын* хатуу бясалгах үйлсэд зориулсан байна. Зохиол туурвих гэсэндээ л бясалгалаа завсарлаж байв. Лодой Дагва мэдлэгийн онол, Шандон ухаан болон Цагийн хүрдний үүсгэлийн ба төгсгөлийн зэргийн дадлагын талаар маш олон тайлбар бүтээлүүдийг зохиосон билээ.

***

20-р зууны эхэн үе Жонангийн урсгалын дахин сэргэлтийн үе байсан билээ. Замтан хийд Жонангийн сургаалыг судалж дадлага болгосон мянга гаруй лам хуврагтайгаар тэр хавийнхаа хамгийн том шашны төв болон өсөв. Байдал хэчнээн хурдан өөрчлөгдөхийг хэлж мэдэх хүн олон байсангүй ажээ.

Энэ үед Чин улсын Төвөдөд үзүүлэх нөлөө мэдэгдэхүйц багасаж Орос, Англи мэтийн хаант улсуудын хүчин өссөнөөр Төвөд улс стратегийн үнэтэй газар зүйн бүс болон хувирлаа. Оросыг давуу байдалтай болчихно гэж айсандаа Англи аялалын багаа Төвөд руу илгээж худалдааны хэлэлцээр ч мөн тогтоолоо. Англи улс яах санаатайг сайн ойлгоогүй Далай лам Монгол руу дүрвэж тэндээсээ Бээжинд очлоо. Англи улс Лхасыг авсны дараа Хятадын засгийн газар янз бүрийн зүйл санал болгон зөвшилцсөний дүнд Хятад Төвөдийг эрхэндээ авч чаджээ. Далай лам Лхаст эргэн ирсэн боловч Хятадын талаас одоо харгис үйл ажиллагаа өрнөж эхэлсэн тул Энэтхэг рүү дахин дүрвэхэд хүрсэн билээ.

Төвөдийн талаас олон удаагийн амжилтгүй бослого зүүн хязгаарын Хам нутагт дүрэлзэн гарсан ч Чин гүрний нэмэгдүүлсэн цэргийн хүчнээр дорхноо дарагдан унтарч эцэст нь тэд Чинхай\Хөх нуур муж\, Сичуан, Юннан мужуудыг эзлэн авав. Лхаст нэрээ бичиж хадсаныхаа дараагаар Хятад Төвөдийг бүтнээр нь эзэгнэхийн тулд баруун зүг тийш хөдөлжээ. Гэвч Хятад дахь олон жил үргэлжилсэн иргэний дайнаас болж Чин улс мөхсөнөөр энэ ажиллагаа таслагдаж үндэсний үзэлтнүүд ялж Хувьсгалт Хятад улс шинээр мэндлэв. XIII Далай лам энэ бололцоог ашиглан Төвөдийн тусгаар тогтнолыг яаравчлан тунхаглаж авлаа.

Энэ дараалсан үйл явдлуудаас болоод Төвөд албан ёсоор хуваагдахад хүрсэн юм. Далай лам Үй, Зан, Ари болон баруун Хам аймгийг хянаж Хятад Амдо ба Хам аймгийн зүүн хязгаарыг хянах боллоо. Энэхүү хуваагдал Төвөдийн соёлыг дараагийн хэдэн зуун жилийн турш олон улсад таниулахад жинтэй үүргийг гүйцэтгэсэн нь батлагдсан байна.

Шинэ Ертөнцийн Сорилт

Хорьдугаар зуун бол дэлхий даяар огцом өөрчлөлтөөр буцалсан эрин байсан юм. Орчин цагийн дайн түрэмгийлэл барууны орнуудад зүүний орнуудыг бодвол илүү хурдацтай хөгжлийг авчирч хөрөнгөтний нийгэм далайцтай хүчээ авч түрэн томорсоор дундаж давхаргад нь үнэт, ховор ашигт малтмалын эрэлт нийлүүлэлтийн хэрэгцээ шаардлагатай болж эхэллээ. Барууны орнууд цэргийн сүр хүчээрээ далайлган дайснуудаараа түүхий эдээр тасралтгүй хангах ашигтай худалдааны гэрээн дээр хүчээр гарын үсгийг нь зуруулж байсан юм.

Зүүний орнууд харгис үнэнтэй нүүр тулан орчин үетэй хөл нийлүүлэх гэж оролдохгүй л юм бол гадны хүчинд нухлуулах болохоо ухаарч эхэлжээ. Зүүний орнуудаас анх удаа үүнийг ухаарч шаардлагатай алхмыг хийсэн улс Япон байсан юм. АНУ, Англи, Франц, Герман зэрэг томоохон хөгжилтэй орнуудтай Япон харилцаа тогтоон мэдлэг боловсролоо хурдан дээшлүүлж, цэрэг армийнхаа ерөнхий зохион байгуулалтыг ч мөн өөрчиллөө.

Азийн орнуудын хүчний тэнцвэрийн түүхэн өөрчлөлт болсон Солонгосын хойг руу хийсэн Японы халдлага бусдаас урьтаж хөрш арлаа эзэгнэх гэсэн ихээхэн аз сорьсон алхам байсан билээ. Солонгос тэр үед Чин улсын татварт хураалгасан муж гэж тооцогддог байсан болохоор энэ дайнд өдөөн дуудсан алхам Япон Хятад хоёрын дунд яахын аргагүй будлиан үүсгэсэн юм. Машин техникийн хувьд давуу талаараа Япон Солонгосыг амархан эзлээд зогсохгүй Манжуур руу нэвтрэн ороход нь тэдэнд Хятадын хүчин саад хийж чадсангүй. Энэ явдлын төгсгөлд Солонгос тусгаар тогтносон улс болж, Япон хэдэн жижиг арлыг өөртөө нэгтгэн харин Хятад ялагдаа ихээхэн хэмжээний мөнгө, түүхий эдийн торгууль төлөх болсон билээ.

Түүгээр ч зогсохгүй нутгийнхаа заримыг гадны хүчинд алдсанаас шалтгаалаад Хятад орчин цагийг даган өөрчлөлт хийх зайлшгүй хэрэгтэйг ухаарч ирээдүйд дахин ялагдал хүлээх аз сорьсон зүйл хийхгүйн тулд Чин улсын засгийн газар шилдэгүүдээс бүрдсэн баг бүрдүүлэн барууны зэвсэг техник дээр дадлагажуулах ажиллагааг зохион байгууллаа. Энэ багаа *Шинэ Арми* гэж нэрлэн генерал Юан Шикайн мэдэлд захирууллаа.

20-р зууны эхэнд Хятадын нутагт ихэд ноцтой ган болж амьдрал тарчиг болсноор иргэд өөр өөр хааны сонирхлын дагуу хуваагдахад хүрснээр үндэсний хөдөлгөөн өрнөж Хятадыг гадаадынхнаас чөлөөлөх *Боксчдын Бослого* хэмээх хөдөлгөөн өрнөсөн юм. Үндэсний үзэлтнүүд улс даяар хүчирхийлэл үйлдэн олон тооны гадаадын иргэн, христийн шашинтнуудыг хүйс тэмтэрсэн билээ.

Чин гүрэн Боксчдыг зогсоохоос татгалзсан тул Найман-орны холбоо гэгч бий болон хорин-мянган цэрэгтэйгээр Хятадад дайран оржээ.

Энэ дайны үеэр генерал Юан империалистуудын талд байлдаж үндэс нэгтнээ мянга мянгаар нь хөнөөлөө. 1901 онд дайн дуусахад Бээжин хот холбоотны мэдэлд шилжин цэргүүд нийслэлд байршиж Хятад дайны төлөөсөнд бүх холбооны улсуудад асар их хэмжээний төлбөрийг төлөх болсон байна.

Дараачийн арван жилд Чин гүрний хатан хаан засаг төр, цэрэг арми, нийгмийг ерөнхийд нь өөрчлөх олон бүлэг арга хэмжээг авсан байна. Энэ *Шинэ бодлогын* санаа нь тус улсыг "барууннуулах" хийгээд империалист системийн орнуудтай нэгэн шугаман дээр өрсөлдөх чадвартай болгох явдал байлаа. Бусад орнуудад төлөх өрийг барагдуулахын тулд татварын хуулинд өөрчлөлт оруулах буюу татварыг өсгөх явдал байсан бөгөөд шинэ цагдаагийн байгууллага, шийтгэлийн шинэ систем зэрэг нь эдгээр өөрчлөлтөнд ундууцсан олныг хянах хэрэглүүр болон гарч ирсэн байна.

Энэ их өөрчлөлтийн дунд Хятадын Хан үндэстэн ба Манжийн төрийг барьж байсан цөөнх хоёрын дунд бие биенээ зэмлэх байдал улам өссөөр байжээ. Ихэнх хүмүүс шинэ хуулийг гадаадын хүчнийхэнд хятадын ард түмнийг зүтгүүлэх гэсэн ашиггүй үйлдэл гэж үзэж байлаа. Барилга төмөр замыг нураах мэтийн жижиг бослогын дөл 1911 онд энд тэндгүй улалзах болсноор Хятад улс *Шинхайн Хувьсгал* гэдэгт нэрвэгдэх нь тэр. Энэ бослогод гол удирдагч гэж байсангүй бөгөөд түүнд нэгдэгсэд нь үндэсний нэгдлийн талыг баригчид, хятадын орчин цагийн хөдөлгөөн, гадаадын бие даасан хүчнээс бүрдэж байв.

Улс хоёр хэсэгт хуваагдсанаар бослого төгссөн бөгөөд Чин гүрний Хатан хаан хойд нутгуудыг захиран, Бэйянь Армийн генерал Юанаар толгойлуулсан Бүгд Найрамдах Улсын Үндэсний Ассамблей Бээжинд байгуулагдлаа. Өмнө зүгт Нанкин хотод Сун Ят-Сэнд үнэнч хувьсгалт хүчнийхэн Хятадын Үндэсний Нам \Гоминдан\ болон бүрэлдлээ.

Энэ үеийн газар нутгийг өргөн хэмжээгээр тархсан эмх замбараагүй байдлын дунд генерал Юаний Шинэ Арми олон жижиг бүлгүүдэд хуваагдсанд бүлэг бүрийг хүчирхэг дайнч генерал даргалах болов. Энэ дайнч нөхдийн ихэнх нь өөрсдийн тусгаар тогтнолыг тунхаглан шинэ улс болохыг яарсан хүмүүс байсан ба түүхэнд *Дайнч Эрин* хэмээн нэрлэгдэж үлдсэн билээ. Энэ үед Төвөд, Гадаад Монгол хоёулаа тусгаар улсаа тунхаглан Хятадын цэргийг нутгаасаа хөөн гаргасан юм.

Чинхай, Сичуан, Шиканг зэрэг хятадын мужуудаар Төвөд угсаатнуудын дийлэнх нь хоёр том дайнч генералын удирдлага дор хуваагдсан нь: Ма бүлгийхэн Чинхайг, Лию Венхуй Сичуан ба Шиканг \Хам аймгийн баруун хязгаар\ нутгийг захирах боллоо. Төв Төвөд тусгаар тогтнолоо тунхагласан ч дайн өдөөгчид цэргийн хүчиндээ дулдуйдан Хам, Амдо аймгийн удирдлагуудад БНХАУ-д захирагдах ёстой хэмээн тулгаж эхлэв.

Бэри хошууны ноён Хамба болон Нярон, Даржаагийн хийдийн хооронд мөргөлдөөн гарсанд Арвангуравдугаар Далай Лам цэрэг гаргаж будлианыг зохицуулахаар мордуулав. Бэригийн ноён Сичуаны эзэн Лию Венхуйд туслахаар элсэн орж жаахан мөргөлдөөнийг Төвөд Хятадын хоорондын дайн болгон хувирч хөрш нутаг болох Чинхайд дайн өрнөж, Ма Буфан дайнд татагдан оржээ. Дайн өдөөгч хоёр генерал Төвөдийн хүчийг богино хугацаанд сааруулж тэднийг ухраагаад Хам аймгийн баруун хязгаарыг эзлэн авав. 1933 онд Английн улс төрийн хүчнээс дарамт үзүүлсний ачаар талууд Төвөдтэй гарын үсэг зурж Чинхай, Сичуаны будлианыг дуусгавар болгосон билээ. Харамсалтай нь Төвөдийн ард түмний аз дутахад энэ явдлаар угтаа Амдо ба Хам \Дохам\ хэмээн нэрлэгддэг байсан тэр нутгуудыг БНХАУ өөрийн мэдэлд оруулан захирах болсон юм.

БОРООНЫ ӨМНӨХ ШОРОО

Үйл явдлууд ийн өрнөж Төвөдийн хувь заяаг үндсээр нь эргүүлэх зуур Дохам аймагт байдал нэг их өөрчлөгдөж шалисангүй. Хятадын дайнч генералын мэдэлд байх Төвөдийн ноёдын эрхэнд байхын ялгаа үнэндээ маш бага байсан юм. Шинэ эзэн эсэргүүцсэн нэгэнтэй айхавтар хэрцгий харьцаж байсан ч сүм хийдүүд Хувьсгалт намын зорилгод садаа болохгүй л бол тэдгээрийг зоргоор нь орхиж, сүсэг бишрэлийн үйлээ үргэлжлүүлэхэд нь хориг саад тавьсангүй. Хятад улс дараагийн хорин жилийг иргэний дайнд зориулахад харин Замтан дахь Жонангийн лам хуврагууд чимээгүйхэн гэгээрлийн үйлээ үргэлжлүүлэн байсан юм.

Энэ зууны энэхүү ихээхэн маргаан төөрөгдлийн үеэр маш өвөрмөц нэгэн лам төрж, болсон бүхий л үйл явдлын гэрч болоод зогсохгүй мөн Жонангийн урсгалын дамжлага залгамжлагч болж, устаж тасрахаас сэргийлэх тавилантай байжээ. Тэр бол Жабжэ Лама Лувсан Принлэй-буюу Лама Лудрин гэж хүндэтгэн нэрлэгддэг миний эрдэнэ мэт эрхэм багш билээ.

1917 онд Зука аймагт төрсөн Лама Лудрин тэр дороо ер бусын нэгэн болохоо харуулж бага хүүхэд байхаасаа л лам мэт аашилж, найз нартаа ном айлдан бясалгал заах болов. Жаахан томрод нэлээд даажигнах зантай болж боломж л гарвал бусдыгаа элдвээр сорих дуртай боллоо. Түүний эцэг, эх хоёр сайн байлдагч болох болов уу гэж санаснаас бус шашин шүтлэг хөөнө чинээ санаагүй аж.

Тэрбээр арван-дөрвөн настайдаа лам болох хүсэлд хүчтэй эзэмдүүлэх болсонд эцэг, эх нь түүнийг үймүүлэхээс өөр нэмэргүйдээ гэж бодсон хирнээ Чаюл хийдэд номд сургахаар илгээжээ. Лама Лудрин тэнд Цагийн хүрдний агуу багш **Агваан Дамба Равжаатай** тааралдсан байна.

Дамба Равжаа өөрөө Агваан Чойжин Жамцын дэргэд арван-хоёртойгоосоо суралцсан бөгөөд түүний Кари Ридойд дахь төвд бясалган Очирт Зургаан Йогийн мастер болсон байв. Багшийгаа насан өөд болсон хойно Замтан Занва хийдэд хүрэлцэн очиж алдарт Бамда Гэлэг Жамц, Гунгаа Хайдүв, Лама Нямни нараас ном суралцах ховор завшаан түүнд тохиосон ажээ. Сургалтаа төгсгөөд Чаюл нутагтаа буцан ирж хийдийн хамба Зонво Жабгоны туслахаар томлогдов. Энэ суудалдаа арван-хоёр жилийг элээсний эцэст нь багшийнхаа халааг авч хийдийг толгойлох болсон байна.

Маш номхон хүлцэнгүй зантай бясалгагч байсан Дамба Равжаа албан тушаалаа сүсэг бишрэлийн дадлагатай хэзээ ч хутгалдуулж явсангүй. Хэчнээн ч их өргөл барьц цугласан тансаг тохитой амьдралд шуналгүй, тостой замба гурил идэн даруухан өрөөндөө сэтгэл хангалуун амьдарсаар насыг барсан ажээ.

Дамба Равжаа багшаасаа Лама Лудрин энгийн тав, энгийн бус хоёр бэлтгэлийн зэргийг хүртээд эдгээрийг хичээл зүтгэлээр дадуулан үйлдэж удалгүй амжилтад хүрэх суурийг тавьж чадав. Тэгээд Дүйнхорын ван хүртэж Очирт Зургаан Йогийн бясалгалд багшийн удирдлага дор суужээ. Эхний хоёр долоо хоногийн дотор илт онох, ухамсарлахуйн арван шинжийг үзсэнээр эхний Йогт хүрсэнд Дамба Равжаа түүнийг үнэхээр ер бусын бүтээлч шидтэний хойд дүр байна хэмээн дуу алдсан гэдэг. Тэрбээр Цагийн хүрдний дадлагыг алгасарал үгүй дадуулан байхдаа хуврагийн ёсыг ариунаар сахисан лам болохоо харуулж ухамсрын хэчнээн гүнзгий түвшинд хүрлээ ч ёс зүйгээ чандлан сахиж явсан байна.

Лама Лувсан Принлэйг хорин настай байхад гэр орнынх нь амьдрал доройтож хийдэд шавилан суух зардлыг төлөх хүнгүй болсонд тэр гэртээ харьж, хувиараа номоо үзэнгээ ивээн тэтгэгч эрэхийн завсар нутгийн зарим айлд судар унших өгдөг байжээ.

Нэг өдөр тэдний аймагт Есдүгээр Банчэн лам айлчлан ирсэнд хүмүүс тэр алдартай ламд бараалхахаар шавцгаан цагаан хадаг барин гүйлдэхэд Банчэн лам хариуд нь тэдний тэргүүнд гараа хүргэн адислаж явлаа. Тэгснээ Лама Лудринг тахил өргөхөд гэнэт зогсож хэсэг зуур ширтсэнээ дараа нь толгойгоо толгойд нь нийлүүлж адисалсан гэдэг билээ.

Гучин настайдаа байдал арай дээрдсэнд тэр ердийн сургалтдаа эргэн орж Лама Лувсан Цүлтэмд шавь оржээ. Жонангийн алдарт эрдэмтэн Лувсан Цүлтэм бол Агваан Чойжор Жамцын шавь байсан бөгөөд мөн Цогни Жамцын зүрхэн шавь нь байжээ. Тэр мөн ариун явдалт бясалгагч гэдгээрээ алдартай байсан ба хорвоогийн элдэв явдалд хэзээ ч сатаарч байсангүй гэдэг.

Дараачийн хоёр жил Лама Лудрин түүний алхам бүрийг даган өдөр шөнө үл ялган алгасарал үгүй суралцав гэнэ. Энэхүү гуйвшгүй хичээл зүтгэлийн үр дүнд тэр арван-хоёр жилд сурч гүйцээх эрдмийг хэдхэн жилд суралцаж дуусгав. Энэ үеэс эхлэн алдарт эрдэмтэн-бясалгагч хэмээгдэх болжээ.

1949 онд том гай дайрч Лама Лудрин хүнд өвчин хүрсэнд таван жил үргэлжлэх Очирвааний эрчимт бясалгалд яаран орж хөл хорин суулаа. Бясалгалын үеэр тэр өөрийн өвчнийг мянга мянган өт хорхой болон хувирч биеэс гадагшилан тахилын ширээн дээр тавьсан өргөлийн балинд шингэн орохыг нүдээр үзжээ. Ингээд бясалгал дуусахад тэрбээр өвчнөөсөө бүрэн ангижирсан байсан тул эмнэлгийн тусламж авах шаардлагагүй болсон байлаа. Балин харин машид их адистидтай эм болон хувирч хэчнээн ч удсан муудсангүйгээр үл барам устай жаахныг хольж хэрэглэхэд гайхам анагаах шидтэй болсон байв.

КОММУНИСТ ХЯТАДЫН СЭРГЭЛТ

Лама Лудринг өвчинтэйгөө тэмцэн ялж байх зуурт Хятад улс коммунист намыхны гарт эрс өөрчлөгдөж байлаа. 1926 онд Гоминданы удирдагч Чан Кай-Ши коммунистуудтай холбоо байгуулан Орос улсаас улс орны байдалд нөлөө үзүүлж чадахуйц хэмжээний цэрэг зэвсгийн шаардлагатай хангалт болон бэлтгэл үзүүлснээр тэд хамтдаа *Үндэстний Хувьсгалт Арми* гэгчийг байгуулж Бээжин рүү явган давшилт хийн хөдөллөө. Тэдний гол зорилго бол дайн өдөөгч олон жижиг бүлэг захирагч нарыг нэгэн удирдлага дор нэгтгэх явдал байлаа.

Замынхаа талд орсны дараа Чан Кай-Ши бодлоо өөрчилж Гоминданы зүүн жигүүртэй эрх мэдлээ хуваалцахгүй гэсэндээ өөрийн хүрээнээс коммунист хүчнийг цэвэрлэх гэсэн харгислалыг үйлдсэнээр Гоминданы засгийн газар хоёр хэсэгт хуваагдсан нь: Чан Кай-Шигаар толгойлуулсан Нанжин дахь баруун жигүүр, Ванг Жинвэйгийн удирдсан Уханий зүүн жигүүр юм. Уханий дэглэм бусдын жишгийг даган коммунистуудыг мөн эгнээнээсээ халснаар Оростой тэдний харьцаа бүрмөсөн тасрав.

Цэргийн баазаасаа хөөгдөн гарч талаар нэг тарсан Коммунист Нам одоо засаглал барьж буй Гоминданыг түлхэн унагахаар хөдөлж эхэллээ. 1934 онд Үндэсний Армийн хамтаар коммунистууд дайсныг үлдэн хөөх *Урт жагсаал* гэж түүхэнд нэрлэгдсэн стратегийн зорилготой хэд хэдэн үйл ажиллагаа явуулав. Коммунистууд эцэст нь баруун хойд мужийн Шанси орчимд бөөгнөрөн нэгдсэнд Мао Зэдунь намын даргаар томилогдов. Тэд улс даяар хөндлөн гулд туулахдаа янз бүрийн дайнч ноёдын дор нухлагдсан ядуу тариачин, ажилчин ардын дэмжлэг тусламжийг авч байв.

1936 онд Европт Дэлхийн хоёрдугаар дайныг эхлэхийн өмнө Япон Манжуур руу халдан Хятадыг эх газар руу нь түрэн байх үед Үндэсний болон Коммунист үзэлтнүүд ялгаатай байдлаа хүлээн зөвшөөрч нэгдэн гадаадын хүчнээс нутгаа чөлөөлөхөөр тэмцлээ. Үүний дунд *Нэгдсэн Фронт* үүссэн нь холбоотнууд гэхээсээ илүүтэй харгислалыг зогсооход Японы эсрэг хоёр талд тус тусдаа тэмцэж байв.

Дайн коммунист хүчинд ашигтайгаар төгсчээ. Гоминданы цэргийн хүч Японы дайралтаас хотуудыг хамгаалах үүрэг гүйцэтгэхдээ ихэд хохирч гүйцсэн байжээ. Коммунистууд харин хөдөө орон нутагт жижиг жижиг хэсгээр тулалдах тактик хэрэглэснээр хохирол бага хүлээсэн тул японы цэргүүдийн гарт зовогсодтой холбоо тогтоон хүчээ сэлбэх боломцоотой болсон байна.

Таван жил гаруй тулалдаж цус урсгасны эцэст Япон АНУ-д бууж өгснөөр Номхон далайн дайн төгсөж харин Хятад түр зогсоогоод байсан иргэний дайнаа дахин үргэлжлүүлж эхэллээ. Энэ удаад коммунистууд Үндэсний армийхны гаргасан стратегийн олон алдааг арилган Гоминданы хяналтан доорхи газар нутгуудыг нэгд нэгэнгүй самнан эзэлснээр 1949 онд Гоминдан хийгээд түүний дайнч хамсаатнууд албан ёсоор ялагдал хүлээн Тайвань арал руу цөлөгдсөн билээ. Хятад удаан мөрөөдсөн нэгдсэн Бүгд Найрамдах Улсаа гучаад жилийн турш байлдсан хэдэн арван сая хүний амиар ийнхүү байгуулсан ажээ.

Харамсалтай нь удирдагч Мао Зэдуний тушаалаар шинэхэн эзлэгдсэн нутгуудаар өөрчлөн байгуулалт хийж байгаа нэрийн дор үйлдсэн хүчирхийлэлд хүмүүс амь насаа алдсаар байв. 1950 оны эхээр Коммунист нам тариачдыг газрын эзэн, худалдаачдыг алж устгах эрх олгосны улмаас газар, өмч, байшин савыг нь булаан авах цуст хүчирхийллийн улмаас 1-4.5 сая хүн амь насаа алдсан гэх тоо баримт бий. Энэ аймшигт ажиллагаа боловсролтой сэхээтнүүдийн эсэргүүцлийг дараад зогсохгүй ядуу ардын дэмжлэг ба оролцоог бүрэн дархалж авсан гэж болно.

Ийнхүү Коммунист намыг Хятадын эх газар дээр дангаар ноёрхох болсон үед *Үндэстний Чөлөөлөх Арми* гэгч хятадын нэг хэсэг байх ёстой гэж итгэсэн бусад газар нутгийг мөн Хятадад нэгтгэх зорилгоор байгуулагдлаа. Лхас дахь засгийн газар Хятадын коммунист намтай тохиролцоонд хүрэх гэж хэд хэдэн удаа бүтэшгүй оролдлого хийсний дараа Хятадын Арми зүүн Чанду аймгийн хилээр дайран орж ирлээ. Зэвсэг техникийн өндөр бэлтгэлтэй Хятадын арми Төвөдийг ядах юмгүй эзлэн авч *Арвандолоон зүйлт гэрээнд* Төвөд улс хүчээр гарын үсэг зурах хэрэгтэй болж энэхүү хэлэлцээрийн төгсгөлд Төвөд албан ёсоор Хятадын нэгээхэн хэсэг болон хувирч Бээжин дэх коммунист дэглэмийн шууд хяналтан дор орсон билээ. 1951 онд БНХАУ-ын Чөлөөлөх арми Лхас руу цөмрөн орж ирсэн юм.

1950-аад онуудад Төв Төвөдийн засгийн газарт өөртөө засах шударга хэмжээний эрхийг зөвшөөрсөн бөгөөд өөрийн улсыг дур мэдэн удирдсаар байж болохоор байдалтай байв. Үй, Зан аймгууд газрын шинэчлэлийн хуулиас бараг чөлөөлөгдсөн байтал Чинхай, Сичуан харин тэгсэнгүй аз дутсан гэж хэлж болно. Эдгээр аймгуудын ихэнх газрыг баяд, ноёд, сүм хийдийхнээс булаан авч ядуу ардад олгон, олон том лам нарыг баяд ноёдын тоонд оруулан тооцож шоронд хорьж, биеийн хүчний хөдөлмөр эрхлүүлэхийг хүчээр тулган, олны өмнө шившиг болгох, тамлах зэргээр заримдаа бүр амь насыг хөнөөхөд ч хүрч байлаа.

Зүүн хязгаарын олон аймгууд хурдацтай өөрчлөгдөж байх зуур Лама Лудринд бурангуй хавчлагаас зайлах бололцоо олдсон байв. Коммунист хөдөлгөөн хол алслагдсан нутгуудад удаан хүрч нутгийн зөвлөлүүд сургууль барих дэд бүтэц хөгжүүлэх тал дээр коммунист намын зааврын дагуу ажиллаж 1950-аад оны сүүл үеэр харин илүү харгис тал руугаа шилжих хандлагатай болсон юм.

Энэ үед Лама Лудрин бясалгалаа хичээнгүйлэн үргэлжлүүлэхийн хажуугаар ихээхэн цагаа одон орон, тэжээхүй ухаан, Буддын гүн ухааны судалгаанд зарцуулан таван жилийг үзээд байтал 1954 онд гэвш болж удалгүй Даш Чойтан хийдийн хамба лам болно уу гэсэн хүсэлт ирэв. Анх Агваан Дамба Равжаагийн байгуулсан энэ хийд аугаа йоги Агваан Чойжин Жамцын бүтээлийн орон болсоор олон жилийг үзсэн байв. Тэнд багшлах зуураа Лама Лудрин олон хүнийг уяман болон бусад төрлийн өвчнөөс нь ангижруулан анагаах тал дээр ихээхэн амжилт гаргасан тул хүчирхэг оточ хэмээн алдаршиж газар газраас хүмүүс сураглан ирэх нь олширчээ.

Арваад жилийн дараа коммунистууд байгууллагын удирдагч нарыг "дахин боловсруулна" гэсэн уриан дор хөдөлмөрийн лагерьт ачих боллоо. Тэд Лама Лудринг Голог аймгийн Яртан гэдэг газарт авчирсанд байдал маш хэрцгий байсан ч гэлээ чухам тэнд байхдаа л үнэхээр эрдэмтэй хэсэг лам нартай уулзаж олон нандин сургаал номлолыг хүртэх сайн хувь түүнд тохиосон ажээ.

ЭСЭРГҮҮЦЭЛ БА ГАЛЗУУРАЛ

Коммунист Намын элдэв янзын шийдвэр дор Дохам аймагт тайван бус байдал газар авч байлаа. Зүүн Төвөдийн ард түмэн угаасаа ихээхэн бие даасан, бусдаас үл хамаарах шинжийн хүмүүс байсан тул эсэргүүцэн боссон гэхэд гайхах явдал үгүй байв. АНУ-ын ТТГ-ын тусламжтайгаар цөөн хэдэн тэмцэгчид жижиг багийн тактик хэрэглэн Амдо, Хам аймаг дахь байдлыг нэлээд нааштай болгожээ.

Эсэргүүцлийн Хөдөлгөөн нутаг даяар тархаж эхлэхэд Хятадын Ардын чөлөөлөх арми Төвөдийн хүн ардын тэмцлийн галыг унтраах хаигис хэрцгий ажиллагаа явуулан олноор түрэн орж ирсэн юм. Тэд эсэргүүцлийн хөдөлгөөний удирдагчийг эрэн сурвалжилж хүчирхийлэл, харгислал ихээр үйлдэн, хүн бусын аймшигт яргалал хийж эхэллээ. Сүм хийдүүд жижиг бүлгүүдийхний нуувч бааз болох нь олонтаа байснаас болж, лам хувраг, ани нарыг хараандаа аван тэдгээрийн сахил санваарыг зориудаар зөрчүүлэх зэргийг үйлдэн Эсэргүүцлийхнийг дэвслэн дарах оролдлогын явцад олон сүм хийд устаж сүйдэх болжээ.

Тэмцэл өрнөсөөр зүүн тийш газар авч эхлэхэд цэл залуухан байсан 14-р Далай лам нэг өдөр коммунист цэргийн баазад театрын тоглолт үзэх урилга хүлээн авчээ. Нэг ч бие хамгаалагч түүнийг дагалдах ёсгүй гэж мэдэгдсэнд олон хүн Далай ламын аюулгүй байдалд санаа зовниж байв. Тиймээс хэдэн зуун Төвөд хүн Норбулинка дахь түүний ордныг тойрон хүрээлж хамгааллаа. Байдал улам түгшүүртэй болж коммунист хүчин ордноос буудлага эхлэж бослогыг арчин дарснаар Гандан, Брайбүн, Сэра гэх мэтийн том хийдүүд ихэд хохирол хүлээв. 1959 оны сүүл гэхэд Хятад Төвөдийг бүхлээр нь захирах болжээ.

Хятадыг социалист супер хүчин болгон хувиргах чин эрмэлзэлтэй Мао дарга газрын дахин хуваарилалтыг шинэ шатанд шилжүүлэн *"Их Үсрэлтэнд Урагшаа"* гэсэн төслийг эхлүүлэв. Улсын газар тариалангийн эдийн засгийг нэгдэлжүүлснээр хүнсний үйлдвэрлэл асар ихээр нэмэгдэж хотуудад үйлдвэр хурдацтай хөгжих болно гэж тэр тооцоолсон байлаа. Гэвч энэ компанит ажил тэр чигээрээ бүтэлгүйтэн улс даяар ган гачигт нэрвэгдэн олны байдал тавгүй болж эхлэв.

Гологийн чулуурхаг тогтоцтой нутагт тэр төсөл жинхэнэ гамшиг байсан юм. Төвөдийн нүүдэлчин ард сарлагийн сүрэгтээ л ганцхан тулгуурлан амьдардаг. Гэтэл Маогийн шинэчлэлийн бодлогоос болж хамаг сүрэг малаа нэгдэлжих хөдөлгөөнд нийлүүлчээд нүцгэн газар дээр ногоо тарь гэсэн Бээжингээс ирүүлсэн шийдвэрийг хэрэгжүүлэх бүтэлгүй, цөхөрсөн алхмыг хийхэд хүрсэн юм. Хад чулуун тогтоцтой газраас үнэндээ юу ч ургаагүй болохоор коммунист нам ийнхүү ард түмнээ өлсгөлөнд нэрвэгдүүлж чадлаа. Энэ цаг үед олон Төвөд хүн гэр бүлээ тэжээхийн тулд амь сөрөн байж хулгай хийхэд ч хүрч байсан юм.

Их Үсрэлтийн бодлого улс төрийн гамшиг гэдэг нь нотлогдоход Мао Зэдунь засгийн газрынхаа өмнө нэр хүндээ алдаж суудлаасаа хүчээр огцрон мужийн захирагч болтлоо буув. Дараачийн долоон жилийн турш коммунист нам Маогийн үзэл тактикийг буруушаан дуу дуугаа авалцсаар түүний нөлөө бүрэн цэглэж анх гарч ирсэн унаган төрхөнд нь түүнийг буцааж оруулахад хүргэжээ.

Энэ хооронд Төвөдүүд сүүлийн арван жил үргэлжилсэн дарамт хавчлагаас жаал хөнгөрч амьсгаа авахтайгаа болов. Харамсалтай нь энэ байдал удаан үргэлжилсэнгүй Мао коммунист намыг дахин атгах бодолтойгоор шинэ кампанит ажлаа эхлүүлэв.

1966 онд *Соёлын Хувьсгал* гэгчийг Мао эхлүүлэн төр засаг капитализмын нөлөөнд автан завхарч байна гэж үзээд тэр үндэстний залуусыг "хувьсгалын" дайснуудын эсрэг харгис бүлэгт элсүүлж эхэлжээ. Улс орон даяар *"Улаан Хамгаалагч"* хэмээх зэвсэг агссан оюутан залуучууд дүүрэн байх болж, эсрэг хүчнээ зохион байгуулалттайгаар замаасаа зайлуулах аргад өөрсдийг нь ашигласан Маог хийсвэрээр тахин шүтэх хэмжээнд хүрчээ.

Соёлын хувьсгалын далбаан дор Төвөдийн шашны урсгалууд шууд дайралтад өртөж хийгдсэн бүх ажил талаар болон зүүн хязгаарт эхлэсэн газрын шинэчлэл орон даяар хамарсан гамшиг болж хувирлаа. Улаан Хамгаалагчид Төвөдийн нийгмийн дотор гүн нэвтэрч ороод "дахин боловсруулах" гэдэг нийгмийн олныг хамарсан уриан дор *Дөрвөн хуучныг* буюу хуучин заншил, хуучин соёл, хуучин дадал, хуучин санаа зэргийг устгах Маогийн онолыг нэвтрүүлж эхлэв.

Энэ хөдөлгөөний нэг хэсэг болгон сүм хийдийг үнсэн товрог болгох, судар номыг шатаах, бурхан шүтээнийг нь хэмхлэх зэргээр аашлах болов. Жонангийн гол хийдүүд бараг бүрэн устгагдсанд Лама Лудрин олон бурхан ариун шүтээнийг аварч нуун үлдээд Хятадын коммунист албаныхныг өөрсдийг нь гацаанд оруулах Хятадын хуулийн тухай мэдлэгээ мөн чадлаараа ашиглажээ. Тэгээд Улаан хамгаалагчдын нүднээс хол зэлүүд бөглүү газарт улсын хөрөнгийг хамгаалах нэрийдлээр шилжин суурьшсанд түүний хэн болохыг сураглаж мэдсэн нутгийн хүмүүс энд тэнд хадгалж нуусан байсан бурхан шүтээн тахилын ховор ариун зүйлсийг түүнд мөн авчирч өгснөөр удалгүй үнэлэхийн аргагүй эрдэнэсийн сан тэнд хуримтлагдав.

Энэхүү айхтар цөвүүн цагт лам, ани нар нууц байдалд шилжин орж зарим нь энгийн хүмүүс мэт амьдарч, ажил хийн шөнөөр дадлага бясалгалаа нууцхан явуулж байв. Аль нэг шашны үйл цөм хоригдсон байсан ч Жонангийн олон лам нар Цагийн хүрдний сургаалыг хадгалан өвлүүлэх гэж амь насаараа дэнчин тавин зүтгэсэн билээ. Зарим нь зэлүүд тайгад зугатан гарч алслагдсан агуйн нүх зэргээр нөмөр хийн Очирт Зургаан Йогийн урсгалыг хичээнгүйлэн хадгалсаар ирсэн билээ.

СЭРГЭЭН БОСГОЛТ БА УЛАМЖЛАЛ

Соёлын хувьсгал 1976 онд Маог үхэх хүртэл үргэлжлэв. Коммунист нам хэнээр удирдагч тавихаа зөвшилцөн Дэн Сяопин Хятадын шинэ удирдагч болов. Тэрбээр эрхэнд гармагцаа эдийн засгийн шинэчлэл өрнүүлж хамтрал, нэгдэл зэргийг тараан эцэслэж газрыг ард түмэнд буцаан олголоо. Шашин шүтлэгт тавьсан хоригийг ч хүчингүй болгов. Намын нарийн бичгийн дарга Ху Яобаны дэмжлэгтэйгээр Төвөд дэх коммунист бодлогыг өөрчилж тэдний өөрсдийнх нь гарал удмын үндсэн соёлыг дахин сэргээх ажиллагаа явагдаж эхэллээ.

Энэ үед Лама Лудрин нутаг руугаа буцан нүүж нурсан *Даш Чойдан* хийдийн балгас дээр хүрч очив. Соёлын хувьсгалын үеэр Хятадын цэргийнхний байрлаж байсан гол сүм л бүтэн үлдэж хоцорсон байлаа. Лама Лудрин чухам энэ нуранги дотроос л номоо айлдаж эхлэсэн юм.

Тэрбээр хийдийг дахин сэргээх гэж нэг их зүтгэсэнгүй билээ. Учир нь соёлын хувьсгалаас хойш хүмүүсийн амьдрал маш ядуу тарчиг байсан бөгөөд гол зорилго бол Бурхан багшийн ариун сургаалыг хадгалан өвлүүлэх явдал байсан тул сэргээн босголтыг байдал сайжиртал хүлээж болох байлаа. Тэр өөрийгөө тойрон цугларсан энэ зуу зуун шавь нартаа номын ван авшиг хүртээх номлох зэрэгт хамаг анхаарлаа тавьж байв. Хэсэг хугацааны дараа тэдний олонх нь амжилтанд хүрсэн чадварлаг бясалгагч нар болон хувирсан юм. Чойтан хийдээс олон багш нар төрөн гарч өөр аймгуудын сүм хийдээр явж ном айлдан эртний судар тарнийн ёсыг судлах шашны сургуулиудыг бий болгоход тусалж байлаа.

Амьдралынхаа сүүлийн жилүүдэд Лама Лудрин сургалтын гол хариуцлагыг хоёр гол шавьдаа шилжүүлэхээр шийдсэн нь Лама Нандон, Кэнпо Нанвабал нар байсан юм. Ариун явдалтай хувраг гэгддэг Лама Нантон дотоод хий судлуудаа удирдан ухамсарлахуйн гүнзгий түвшинд хүрсэн нэгэн. Тэрбээр алдарт егүзэр Агваан Ринпалын шавь байхдаа Цагийн хүрдний сургаалыг судалж дараа нь Даш Чойдан хийдийн Очирт багшаар өөрийг нь өргөмжилсөн Лама Лудринд шавь орон олон номыг хүртсэн ажээ. Кэнпо Нанвабал сургагч-багшаар сонгогдон лам нарт онолын суурь мэдлэг олгох үүрэгтэй байв. Тэр олон эрдэмтэн лам нарын дор ном үзсэн бөгөөд ялангуяа Бамда Гэлэгийн бүтээлүүдээс маш их иш татдаг байлаа. Энэ хоёр шавийн нэгэн хэвийн, тогтвортой чамбай удирдлага дор Даш Чойдан хийд олон зуун лам нарын гэр болон цэцэглэсэн юм.

Лама Лудрины сургаар тусламж зөвлөгөө авах гэсэн хүмүүс тал бүрээс ирэх болов. Зарим нь ном айлдуулахаар зарим нь өвчнөө илааршуулах гэж хүсэцгээнэ. Зарим хүний олон жил шаналсан өвчинг хэдхэн энгийн эмчилгээ хийх замаар эдгээн нэртэй оточ гэгдэх болсон ба зарим хүн өвчингүй хэрнээ адислалыг хүртэх гэсэндээ ч ирж байлаа.

Хэчнээн ч алдартай боллоо гэсэн Лама Лудрин хорвоогоос татгалзсан ердийн хувлагийн маягаар аж төрөн өдөр тутмын амьдралд онцын сонирхол татагдалгүй ялангуяа алдар хүнд нийгмийн байдал түүнд бүр ч сонин биш байв. Томоохон сүм хийдүүд түүнийг ном айлдуулахаар урихад ч хүртэл гол зүйлдээ л ганцхан анхаардаг байжээ. Олон сүм хийдүүд коммунист цэргүүдээс болоод сүйдсэн шашны сургууль, дацангаа сэргээх гэж хүчлэн зүтгэж байх зуур хувлагийн сахил, сахилга бат асар дороитсон байсан нь илэрхий болов. Энэ шалтгаанаар Цагийн хүрдний нандин сургаалыг машид хүндлэн бишрэх сэтгэлийн үүднээс тэр үүнийг нийтэд заахаас татгалзан зөвхөн үнэн сүсэгт бясалгалчдад л өвлүүлэхийг эрхэмлэх болсон байв.

1991 онд миний бие Чойданд анх ирээд төлөв даруухан хийдийн ядмаг орчинг хараад аянганд ниргүүлэх мэт болж билээ. Хурц тод өнгөөр будаж элдэв чимэглэлээр гоёсон сүм хийдүүдийг харж дассан надад уруудаж яваа газар шиг гаднаасаа харагдавч дотор нь суух лам нарын хичээнгүй бөгөөд сэтгэл ханамжтай байдал миний урьд өмнө огт дайралдаж яваагүй зүйл байлаа.

Эрхэм гүрү багшийгаа би анх Шандон төв үзлийн сургаалыг номлож байхад нь олон нийтийн цуглаан дээр олж харсан юм. Миний аз дайрч би түүнтэй биечлэн ярилцах боломжийг олсон ба бид хамтдаа сууж цаг хэртэй ном хэлэлцлээ. Маргааш нь би түүний ном айлдах арга барилыг ихэд бишэрсэн билээ. Тэрбээр шавь сонсогч нартайгаа машид ойр харьцаж асуулт асуун мэдлэгийг нь давхар шалгана. Зүгээр ч нэг судар цээжилснээр минь дүгнэж намайг шавиа болгохгүй нь тодорхой болсон бөгөөд бидэнд бясалгалын цаад утгыг бүрэн ойлгуулах гээд байсныг би ойлголоо.

Жилийн дараа Занвагийн Очирт багш Ёндон Жамцын хүсэлтээр бид шинэхэн байгуулагдсан Замтан Занва хийдэд хүрч очлоо. Багш тэнд хоёр-мянга гаруй лам хувлагт ном айлдсан ба номлолын үеэр амьд яриа чөлөөтэй өрнөн ойлгомжгүй зүйлсээ лам нар асуусанд ихээхэн цагийг багш минь хариултдаа зарцуулан тэдний төөрөгдсөн зүйл дээр тодруулга хийж өгч байв. Нэг шөнө би Гэлүгвийн нэгэн эрдэмтэн ламын бичсэн Шандон үзлийг няцаасан олон зүйл бүхий зохиолыг түүнд үзүүлсэнд багш маань маш баяртайгаар маргаашийн номлол дээр наадахаа аваад ирээрэй гэлээ. Энэ зохиол дээр үндэслэн тэр няцаалт бүхнийг нэг бүрчлэн хариу няцааж Шандон үзлийн эргэлзээ үгүйг амжилттай нотолж чадлаа.

Чойданд байхдаа би Цагийн хүрдний гүнзгий замын сургаалын дамжуулгыг Жабжэ Ламаас Жонангийн урсгалын заншлын дагуу хүртсэн билээ. Тэр эхлээд бидэнд үүсгэлийн зэргийн энгийн бэлтгэлийн дадлагын зохих ван авшгийг Цагийн хүрдний өвөрмөц бэлтгэлийн зэргийн оньс, увдис зааврын хамтаар хүртээлээ. Бид тэдгээрийг олон сар хичээнгүйлэн дадуулснаар төгсгөлийн зэрэгт ороход сэтгэлээ бэлтгэж авсан юм.

Лама бидэнд Дүйнхорын ван хүртээх үед би гэгээрлийн хот мандал хийгээд түүнд байх 636 ядам бурхадын дүрслэлийн цаад утгыг нэгд нэгэнгүй мэдэж байх багшийхаа чадварыг бишрсэндээ бүр хөшиж орхисон билээ. Түүний энэхүү ер бусын хүчирхэг нөлөөн дор сүм доторхи уур амьсгал тэр чигээрээ хувиран өөрчлөгдөж гэгээрлийн хот мандалд орсон мэт болоод бодлын самуурал үүсэх ямар ч орон зай үлдсэнгүй мэт болсон байсан юм.

Урьдчилсан бэлтгэлийн зэргийг төгсгөөд бид Очирт Зургаан Йогийн гурван жилийн бясалгалд орон суулаа. Энэ хугацаанд Лама Лудрин надаар хоёр бүлгийг удирдуулсан нь маш их нэр төрийн хэрэг байсан юм. Би бусдыг удирдахын тулд сургаалыг бүрэн сайн ухаарсан байх шаардлагатай тул улам шургуу судлах болов. Энэ гурван жилийн турш ихэнх цагийг бид өдөр шөнөгүй бясалгахад зориулж байлаа.

Ингээд 1997 онд бид Цог хэмээх өргөлийн зан үйлийг хийж төгсгөхөд багш өрөөнд орж ирээд бүлгүүдийн удирдагч нарт хандан олон сайхан үгийг хэлсэн юм. Миний болон бусдын гайхлыг төрүүлсэн явдал болж миний Лам багш намайг бусдаас онцгойлон үзэж *Кэнпо \Хамба* цолыг олгосон бөгөөд багш үүний амьдралдаа олонтаа хүртээж байсан хэдий ч нийтийн өмнө гардуулсан нь зөвхөн энэ тохиолдол байлаа. Тэрбээр өөр хоёр зүйлийг тусгайлан бэлэг болгосон нь ном айлдах болгондоо өмсдөг түүний малгай болон Цогни Ламын өөрийнх нь гараар бичигдсэн Амтиба Бурханы бясалгалын тайлбар хоёр байсан юм. Ийнхүү Лама Лудрин намайг багш болгож өөрийн энэ урсгалын угсаа уламжлагч болох эрхийг олгосон нь энэ билээ.

Уртын бясалгал дууссаны дараагаар надад шууд багшлан суух гэж яарах хүсэл байсангүй тул өөр сүм хийдүүдээр зочлон явж улам ихийг суралцах замыг сонголоо. Тэр үед надад Ларун Чойгар гэх алдарт римэ хийдэд суралцах ер бусын боломж олдсон юм. Римэ мастер Жигмэ Пунцогийн үндэслэн байгуулсан Ларун хийд одоо Хятад, Төвөд дэх хамгийн том шашны төв болоод байгаа билээ. Тэнд хэзээ ч очсон арав гаруй мянган лам хувраг, ани нар мөн тэр хөндийд амьдардаг олон энгийн бясалгагч нар байх тул Ларунд сурна гэдэг миний хувьд их том завшаан байгаад зогсохгүй олон урсгалын багш нартай гүнзгий ном хэлэлцэх бололцоог надад олгож байсан юм. Тэнд очихоосоо өмнө олон хийдэд шавилан сууж байсан надад энэ бол сурсан мэдсэнээ батжуулах аугаа том боломж байлаа.

Ларун, Жонан Чамда хийдийн Зураг

Мөн *Жонан Чамда Хийдэд* Лама Лудрины найз Хан Ринбүчи Гунгаа Шэйрав Салжэгийн заавар дор хэсэг хугацаанд суралцлаа. Кэнпо Шэйрав бол Лодой Дагвын шавь байсан бөгөөд нийтдээ найман алдарт урсгалын дадлагын дэлгэрэнгүй сургаалыг заалгасан нэгэн байв. Лама Лудрины нэгэн адил тэрбээр 1980 онд шашны хориг тавигдахад зөвхөн Жонангийн ч бус бас бусад урсгалын сургаалыг дахин сэргээх гэж махран зүтгэж явсан гавьяатай нэгэн. Кэнпо Шэйрав Жонангийн урсгал дотроос Энэтхэг, Непальд 14-р Далай Лам, Гармавагийн багш Богар Ринбүчи нарт ном айлдаж явсан анхны том лам байсан билээ. 1992 оноос эхлээд түүний гол шавь Кэнпо Лувсан Чадраа, Чамдагийн хийдэд Жонангийн сургаалыг зааж эхэлжээ. Кэнпо Шэйрав, Кэнпо Лочу хоёулантай нь суралцаж байх үедээ би Шандон үзлийн суурь, зам мөр ба үр дүнгийн талаарх хураангуй тайлбар зохиосон билээ.

Жилийн дараа намайг *Замтан Занва Хийдэд* дуудсанд очвол Лама Ёндон Санбо цагаан өнгийн хадаг хэдэн янзын бэлэгтэй барин угтаж тэнд багшлана уу гэсэн санал тавилаа. **Ёндон Санбо** бол Лама Лодой Дагвын зүрхэн шавь бөгөөд хэдэн арван жил түүний хувийн туслахаар ажилласан нэгэн байв. Хориг тавигдсанаас хойш шаргуу зүтгэлээр ихийг бүтээн Замтан хийдийн Очирт мастер болоод нэг ёсны Жонан урсгалын *зүй ёсны* удирдагч болсон гэж болно.

1980-аад оны соёлын сэргэлтийн нэг хэсэг бол Аравдугаар Банчэн лам олон урсгалынхнаас өөр өөрийн өвөрмөц талуудыг гарган үзүүлэх саналыг тавьсан явдал байв. Түүний хүсэлтээр Лама Лувсан Принлэйг Бээжин орж Жонангийн урсгалыг танилцуулна уу гэсэнд татгалзсан боловч Ёндон Санбог орондоо илгээв. Ингээд Ёндон Санбогийн чадварлаг танилцуулга, айлдвараар Жонан Төвөдийн бурханы шашны нэгэн өвөрмөц урсгал болон албан ёсоор бүртгэгдлээ. Хятадын засгийн газраас нийт зургаан урсгалыг хүлээн зөвшөөрсөн нь: Бон, Нямава, Сажа, Гаржүд, Жонан мөн Гэлүг байлаа. Удалгүй Ёндон Самбуу Хятад дахь өсөж буй Буддист шашинтнуудын дунд илэрхий нэртэй болсонд Төвөд ба Хятад оюутнуудын туслалцаатайгаар Замтан хийдийн олон сүмийг сэргээн босгож мөн модон барын шинэ хэвлэх газрыг ивээн тэтгэж байгуулан, Долбуба, Дарнат хоёрын сургаалыг бүрэн эхээр нь барлаж авсан юм. Ийнхүү Ёндон Санбо урсгалаа хадгалан өвлүүлэх ажилд онцгой үүрэг гүйцэтгэжээ.

Ёндон Санбогийн араас өмнөх Занва Гудраны хойд дүр болох **Агваан Жигмэ Дорж** залган гарч ирэв. Занва Тулку бол хойш явсаар байгаад энэ хийдийг үндэслэгч Хайдүв Лодой Намжалаас эхлэсэн дамжлагын залгамжлагч юм. Жигмэ Дорж маш багадаа хойд дүрээр тодорсноос хойш түүнийг хамгийн сайн багш нараар боловсруулах тал дээр ихэд анхаарчээ. Агваан Гончиг Даржаа, алдарт эрдэмтэн Лама Лодой Дагва нарын мундаг лам нараас далай их номыг хүртээд, тэр хоригийн үеэр бусдын нэгэн адил нуугдан бясалгаж явахдаа Бурханы номын ариун журмыг ягштал сахин байжээ. 1980-аад онуудад Жигмэ Доржийг Цэнан хийдийн Очирт багш болгож, 1990-ээд оны дунд үеэр Ёндон Самбуу түүнийг Замтанд ирж суудлыг нь залгамжилна уу хэмээн хүссэн байна. Ийнхүү Жигмэ Дорж Жонангийн лам нарын дараагийн үеийг сургах үйлсэд бүх хүчээ дайчлах болсон билээ.

Амьдралынхаа туршид Ёндон Санбо Цогт Цагийн хүрдний хот мандлыг бодит хэмжээгээр нь бариулаасай хэмээн мөрөөдөн явжээ. Гэтэл бүр саяхан Тулку Жамъян Лодой гэдэг шав нь түүний мөрөөдлийг биелүүлж болох нөхцөл шалтгааныг цуглуулан бүрдүүлснээр Замтан Занва хийдийн яг гадна талд барилгын ажил эхлүүлж хэдэн жилийн турш үргэлжлэв. 2017 онд дуусгахаар товлосон энэ дэлхийд ганц сүм Шамбалын ариун орны амгалан зохицолтой холбоо тогтоох хүсэлтэй хэн хүний зорин очих газар болох ёстой ажээ.

Хэдийгээр Замтанд багшлах гэдэг асар хүндтэй хэрэг гэж бодовч миний бие энэ саналыг хүлээн авах тал дээр итгэлтэй биш байсан тул Лама Лудринтай эхлээд уулзуулж өгнө үү гэж Ёндон Санбогаас гуйлаа. Тэгээд Чойданд байхад нь багш дээрээ очиж уулзахад тэрбээр миний зүрх сэтгэл өндөр зэрэгтэй багш эрдэмтэн байхаас илүүтэйг хүсэн буйг дорхноо ухаарч бүү зов, чамайг тэнд удаан барихгүй хэмээсэн юм.

Дараачийн хэдэн сар би Замтангийн лам нарт хуврагийн ёс зүй, суурь онолын талаар номлол айлдан байхдаа Лама Лудрины нэгэн шавь болох Жянгаг Гонцул шиг амьдрах сан гэсэн давагдашгүй хүсэл оргилох болов. Жянгаг Гонцул хорвоогийн явдлыг бүрэн огоороод даянчийн замаар орон ширэнгэд амьдардаг байсан юм. Тэгээд бололцоо олдмогц суудлаасаа огцроод хээр гарч бадарчин маягаар амьдрах болов. Би ой ширэнгэд зам гарган очиж нэгэн хадны агуй олоод бясалгахаар болов. Тэнд яг долоон долоо хоног болоод байтал нэг өдөр гэртээ харь гэсэн дохио болсон олон сонин үзэгдлүүд надад үзэгдсэн юм. Егүзэр ёсны хэв маяг мөн л надад тохирох зүйл биш болох нь илэрхий боллоо.

Үлдсэн амьдралаа хэрхэн өнгөрүүлэх билээ хэмээн толгойгоо гашилган бодох зуураа Дэлэг Равжаа багш болон Голог, *Лонгү Минжуур* хийдийн хэдэн лам нартай Гухясамажа дандарын сургаалыг судалж хэсэг хугацааг өнгөрөөв. Лонгү хийд бол манай гацаанаас гаралтай Молом Санбо хэмээх алдарт бясалгагчийн үндэслэсэн хийд байсан бөгөөд анх нүүдлийн чанартай хэдэн майхантайгаар хөндий даган нүүж явдаг байсан ба сүүлдээ Цагийн хүрдний нууц тарнийн ёсыг дадуулан үйлдэгчдийн гол төв болон хувирсан түүхтэй. 20-р зууны дунд үеийн ихэнх жилүүдэд Лонгү хийдийн Очирт багш Агваан Бадам Намжял байсан билээ. Молом Санбогийн ухаалаг удирдлаган дор Бадам Намжял ханьсашгүй нууц тарнийн ёсны ван авшиг, дэлгэрэнгүй сургаал оньс заавар зэргийг хүртсэн боловч Жонан урсгалын Цагийн хүрдний сургаалаар онцгойлон мэргэшсэн байжээ.

Бадам Намжалын зүрхэн шавь нь маш энэрэнгүй даруухан лам Чогдул Жамъян Жинба бөгөөд өвөрмөц хүүхэд болох нь багадаа тодорч лам болох хүсэлдээ автсан боловч эцэг эх нь хар хүний ёсоор гэртээ өсгөх сонирхолтой байв. Олон удаагийн бүтэлгүй оролдлогын дараа түүнд завшаан тохиолдож гэрээсээ оргон Лонгү хийдэд очин сахил хүртжээ. Тэгээд Цагийн хүрдний сургаалыг судалж энгийн ба өвөрмөц бэлтгэлийн зэргийг хичээнгүйлэн дадуулсан байна. Дараагаар нь Очирт Зургаан Йогийн бясалгалд орох үедээ багшийгаа болон бүхий л юмс үзэгдлийг машид ариунаар харах чадварыг хөгжүүлсэн гэдэг. Эхийгээ насан өөд болсны дараа Жамъян Жинба, Бадам Намжал багшийнхаа туслах болж хамтдаа байх болов. Бадам Намжал өнгөрөхийнхөө өмнө бүх шавь нараа дуудан ируулээд Жамъян Жинбагийн гарыг атган, намайг залгамжлах хүн бол энэ шүү хэмээн албан ёсоор зарласнаас хойш тэр үнэхээр гайхашигтай багш гэдгээ харуулан зуу зуун шавь нарыг Цагийн хүрдний замаар дагуулсан билээ.

Ларун Чугар Хийд   *Жонан Чамда Хийд*

Замтан Цанва Хийд

Энэ үед Дэлэг Равжаа бид хоёр Энэтхэг рүү явахын хүслэн болоод байлаа. Ирээдүй хэрхэн эргэхийг мэдээгүй ч Амдогийн хилийн цаана намайг их зүйл хүлээж байгааг л мэдэж байв. Би тэр миний үл мэдэх ертөнц хийгээд тэнд амьдрагч хүмүүсийн тухай мэдэхийн хүслээр тэгэхэд буцалж байсан юм.

Тэгээд энэ санаагаа ажил хэрэг болгохын өмнө надад Лама Лудринтай зайлшгүй уулзах ёстой гэсэн бодол хүчтэй төрж сэтгэл тавгүй болгоод байсанд тэр дороо замд гарч Чойданд хүрч очвол миний эрхэм багш гуравхан хоногийн өмнө нирваанд орсон байсан билээ. Лама Лудрин тэр жилдээ өнгөрнө гэдгээ мэдээд сүүлийн гурван сарын турш хийдийн лам болгонд асар олон номлол сургаалыг айлдсан байжээ.

Түүнийг өнгөрөхөөс хэдэн жилийн өмнө Чойдан хийдийн лам нар Жабжэ Ламыг нас барсны дараагаар түүний шүтээн тахилын хэрэгсэл судрыг агуулах нэгэн жижиг сүмийг бариулсан бөгөөд хоёр лам жилийн хугацаагаар тэнд Цагийн хүрдний бясалгалд суух болсон байв. Лама бүх судруудаа гол сүмд хадгалаад харин шүтээний хэрэгсэл сэлтийг Лхас дахь Бодала Ордон руу аваачих хүсэлтэй байгаагаа амьд ахуйдаа зарласан байв. Жонангийхан энэ шийдвэрт тулгамдан сандарч эхлэсэнд Лама Лудрин ийнхүү үйлдэх шалтгаан байгаа юм хэмээн тайтгаруулсан байна. Тэгээд мөн тус нутгийн зөвлөлийн удирдлагуудыг цуглуулж байгаад хойд дүр тодруулахыг зөвшөөрөхгүй гэж мэдэгдээд өөрийн өнгөрөх өдрийг урьдчилан харж Занва Гунданд арав хоногийн дараа эргэн ирж *сэргээх зан үйлийг* үйлдээрэй хэмээн захисан байв. Учир нь егүзэр хүний ухамсар бясалгалын байдлаасаа гарч гэгээн гэрэлд шингэн уусах учиртай аж.

Лонжа Минжүр Дэчин Лин

Жабжэ Лама Лувсан Принлэй цагаа болсонд ёслолын орхимжоо нөмрөөд бясалгах суудлаар сууж ээ. Тэгээд шавь нараа цөмийг нь нэг бүрчлэн тогтож хараад: "Би Сухааваадын оронд очино. Намайг шүтэн бишрэгч буй болбоос мөн тэнд төрөх болно" гэж хэлээд нэг богино амьсгаа авч дараа нь уртаар амьсгаа гаргалаа. Тэрбээр гэгээн гэрлийн туяанд таван хоног оршсон билээ.

Түүнийг одсоноос хойш цогцосыг нь заншил ёсоор чандарлаж захиасыг биелүүлэн шүтээн тахилын хэрэгслийг Лхас хот руу илгээж ээ. Чойдан дахь лам нар дөчин-есөн хоногийн турш дэлгэрэнгүй залбирал мөргөлийг үйлдээд дууссан хойно шавь нар нь хорвоогийн үйлийг умартан үлдсэн насаа дадлага бясалгалд зориулах ам тангараг авцгаав. Миний хувьд би мөн долоон жил гэр орон нутаг усаа бүрэн орхиж явах тангараг тавьсан билээ. Төвөдөд гэр бүл гэдэг хамгийн чухал учир ёс заншлаа бодвол энэ тангараг сахихад туйлын хүнд зүйл байсан юм. Гэвч би шийдээд Энэтхэг орж олон ариун газруудаар мөргөл үйлдэхээр замд гарсан билээ.

ӨРНӨ БА ДОРНО

Далай Ламыг 1959 онд Лхасаас зугтан гарч Энэтхэгт очсоны дараа тэдэнд улс төрийн орогнол соёрхжээ. Ерөнхий сайд Неругийн өгөөмөр сэтгэлээр Төвөдийн цагаачдад газар олгон орогнох боломжоор хангасан юм. Түүнээс хойш яг 150 мянган \нийт 6 сая хүн амтай\ Төвөд иргэн гадаадад дүрвэн гарах сонголтыг хийсэн билээ. Энэ үйл явц гэвч нэг мөсөн юмуу газар газраас зохион байгуулалттайгаар явагдаагүй юм. Дүрвэхээр шийдсэн хүмүүсийн ихэнх нь Төвөдийн Автономит Улс гэж нэрлэгдэх болсон Үй, Зан аймгийн иргэд байв. Энэ нутаг Далай Ламыг байх үеийн Лхаст харьяалалтай газарт багтаж байсан ажээ.

Төвөдийн бослого гарснаас залгуулаад эхний цагаачлалын давалгаа дэгдэж Төв Төвөдийн олон иргэд ойролцоох хөрш улсууд болох Энэтхэг, Непаль, Бутан руу зугтан гарав. Соёлын хувьсгалын дунд амь тэмцсэн тэдгээр иргэдтэй нийлүүлээд бараг наян-мянган хүн энд хамрагджээ. Энэ үед Далай Лам тэргүүтэй зөвлөлийн тэргүүнүүд Дарамсалад Төвөдийн Дүрвэгсдийн төв засгийн газрыг байгуулав. Дүрвэгчдийн засгийн газар \Төв Төвөдийн засаглал\ байгуулагдан Энэтхэгийн өөр өөр нутагт дүрвэгчдийг байрлуулан заримыг нь барууны орнууд урьж нутагшуулж эхэллээ.

Төвөдийн шашны зургаан урсгалаас ганцхан Жонан л ганцаараа Хятадын нутаг Чинхай, Сичуанд бүтнээрээ тунаж үлдсэн билээ. Учир нь сүүлийн гурван-зуу гаруй жил тэд Үй, Зан аймгуудтай бараг холбоогүй амьдарч ирсэн бөгөөд Төв

Төвөдийн ихэнх ардын дунд Жонангийн урсгал хэдийнэ устаж үгүй болсон гэж ойлгогддог байснаас тэр. Өөр урсгалын том том лам нар Далай Ламын жишээг даган хилийн дээс алхаж гарцгаахад Жонан л яг байсан тэр газартаа ийнхүү үлдэж хоцорсон байлаа.

Дараачийн арван жилд бусад томоохон урсгалын удирдагч нар цагаачлалын засгийн газрынхаа хүрээнд өөрсдийн хүрээлэнг байгуулахыг хичээцгээж байв. Өнгө үзэмж цогцолсон соёлынхоо өвийг хадгалсан олон сүм хийдүүд баригдан 60, 70-аад онуудад барууныхан Энэтхэг рүү аялан очих нь их болж Далай Лам хийгээд Жалван Гармава нарт шавь орох нь олшров. Иймэрхүү холбоо сүлбээ Европ, Хойд Америк дахь олон янзын дүрвэгчдийн холбоогоор дамжин Төвөдийн буддизм баруунд нэрд гарч эхэллээ. Гэвч тэд зөвхөн Нямаа, Сажаа, Гаржуд, Гэлүг гэсэн дөрвөн урсгалын л тухай ойлголттой байсан ажээ.

80-аад онуудад Төвөдийн ихэнх нутгаар эрх чөлөө хүчээ авч цагаачлалын хоёр дахь давлагаа хүчээ аван Энэтхэг рүү урсч эхэллээ. Олон гэр бүл Гималайн уулсыг даван осолтой аяныг хийж , үр хүүхдээ гэрэлт ирээдүйтэй залгуулна гэсэн найдвар өөрлөн явцгаасан юм. Тэд хүүхдүүдээ найдвартай гарт атгуулаад өөрсдөө нутагтаа харьж харин энэ олон тооны хүүхдүүдэд туслахын тулд Төв захиргаанаас *Төвөд хүүхдийн тосгон* гэж байгуулах шаардлага тулгарчээ. Эдгээр маш том хэмжээний сургуулиуд тэдэнд үндсэн боловсрол олгоод зогсохгүй аюулгүй нөхцөлд өсөж торних бололцоог олгох зорилготой байв.

Энэ үеэс эхлээд Жонангийн олон лам нар Амдогоос хөдөлж улам өссөөр буй эрх чөлөөний уур амьсгалаар амьсгалах гэсэндээ энэтхэгийн ариун орны газрууд руу аялах нь ихсэв. Зарим нь бүр тэндээ үлдэж шинэхэн нээгдсэн сүмүүдэд шавилан суух болцгоов. Намайг Энэтхэгт очиход өмнө зүгийн Брайбүн, Сэра гэх Гэлүгвийн хийдүүдэд зөндөө лам нар хэдийнэ уншлага уншин сууцгаах болсон байж билээ.

Тэдгээр лам нартай ярилцаж үзвэл Жонангийн урсгал нэг л олдож өгсөнгүй. Төв захиргаанд очин бүртгүүлэхэд аль шашны урсгал болохыг асууж байна. "Жонан" гэхээр хэзээ ч сонсоогүй урсгал болохоор гайхлыг нь төрүүлж будлиулах боллоо. Энэ явдал гадны нутагт цагаачлалын захиргааныхны дунд тарж тэдгээр лам нарыг хоёрдугаар зэрэглэлийн иргэд мэтээр хүлээн авах болов. Амдо, Хам аймгийн алслагдсан нутагт Жонангийн урсгал амьдаар барахгүй оршсоор байгаа, огтхон ч устаж үгүй болоогүй юм гэдэгт итгэтэл тэдэнд нэлээд хугацаа шаардагдах бололтой.

Далай Лам энэ тал дээр маш чухал алхам хийн Шимла гэдэг газарт жижиг хийдийг Жонангийнханд өгөөд Зан аймаг дахь Дарнатын хийдийн дурсгалд зориулан Дагдан Пунцаг Чойлин хэмээн нэрлэв. Далай Лам тэгээд Монголын шашны тэргүүн Есдүгээр Жэвзүн Дамбыг цагаачлалын үеийн Жонангийн хийдийн хамбаар өргөмжиллөө. 2012 онд түүнийг өнгөрөхөд Лама Ёндон Санбогийн шавь Чойжи Нанва Ринбүчигийн удирдлага дор Жонангийн хийд

175

үйл ажиллагаагаа явуулж эхлэв. Мөн энэ үед Даш Жанцан Ринбүчи гэдэг багш АНУ-д Жонангийн анхны хийдийг байгуулсанд араас нь Непальд Дагдан Шэдүв Чойлин гэдэг хийд мөн бий болсон билээ.

Жонангийн лам нарыг хилийн чанадад төвхнөж байх зуурт аль 17-р зууны үед байсан нөгөө секторын ялгаварт үзэл Үй, Зан ирсэн дүрвэгчдийн соёл дунд дахин босож ирэх нь тэр. Тэдний олонх нь зүгээр л Жонангийн хөгжлийн түүхийг огт мэддэггүй мэт нүдэн балай чихэн дүлий байсанд нөгөө зарим нь Жонанг буддын бус сургаалыг барьдаг өөр зан үйлийн урсгал гэж үзэх нь элбэг байв. Нэг удаа Жонангийн нэг ламаас Коммунист нам гэж бий болохоос өмнө ба хойно байсан сүм хийдүүдийн тухай тайлан бичихийг хүссэн бөгөөд Төвөдийн үндсэн зургаан урсгалын мэдээллийг бичиж өгсөнд хариуд нь Жонанг урсгал гэж тооцдоггүй тул тайланд оруулах хэрэггүй гэж хэлсэн байдаг. Ийнхүү Төв захиргааныхны нүдэнд Жонан бусадтай тэгш эрхтэй үзэгддэггүй болох нь илхэн болсон билээ.

Жонангийн мастерууд улс төртэй хутгалдахгүй байх заншилтай бөгөөд аливаа бүхэнд римэ үзлээр хандан, байлдахаасаа бясалгалыг илүүд үзсээр ирсэн. Тийм ч учраас ихэнх тохиолдолд тэд Төв Төвөдийн улс төрийг үл анзааран байдгаас буруу ойлголт үүсгэсэн байж болох талтай. Захиргаанаас Жонангийн байр суурийг ийнхүү булаасны дараа л зарим нэг хүн үүнийг анзаарч бичиг илгээн албан ёсоор тэднийг хүлээн зөвшөөрөх хүсэлтээ гаргасан байдаг.

Олон жил ямар ч зүйл болсонгүй өнгөрсний дараагаар парламент шашны асуудалд өөрчлөлт хийхээр болж комисс байгуулан Жонанг бие даасан шашны урсгал мөн бишийг тогтоох ажлыг эхлүүллээ. Судалгаа явуулах сайн дурын хүн олдохгүй байсантай уялдан олон жил өнгөрсөн бөгөөд тэдний хандсан олон эрдэмтэд ингэж асууж байгаа нь өөрөө утгагүй зүйл хэмээн хариулахаас татгазан, Долбубагийн үеэс л Жонан өөрийн өвөрмөц дүр төрхтэй бие даасан урсгал байсаар байгаа гэдгээс өөр хариулт өгсөнгүй гэнэ.

Зуу зуун захидал өргөдөл өргөсныйг үл харгалзан арван жил өнгөрсөн ч асуудал шийдэгдсэнгүй. Аргаа барсан зарим Жонанва нар Далай ламд шууд хандсан захидал хүртэл илгээж нэр нөлөөгөө ашиглан бидний шашныг зөвшөөрүүлээд өгөөч хэмээн гуйж байж 2011 онд Нямава, Сажа, Гаржүд, Гэлүгва, Бон хэмээх таван урсгалын тэргүүлэгч нарыг цуглуулан энэ сэдвээр хэлэлцэхэд Далай лам тэднээс Жонанг хүлээн зөвшөөрөх эсэхийг лавлан хариултыг далд хэлбэрээр авсан байна.

Дийлэнх том лам нарын хүлээн зөвшөөрсөн хариулт Жонанг албан ёсны болгоход хангалттай байсаар байтал захиргаа мөн л тээнэгэлзэж тунхгийг өөрчлөх эсэхээ шийдэх хэрэгтэй гэлээ. Албан ёсны өргөх бичиг хүлээн авсныхаа дараа тэд ирж буй жилүүдэд авч хэлэлцэнэ хэмээн хойшлуулж байсаар 2015 онд парламентад санал авахаар оруулаа. Гэвч энд ч мөн Жонангийхан сонгуульд Амдо аймагтаа илүү санал өгөх байх гэсэн шалтгаанаар дийлэнхийн саналыг авч чадсангүй. Зарим гишүүд бүр хүчнүүдийн тэнцвэрийг алдуулах вий гэсэндээ эсрэг санал ч өгсөн байв. Үүний дараа маш их сэтгэл гонсойсон Жонангийхан Төв захиргаанд шийдвэрээ дахин хянаж үзээч гэсэн өргөх бичиг барив.

Энэ номыг бичих энэ үед Жонангийхан анх өргөх бичиг барьснаас хойш хорь гаруй жил өнгөрсөн ч Төвөдийн дүрвэгсдийн төв захиргаа мөн л Төвөдийн буддын шашны бие даасан урсгал гэсэн энгийн зүйлийг хүлээн зөвшөөрсөнгүй. "Энэ юу нь чухал юм бол?" гэж та гайхах байх л даа. Энэ бол хүний биеийн байцаалттай адилхан зүйл. Хүмүүс паспортоо биеийн байцаалт болгодгийн нэгэн адил Жонангийхан ч түүний сургаалыг дагагч сүсэгтэн олон ч өөрсдийн сүсэг бишрэлийнхээ урсгалаар танигдах нь зүйн хэрэг билээ. Төвөдийн БҮХ ард түмнийг төлөөлөх ёстой төр нэг хэсэг бүлэг хүмүүсийн оршихуйг зөвшөөрөхөөс татгалзан, соёлынх нь хүрээнд эв нэгдэлтэй байхад чөдөр тушаа болон, тэдний биеийн байцаалтыг дээрэмдэж байгаагаас өөрцгүй юм.

Бид эдгээр болсон явдлуудад хүндэтгэлтэй, даруу төлөв байдлаар хандах хэрэгтэй болов уу гэж найдна. Ямар ч соёлтой байлаа гэсэн бид алдаагаа хүлээхээс айдаггүй байж, ялгаварлах үзэл рүүгээ эгцлэн харж чадсанаар, хүн шиг хүн болон өсөх хэрэгтэй билээ. Одоо бид 21-р зуунд алхан орж буй энэ үед миний бие Жонангийн урсгалын билиг оюунд гүнээ итгэж Төвөдийн дүрвэгчдийн нийгэм болон бүх дэлхийн хүн зонтой эвсэн оршиж цэцэглэн хөгжсөөр үр шимээ хайрлахын гэрч болно гэдэгт итгэлтэй байдаг.

***

Энэхүү эртний уламжлалт гүнзгий урсгалын хөгжлийн түүхийг эргээд нэг харахад Цагийн хүрдний сургаал, түүгээр замнагсдын санаа бодолд амгалан энхийн зохицлыг боловсруулах гол найрал хөгжим нь болон эгшиглэж байсан гэдгийг мэдэрч эхлэх шиг болно. Шамбалын орон та бидэнд бүх төрлийн ялгаварт үзлээ даван гарч, үнэний туйлын мөн чанарт гүнзгий нэвтрэн орохын үндэс болсон Цагийн хүрдний сургаалыг өгсөн билээ. Энэтхэгт маш богино хугацаанд оршсон гэлтгүй Бурхан багшийн бүх сургаалыг Цагийн хүрдэн зүгийг заагч луужин болсон гайхамшигт арга замыг агуулсан ганцхан дадлагын системд нэгтгэсэн нь энэ болой. Төвөдөд Цагийн хүрдний сургаал номлогдоод зогсохгүй амьдрал дээр биеэрээ нотлон үзүүлсэн үл ялгаварлах үзэлт агуу мастеруудын тасраа нь үгүй үргэлжилсэн дамжлагын гуйвшгүй ариун бишрэлт сэтгэлээр дамжиж хадгалагдан иржээ.

Харамсалтай нь нандин сургаал хэдий байвч хүн болгон түүнийг анхааран авлага болгох гэсэн үг бас биш юм. Цагийн хүрдний сургаал бидэнд үзэгдээд мянган жил болсон ч түүгээр замнадаг хүмүүсийн тоо тун шалихгүй бага байна. Үзэл бодлын ялгавартай байдал тэдний санаанд хэтэрхий хүчтэй байгаагаас болж зуун зууны турш дэмий тэмцэлдэн тэрсэлдэж харин ч ялгаварлах үзэл нь илүүтэй хөгжөө юу гэлтэй. Соёл иргэншлээ бид сүсэг бишрэл рүүгээ шилжүүлэхийн оронд хоосон орчлонгийн эрх мэдэл, эд хөрөнгө нэр төрийн хойноос хөөцөлдөхөд бүрэн зориулагдаж байна. Тэгээд юунд хүрэв? Ямар ашигтай билээ? Түүх бидэнд ямар нэг зүйлийг сургадаг гэвэл тэр нь бид энэ төөрөгдсөн бодлоосоо л салахгүй юм бол зовлон зүдгүүр байнга байсаар байх болно гэдэг санаа мөн.

Асуудлын гол нь алдаагаа засах хүсэл бидэнд байна уу үгүй юу гэдэгт л байна. Өөрт хөнөөлтэй энэ замаа ингээд үргэлжлүүлсээр байхуу? Чигээ өөрчлөх боломж бидэнд байгаа бөгөөд амьдралдаа өөр замыг бид сонгож болно. Хүмүүс юу хийж, яаж байгаагаас үл хамааран хожимдохоосоо өмнө өөрчлөлт хийх сонголт бидэнд байнга бий шүү гэдгийг л хэлэхийг хүснэм.

ГУРАВДУГААР БҮЛЭГ

Өөрсдийн ертөнцийг бүтээх нь

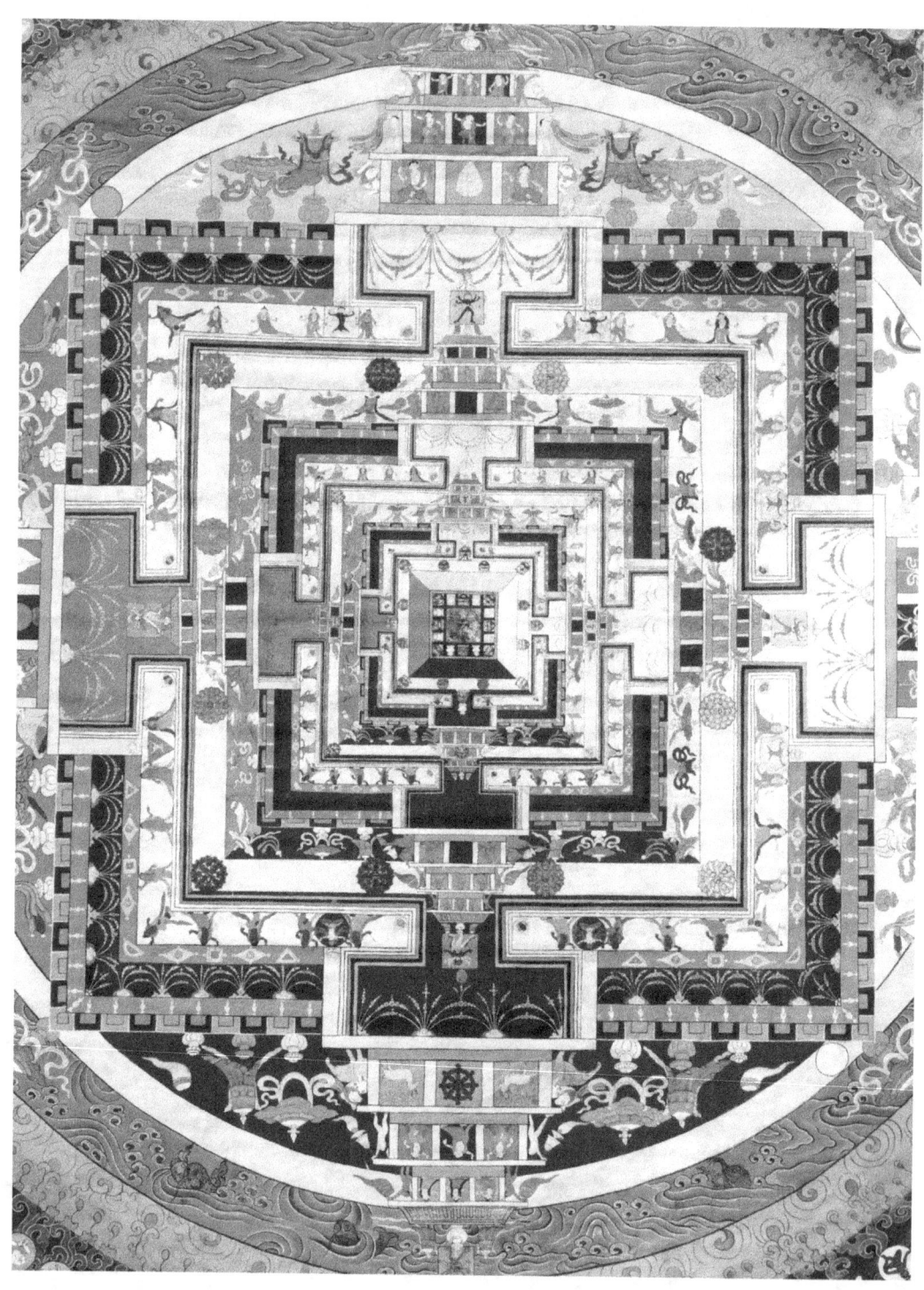

Цагийн хүрдний Хот Мандал - Гэгээрсэн ертөнцийн бэлэгдэл

Шамбалын Орон Таны Амьдралд

Цагийн хүрдний сургаалыг энэ дэлхийд танилцуулснаас хойш бараг мянган жилийн дараа л Очирт Хөлгөний Ёс Төвөдөд дэлгэрч эхэлжээ. Сүүлийн тавин жилийн туршид Дээрхийн Гэгээнтэн 14-р Далай Лам болон бусад ухамсрын гүнзгий түвшинд хүрсэн бодьгалууд биднийг Шамбалын оронтой идэвхтэйгээр холбон Дүйнхорын ван олонтоо буулгасан билээ. Далай Лам Дүйнхорын ванг гуч гаруй удаа хоёр-сая гаруй хүнд хүртээгээд байна.

Эдгээр агуу багш нарын бидэнд харамгүй өгч байгаа бүхэн бидний сэтгэл дотор буяны үрийг суулгаж өгч байгаа юм. Туршлагатай тариаланч адил хөрсөө боловсруулан үрээ тарьсан билээ. Арчлан ургуулж чадах эсэх нь одоо та биднээс шалтгаална. Холбоо тогтоох нь маш сайн хэрэг мөн ч гэлээ ганц үүгээр хангалттай боллоо гэсэн үг бас биш юм. Бид энэ хүртсэн сургаалаа амьдрал дээр хэрэгжүүлэх нь чухал бөгөөд зөвхөн тэгж байж л үр соёлох нөхцөл бүрдэх юм.

Цагийн хүрдэн бол амжилт олно гэхэд хэтэрхий өндөр түвшний өвөрмөц замнал юм гэж та бодож байж мэднэ. Огт тийм биш. Та Шамбалын орны үндсэн зарчмыг ойлгохтой зэрэг Цагийн хүрдний сургаал өөр өөр түвшинд хэрхэн үйлчилж болдог, таны амьдралын бүх талуудад энх амгалан, эв зохицол цогцолж болох юмаа гэдгийг мэдэх болно. Маш өндөр түвшний бясалгалууд үүнд байх боловч энэ нь уг системийн нэг л хэсэг юм. Сүсэг бишрэлийн ямархуу түвшинд таны хүрээд байгаагаас хамаараад түүнд тохирох дадлага заавал олдох болно.

Энэ бүлэгт би Шамбалын орныг тал бүрээс нь харуулахын тулд Цагийн хүрдэнтэй холбогдож болох гурван замыг үзүүлэх гэсэн юм. Зам мөрийн чиг хандлага болгон хувь хүний тань хувьд таныг яг хаана байгаа, юунд анхаарлаа чиглүүлсэн байгаа вэ гэдгээс хамаараад түүнд тохируулсан үйл хөдлөлийн өөр өөр цар хүрээг харуулах юм.

Эдгээр шалгуурууд таныг ганцхан зүйлд чөдөрлөх гээгүй юм шүү гэдгийг байнга санаж, хувийн туршлагаараа олж авсан олон боломжийг зөвөөр ашиглах багаж болгон авч үзвэл зохистой болов уу. Сэдэв өөрчлөгдөхийн хэрээр таны зорилго ч мөн өөрчлөгдөх бөгөөд хэрвээ та чадварлаг хүн бол өөрт хийгээд хавь орчиндоо хамгийн ашигтай байж чадах нөхцөлийг хором бүрт дээд хэмжээнд нь хүртэл өсгөх ч боломж бий билээ.

ШАМБАЛЫН ОРНООС БИДНИЙГ ТУСГААРЛАН БУЙ ХААЛТЫГ ЭВДЭХ НЬ

Энэ номын эхэнд өгүүлснээр бид бүхний сэтгэлийн гүнд зовлонгоос хагацах жаргалыг эдлэх нийтлэг нэгэн хүсэл оршин байдаг. Бидний цаг мөч бүхэнд хийж буй үйлдэл энэхүү хамгийн энгийн зүйлд чиглэдэг билээ. Мөн энэ л бидний хувь хүний маань хувьд харилцан шүтэлцээний хязгааргүй торонд бөхлөн хүлдэг байна. Бидний өдөр тутмын амьдрал ийм учраас илүү энх амгалан, эв зохицолт байдлыг бид эндээс бий болгож эхлэх хэрэгтэй юм.

Цагийн хүрдэн бидэнд хариу нэхээгүй хайр энэрэлтэй төрөлх язгуур чанарыг маань сургадаг билээ. Жинхэнэ амгалан энхийг мэдэрнэ гэвэл түүнийг үзэхэд бидэнд саад болоод байгаа зүйлсийг л зайлуулах ёстой. Таны хаана амьдардаг юунд итгэдгээс үл хамааран бид бүхний дотор гайхамшигт үнэнийг мэдрэх чадвар нуугдан байдаг. Чухам юу бидний замд тээглээд байна?

Хариулт нь алагчлах, ялгаварлах үзэл юм. Бид бодит үнэнийг өөрсдийнхөөрөө тусган авч түүндээ өөрсдийн өгсөн үнэлэлт дүгнэлтийн үүднээс тэдгээрийг харьцуулах маягаар хүлээж авахыг ялгаварт үзэл гэдэг. Бид амьдралдаа бүхнийг хайрцаглаж орхиод заримд нь хэт татагдан үлдсэн хэсгээс нь татгалздаг. Аливаад ингэж хандах явдал туйлын үнэнийг олж харах төрөлхийн чанарыг маань төөрөгдөлд оруулж зайлах аргагүй зовлонг амсахад биднийг хүргэдэг. Ялгаварт үзэл биднийг ойртуулах биш улам холдуулан салгаж байна.

Энэ шалтгаанаар Шамбалын орныг үзэх хүсэлтэй хүмүүс ялгаварт үзлийг аль болох багасгах ёстой. Таныг аливааг үнэлж цэгнэхгүйгээр амьдар гэж байгаа биш харин ялгаварт үзлийг амьдралын өнгө будаг болгоныг бүтнээр нь үзэж мэдрэхдээ хэрхэн ашиглах хэрэгтэйг хэлж байгаа билээ. Өөрийн үзлийг жижиг том хайрцганд тааруулан хязгаарлах бус олдсон хязгааргүй боломжид талархах сэтгэлээр хандаж хэрэгтэй цагт нь зөвөөр хэрхэн ашиглах тухай бодох ёстой. Ялгаварт үзэлгүй амьдрал хязгараас хагацахын өөр нэг утга билээ.

Найман Төрлийн Ялгаварлал

Бид боломжоо ямар замаар хязгаарлаад байдаг вэ гэсэн асуулт эндээс гарч ирнэ. Үүнд хариулахын тулд хорвоо дээр найман ерөнхий ялгаварт үзэл голлодгийг авч үзэх болно:

1. **Хүйс \Эрэгтэй-Эмэгтэй\:** Төрсөн цагаасаа эхлээд бидний бие махбод өөр өөрөөр хөгжих аль нэг хүйсэнд харьяалагдан хэлбэрждэг. Төрсөн газар орны соёлоос шалтгаалаад бид эр эм хүмүүс хэрхэн биеэ авч явах ёстой тал дээр тохируулан дүрдээ орох болдог. Хүйсээр ялгаварлах нь хувь хүнийг чанарынх нь хувьд хязгаарлаж, хүч чадал мэдрэмжээ бүрэн илэрхийлэх боломжгүй болгодог. Бидний биеийн бүтэц, хэлбэр хэчнээн өөр ч бидний оюун бодол яг адилхан билээ. Бид бүхэнд илүү гүнзгий замаар бие

биетэйгээ холбогдож *хөдөлгөөнт тэнцвэрийг* хөгжүүлэх чадвар адилхан заяасан байдаг.

2. **Яс үндэс \адил-өөр\:** Үйлийн үрийн нөхцөлөөр хүний ген бүр эхэн үед хөгждөг бөгөөд хүн биеийн болон сэтгэл зүйн маш өргөн хүрээг хамарч төрдөг байна. Бид өөрсөдтэйгөө адил үндэстэй ба өөр үндэстэй гэж ялгаснаар арьс, өнгөөр ялгаварлах үзэлтэй болж хувирдаг. Нэг хэсэг хүн, өөр нэг хэсэг хүнээс тусгаарлагдсанаар бид нэг дэлхийг хуваан амьдарч байгаа мөртлөө хүмүүсээс холбоогоо тасалж байна гэсэн үг. Үүнээс гарах цорын ганц арга бол бидний хоорондоо юугаараа адилхныг олж хараад зогсохгүй, мөн юугаараа онцлог болохыг хүндэтгэн бахархах явдал бөгөөд олон ургалч нийгэмд хүн хүнээ *харилцан хүндэтгэх* суурь эндээс тавигддаг байна.

3. **Нас \залуу-хөгшин\:** Эхээс мэндэлсэн тэр мөчөөсөө эхлээд бид хөгширч эхлэдэг. Амьдралын явцад бид хөгжлийн нэлээд хэдэн үеийг туулдаг бөгөөд зарим хүмүүс нэг тодорхой насны бүлэгт зууран аль болох удаан тэндээ үлдэх хүслээ өдөөдөг байна. Үүний дунд өнгөрсөн үе, ирээдүй гэсэн үзэлд бидний бодол хадагдаж одоо цагтаа амьдрахын оронд огт байхгүй мөрөөдлийн ертөнцөд амьдарч эхлэдэг байна. Ингээд үнэнээс бүр ч хол тасарч сэтгэл ханамжтай амгалан байдлыг олоход улам бэрхшээлтэй болдог. Хэрвээ бид *одоо цагаа илүүтэй ухамсарлаж* чадвал нас насанд тааралдах өвөрмөц боломжуудыг таньж мэдэн, түүнээс гарч болох давуу талуудыг ашиглаж чадах юм.

4. **Байршил \ойр-хол\:** Хүний амьдрал ерөнхийдөө цаг хугацаа, газар оронд холбогдож өрнөдөг. Өдөр бүр бид янз бүрийн хүмүүстэй харьцах хэрэгтэй болно. Олонх хүмүүс орчныхоо хүмүүстэй илүү дасаж татагдах бөгөөд гэр бүл, танихгүй хүн хоёрын хооронд буй ялгааг бодоод үз л дээ. Энэ төрлийн ялгаварт үзэл маш нарийхан урт хонгилыг санагдуулам давчуу бөгөөд зөвхөн ойр дотныхноо гэсэн явцуу сэтгэлд хөтлөн аваачдаг байна. Хэрвээ бид энэ ялгаврыг үгүй хийж чадах юм бол илүү *өргөн хүрээнд* юмыг харж өөрийгөө болон дотны хүмүүсээ бусдаас тусгаарлахгүй ойрхон хөдөлж холуур сэтгэх чадвартай болох бус уу.

5. **Соёл \хуучин-нинэ\:** Хүүхэд байхаас өсөж том болох тусам бид хавь ойрыхноо нэгэн ижил заншлаар аяглахыг харж мэддэг. Соёл гэдгээр бид тодорхой хэв маягаар маш хүчтэй дадал болсон араншинг үнэндээ хэлж байгаа билээ. Бид соёлдоо татагдах тусам харж мэдэрч дассан хэв маяг нь аливаа шинэ хэв маягаас илүүтэй санагдах ялгаварт үзэлтэй болдог. Хийж сурсан, хэрэглэж сурсан юмандаа хэтэрхий автах нь биднийг агшиж жижигрэхэд хүргэдэг бөгөөд шинэ бүхэн тогтворгүй, мөн эмх замбараагүй болгоно гэж үзэхэд хүрдэг байна. Тиймээс өөрийн соёлыг анхаарахын зэрэгцээ бусдын соёлыг ч сонирхох замаар тэнцвэрийг хадгалж өөрсдийн

мэргэдийн ухааныг хадгалсан чигтээ нийгмийн хөгжилтэй зэрэгцэн хөл нийлүүлэх болно.

6. **Мэдлэг \туршлагаар эзэмшсэн-оюунаар тунгаасан\:** Хүн бидний амьтнаас ялгарах нэг гол шинж бол бодож сэтгэх түүнийгээ илэрхийлэх чадвар билээ. Энэхүү чадвар маань бидэнд олон төрлийн нууц үзэгдлийн тухай мэдэж авахад тусалдаг ч үүнд хэтэрхий түшиглэж амьдрал дээр дадал болгохоо орхигдуулж болохгүй. Бодож сэтгэхийг дадлага болгохоос илүүд үзсэн ялгаварт үзэл нь биднийг *юмс үзэгдлийн мөн чанарыг илүү гүнзгий мэдрэхээс* хязгаарлан барьж байдаг. Чадварлагаар ашиглаж хэрэв чадах юм бол оюун бодол мөн биднийг үнэний өөр өөр талууд руу анхаарлаа чиглүүлэхэд тусалж чаддаг билээ.

7. **Итгэл \нэг-олон\:** Олон хүмүүс өөртэйгөө ижил нүдээр ертөнцийг хардаг итгэл бишрэлтэй хүмүүсээр хүрээлүүлэн байхдаа таатай байж аюулгүй байдлыг мэдэрдэг. Харамсалтай нь бид өөрийн итгэлийг хамгаас өндөрт тавиад өөр бодолтой хүмүүсээс зайгаа авах явдал нэн хялбар үүсдэг билээ. Олон ургалч үзлийн ашигтай талыг харах чадвар дутсанаар өөрсдийн явцуу ядмаг үзэлдээ хүлэгдэж орхихгүйг хичээх хэрэгтэй. Хэрвээ бид өөрсдийн итгэл үнэмшлийг олон ургалч системд багтаан оруулж чадах аваас улиг болсон үзэлтэйгээ үлдэж хоцролгүй бусдын мэргэн оюунаас мөн суралцах боломжийг олох билээ.

8. **Давхарга \доод-дээд\:** Нийгмийн адил бус давхарга хүмүүсийн дунд ялгаварт үзлийг үүсгэх гол нөхцөл болдог. Зарим бүлэг хүмүүс эрдэмтэй, илүү соёлтой, тансаг амьдралтай гэх мэт чанараараа өөрийгөө бусдаас өндөрт тавих бөгөөд ялгаа их байх тусам хоорондын зай нь ихсэж бие биетэйгээ харьцахаа больдог. Энэ ялгаварт үзлийг үгүй хийхийн тулд *ичих, талархах* ёсыг хөгжүүлж, бусдын хийсэн өөрт тустай үйлэнд чин сэтгэлээсээ талархаж сурах нь маш чухал. Бид бие биеэсээ хамаарч оршдог гэдгийг л ухаарсан цагт энэхүү талархах сэтгэлийг жинхэнэ утгаар нь хөгжүүлэн харилцан холбоогоо баттай болгож чадах юм.

Эдгээрээс гадна олон өөр хэлбэрийн ялгаварт үзэл байж болохыг үгүйсгэхгүй бөгөөд энэ найман зүйл бидний өдөр тутмын амьдралд хамаарах ялгаварлах үзлийн энгийн хэлбэрүүд билээ. Бид ялгаварлалын эдгээр хэлбэрүүдийг сайтар ухаж ойлгосноор амьдралдаа амгалантай, бусадтай зохицолтой энэрэнгүй оршихуйн зүг томоохон алхам хийж байгаа гэсэн үг билээ.

Цагийн хүрдний сургаал ялгаварт үзлийг арилгахад онцгойлон тустай болох нь

Аль нэг ялгаварт үзлийн үндэс нь аливааг сайн, муу гэж салгаад түүндээ автах явдал мөн. Жишээ нь бидний арьсны өнгө, хамрын хэлбэр хэн нэгнийхээс дээр байна гэдэг ойлголт үүнд тэдгээрийг илүү гэж үзэх тийм чанар байгаа гэсэн бодол л юм. Сайн задлаад үзвэл үнэндээ тийм чанар яагаад ч олдохгүй билээ. Ялгаварт үзэл сэтгэлээс шалтгаалдаг учраас билиг оюуныг хөгжүүлснээр үүнийг арилгаж болно. Цагийн хүрдний сургаал яг үүнд чиглэдэг.

Хамгийн эхний түвшинд та туйлын үнэнийг бодсоны хэрэггүй харин түүний оронд ялгаварт үзлийн ерөндөг болсон билиг оюуныг хөгжүүлэх хэрэгтэй. Үүний тулд эхлээд хайр энэрлийн чануудыг бүрэн дүүрэн илрэхэд садаа болоод байгаа зүйлсийг арилгах юм. Хайр энэрэл бүрэн цэцэглэх тэр үед таны бурханлаг чанарынхаа гүнд орох суурь тавигдах болно.

Цагийн хүрдний Зам *Гадаад цагийн хүрдэн* гэдэг ойлголтоос эхлэх бөгөөд энэ нь таны өдөр тутмын амьдралын эгэл төлвийг хэлж байгаа юм. Та доорхи чануудыг хөгжүүлснээр энэ төлөвтэйгөө зөв харьцаж сурах болно:

1. **Сэтгэл санааны тогтвор:** Болж буй бүх үйл явдлууд бидний бодлоос хамаарч үүсч байгаа болохоор бясалгалын замаар сэтгэлээ тогтворжуулж байж дараа нь харьцаагаа зохицуулах хэрэгтэй. Бүрэн тайвширсан тодхон, саруул сэтгэлийг хөгжүүлснээр амьдралын янз бүрийн үзэгдэлд илүү зөв хандаж чадах боломжтой. Төвийг барих үзэлд суурилсан сэтгэл тогтвортой байдал илүү гүнзгий шинжлэлийг бий болгох эхлэлийн сайн цэг болдог билээ.

2. **Ажигч гярхай билиг оюун:** Сэтгэл алив үзэгдлийг сайн, муу гэж хуваажж үзсэний үндсэн дээр ялгаварлах үзэл үүсдэг. Яагаад гэдгийг ойлгохын тулд таны мэдрэмжийг хэлбэржүүлж буй үйлийн үрийн шалтгаан нөхцөлийг ойлгох нь чухал. Үйлийн үрийн үндсэн зарчмыг ойлгосны дараа тухайн ойлголтынхоо юу хэлээд байгаа утгыг нь бодох боломжтой болно. Өөрийн байгаа байдлын давуу талыг бүрэн харж эхлэхтэйгээ зэрэг өөрийн тань амьдралд юу хамгийн чухал вэ гэдэг том хэтийн төлөв харагдах болно. Бидний зорилго бол зөвхөн мэдэх гэсэндээ л мэдлэгийг хуримтлуулж байгаа биш харин мэдлэгийнхээ хүчээр юмсын үнэн мөн чанарыг ойлгон хүссэндээ хүрэх боломцоог олж авах явдал билээ.

3. **Үл алагчлах хандлага:** Бясалгалыг анхааран авлага болгох хийгээд ялгаварт үзлийн шалтгаан нөхцөлийг судалж мэдсэний дараа таны дотоод ертөнцтэйгөө холбогдон ялгаварт үзлээ цэвэрлэх аргыг идэвхтэй эрж хайх үндэс тавигдах болно. Үүнийг биелүүлэх хамгийн хялбар арга бол оюун санаа, сүсэг бишрэлийн зам мөн билээ. Таны сонгосон зам бүр ч илүү ялгаварт үзлийн суурь болчих вий гэсэн үүднээс анхнаасаа зөв сэдэлтэйгээр эхлэх хэрэгтэй. Тэгэхээр тэвчих, хүлээн авах, сонирхох, уян хатан байх гэсэн дөрвөн чануруд дээр дөрөөлөөд таны ялгаваргүй үзлийн үндэс тавигдаж, аливаа сонгосон замдаа дээд амжилт гаргавал гарцаагүй эхлэл тавигдах болно.

Гадаад Цагийн хүрдэн бол аль болох цөөхөн зүйлд харамсаж аль болох их баярлаж жинхэнэ аз жаргалыг амсуулах, утга төгөлдөр амьдралаар амьдрах бололцоог олгогч бидний ердийн өдөр тутмын зүйлст чиглэсэн байдаг. Зарим хүмүүст энэ л байхад хангалттай байдаг бол өөр бусдад бүр илүү агуу чадварыг эзэмших хаалга руу хөтлөх дотоод ертөнцдөө хийх хязгааргүй том аяллын эхний алхам болдог билээ.

ШАМБАЛЫН ОРОНТОЙ БАРИЛДЛАГАА БАТАТГАХ НЬ

Хүн гэдэг амьтныг ихэд өвөрмөц болгодог нэг тал бол ирээдүйгээ харах чадвар юм. Ирээдүйдээ итгэх итгэлдээ түшиглээд бид гарах ашгаа бодож хөдөлдөг, жишээ нь цалин өндөр, сайн ажил олох гэсэн зорилгоор боловсрол эзэмшдэг. Тэтгэврийн хадгаламж, хэцүү зовлон тохиолдоход хэрэг болж магадгүй гэсэндээ даатгал зэргийг бодоод үзсэн ч ирээдүйн мөрөөдлийн амьдралынхаа төлөө л ажиллаж хөдөлмөрлөсөн байдаг.

Гэвч бид чухам хэр холыг хараад байна? Зарим хүн хэдэн арван жилийн цаадахыг харж байхад зарим нь өдөр өдөртөө л амьдарч байх. Богино хугацааны төлөвлөгөө голдуу байдал өөрчлөгдөхөд дасах цаг олгохгүй учир аз сорьсон зүйлд автоматаар хориг тавьж байдаг бол урт хугацаагаар төлөвлөсөн нэгэнд нь ирээдүй бүхлээрээ илүү сайхан харагдаж болох билээ. Юмыг энэ өнцгөөс харах нь бидний ухаалаг сонголт хийхэд туслан ямар чиглэлээр хөдлөх вэ гэдгийг шийддэг.

Тэгвэл бидний ухамсарт эхлэл ч байхгүй, төгсгөл ч байхгүй гэдгийг бодоод үзнэ үү. Хязгааргүй үргэлжлэх ухамсрын хувьд нэг л насны амьдрал даанч богинохон бус гэж үү. Энэ амьдрал шүдэнзний гал шиг дүрэлзээд л унтрахад бид шинэ амьдрал, шинэ нөхцөл байдлын торонд эцэс төгсгөлгүйгээр орооцолдож орхино. Нүд ирмэхийн зуургүй бидэнд хамгийн чухал гэж санагдаж байсан бүхэн үгүй болж бид хураагдсан их үйлийн үрээс өөр юу ч үгүй хоцорно.

Яг тийм учраас Цагийн хүрдний сургаал биднийг эглийн амьдралаас хэтрэн гарч оюун санааны нарийн давхаргадаа орохыг яаруулж байгаа юм. Энэ хорвоогийн дуусашгүй ажил, бизнес зэргийн дунд төөрч сатаарахын оронд хамаг хүч энергээ дотогш чиглүүлэн, ирээдүйд зовлонгүй амгалантай заавал учрах тэр үйлийн шалтгааныг бий болгох хэрэгтэй байна. Энэ л жинхэнэ амьдралыг тань утга төгөлдөр болгох баталгаатай урт хугацааны хөрөнгө оруулалт мөн бөгөөд олон хүнд богино хугацааны ашиг авчрахтай харьцуулахад хамаагүй дээр билээ.

Үүнийг биелүүлэх хүчирхэг зам бол өөрийнхөө үйлийн барилдлагыг амгалан энхийн мөрөөдөлтэй чадварлагаар холбох явдал юм. Цагийн хүрдний замыг дагаснаар та Шамбалын оронтой холбоогоо зузаатган ирээдүйд тэнд төрөх шалтгаан нөхцөлийг бий болгож байгаа юм. Шамбалын орон танд хэрхэн үзэгдэх нь таны буй болгосон тэрхүү нөхцлийн хэмжээгээр л зөвхөн хязгаарлагдана.

Дүйнхорын ван хүртэх ёслолд оролцох нь Шамбалын оронтой бат холбоог тогтоох гайхамшигтай боломж юм. Гэвч энэ нь хязгаарлагдмал билээ. Учир нь ван хүртэх зан үйлд оролцож байгаа тэр хэд хоногт хүн маш эрчимтэй шүтэж, дурсамжтай ёслолд оролцлоо доо хэмээн бахархан бодоод хэдэн хоногийн дараа гэртээ харимагц хуучин дадал зуршилдаа буцаад орчих нь элбэг. Саяхан суулгасан тэрхүү буяны үр уул, овоо шиг их амьдралын өдөр тутмын дадал зуршил төөрөгдөл дор булагдан наштай нөлөө нь ил гарч ирэх хөг өнгөрөх вий.

Тиймээс Шамбалын оронтой холбоогоо ойр ойрхон шинэчлэн сэргээснээр та үйлийн хандлагын тэнцвэрт байдлыг дэмнэн улмаар тэнд төрөх тавилан, бусад тавиланг тань зайлшгүй давамгайлан гарч ирэх болно. Өдөртөө ядаж нэг удаа амгалан энхийн зохирлыг өөртөө мэдрүүлэх чануудыг хөндөж байвал зохимжтой.

Ухааралд хүрэхэд өөрийгөө бэлтгэх нь

Үүний тулд нэлээд цаг хийгээд зүтгэл гаргах хэрэгтэй. Удах тусам л та хуучин дассан байдалдаа буцаж орох магадлал ихтэй тул тэвчээртэй байж явцын дунд тохиолдох саад бэрхшээлүүдийг давах чадвартай болох хэрэгтэй.

Цагийн хүрдний системд үүнийг хүний бүдүүн ухамсрын хийсвэр мэдрэмжтэй тулж ажилласнаар бий болгодог *Дотоод Цагийн хүрдэн* гэж нэрлэдэг. Сэтгэлийн чануудтай ийм түвшинд тусгайлан харьцсанаар сэтгэлийн гүн рүү нэвтрэхэд шаардлагатай нөхцөлүүдийг үүсгэнэ. Энэ шатны дасгалууд доорх чануудыг хөгжүүлэхэд чиглэнэ:

1. **Итгэл:** Итгэл бишрэл бол бүх үйлдлийн эхлэл байдаг. Хүн хүссэндээ хүрэхэд тусална гэдэгт итгээгүйгээр ямар ч юмыг хийдэггүй. Тиймээс нэг замыг нөгөөгөөс илүү гэж сонгохдоо яаралгүй сайн тунгаах нь хамгаас чухал. Цагийн хүрдний ёсонд итгэл тодорхой нэг шалтгаанд суурилсан байх ёстой ба уг шалтгаан нь таны хийж буй үйлдэл таныг зөв чиглэлд хүргэнэ гэсэн нугаршгүй итгэлийг хөгжүүлэхүйц байх ёстой. Итгэлгүй бол таны дадлага эргэлзээгээр төөрөгдөж үр дүн нь маш удаан байх болно.

2. **Бусдыг энэрэх сэтгэл:** Холын аянд явж байгаа хүн хаашаа яах гэж явж байгаагаа мэдэх нь түүнд ашигтай. Зүг чиг сайн мэдэхгүй бол төөрнө эсвэл буруу зам руу орно. Яагаад тухайн зүйлийг хийх болсноо мөн мэдэж байх нь зайлшгүй тохиолдох тээг саадыг давахад хэрэгтэй. Амгалан энх байхын үндэс нь энэрэл хайр учраас *бодь сэтгэл* гэж нэрлэгддэг гэгээрлийн сэтгэлийг төрүүлэн утга төгөлдөр уужим сэтгэлийг бий болгоход их цаг шаардагдах болно. Бусдыг энэрэх амь бие үл хайрлах ийм ариун сэдэл л таныг ялгаварт үзлээс ангид байлгаж бурханлаг чанар руу тань хөтлөх болно.

3. **Чиглэсэн зорилго сэдэл:** Хүний сэтгэл мунхгийн харанхуйгаар ертөнцийг харж дасаад тоо томшгүй олон төрлийг элээсэн байдаг. Сүсэг бишрэлийн замд орсноор үүнийг буцааж эргүүлэн саруул билиг оюун болгон хувиргаж болдог. Хэрэв сэтгэл хүчирхэг бус байвал ширүүн урсгал таныг

хөл алдуулан амьсгаа давчдуулан авч одно. Тиймээс танд чадвар хэрэгтэй. Дотоод Цагийн хүрдний *урьдчилсан бэлтгэлийн зэргийг* хичээл шамдлаар дадуулан үйлдсэнээр саад бэрхшээлийг арилган, буянт үйлийг зуршил болгон дадуулснаар зорилгодоо хүрэх хүч чадлыг олж авна.

Анх таныг замдаа гарах үед таны мөн чанар үүлний цаана халхлагдсан наран адил танаас нуугдсан байх болно. Сүсэг бишрэл, оюун санаагаа хөгжүүлэх замд орсноороо та зарим нэг үүлийг хөөж нарны туяаг үзэх боломжийг олно. Хэр хэмжээний нар үзэх нь хэр их үүл байгаагаас болон хэчнээнийг нь хөөн зайлуулж чадсанаас шалтгаалан янз бүр байх болно. Дотоод Цагийн хүрдэнтэй ажиллана гэдэг сэтгэлийнхээ гүнд нуугдсан эрдэнийг нээж гаргаж ирэхтэй адил юм.

Зарим хүн үүнд үлдсэн бүх амьдралаа зориулдаг бол зарим хүн хамаагүй хурдан хүрдэг бөгөөд оюун бодол дахь үйлийн үрийн нөхцөл ба уг хүний шамдалын хэмжээнээс шууд шалтгаалдаг. Хэрэв та хааяа нэг оролдох маягтай дадлагыг үйлдвэл явц маш удаан харин өөрийгөө үүнд бүрэн дайчлан эрчимтэй зүтгэвэл хамаагүй хурдан амжилтанд хүрэх болно.

Сэтгэлийн мөн чанараа түргэн, төвөггүй нээх нь

Хурдан ч бай, удаан ч бай энэ шатны дадлагын эцсийн зорилго нь өөрийн бурханлаг, гэгээлэг чанараа хоромхон зуурч болсон хараад авах явдал билээ. Энэхүү зурвасхан мэдрэмж түүнтэй бүр илүү танил болохын эхлэл юм. Та юу хийх ёстойгоо нэгэнт мэдсэний дараагаар сэтгэл доторх эцсийн түйтгэр барцдыг хурдтай гэгч устган зайлуулах чадалтай хүчирхэг нарийн аргууд бүхий баялаг уурхайг эзэмших эрхтэй болно. Дүйнхорын ван хүртээхийн гол зорилго нь энэ билээ. Өөрөөр хэлбэл Очирт багш нь зохих түвшинд хүрсэн шавь нартаа сэтгэлийн дотоод чанарыг таних боломж олгож байгаа гэж хэлж болно. Энэхүү мэдрэмжийн хэр хүчтэй илрэх нь таны сэтгэл санааны бэлтгэлээс шууд хамаарна.

Зохих ёсоор танилцсаныхаа дараагаар л *Гэгээрсэн Цагийн хүрдэнтэй* тулж ажиллах болно. Энэ нь нарийн сэтгэлийнхээ хоёрдмол шинжтэй ухамсартай харьцаж эхлэхийг хэлж байгаа билээ. Таны зорилго бол энэ хоёрдмол ухамсрыг бүрэн өөрчилж цаана нь гарах тул сэтгэлийн мөн чанарыг тань бүрхэн буй нарийн түвшний дадал болсон төөрөгдлийг ариусган нимгэлж улмаар арилгахад сэтгэл санаагаа дадлагажуулах нь танд хамгаас чухал. Доорх чанаруудыг хөгжүүлснээр үүнд хүрч болно:

1. **Ариун мэдрэмж, ойлголт:** Хүмүүс туйлын үнэнийг дорхноо мэдэрч чаддаггүйн нэг гол шалтгаан бол юмс үзэгдлийг үнэн хэрэгтээ байгаагаас нь ямагт өөрөөр тусгаж авдаг явдал юм. Энэхүү ердийн хүлээн авахуй танд ертөнцийг маш өөрөөр харуулах бөгөөд үнэн байдлыг халхавчны цаанаас харсантай адилтган зүйрлэж болно. Гүнзгий дадсан зуршлыг уусган үгүй хийхийн тулд энэхүү "бохир" үзлийг бодит үнэний загвараар орлуулах хэрэгтэй. Ингэснээр "ариун" ойлголт гэч үнэнийг үзэх хүчин

төгөлдөр суурь бий болох юм. Энэ дадлага бодлын нарийн түвшинтэй тулж ажиллах тул мөн л өнгөц үзэл хэвээр байх болно. Бид өөрсдийн бүх бодлыг таслан зогсооож бодлоос хэтийдэхийг хүртэл бүхнийг ариунаар мэдэрч харах дадлага та биднийг хуучин зуршилт байдалдаа буцаж орохоос хамгаалж байх болно.

2. **Атгаг төсөөлөл-үгүй ухамсар:** Сэтгэл хоёрдмол шинжтэй ухамсраар ажиллаж байгаа тохиолдолд бид байнга үнэнийг үзэх хязгаарлагдмал нөхцөлд байх болно. Туйлын үнэнд шууд хүрэхийн тулд эхлээд бүх урдчилсан атгаг бодлыг хөврөн гарахыг нь таслан зогсоох хэрэгтэй. Цагийн хүрдний ёсонд үүнийг атгаг муу сэтгэлийг зогсоож үнэнийг ухаарах бясалгалын маш үр дүнтэй аргуудаар гүйцэтгэдэг. Энэ бясалгалд орохын ач тус нь нэг зүйл дээр төвлөрөх чадварыг гайхамшигтайгаар нэмэгдүүлж, тэр нь сүүлд сэтгэлийн нарийн түвшинд нэвтрэхэд хэрэг болдог байна.

3. **Үргэлжлүүлэн мэдрэх, туршлага хураах:** Зөв ариун мэдрэмж, ойлголт, атгаг буруу төсөөлөлгүй ухаарал хоёул бясалгалын үр дүнд хэрэгждэг. Эдгээр аргуудаар сэтгэлээ хүргэх түвшинд нь хүргэж чадах боловч хүн тэндээ үүрд байгаад байна гэж байхгүй. Зорилго өөрөө язгуур ухамсарлахуйдаа хүрээд тэндээ саатах явдал болохоор бясалгаад мэдэрсэн зүйлээ дараачийн удаагийн бясалгал хүртэл үргэлжлүүлэн мэдэрч чадах чадварт суралцах нь чухал. Олон алдарт егүзэр нарын хэрэглэдэг увдис зааврын тусламжтайгаар юмсын энгийн үзэгдэх байдалд сэтгэл татагдан шунахаас салахын тулд маш олон дадлагыг туршин хэрэглэж сурах хэрэгтэй.

Дотоод Цагийн хүрдэн ба гэгээрлийн түвшинд хүрсэн Цагийн хүрдэн алинд ч анхаарсан бай үр дүн нь таны оюун санаа, итгэл бишрэлээ хэрхэн хөгжүүлэхээс шууд хамаарах юм. Ямарч түвшний бясалгалыг дадуулан үйлдэж байсан Цагийн хүрдний замаар л явж байгаа бол буяны үрийг тариад зогсохгүй увдис дамжлагын хүчээр Шамбалын оронтой барилдлагаа зузаатгаж байгаа хэрэг. Ийм зөв туршлага үйлдэл болгон Шамбалын орны өөр өөр талуудыг мэдрүүлэх хүчирхэг шалтгаан нөхцөл болж өгөх болно. Хэрэв та зориг шулуудан тууштай зүтгэх юм бол Шамбалын Дээд оронд дараа төрөлдөө төрөх, үгүй юмаа гэхэд Алтан Эриний үед энэ дэлхий дээр эргэж төрөх хувь тавиланг эдлэх боломжтой.

ЭНЭ НАСАНДАА ШАМБАЛЫН ОРОНГ ҮЗЭХ НЬ

Цагийн хүрдний сургаалыг бишрэн шүтэж амьдралдаа авлага болгон дадуулагч хэн хүний хувьд хайр энэрлийн унаган мөн чанар нь улам бүр өөдөө хөгжин дэвжсээр байдаг. Зүрх сэтгэл хайр энэрлээр дүүрээд ирэхийн цагт нэгэн үед өөрийгөө л гэх сэтгэл ноёрхон байсан бол бусдын сайн сайхны төлөө гэх сэтгэл хамаагүй хүчтэй болон өөрчлөгдөхийг бид үзэх болно. Бусдыг гэх нигүүсэл энэрлийн сэтгэлийг нандигнан тордож хөгжүүлбэл бид өөрсдийгөө өөрчлөгдөж эхлэхийг харах болно.

Хамаг амьтны зовлон шаналлыг хараад: "Би юу хийх вэ?" гэж өөрсдөөсөө асуун, магадгүй цаг зав, эд хөрөнгөний өглөг өгөх зэрэг энгийн тусламжаас гараагаа эхэлж мэднэ. Энэ хэдийгээр зөв сайн хэрэг мөн боловч хангалттай биш ээ. Бид бүдүүн хэлбэрийн л зовлонг нимгэлж өгч байгаагаас бус уг шалтгааныг нь үүгээр арилгаж чадахгүй. Жинхэнэ тусалъя гэсэн сэтгэл буй болбоос чадварлаг эмчийн нэгэн адилаар өвчнийг оношлон шалтгааныг нь тогтоож, тохирсон эм ба эмчилгээг хийж өгөх хэрэгтэй. Үүний тулд бусдын бодлыг уншиж, ямар үйлийн үртэйг нь мэдэх хэрэгтэй. Хүний үйлийн үрийг мэдэхийн тулд ухамсрын гүнзгий түвшинд орж далд нуугдсан үзэгдлүүдийг олж харахад бидэнд саад болоод байгаа ойлголтын хязгаараас гарах ёстой. Өөрөөр хэлбэл бүхнийг мэдэх мэргэн ухаантан болох ёстой.

Одоо өөрийн үйлдлийн цар хүрээг бодоод үз дээ. Бидний ихэнх нь өдөртөө хэдэн хүнд тус болчихвол азтай хэрэг гэж бодно. Бүр хамгийн баян хүмүүнлэг буянтан ч байсан энэ ертөнц дээрх хязгааргүй амьтны зөвхөн цөөхөн хэсэгт нь л тусалж чадах болно. Бусдыг нь яах билээ? Хамаг амьтныг хамруулан авч үзвэл үнэхээр хэрээс хэтэрсэн зүйл болохыг та дороо мэдэрнэ. Хүн бидний орон зай цаг хугацаа даанч хязгаартай. Хамаг амьтанд үнэхээр тусалъя гэвэл бид тэдэнд хэрэгтэй тэр хэлбэрээр үзэгдэн хувирч чадахуйц хувилгаан байх хэрэгтэй. Үүний тулд бид хувь хүнийхээ сэтгэлийн хэв шинж, урсгалд шунан татагдахаа болин холбоогоо тасдаж, үндсэндээ үйлийн үрийн шалтгаан нөхцөлийг үгүй хийх хэрэгтэй.

Бүх талын хязгаараас ангижиран, байж болох бүхий л буянтай чануудыг шингээсэн тэрхүү гэгээрсэн бодьгалыг бид Бурхан гэж нэрлэдэг. Гэгээрсэн бодьгал л зөвхөн ХАМАГ амьтны тусыг бүтээхэд хангалттай билиг оюун, хүч чадлыг эзэмшсэн байдаг. Энэ бол Цагийн хүрдний Замын эцсийн зорилго бөгөөд зөвхөн ганц биеийн бус тооллшгүй олон амьтны тусын тулд муу хэвшлийн эргүүлгэнд эцэс төгсгөлгүй хүлэгдсэн тэдгээрийг чөлөөлөх энэрэлт сэтгэлийн үүднээс хүнийг бүрэн төгс гэгээрэлд хүргэх зорилготой юм.

Харин яаж тэр вэ? Гадаад Цагийн хүрдний ёсоор бид ялгаварлах, мунхаг үзлийг амьдралаасаа арилган чадах боловч зовлонгийн үндэс ёзоорыг сугалж авч бас л чадахгүй. Өвчнийг нь биш шинж тэмдгийг нь эмчлэхийн адил өнгөн хэсгийн зовлонг л бид нимгэлж өгнө гэсэн үг. Дотоод Цагийн хүрдэнд анхаарлаа хандуулбал бид зөв чиг рүү хөдөлж шаардлагатай үйлийн барилдлагуудыг үүсгэснээр зорилгодоо хүрч чадна. Энэ замын ганц асуудалтай тал нь тэр суулгасан үйлийн үр хэзээ боловсрохыг бид хэлж мэдэхгүйд байгаад оршино. Хэдэн төрлийн дараа ч байж болно эсвэл хэдэн тэрбум төрлийн дараа ч байж болно гэсэн үг. Бидний мэдэж буй цорын ганц зүйл бол удах тусам л амьтны зовлон үргэлжилсээр байх явдал юм.

Энэ шалтгаанаар замыг товчлох боломжтой арга өмнө тань нээгдээд байна.

Та эрдэнэт хүний биеийг олж төрөөд Ханьцашгүй хаан Дандарын сургаалтай нүүр тулан учирснаар нэгэн насны амьдрал дээр гэгээрлийн хутагт хүрч чадах билээ. Гэрлийн гялбаа адил асаад л унтрах амьдралд олдсон энэ завшааныг алдуузай. Гэгээрлийн Цагийн хүрдэн буюу бусад Цагийн хүрдэнг бүх хүчээ дайчлан байж дадуулан үйлдсэнээр Бурханы хутагт хүрэх жинхэнэ боломж энэ шүү.

Гэгээрсэн Цагийн хүрдэнг сэтгэлийн нарийн түвшний ухамсарлахуйтай харьцахад тусгайлан зориулж ашигладаг гэж бид мэдсэн. Эдгээр дадлагын тусламжтайгаар бид одоогийн энэ байгаа харьцангуй үнэний бүр ирмэгт өөрсдийгөө тулган авчирч чадах боловч нарийн сэтгэл бодит, хийсвэр гэсэн хоёрдмол бодлоор мөн л хязгаарлагдсан хэвээр байх тул туйлын үнэн биш юм.

Очирт Зургаан Йогийн бясалгалаар тэгвэл харьцангуй үнэн зайлуулагдаж үнэмлэхүй үнэн ил гарч ирнэ. Энэ утгандаа Гэгээрлийн Цагийн хүрднээр хоёргүй ухамсар, язгуурын билиг билгүүнийг мэдрэхийг хэлж байгаа юм. Энэхүү сэтгэлийн маш нарийн түвшинд л үйлийн үрийн хийг таслан зогсоож чадна. Үүнд дараах гурван чанарыг төгс эзэмшсэнээр хүрч болно.

1. **Хоосон-дүрс:** Эхний хоёр йог хоёргүй ухамсрыг мэдрүүлэхэд чиглэдэг. Атгаг муу бодлын урсгалыг тасдаж ямар ч шунал үгүй чөлөөт байдалд сэтгэлээ тогтоон барьж сурснаар хүртэхүйн бүх төрлийн ойлголт мэдрэмжийг хооронд нь хольж солин янз бүрээр мэдэрч сурах буюу бүх үзэгдлийг хоосон дүрс мэт харж чаддаг болно.

2. **Хувиршгүй амгалан:** Гурав ба дөрөвдүгээр йогоор улам бүр эрчимжсээр байх амгалан баясгалангаар хоёргүй ухамсарт сэтгэлээ бүр нарийсгахад чиглүүлнэ. Сэтгэл аливаа юмсын үзэгдэлд татагдахаа больмогц язгуурын амгалан аяндаа урган гарч үзэгдэх ба үүний дараа нарийн биеийн энергиэ чадварлаг удирдан чадах болж таны сэтгэл маш нарийн түвшиндээ дээд зэргийн төвлөрөлтэйгөөр оршиж чадна.

3. **Хувиршгүй амгалан хийгээд хоосон-дүрсний дээд нэгдэл:** Эцэст нь тав ба зургадугаар йогийг төгөлдөржүүлснээр ер бусын төвлөрөлт ухамсарлахуйн хүчээ ашиглан үйлийн үрийн хийг амжилттайгаар бүрмөсөн зогсоож, сансрын хүлээснээс улмаар ангижрах болно.

Аль ч оюун санааны бясалгалын адилаар Очирт Зургаан Йог яваандаа хөгжиж аажимдаа ахидаг билээ. Шат бүхэнд маш их анхаарал хичээл зүтгэлийг шаардан байж тэдгээрийг төгс эзэмшдэг байна. Тийм ч учраас урьдчилсан бэлтгэлийг бүгдийг нь зайлшгүй сурч мэдсэн, бүрэн дадлагажуулсан байвал зохино. Эдгээр бэлтгэлийн зэргийн дадлагуудын явцад бий болдог үндсэн чанаруд үгүйгээр эртний энэ нандин сургаалыг бясалгах нөхцлүүд бүрэлдэхгүй учраас хэн ч ухамсарлахуйн дээд түвшин гэгээрэлд хүрч чадах боломжгүй юм.

Өөрөө хэлбэл ухамсарлахуйн гүнзгий түвшинд хүрэх бүх нөхцөлийг хичээнгүйлэн бүрдүүлснээр та маш их амжилтанд хүрч чадна. Та өөрийн хамгийн нандин нууцыг мэдээд зогсохгүй, өөрийн сэтгэлээ бүрэн захирч, төгс ухамсраа хадгалан байж үхэлтэй золгох боломжтой. Энэ маягаар таны сэтгэл санаа Шамбалын Ариун орны туйлын байдалтай уусан нэгдэхэд үхэлд таныг захирах хүчин мөхөсдөөд харин гэгээрэлд таныг хүргэх хүчирхэг туслагч тэр болох бий. Хамгийн багаар бодоход та баталгаатай Шамбалын оронд дараах төрөлдөө төрж тэрхүү Бодьсадвын ариун газарт дадлагаа алгасарал үгүй эрчимтэй үргэжлүүлж туйлын зорилгодоо үтэр түргэн хүрэх болно.

***

Энэ бүлэгт би танд ямар ч нөхцөл байдалд байсан та өөрөө өөрийгөө олж, танин мэдэж, их хайр энэрлийг амьдралдаа хөгжүүлэх чадвартай байдаг юм шүү гэдгийг үзүүлэхийг найдсан юм. Бидний хэн ч бай ялгаагүй эдгээр чанаруудыг үзүүлэх бүрэн чадварыг төрөлхөөс эзэмшсэн байх бөгөөд асуудлын гол нь таны энэ боломжийг ашиглах уу, үгүй юу гэдэгт л байгаа юм.

Заримдаа анхааран авлага болгож хэрэгжүүлэх хүсэлтэй байх төдий нь хангалттай байдаггүй. Заримдаа хүн бүхэн, юм болгон өөрийн тань эсрэг байх мэт санагдах үе буй бөгөөд амжилт олохгүй мэт бодогдох ч үе байна. Иймэрхүү садаа тохиох үед сэтгэл шантран бууж өгч хуучин байдал руугаа буцаж орох амархан байдаг. Тиймээс өөрийн дадлага сургалтад тус дэм болох нөхцөл байдлыг үүсгэн бий болгох нь аль түвшинд яваагаас тань үл хамааран чухал билээ. Үүнд зориулсан хэдэн зөвлөгөөг таны анхааралд толилуулбал:

1. **Багш:** Мэдэхгүй газарт хөл тавихдаа шаардлага хангасан газарч хөтөчтэй байх нь ухаалаг хэрэг болох билээ. Цагийн хүрдний Зам танд энх амгалан, эв зохицолд хүрэх гайхамшигт газрын зургийг танилцуулах бөгөөд багш л аль замыг сонговол ашигтайг хэлж өгч чадна. Яагаад гэвэл хүн болгоны санаа сэтгэл өөр учраас яг нэг замаар явж хүрдэг хоёр хүн гэж үгүй. Тиймээс тохиолдсон саад бэрхшээлийг даван гарахад туслах жинхэнэ дамжлага, уламжлалыг хадгалсан чадварлаг багштай тогтвортой урт хугацааны барилдлага тогтоох нь хамгаас чухал билээ.

2. **Хамт олон:** Энэ замаар ганцаар явах амаргүй. Тиймээс саад бэрхшээлийг даван туулах замдаа өөрийн хүсэл мөрөөдлийг хуваалцдаг хамт олноор хүрээлүүлсэн байх нь маш чухал. Зөв хүмүүсийг олж авах гэдэг амаргүй боловч оролдоод үзсэн нь дээр. Тэгэхдээ зүгээр өөрт сайхан сэтгэл төрүүлэх хүн хайж байгаа биш гэдгээ сана. Өөрийг тань чин сэтгэл оюун санаагаа хөгжүүлэхэд тулгараад байгаа асуудлыг шийдэхэд тань туслахаас буцахгүй тийм хүмүүс байх ёстой. Ийм өвөрмөц нэгэн төрлийн гэр бүлийн холбоо нэлээд тэсвэр тэвчээр хийгээд цаг хугацаа зарцуулсны дүнд бүрэлдэн тогтдог.

3. **Газар орон, орчин:** Бас нэг чухал нөхцөл бол дадлага хийх газар мөн. Дотоод бясалгал хийхэд зориулагдсан орчинтой байх нь сэтгэлийнхээ гүн рүү хийх холын аянд ердийн эд ахуйгаас сэтгэлээ салгахад тустай билээ. Гэрт тань ийм боломж үгүй бол долоо хоногтоо нэг удаа ч болов

очоод байж болох бясалгалын газартай болох нь эхний удаад зөв алхам болох байх. Илүү эрчимтэй бясалгалд зорьсон хүн богино болон уртын бясалгалд зориулсан зориулалтын газруудыг хайж олох хэрэгтэй.

4. **Цаг зав:** Орчин цагийн хүмүүсийн завгүй амьдралын нөхцөлд оюун санааны хөгжилд зориулах цаг байхгүй гэсэн бодлоо даван гарч цаг гаргана гэдэг хамгийн сорилттой зүйл мөн. Үнэн хэрэгтээ та өөрийн чухал гэж үзсэн зүйлдээ яаж ийгээд л цаг гаргадаг шүү дээ. Харамсалтай нь хүмүүс итгэл бишрэл, оюун санааны хөгжлийн үйлийг хийх зүйлийн жагсаалтынхаа хамгийн эцэст тавьдаг гэмтэй. Хэрвээ та үнэхээр амгалан энхийг амьдралдаа олохыг хүсэж байгаа бол хүч энергиэ юунд зарцуулбал зохих тал дээр нухацтай бодож дүгнээсэй.

Эцэст нь хэлэхэд өөрт байгаа боломжоо л бүрэн ашиглаарай. Өөрийн хүссэн "төгс" бүтээлд хүрэхэд тань төгс бус байдал чөдөр тушаа үл болог, харин түүний оронд хором бүхэн боломжийг авчирч байх болтугай. Та өөрөө чадварлаг бол ямар ч байдлыг дадлагадаа ашигтайгаар хувиргаж чадна.

-25-р Ригдэн Раудра Чакри-
Алтан Эрийнийг авчрах Хүрдэн Эргүүлэгч Хаан

Алтан Эриний Зүг

Хайр энэрэхүйн сэтгэлдээ суурилаад Цагийн хүрдний ханьцашгүй дандарын урсгалын мэргэн сургаалын тусламжтайгаар амьдарч буй ертөнцөө, хүрээлэн буй хүмүүсээ хувиргах чадвар бид бүгдэд бий гэдэгт би эргэлздэггүй. Ямар чанарыг эрхэмлэх нь бидний сонголт. Хүүхдүүдээ юунд хэрхэн сургах нь бидний сонголт. Юунд анхаарал тавих вэ гэдэг ч мөн л бидний сонголт. Өөрсдийн ертөнцийг өөрчлөх гэдэг хаа хол хэзээ нэгэн цагт болох явдал биш, яг одоо ч бид бүтээж болно. Энэ бүгд бидний ямар сонголт хийхээс л шалтгаалах юм.

Өдөр болгон бид асуудалтай тулгардаг. Хором бүр бидэнд ухаалгаар эсвэл мунхгаар шийдэх боломжуудыг олгодог. Амьдралыг сайтар шинжин харвал аль шийдвэр илүүтэй хийгдэж байгааг бид харах болно. Аз болоход бүх юм хар юмуу, цагаан биш бөгөөд хэчнээн ч төөрөгдсөн байлаа гэсэн саруул билиг оюунаар тунгаах чадвар бидэнд байнга байдаг.

Мунхаг сэтгэл бол үнэнийг булингартуулан харуулагч, туйлын үнэнд хүрэх замд садаа болон хязгаарлагч билээ. Билиг оюун харин туйлын үнэнийг бидэнд ямар ч саад, хязгаар үгүй харуулах чадалтай юм. Мунхаг сэтгэл зовлон зүдгүүрт тусладаг бол саруул билиг оюун амгалан жаргаланд тусалдаг билээ. Энэ хоёр чанар харилцан хамааралтай нэг зоосны хоёр тал юм. Нэг нь гарч ирэхэд нөгөө нь алга болох талтай үзэгдэл. Мунхаг сэтгэл, саруул билиг оюун хоёрт олон давхраанууд бий бөгөөд амьдралынхаа туршид бид энэ хоёрын ээлжлэхийг үзсээр өнгөрөөдөг байна.

Өмнөх бүлэгт гарснаар саруул билиг оюуныг оюун санаа, сүсэг бишрэлийн дадлага бясалгалын замаар мэдрэмжийн өөр өөр үе шатанд хөгжүүлж болдог байна. Цагийн хүрдний системд Гадаад, Дотоод, Гэгээрлийн Цагийн хүрдэн гэсэн гурван үе шат яригддаг ба тус бүрдээ ялгаварлах муу үзэл, мунхаг сэтгэл үгүйгээр үнэнийг илрүүлэн гаргах суурь болгон чадварлагаар ашиглах мэдрэмжийн тодорхой нэг талбарыг төлөөлдөг билээ. Эдгээр мэдрэмж дээр үндэслээд бид зөвхөн өөрийн бус бусдын амгалан зохицолт байдалд тохирсон сонголтыг хийх бололцоотой.

ЦАГИЙН ХҮРДНИЙГ ОЙЛГОХ НЬ

Өөрчлөлт, шилжилтийн энэ үйл явцыг Цагийн хүрдний сургаалд *цагийн хүрд буюу цагийн эргэлт* гэж нэрлэдэг. Энэ бол байгалийн үзэгдэл мэт сурснаа дадлага болгох хувь хүний өөрчлөн хувирах мөчлөг юм. Эргэлтэнд ямар нэгэн хугацаа хэмжээ гэж үгүй. Зарим хүнд хэт удаан байдаг бол зарим хүнд маш богино байх бөгөөд энэ нь цаг мөч тутамд гарч ирэх нөхцлүүд болон бидний боломжийг хэрхэн ашиглах зэргээс бүрэн шалтгаалдаг байна.

Бид хэдийгээр хувь хувийнхаа цагийн эргэлтийг мэдэрч байлаа ч ганцаараа биш ээ. Үйлийг үрийн барилдлагын тухай эргэн санавал бид хамаг амьтантай хязгааргүй олон үйлийн барилдлагаар холбогдон ирсэн байдаг. Эдгээр амьтадтай холбогдсоноороо бид хамаагүй том цагийн эргэлтний нэгээхэн хэсэг болон хувирдаг. Жишээ нь нэг айлын үе дамжсан удмыг аваад үзье л дээ эсвэл жижиг тосгоноос том хот болох үйл явц ч юмуу хол хол байрласан тусгаар жижиг хаант улс, их гүрэн болон хөгжих гэх мэт цагийн эргэлтэнд байнгын өөрчлөлт, хөгжил сүйрэл дүүрэн, эцэс төгсгөл гэж огт үгүй.

Хэрэв бид энэхүү эргэлтийг ухаарах ухамсарлахуйгаа хөгжүүлж чадах юм бол тодорхой давтамжаар явагддаг нь илэрхий болно. Түүхийн зарим деталь өөр байж болох ч ерөнхий давтамж нь бидний үзлийн хүрээнээс шалтгаалдаг, өргөн уужим сэтгэлтэй байвал илүү том зургийг ойлгож болдог гэсэн үг.

Энэ ертөнц бүхнийг харагч гэгээрсэн Буддад хэрхэн үзэгддэгийг бод доо. Бүхий л хязгаараас гэтэлгэсэн Бурхан цаг хугацаа орон зайн хамааралгүй оршино. Тэд байж болох бүх хэмжээсээр боломжийн бүх мэдрэмжийг хоромхон зуурт нэгэн зэрэг мэдэж байдаг. Энэхүү хязгааргүй өргөн үзэхүйгээрээ тэд нэг бяцхан амьтны төдийгүй бүхэл гаригийн цагийн эргэлт түүний хөгжил давтамж бүгдийг ажиглан дүрслэж чадах билээ.

Бурхан Багшийн айлдсан Цагийн хүрдний сургаалаар бол ертөнц тэр чигээрээ амьдралын туршлагаас үүдэх үйлийн үрийн ахуйн хэмжээлшгүй далайд автан байх бөгөөд уг ахуйд орших хамаг амьтны үйлийн үрийн холбооcны хүчтэй, сулын хэмжээнээс нь тэдгээрийг адил төстэй үйлдэл, шинж төрхөөр нь ажиглан өөр өөр зүйлд ангилан хуваaž болох ажээ. Ийм зургаан зүйл амьтан орших нь: тамын амьтан, бирд, адгуус, хүн, асур, тэнгэр билээ. Зүйл амьтан болгоны талаар миний бичсэн *Нандин Үнэнээ Илчлэхүй* номонд маш дэлгэрэнгүй байгаа учраас энд би дахин тооцихгүйгээр одоо бидэнд хамгийн сонирхолтой байгаагаар нь хүний ертөнцөд анхаарлыг тань хандуулъя.

Хүний ертөнц тэр бүр адилгүй гэж түрүүн ярьсан. Хувь хүний үйлийн үрээс шалтгаалаад сэтгэлийн нарийн бүдүүн түвшинд өөр өөр орнууд байх бололцоотой юм. Нэг талд нь бидний одоо амьдарч буй энэ бүдүүн түвшний орон, нөгөө үзүүрт нь зүүдний үзэгдэл мэт эрхэм *Дээд Шамбалын ариун орон* мэт нарийн түвшний орнууд багтаж байна. Өөр өөр орнууд сэтгэлийн өөр өөр давхаргад орших ба бүдүүн түвшнийхэн нарийн түвшний орныг мэдэрч чадахгүй. Гэвч бясалгалын аргаар сэтгэлийнхээ гүн рүү нэвтэрч сурсны дараа тэдгээр орнууд руу "аялах" боломжтой ажээ. Энэ л зарчмаар бидний дээр түүхийг нь уншсан бүх егүзэр-бясалгачид Шамбалын оронд түр зочлон тэнд амьдрах гэгээрсэн бодгалиудтай уулзаад ирсэн байх ажгуу.

Олон хүний хувьд энэ дүрслэл ойлгоход бэрхтэй тул эдгээр ойлголтыг хялбар болгохын тулд Бурхан хүмүүсийн байнга хэрэглэдэг нэршлээр тодорхойлсон байдаг. Жишээ нь, бид хүний ертөнцийг аваад үзвэл дөрвөн гол төрөл болгон таньж: нарийн сэтгэлт хүн, бүдүүн сэтгэлт хүн, нарийнаас бүдүүн руу шилжих хүний ертөнц, бүдүүнээс нарийн руу шилжих хүний ертөнц гэж хуваадаг. Бид цаг хугацаа, орон зайд оршихоор заяагдсан амьтад болохоор Бурхан эсрэг дөрвөн зүгт байрласан энэ дөрвөн төрлийг "тив" хэмээн нэрлээд тивүүдийн хооронд нь тэдгээр орнуудын ургаж үзэгдэх сэтгэлийн огторгүйг төлөөлдөг "далай" оршдог хэмээн дүрсэлсэн байна.

Бидний үзэж мэдрэн буй ертөнцийн давуу талыг дүрслэхдээ түүний өөр өөр талуудыг харуулсан ганц тогтсон арга үгүй юм гэдгийг заавал мэдэх нь чухал. Маш чадварлаг аргаар Бурхан өөрийн санааг, айлдаж байгаа сургаалдаа дэд бүлэг болгон заасан нь хүмүүст түүний сургаалаас өөрсдийн боломжоо хэмжээгээр авч хэрэглэхэд дөхөмтэй болгосон юм. Сургаалын цаад гүнзгий утгыг ойлгох чадвартай нэгэнд нь эдгээр дүрслэл туйлын үнэнтэйгээ тулж ажиллах хүчирхэг хэрэгсэл болдог бол бүрэн дүүрэн ойлгох болоогүй, арай л бэлэн биш байгаа нэгэнд нь төөрөгдсөн үзлийнхээ цаана гарах хүслийг бадраах хэрэгсэл болдог билээ.

Цагийн хүрдний сургаалдаа Бурхан эдгээр дөрвөн тивийн доторхи нөхцөл байдлууд тодорхой биш болохыг ажигласан байх бөгөөд бусад бүх үзэгдэл юмсын нэгэн адил байнгын өөрчлөлтөд оршдог болохыг сургасан байдаг. Цаг хугацааны бүр томруулсан хүрээгээр харж үзвэл эдгээр орнуудын бодгалиуд билиг оюун, мунхаг сэтгэл хоёрын аль нэг нь давамгайлсан байдлын дунд үелэн орших үзэгддэг байна. Энэ хувьсал өөрчлөлт нь бурханы сургаал байсан ба байгаагүйгээр жолоодогдон явдаг ажээ.

Нэг бүтэн эргэлт болгонд тив болгон дөрвөн үеийг элээдэг нь: Бүтэн төгс үе, дөрөвний гурвыг эзэлсэн үе, хагас хувийг эзэлсэн үе, бууралтын үе эдгээр болно. Төгс үед бурханы сургаал газар сайгүй дэлгэрч хүмүүсийн ихэнх нь дадуулан үйлдэж байх бөгөөд энэ үеийг *Алтан Эрин* гэнэ. Гэвч яваандаа энэ үе бууран буурсаар үгүй болдог явц дараагийн гурван үеэр илэрхийлэгдэнэ. Үе бүрийг дотор нь эхлэл, дунд, төгсгөл гэж хуваавал арван-хоёр хэсэгтэй болно. Үүнээс бид тив болгон нэг гол төв, хоёр жижиг хэсгээс тогтоно гэвэл арван-хоёр тив болон хуваагдана.

Цагийн энэ эргэлтэнд нэг үед нэг л тив Бууралтын үедээ орж болдгийг Будда ажигласан байдаг. Тэнд бууралт доод цэгтээ хүрэхийн алдад хажуугийн хөрш аль нэг тивээс нэгэн гайхамшигт бодьгал үзэгдэж ховор нандин сургаалыг сэргээн ертөнцөд дахин танилцуулдаг ажээ. Энэ үе шинэ Алтан Эриний эхлэл буюу дараачийн цагийн эргэлт эхлэж байгаа тэр үе юм. Энэхүү бодгалийг бид *Хүрдэн Эргүүлэгч Хаан* \скт.Чакравартин,\ буюу Загарвардын Хаан хэмээн нэрлэдэг.

Энд бид Номын Хүрд Эргүүлсэн Шагжамүни Бурхан багш ба Загарвардын Хаан хоёрыг ялгаж салгаж ойлгох нь чухал. Бурхан багш цоо шинэ сургаалыг ертөнцөд анх номлодог бол Загарвардын Хаан тэрхүү сургаалыг тивийн хооронд зөөж, сэргээх, дэлгэрүүлэх үүрэгтэй билээ. Тэр талаас нь Загавардын Хаан бол сургаалын ариун байдлыг сахиулахад анхаардаг гэж хэлж болно.

Буддын одон орны мэдлэгтэй хүмүүст зориулж бидний хэлэлцэн буй тодорхой нэг цагийн эргэлт тэрнээс хамаагүй том эргэлтэд мөн багтан оршдог гэдгийг хэлбэл зохистой байх. Мөн нэг гаригийн үүсэл мөхлийг захирагч цагийн эргэлт байхад бүхэл галактикын үүсэлтэй холбогдогч түүнээс том цагийн эргэлт ч байх жишээтэй. Бас төгс гэгээрсэн Бурхан хорвоод залрах цаг үе байдаг бөгөөд энэ бүх эргэлт нэгэн зэрэг явагдах тул нэг эргэлтийн эхлэл үе нөгөө эргэлтийн өөр үе шат болж байх бүрэн боломжтой. Бид энэ зарчмыг өөрсдийн амьдралын төрөх, үхэх ч юмуу романтик холбоо үүсгэн эцэг, эх болж үр хүүхэд өсгөх зэрэг цагийн эргэлтэн дээр байнга харж байдаг билээ. Цагийн эргэлт зүгээр л бодол сэтгэхүйн бүтээл гэдгээрээ нэг эргэлт нөгөөгөө ямар ч байдлаар хязгаарлах нь үгүй юм.

ДАРААГИЙН ЗАГАРВАРДЫН ХААН ИРЖ ЯВАА

Сансар огторгуйн хэмжээнд өөр өөр цагийн эргэлтүүдийг ойлгох нь бүхнийг томоор харах боломж олгох ба одоогийн байгаа байдлаас дэндүү тасархай мэт санагдах үе бий. Тиймээс бид одоо энэ амьдарч буй цаг үеийнхээ эргэлтэд анхаарлаа буцааж авчрах хэрэгтэй. Дээр дурдсан арван-хоёр тивийн хамгийн өмнөдөд байрлах Замбуу Тив \скт.жамбудвипа\-д бид амьдарч байгаа билээ. Энэ бол бодит оршихуйд хэт автсан маш бүдүүн хэлбэрийн орон гэсэн үг.

Энэ түвшинд бид Цагийн хүрдний нандин сургаал номлогдсон энэ Дэлхий хэмээх гариг дээр бидэнтэй амьдарч буй болгоныг онцгойлон сонирхох нь зүй ёсны хэрэг. Шамбалын Дээд ариун орон мөн л тэр сургаалыг дадлагажуулснаар бий болсон билээ. Бид цөмөөрөө нэгэн ижил төстэй нийтлэг үйлийн үрээр энэ гаригт төрж Шамбалын орон хийгээд Цагийн хүрдний сургаалтай холбоо сүлбээтэй болсон юм. Хэр хүчтэй холбоо вэ гэдэг нь хувь хүний үйлийн барилдлага болон цаг хугацааны явцад үүсгэсэн бусад барилдлагуудаас шалтгаалдаг байна. Барилдлага хүчтэй сул байх нь гол биш, байна гэдэг нь өөрөө чухал бөгөөд түүнд суурилан бид энэ холбоогоо бэхжүүлж хөгжүүлэх бүрэн боломжтой юм.

Шамбалын орон тэгвэл Алтан Эринтэй ямар холбоотой вэ? Цагийн хүрдний сургаал ёсоор Хүрдэн Эргүүлэгч Хаан бидний "хөрш" тивээс хүрэлцэн ирснээр Алтан Эринийг эхлүүлдэг. Юу гэсэн үг хэмээвээс, манай гариг цагийн эргэлтнийхээ төгсгөлийн шатанд хүрч очих үед Бурханы сургаал дэлгэрэн буй тивээс ухамсарлахуйн гүнзгий түвшинд хүрсэн бодьгал ирж дахин сэргээх учиртай аж. Тэр тив манай гаригтай үйлийн нарийн холбоосонд орших Шамбалын орон яахын аргагүй мөн билээ. Энэ явц хэрхэн өрнөхийг мэдэхийн тулд Ханьцашгүй дандарын сургаалд юу гэж бичигдсэнийг сөхөн харцгаая.

ЦАГИЙН ХҮРДНИЙ БОШГО

Хураангуй Цагийн хүрдний сургаал бидний урьд судалсан үнэнийг мэдрэх өөр өөр давхаргыг дүрсэлсэн \Гадаад, Дотоод, Гэгээрлийн\ таван хэсгээс бүрдэнэ. Гадаад Цагийн хүрдний сургаалдаа Бурхан багш гариг эрхэсийн хөгжлийг Цагийн хүрдний үүднээс тодорхой тайлбарласан байдаг. Дараа нь ирээдүйд Алтан Эрин хэрхэн үзэгдэхийг зөгнөн хэлсэн олон зүйлс байдгийг тайлан унших тал дээр олон жилийн турш будлиан төөрөгдөл ихэд гарах болсон тул зарим нэг буруу ойлголтыг тодруулах хүсэлтэй байна. Үүнд:

Зэрлэгүүдийн эсрэг гэдэг нь Исламын эсрэг гэсэн үг биш

Хамгийн нэгдүгээрт Цагийн хүрдэн бол Иудай, Христ, Ислам гэх мэт Абрахамын шашнуудын эсрэг сургаал гэсэн нэг томоохон буруу ойлголт байдаг. Цагийн хүрдний эх сурвалжийн хамгийн үгчилсэн орчуулга дээр үндэслээд үзвэл ийм ойлголт гарахаас ч аргагүй мэт. Нэгхэн мөрөнд Исламын урсгалын бүх мэргэдийг чөтгөрүүд гэж илт нэрлэсэн байх нь орчин цагийн хүний нүдэнд иймэрхүү болгоомжгүй мэдэгдэл амгалан энхийг уриагаа болгосон Цагийн хүрдний сургаалын гол агуулгатай яах аргагүй харшилдаж байх ажээ. Хараажаар эсрэг, тэсрэг энэ үзлийг юу гэж ойлговол зохих вэ?

Бичигдсэн хам сэдвийг эхлээд үзвэл Шамбалын Хаан ба түүний Хинду холбоотон, Муслимын бүлгийн зэрлэгүүдийн хоорондын түүхэн тулалдааныг эхлээд үзүүлж байна. Маш өвөрмөц аргаар үзүүлж байх мэт санагдах боловч сургаал хэнд чиглэснийг бодоод үзэх юм бол энэ арга утга учиртай болоод ирнэ. Брахманы толгойлогч Суръяаната Манзушри Яшас хаанаас Сучандрагийн эх судрын дэлгэрэнгүй тайлбарт дүгнэлт бичиж өгөхийг хүссэн байна. Тэнд байсан хүмүүс голдуу Ведийн сургаалыг дагагч нар байлаа. Ведийн уран зохиол түүхийн туульс зэрэгт гүн ухааны болон ёс зүйн ойлголт, үзлийг өргөнөөр авч хэрэглэдэг байсан үе. Бошгыг үүгээр форматлаад үзэх юм бол Брахманчуудад хамгийн ойлгомжтой байлгах үүднээс Бурханы сургаалыг Яшас хаан маш чадварлаг дүрсэлсэн гэдгийг хүлээн зөвшөөрөхөөс аргагүй. Тэр үед \МЭӨ 2-р зуун орчим\ Мухаммед Коран судраа номлож амжаагүй байсан үе. Зөгнөлд өгүүлсэн Муслимын зэрлэгүүд гэдгээр үнэндээ Ойрхи Дорнодын дайчин омгуудыг хэлж байсан юм. Тэд тухайн цагтаа түрэмгийллийн гол эх үүсвэр болоод байсан билээ. Зөгнөлд цаашлаад ирээдүйд төрөх таван элч, зөнч мэргэдийн нэрс, нийслэл хотын нэрсийг дурдсан байна. Үүнийг задлаад үзвэл тодорхой газар оронд, тодорхой цагт хэсэг бүлэг хүмүүс амгалан зохицлын эсрэг будлиан тарих болно гэдгийг заасан байна. Энэ бүлэг хүмүүс \зарим хүмүүс үүнийг Исмайли сект гэж буруу боддог\ гэдгээр муслим жижиг бүлэг хүмүүсийг хэлснээс биш ислам шашныг тэр чигээр нь гэж хэлээгүй. Энэ бол Хинду уншигчдадаа зориулан Бурхан багшийн "зэрлэгүүдийн үзэл" гэж нэрлэснийг тод үзүүлсэн үнэхээр өвөрмөц арга байсан юм.

Одоо "зэрлэгүүд" гэдэг үзлийн тухай асуулт зүй ёсоор босож ирж байна. Зэрлэг гэдэг нь *лало* гэдэг үгний орчуулга бөгөөд утга нь "бурханы сургаалгүй" гэсэн үг. Энэ нэрээр тодорхой нэг үзлийг нэрлэж байгаа болохоос хэн нэгэн хүнийг хэлж байгаа бус билээ. Энэ номын эхэнд ярилцсанаар ялгаварт үзлээр аливаад хандвал туйлшралд хүргэх аюултай юм. Туйлширмал үзэл баримталсан хэнийг ч болов бид "зэрлэг" гэж нэрлэхэд болох билээ.

Төв Азийн нутагт буй лалын догшин, түрэмгий авирлагч гүрэн үүний нэг жишээ болон үзэгдэж болох. Энэ бол бидний түүхэнд гарсан цорын ганц жишээ биш ээ. Иймэрхүү туйлшрсан бусармаг явдал Христийн Загалмайтны аян дайны үе, Монголын Хаадуудын үед ч гарч байлаа. Ганц 20-р зуунд л гэхэд Германы Нацист Гитлерийн бодлого, Америк дахь коммунизмын эсрэг үйл ажиллагаа, Сталины үеийн хэлмэгдүүлэлт болон Маогийн Соёлын Хувьсгал гээд бодоход энэ бүхэн бидний ертөнцөд байх галзуу зэрлэгүүдийн санаанаас урган гараагүй гэжүү.

Яшас Хаан уншигчдадаа ойлгомжтой байлгах үүднээс гүнзгий утгыг агуулсан үгсээр судрыг тайлбарласан болохыг бид энэ гэрлийн тусгалд сая харлаа. Ялгаварт үзэлдээ хэт автсанаар чөтгөр болон хувирах, зэрлэгүүдийн нэгэн болох бололцоо бидний хэнд ч гэсэн бий юм шүү. Буруу талаа ухамсарлаж ойлгохгүйгээр түүндээ дарлуулбал тэр шүү дээ. Хүмүүс таны дайсан бус мунхаг, ялгаварт үзэл тань л жинхэнэ устгах ёстой таны дайсан мөнөөс мөн.

Муу сэтгэлд зориулсан хүчтэй арга

Дараачийн нэг буруу ойлголт бол дайрч хүчирхийлсэн үг хэллэг. Цагийн хүрдний сургаалд хүчирхийллийн хэллэг орсон гэсэн ойлголт. Яг үгчилбэл Ригдэн хаан Раудра Чакри Шамбалын орноос ирж, замдаа дайралдсан болгоныг устгана гэсэн утгатай. Мөн нөгөө талын армийг сүйрүүлэхэд хүргэх дайны машин техник хэрхэн хийх тухай ч өгүүлсэн байдаг. Хараажаар цэрэг дайны чанартай үзэгдлийг хэрхэн ойлговол зохих билээ?

Гол асуудал нь дайн гадаад ертөнцөд бус бидний бодол сэтгэл дотор явагдахад байгаа юм. Энэ дайнд иймэрхүү ёгтолсон хүчирхэг аргаар л ялж гарах билээ. Бид юуны эсрэг явж байгаагаа бодоод үз л дээ. Төрөл тэргүүлшгүй цагаас эхлүүлээд муу сэтгэлийн дадал зуршлаар дэндүү дарлуулсаар ирсэн биш үү. Энэхүү мунхаг сэтгэл л жинхэнэ байдлыг булингартуулан, зовлон зүдгүүрийн шалтгаан болоод байгаа билээ. Цаг хугацаа явах тусам энэ муу дадал зуршил бидний орчин тойрныхныг эзэмдэн хүчээ сэлбэж нийгмээрээ түүнд автагддаг билээ.

Энэ дайсныг яаж ялах вэ? Аль болох эртхэн нүүрэлдэж чадвал тайван замаар ялах болно. Бусдын төлөө гэсэн хайр энэрлийн сэтгэлээр бусдадаа үлгэрлэн тэднийг өөрчилж болох нэг арга байж болно. Харамсалтай нь үүнд нэлээд цаг орох юм. Хор хүчтэй байх тусам түүнд тохирсон хүчтэй эм хэрэгтэй болно. Асрал, хайр энэрэлт сэтгэл бол бидний муу сэтгэлийг дарах төрөлхийн хүчирхэг эм бөгөөд, тэр өөрийн мөн чанараар бидний дотор байхдаа муу сэтгэлд нөлөөлдөг юм. Энэхүү аргаар мунхагийн харанхуй руу гүнзгий зүсэн орж зовлонгийн үндсийг тэр чигээр нь сугататан авах хэрэгтэй.

Тиймээс Цагийн хүрдний сургаал бодит байдлын туйлын үнэн дээр түшиглэдэг нь мунхаг, буруу үзлийг устгах цорын ганц мэдлэг болохоор тэр. Раудра Чакри бол түүнийг ухаарсны илрэл юм. Тэр бол бидний муу сэтгэлийнхээ эсрэг мордох дайнд гарцаагүй ялах хүчин болсон чинагуух утганд агуулагдах билиг оюун ухааны бэлгэдэл мөн билээ.

Сэтгэлдээ энх амгалан, эв зохицлыг хөгжүүлэхэд иймэрхүү үг хэллэг хэрэглэх нь үнэхээр сонин байж болох хэдий ч бидэнд чухал хэрэгтэй тэр зоригийг төрүүлж чадаж байгаа бол үүнээс ашигтай арга зам үгүй юм. Тиймээс зорилгодоо хүрэхийн тулд бид хэмжээлшгүй их зүтгэл, шамдлыг гаргах хэрэгтэй байна. Асуудал өөрөө шийдэгдэхийг хүлээн хойш налайн суух цаг алга, хөдлөх л хэрэгтэй.

Нэг л Цаг Хугацаанд Сэтгэлд Болох Үйл Явц гэж Төөрөлдөх нь

Сүүлчийн нэг буруу ойлголт бол Алтан Эринийг нэг тодорхой цагт болох ёстой ганц үйл явдал мэтээр үзэх явдал юм. Нэг нийтлэг санаа бол 400 хүрэхгүй шахам жилийн дараа дэлхийг сүйрүүлэх дайн болж Раудра Чакри нүсэр том Шамбалын армиа дагуулан ирж зэрлэгүүдийг нухчин дарснаар Алтан Эринийг эхлүүлнэ гэсэн санаа билээ. Иймэрхүү хэтэрхий амархан тайлбар үнэн бодит үйл явцтай даанч нийцэхгүй.

Алтан Эрин энэ ертөнц дээр амьдарч байгаа хүн нэг бүрийн үйл хөдлөлийн үр дүн болон үзэгдэх болно. Хувь хүн бүр өөрийн төөрөгдөл ойлголт, муу сэтгэлээ ялан гарч туйлын үнэнтэйгээ учирсны хүчээр л энэ хувьсал өөрчлөлт явагдах болно. Яг энэ шалтгаанаар Раудра Чакри зэрлэгүүд хоёрын хоорондын тулаан бидний ярилцан суугаа энэ мөчид ч ид дундаа өрнөсөөр байж мэдэх юм.

Эртний жинхэнэ оюун санааны сургаалыг дадуулан үйлдэх замаар билиг оюуны хүчээр мунхгийн харанхуйг устгаж чадна. Цагаа болоход бидний хичээл зүтгэлийн үр дүн гарч, муусайн зэрлэгүүд сүүлээ хавчин зугатах мөч ирэх болно. Буруу үзэл, мунхаг сэтгэл бидний үйлийг удирдахаа больж, бид билиг билгүүний үзлээр энх амгалан, эв зохицолд тохирох сонголтыг өөрсдөө хийж чадах болно.

Бидний нэгэн адил бусад ч гэсэн адилхан зөв замаар явж зовлон бэрхшээлээ арилган нэг нэгээр ахисаар, яваандаа билиг билгүүн, мунхагийн тэнцвэрт байдал өөрчлөгдөн мунхаг, муу сэтгэлийн хэв шинж багасч билиг оюун нэмэгдсээр бидний амьдрал ахуй хувиран өөрчлөгдөх юм.

Үүнээс үзэхэд Алтан Эриний ирэх үе, үргэлжлэх хугацаа тодорхой цагт болно гэж зөгнөснөөс болоод зайлшгүй төдийд тохиолдоно гэсэн үг биш. Алтан Эрин ч мөн үйлийн үрийн нөхцөл шалтгаанаас хамаарах болохоор тэрхүү нөхцөл шалтгааныг үүсгэх бидний үйлээс цэвэр хамаарах билээ. Бид хүч энергээ дайчлан олуулаа зүтгэвэл үр дүн нь хурдан ирэх бус уу. Эсрэгээр бид асуудлыг үл хайхран ингээд орхичихвол Алтан Эрин бүр их удаж байж ч ирж мэднэ.

Зөгнөлд гарсан үгэнд биш утганд нь бид итгэх ёстой. Эдгээр хэллэгийн цаана нуугдсан билиг билгүүнийг нээж гаргах ёстой. Сайн, муу хоёрын тэмцлийг зөгнөсөн тодорхой орон газар, цаг хугацаанд баригдалгүй Алтан Эринийг үзэх боломж бидэнд байна. Өөр олон сударт ч энэ тухай өгүүлсэн байдаг. Тиймээс Цагийн хүрдний зөгнөлийг бүх нийтэд оюун санааны өөрчлөлтийг авчрах хүчирхэг төлөвлөгөө гэж үзэж болно.

Алтан Эрин үзэгдэх нь 21600 жил үргэлжлэх томоохон цагийн эргэлтийн эхэн гэж тэмдэглэгддэг. Энэ цагийн эргэлт Загарвардын хааны дахин ирж үзэгдэх хүртэл хэр удахыг зааж байгаа юм. Мөн бидний нэгэн өдрийн турш авдаг 21600 амьсгалыг багтаасан хамаагүй жижиг цагийн эргэлттэй энэ тохирч байдаг билээ. Эргэлтийн сүүлчийн амьсгаанд хий төв судлаар орж бидний гэгээрэл, бурханлаг чанартаа хүрэх бололцоог олгодог бөгөөд ийм маягаар Алтан Эринийг яг одоо ч үзэж болох байна.

∗∗∗

2500 гаруй жилийн турш Цагийн хүрдний сургаал нь тоолшгүй олон амьтны оюун санааны хөгжилд хөтлөх эх сурвалж, хөтөч болсоор иржээ. Шамбалын орны нууцын талаарх энэ богинохон танилцуулга танд хором бүхэнд нуугдан буй гайхам чанараа мэдрэх сонирхлыг төрүүлсэн болов уу хэмээн найдна. Энэ орчлонгийн төөрөгдөл хийгээд гутранги үзлийн дунд хөл алдахад хэчнээн амархан байдаг билээ. Бид энэ гайхамшигт боломжоор дүүрэн орныг танин мэдэж, тэнд төрөл аваасай гэж хүснэ. Үнэнийг хэлэхэд бид дотоод ертөнц рүүгээ өөрсдийн гайхам чадвар руугаа чиглэлээ өөрчилж чадвал хамгийн нандин мөрөөдлөө ч биелүүлж чадах хүчийг олох билээ.

Жонан-Шамбалын урсгалын уламжлалыг баригч тэдгээр олон лам нарын амьдралын замыг эргээд харахад тэдний тойрон буй орчны ороо бусгаа байдлын дундуур зүсэн гарч гэгээрэлд хүрсэн тэр чадварыг бодоход би аянганд ниргүүлсэн мэт болдог юм. Заасан сургаал номлолыг нь зарим ойлгох ч чадваргүй төөрөгдөж будилсан хүмүүсээр хүрээлүүлээд, муу сэтгэл, ялгаварт үзлийн сүүдэр ч үгүй явж туйлын үнэнд тэд хүрч чаджээ. Энэ л сургаалын үргэлжлэлээр тэд өнөөдрийг хүртэл амьдарсан гэж би итгэдэг бөгөөд эрхэм лам багш нартаа нандин сургаалыг цэцэглүүлэх бололцоо олгосонд нь гүнээ талархнам.

Эцсийн дүгнэлт болгон хэлэхэд энэхүү мэргэн ухааныг эртний нэгэн үлгэр домог мэт санаж кофе уух зууртаа бүү хүүрнээрэй. Эсвэл эрдмийн ажлын сэдэв болгоод толгойгоо элдэв таамгаар дүүргэн судалгаа хийхэд зориулсан асуудал болгож хэрэггүй. Энэ урсгалыг цаашид ч амьд байлгахын тулд түүний зарчмыг бид зүрх сэтгэлдээ дадуулах хэрэгтэй. Энэхүү сургаалыг хадгалагч жинхэнэ домог болсон өв уламжлал, энэ дундаа тасалдаа нь үгүй дамжлага хийгээд түүний гүнзгий ухамсарлахуй хязгааргүй амгалан энхийн, эв зохицлын цоожийг нээж, бидний үнэн мөн чанарыг дэлгэн харуулах нь гарцаагүй.

Хавсралт

ཞིང་མཆོག་བདེ་ལྡན་འདིའི་སྒོ་ནས་ལམ་འཆི་བ་རང་གྲོལ

Шамбалын дээд орноор дамжин
үхлээс өөрийгөө чөлөөлөх ерөөл

ཨོཾ་ཨཱཿཧཱུྃ་ཧོ

འཇམ་སྐྱེས་སྐྱེ་བའི་བྱུང་གི་ཕྱོགས་འཚམས་ན། །ཁྱ་གསང་དགའ་བའི་ནུས་ཡུལ་གསྣ་ལ། །ཁ་ཡིབ་གཟུགས་རྩུ་སྣིས་
པདྨ་འདབ་བཀུད་ལ། །གངས་རིའི་ཁྱེར་བའི་ཕྱོགས་མཐའ་ཀུན་ནས་བསྐོར། །

УМ А ХУМ ХО

Замбутивийн төв хүйснээс хойд зүгт,
Нарийн, нууцлаг, ариун Шамбалын орон нуугдмуй.
Найман дэлбээт лянхуан хэлбэрт тэр орон
Тал бүрээсээ цасан уулсаар хүрээлэгдмуй.

རྒྱ་མཚོ་སྤྲིན་ཞིང་མེ་ཏོག་འབྲས་བས་བསྒྲིམས། །མཛེས་སྲུག་ཡིད་འོང་ལྷ་ཡུལ་དཔལ་ལ་འཛིན། །

པད་འདབ་སོ་སོར་གནས་པའི་ཡུལ་དང་གྲོང་། །རེ་རེ་ལ་ཡང་བྱེ་བ་བཅུ་གཉིས་རེ། །

Хаа сайгүй гол, нуур, ой, цэцэгс байх нь
Тэнгэрийн орны үзэсгэлэн гоотой өрсөлдөхүйц тансаг.
Дэлбээ болгон дээр арван хоёр хаант улс
Улс болгонд арван хоёр сая хот балгадтай бөлгөө.

པད་འདབ་བཀུད་ལ་བྱེ་བ་གོ་དྲུག་གྲོང་། །སྤྲུལ་པའི་རྒྱལ་པོ་དགུ་བཅུ་དྲུག་གིས་སྐྱོངས།

སྒགས་ཀྱི་ཞིང་མཆོག་ཁྱད་དུ་འཕགས་པའི་ཞིང་། །ཚེས་རྒྱལ་རིགས་ལྡན་བྱང་སེམས་ཆེན་པོའི་སྐྱོང་། །

Энэ есөн зуун жаран сая хот балгад
Ерэн зургаан засаг ноёдоор хамгаалуулдаг бөлгөө.
Шидэт тарнийн эрхэм дээд энэ буянт газрыг
Бодь сэтгэлт Ригдэн Хаан сахидаг бөлгөө.

བྱེ་བར་ཀི་ལ་ནུ་ཡི་རི་བོའི་སྟེང་། །གསང་ལ་ཡི་གཙོ་བོ་ག་ལཱ་པར། །རོ་མཆར་སྐྱིད་མོ་ཚལ་དང་པདྨ་མོའི་མཚོ། །
དུས་ཀྱི་འཁོར་ལོའི་སྙོ་བསྒྲིགས་རོ་མཆར་ཅན། །རྣམ་དག་ཞིང་དེར་སྐྱེ་བར་བྱིན་གྱིས་རློབས། །

Төвд орших Кайлаас уулан дээр
Шамбалын нийслэл Калапа сүндэрлэн буй.
Завсраар нь лянхуат нуурууд мэлтэлзэх гайхамшигт цэцэрлэгт
Цагийн хүрдний гайхамшигт хот мандал сүндэрлэн буй.
Төгс ариун энэ газарт төрөхөд минь адислан соёрх!

ཞིང་མཆོག་དེ་ན་དུག་དང་ནད་ཡམས་མེད། །ཆོད་དང་རྒྱ་ནན་སྲག་བསྐལ་འཇིགས་པ་མེད། །རིགས་རུས་ཐོབ་དམན་རྒྱ་ནོར་ཕྱོགས་སྟོང་མེད།

Халдварт өвчин хийгээд дайсан үгүй тэрхүү дээд оронд,
Хэрүүл тэмцэл, зовлон шаналал, хүчирхийлэл огт үгүй
Үндэс язгуурын өндөр нам, баян ядуугийн ялгавар ч үгүй.

།ཧྭག་ཏུ་ཡང་དག་དམ་པའི་ཆོས་ལ་སྤྱོད། །རྒྱུད་རྒྱལ་དུས་ཀྱི་འཁོར་ལོའི་སྲག་ལ་སྤྱོད། །

ཕྱི་ནང་གསང་བའི་བར་ཆད་ཀུན་དང་བྲལ། །ཧྭག་ཏུ་དང་གསེན་དམ་པའི་ཆོས་ལ་སྤྱོད།

རྣམ་པར་དག་པའི་ཞིང་དེར་སྐྱོད་བར་ཤོག །རིགས་གཞིས་ལམ་གྱི་འབྲས་བུ་མཐོན་གྱུར་ཤོག

Бурханы тантрын гүн увдисыг цагт ямагт бясалган
Ханьсашгүй Дандар- Цагийн хүрдний сургаалаар замнан,
Гадаад, дотоод, завсарын гурван түйтгэрээс эгнэгт хагацаж
Үргэлжид үнэн номыг шамдалгүй аяндаа дадуулах бөлгөө.
Ариун энэ орноо бид цэнгэн жаргах болтугай
Хоёр зэрэгт замын төгсгөлд хүрэх болтугай!

ཚེ་གཅིག་ལུས་གཅིག་ལམ་ལྔ་ས་བཅུ་མ་ལུས་ཀུན་བགྲོད་སྟེ། །སྐུ་བཞི་ཡེ་ཤེས་བཞི་ཡི་རྟོགས་པའི་ནམས་རྒྱས་ས་ཐོབ་སྟེ། །སྐྱལ་བས་འགྲོ་བ་ཀུན་ལ་ཕན་བདེ་མ་ལུས་བསྐྱེན་ནུས་ཤོག །

Таван зам, арван газрыг нэгэн насандаа гүйцээснээр
Төгс гэгээрсэн Бурханы дөрвөн лагшин, дөрвөн билиг билгүүнийг олоод
Хязгааргүй хувилан үзэгдэж хамаг амьтны тусыг хоцроолгүй бүтээх болтугай!

ཆོས་ཉིད་གདོད་ནས་དག་པའི་བདེན་པ་དང་། །ཆོས་ཅན་རྟེན་འབྱུང་བསླུ་བ་མེད་པ་དང་། །སྲག་བསམ་རྣམ་པར་དག་པའི་དགེ་ཆོགས་ཀྱིས། །སྨོན་པ་ཇི་བཞིན་མྱུར་དུ་འགྲུབ་གྱུར་ཅིག །།

Номын мөн чанар язгуурын ариун үнэнийг таньж,
Ном сэлт Шүтэн барилдаж гарах гарцаагүйг мэдэн
Үлэмж зоригдлын ариун сэтгэлийн буяныг хураанаар,
Залбирал ерөөл тавьсан бүхэн сэтгэлчлэн бүтэх болтугай!

"Шамбалын орноор дамжин үхлээс өөрийгөө чөлөөлөх ерөөл" хэмээх энэхүү бага ерөөлийг Ханбрүл Жамбал Лодой 2015 онд Австралийн Мелбурн хотын ойролцоо туурвив. Монгол хэлэнд хөрвүүлсэн Зопа Чойцо,\Самдангийн Отгонтөгс\, хянан засварласан Эрдэнэ Очирын Эрдэнэбаатар

ШАМБАЛЫН ХААДЫН ТӨВӨД БА САНСКРИТ НЭРСИЙН ХАРЬЦУУЛСАН ЖАГСААЛТ

Өнгөрсөн зууны тэртээгээс авхуулаад, саяхны судалгаагаар ч Цагийн хүрдний сургаалын эх сурвалж дотор Шамбалын Хаадын уугуул нэрсийн жагсаалтын Төвөд орчуулганд олон зөрөөтэй зүйлс байгаа нь илэрхий болжээ. 1985 онд барууны эрдэмтэн Дэвид Рэйгл *"Шамбалын Хаадын алдагдсан Цагийн хүрдний язгуурын Тантра"* номондоо *Вималапраба* буюу Хиргүй гэрэл судар доторх анхны санскрит хэллэгт шинжилгээ хийсэн байна.

Түүний тэмдэглэснээр Төвөд эх бичигт 18-р хааны нэр Харивикрамаг хоёр тусдаа болгон Хари Викрама гэж бичсэн нь алдаатай бөгөөд санскрит үгсийн дүрмийн дагуу нэг нэр гэж уншигдах ёстой ажээ. Энэтхэгийн мастер *Вибхутичандрагийн* тэмдэглэснээр энэ мөн нотлогдож байгаа юм. Зарим жагсаалтад 23-р Ригдэн хаан Анантавижая-гийн нэрийг мөн Ананта болон Вижая гэж бичсэн байдаг. Энэ хоёр алдааг дадлага бясалгалдаа хайхралгүй өдийг хүрснийг Төвөдийн эрдэмтдэд заан харуулжээ.

Хоёрдугаар дугаарт анхны санскрит эх бичигт 24-р Ригдэн Яшас гэж бичсэн бол өмнөх нэг нэрнээс хоёр нэр үүсгэсэн алдаагаа засахын тулд Төвөдийн орчуулагчид Яшасыг жагсаалтаас хасахаар шийдсэн бололтой. Энэ нь тэдэнд шаардлагатай байсан хорин-таван хаадын тоонд хүргэхэд тустай болжээ. Азаар өмнөх алдаа засагдсанаар Яшасыг дахин байх ёстой байранд нь оруулж танилцуулах боломжтой болсон байна.

Эдгээр зүйлд үндэслэж би энэ номдоо санскрит жагсаалтыг дагахаар шийдсэн юм. Мөн орчуулга зөв эсэхийг дахин шалгахаар Төвөд нэрсийг бас хадсан болно. Дараагийн хүснэгтүүдэд эх бичигт болон засагдсан байдлын ялгааг тодотгож өгөх болно.

Долоон их номын хаад

Эх бичигт		Засагдсан байдал	
Санскрит	*Төвөд*	*Санскрит*	*Төвөд*
1. Сучандра	Дава Самбуу	Сучандра	Дава Самбуу
2. Сурэшвара	Лхаван	Сурэшвара	Лхаван
3. Тажи	Ши жид жан	Тажи	Си жид ба
4. Сомадатта	Дави жин	Сомадатта	Дави жин
5. Сурэшвара	Лха и Ванчүг	Сурэшвара	Лха и Ванчүг
6. Вишвамурти	Нацог	Сүг Вишвамурти	Нацог Сүг
7. Сурэшана	Лха и Вандэн	Сурэшана	Лхаван Жал

Хорин-таван Ригдэн хаад

Эх бичигт		Засагдсан байдал	
Санскрит	*Төвөд*	*Санскрит*	*Төвөд*
1. Яшас	Дагва \ Манжушри\	1. Яшас	\Жампэл\ Дагва
2. Пундарика	Бадма Гарво	2. Пундарика	Бадма Гарво
3. Бадра	Самбуу	3. Бадра	Цансан
4. Вижая	Намжал	4. Вижая	Намжал
5. Сумитра	Шэнен Самбуу	5. Сумитра	Шэнен Самбуу
6. Рактапани	Чагмар	6. Рактапани	Мар во'и Чагдан
7. Вишнугупта	Чабжүг Байва	7. Вишнугупта	Чабжүг Байва
8. Аркагирди	Няма Дагва	8. Аркагирди	Няма Дагва
9. Субадра	Шиндү Самбо	9. Субадра	Равсан
10. Самудравижая	Жамцо Намжал	10. Самудравижая	Жамцо Намжал
11. Ажа	Жал га'	11. Ажа	Мажэ ба
12. Суръяа	Няма	12. Суръяа	Няма
13. Вишварупа	Нацог Сүг	13. Вишварупа	Нацог Лүй
14. Шашипраба	Дава и' Од	14. Шашипрабха	Дава и' Од
15. Ананта	Таеэ	15. Ананта	Таеэ
16. Махипала	Сажон	16. Махипала	Сажон
17. Шрипала	Балжон	17. Шрипала	Балжон
18. Хари	Сэнгэ	18. Харивикрама	Сэнгэ Намнон
19. Викрама	Намбар Нонба		
20. Махабала	Довбо чэ	19. Махабала	Довбочэ
21. Анируда	Магагба	20. Анируда	Магагба
22. Нарасима	Ми еи Сэнгэ	21. Нарасима	Ми еи Сэнгэ

23. Махэшвара	Ванчуг Чэнбо	22. Махэшвара Ванчэн
24. Анантавижая	Та еэ Намжал	23. Анантавижая Таеэ Намжал
		24. Яшас Дагва
25. Раудра Чакри Драг бо Хорложан		25. Раудра Чакри Дүм драг Хорло

Цагийн хүрдний Жонан-Шамбалын уламжлал

Эх сурвалж

Санскрит	Төвөд	Цаг үе
Адибудда \Суабавикакая\	Данбо и' Санжай	--
Важрадара \Дармакая\	Доржэ Чан	--
1. Калачакра \Самбогакая\	Дүй жи Хорло	--

Шамбалын Гучин-таван номын хаад

Долоон их номын хаад

Санскрит	Төвөд	Цаг үе
2. Сучандра	Дава Самбо	--
3. Сурэшвара	Лха ван	--
4. Тажи	Си жид па	--
5. Сомадатта	Давий жин	--
6. Сурэшвара	Лха и Ванчүг	--
7. Вишвамурти	Нацог Сүг	--
8. Сурэшана	Лхаван Жал	--

Хорин-таван Ригдэн хаад

Санскрит	Төвөд	Цаг үе
9. \Манзушри\ Яшас	\Жамбал\ Дагва	МЭӨ.150 он
10. Пундарика	Бадма Гарбо	МЭӨ.50 он
11. Бадра	Цансан	50 он
12. Вижая	Намжал	150 он
13. Сумитра	Шэнен Самбо	250 он
14. Рактапани	Марбо и' Чагдан	350 он
15. Вишнугупта	Чавжүг Бай ба	450 он
16. Аркагирди	Няма Дагва	550 он
17. Субадра	Равсан	650 он
18. Самудравижая	Жамцо Намжал	750 он
19. Ажа	Маже ба	925 он

20. Суръяа	Няма	1150 он
21. Вишварупа	Нацог Лүй	1250 он
22. Шашипраба	Дава и' Од	1350 он
23. Ананта	Та еэ	1450 он
24. Махипала	Сажон	1550 он
25. Шрипала	Балжон	1650 он
26. Харивикрама	Сэнгэ Намнон	1750 он
27. Махабала	Довбочэ	1850 он
28. Анирудда	Магагба	1950 он
29. Нарасимха	Ми еи Сэнгэ	2050 он
30. Махэшвара	Ванчэн	2150 он
31. Анантавижая	Та еэ Намжал	2250 он
32. Яшас	Дагва	2350 он
33. Раудра Чакри	Дүм драг Хорло	2450 он

Алтан эриний гурван хаад

Санскрит	Төвөд	Цаг үе
34. Брахма	Цанба	--
35. Сурэшвара	Лха и ванва	--
36. Кашиапа	Од срүн	--

Цагийн хүрдний Наландарын уламжлал

Санскрит	Төвөд	Цаг үе
20. Манжуважра	Дүвчэн Душава Чэнбо	950 он
\Их Калачакрапад\	\Жамбал дорж\	
21. Шри Бадра	Дүвчэн Душава Ни ба	980 он
\Бага Калачакрапад\	\Бал самбуу\	
22. Бодибадра	Жалцэ Налэндраба	1000 он
23. Соманата	Банчэн Дава Гомбо	1015 он

Очир зургаан йогийн До урсгал

Төвөд	Цаг үе
24. Дортон Лозава	1035 он
25. Лама Лхажэ Гомба	1035 он
26. Лама Дортон Намсэг	1050 он
27. Лама Дүвчэн Юмо	1075 он

28. Срай чог Дармэшвара	1100 он
29. Хайба Намхай Одсэр	1125 он
30. Мажиг Түлкү Жобум	1130 он
31. Лама Түвтов Сэчэн	1150 он
32. Чойжэ Жамъян Сарма	1175 он
33. Гүнчэн Чой гү Одсэр	1214- 1292 он

Жонангийн Цагийн хүрдний урсгал

Төвөд	Цаг үе
34. Гүнбан Түгжэ Зундуй	1243- 1313 он
35. Жансэм Жалва Еэшэ	1247- 1320 он
36. Хай зүн Ёндон Жамцо	1260- 1327 он
37. Гүнчэн Долбуба Шэйраб Жалцан	1292- 1361 он
38. Чойжал Чоглай Намжал	1306- 1386 он
39. Цүн мэд Нябон Гунгаа	1285- 1379 он
40. Дүвчэн Гунгаа Лодой	1365- 1443 он
41. Жамъян Гончог Самбо	1398- 1475 он
42. Дэн чог Намхай Цан жан	1436- 1507 он
43. Банчэн Намхай Балсан	1464- 1529 он
44. Лочэн Раднабадра	1489- 1563 он
45. Балдан Гунгаа Долчог	1507- 1566 он
46. Хай чэн Лүн риг Жамцо	1550 он орчим
47. Жэвзүн Дарнат	1575- 1635 он
48. Онжан Ринчен Жамцо	1600 он орчим

Замтан Цанва уламжлал

Төвөд	Цаг үе
49. Хайдүв Лодой Намжал	1618- 1683 он
50. Дүвчэн Агваан Принлэй	1657- 1713 он
51. Агваан ДанзанНамжал	1691- 1738 он
52. Агваан Хай зүн Даржай	1700 он орчим
53. Гүнсан Принлэй Намжал	1725 он орчим
54. Нүй дан Лхүндүв Жамцо	1750 он орчим
55. Гончог Жигмэд Намжал	1775 он орчим
56. Агваан Чойпэл Жамцо	1788- 1865 он
57. Агваан Чойжи Пагва	1808- 1877 он

58. Агваан Чойжор Жамцо   1846- 1910 он

Даш Чойдан хийдийн уламжлал

Төвөд	Цаг үе
59. Агваан Чойзин Жамцо	1823- 1900
60. Агваан Дамба Рав жай	1875- 1951
61. Агваан Лувсан Принлэй	1917- 1999
62. Ханбрүл Жамбал Лодой	1968- одоо

Бусад-үгүй хоосны үзэлт Жонангийн уламжлал

Эх сурвалж

Санскрит	Төвөд	Цаг үе
Адибудда \Суабавикакая\	Дан бо и' Санжай	--
Важрадара \Дармакая\	Доржэ Чан	--
Важрасаттва \Самбогакая\	Доржэ Сэмба	--
1. Шагжамуни Будда\Нирманакая\	Жалва Түв ба и' Ванбо	--

Нагаржунайн агуу мадъяамака

Санскрит	Төвөд	Цаг үе
2. Бодисаттва Важрапани	Чагна Доржэ	--
3. Нагаржуна	Лү Дүв	--
4. Шаварипа	Шавари	350 он

Асангагийн йогачара мадъяамака

Санскрит	Төвөд	Цаг үе
2. Бодисаттва Майдар	Жэвзүн Жамба Гомбо	--
3. Аръяа Асанга	Сасум Нева Пагва Тогмэд	350 он
4. Васубанду	Санжэ Данба и' Нинжэд Егнэн	350 он
5. Дигнага	Чой жи Лангбо	480- 540 он
6. Стирамати	Лодой Данба	510- 570 он
7. Чандрагомин	Зандра Гомин	600 он

Майдарын төгс үзлийн дамжлага

Энэтхэгээс

Санскрит	Төвөд	Цаг үе
5. Майтрипа	Гангамайдри	1007- 1085 он
6. Ратнакарашанти	Жуннай Шива	1025 он
7. Анадагирди	Гава Дагва	1025 он
8. Санжана	Садзана	1050 он

Төвөдөөс

Төвөд	Цаг үе
9. Лозава Гавай Доржэ	1050 он
10. Зан Хавочэ Ди мэд Шэйрав	1021- 1100 он
11. Дарма Зундуй	1117- 1192 он
12. Ешэй Жуннай	1150 он орчим
13. Жанчүв Жаб	1175 он орчим
14. Шонну Жанчүв	1179- 1250 он
15. Монлам Цүлтим	1219- 1299 он
16. Жомдан Риг ба и' Ралди	1227- 1305 он
17. Жи дон Жамъян Дагва	1250 он орчим

Жонан Шандон уламжлал

Төвөд	Цаг үе
18. Долбуба Шэйраб Жалцан	1292- 1361 он
19. Нябон Гунгаа Бал	1285- 1379 он
20. Чойжэ Бал Гомбо	1325 он орчим
21. Лодой Жамцо	1375 он орчим
22. Дон ёд Бал	1400 он орчим
23. Банчэн Шагжа Чогдан	1428- 1507 он
24. Дон ён Дүвба	1475 он орчим
25. Жамгон Дүвба и' Баво	1500 он орчим
26. Гунгаа Жалцан	1550 он орчим
27. Дагдан Дүбба	1575 он орчим
28. Жэвзүн Дарнат	1575- 1635 он
29. Ринчен Жамцо	1600 он орчим

Замтан Цанва хийдийн уламжлал

Төвөд	Цаг үе
30. Лодой Намжал	1618- 1683 он
31. Агваан Принлэй Намжал	1725 он орчим
32. Гончог Жигмэд Намжал	1775 он орчим
33. Агваан Чойпэл Жамцо	1788- 1865 он
34. Агваан Чой жи Пагва	1808- 1877 он
35. Агваан Чой зин Жамцо	1823- 1900 он
36. Гунгаа Хайдүв Ванчүг	1850 он орчим
37. Ринчен Самбо	1875 он орчим
38. Ринчен Одсэр	1900 он орчим
39. Агваан Лодой Дагва	1920- 1975 он

Жонан Чамда удамжлал

Төвөд	Цаг үе
40. Хан чэн Гунгаа Шэйрав Салжэд	1936- одоо
41. Ханбрүл Жамбал Лодой	1968- одоо

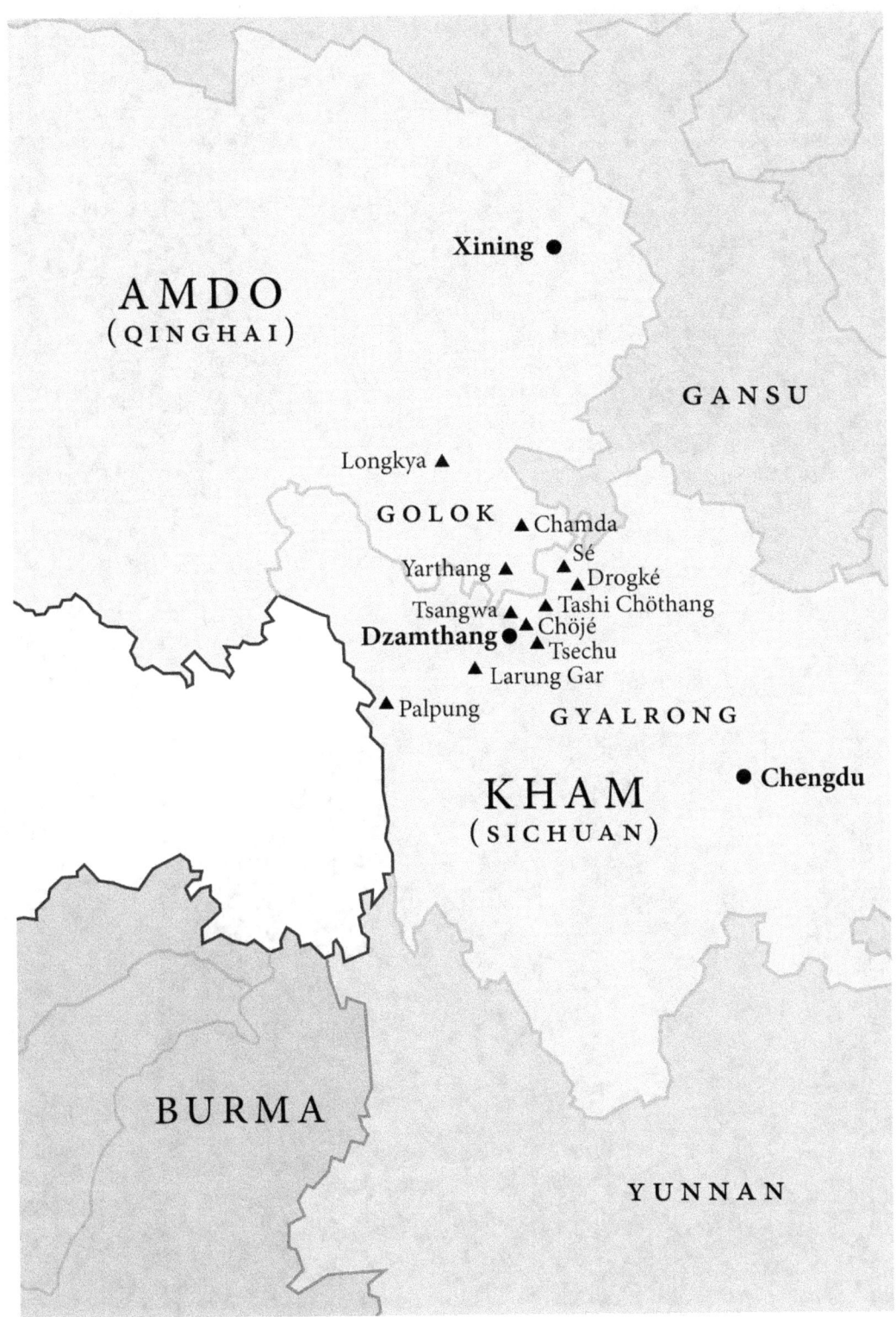

Зохиогчийн Тухай Хэдэн Үг

Ханбрүл Ринбүчи бол Төвөдийн Буддын шашны римэ үзэлт багш билээ. Тэрбээр Төвөдийн гол урсгалуудын хорин-тав гаруй багш дээдсүүдээс олон ном сургаалыг заалган дадуулах үйлсэд бүхий л амьдралаа зориулсан бөгөөд аливаа урсгалын системд чин хүндлэл бишрэлээр хандахын зэрэгцээ өөрийн даган явж ирсэн гол урсгал болох Жонан-Шамбалын урсгалын Цагийн хүрдний дандарын ёсондоо хамгаас итгэлтэй явдаг нэгэн билээ.

Ринбүчи бүхий л зүйлд сонууч хийгээд анхаарлаа төвлөрүүлж ханддаг. Түүний сургаал үргэлж ойлгомжтой, амьдралд хэрэгжүүлж болох онцлогтой байдаг. Олон жилийн турш тэрбээр шавь нартаа зориулан Цагийн хүрдний сургаалыг хэрэгжүүлэх үе шатуудыг үзүүлсэн ном бүтээл олныг бүтээж, мөн орчуулах, тайлбарлах тал дээр асар их зүтгэл гаргасныг хэлэхгүй өнгөрч болохгүй юм.

Бид байгаль орчин, дэлхийгээ хайрлах, хүн хүнээ гэх сэтгэлээр энх амгалань эв зохицлыг энэ ертөнцөд жинхэнэ утгаар нь хөгжүүлж чадна гэдэгт Ринбүчи хэзээ ч эргэлзэж байгаагүй бөгөөд Цагийн хүрдний системтэй сургалтаар Шамбалын *Алтан Эринийг* ойртуулах ч боломжтой хэмээн итгэсний үндсэн дээр дэлхийн улс орнуудаар хэдэнтээ тойрон явж ялгаварлах үзлээс ангид римэ үзэл бүхий өвөрмөц урсгалынхаа нандин ухааныг дэлгэрүүлэн номлож яваа нэгэн билээ.

РИНБҮЧИГИЙН ЗОРИЛГО, АЛСЫН ХАРАА

Зогдэн бол манай дэлхий дээр амгалан энхийн нийгмийг байгуулах Ханбрүл Ринбүчигийн үзэлд туслах зорилгоор тусгайлан байгуулагдсан ашгийн бус байгууллага бөгөөд өдөр өдрөөр хөгжиж дэвшихийн хэрээр улам олон хүнийг хамрах болоод байгаа юм. Ринбүчигийн үзэл бодол, алсын харааны цар хүрээний талаар ойлголт өгөх үүднээс холын ба ойрын найман зорилго тавьсныг нь доор үзүүлбэл:

Ойрын Зорилго

Үнэн чанартаа хувь хүн бүр өөртөө гүнзгий өөрчлөлт хийж байж л жинхэнэ аз жаргалд хүрч болно. Одоо бид билиг оюуныг улам хөгжүүлж өөрсдийн хязгааргүй боломжийг нээх л юу юунаас илүү чухал болоод байна. Тиймээс Ринбүчи Жонангийн Цагийн хүрдний урсгалыг хадгалах энэ хүнд үүргийг өөртөө аваад дөрвөн замаар энэ зорилгодоо хүрэхээр найдаж байгаа юм. Үүнд:

1. **Төвөдийн алслагдсан нутагт байгаа Цагийн хүрдний урсгалыхантай холбоо тогтоон, энэ хэрэгт бүх амьдралаа зориулсан чин сүсэгт бясалгагч нартай хамтарч ажиллах бололцоог хүмүүст олгох. Бидний зорилго**

бол Цагийн хүрдний ёсыг мянга мянган жилийн өмнөх тэр уламжлалт байдлаар нь хадгалан буй мастеруудын сургаал зааврын дагуу заншил ёсоор нь суралцахад нь туслах явдал юм. Үүнийг санхүүжүүлэхийн тулд бид Бурхадын шүтээн зураг, баримал, судар ном, айлдвар зэргийг дэлхийн улсуудаар түгээн дэлгэрүүлж байна. Бидний тарааж буй материал жинхэнэ бодитой, амьдралаа ухамсарлахуйн өндөр түвшинд хүрэхэд зориулсан бясалгагч нарын туршлага дээр тулгуурласан байдгийг онцлох хэрэгтэй.

2. **Цагийн хүрдний ёсыг судалж, анхааран авлага болгож дадуулахад зориулсан олон улсын бясалгалын төвүүдийг байгуулах.** Сурсан мэдсэнээ эрчимтэй дадлага болгон хувиргах бололцоо тэр бүр олдоод байдаггүй тул манай бүлгийн гишүүдэд урт богино хугацаагаар бясалгалд суухад нь туслах газруудыг зохион байгуулах тал дээр бид ажиллаж байна. Үүнд тохиромжтой нутагт газар худалдаж авч ганцаар буюу бүлгээрээ бясалгал хийх байгууламж барих үйл ажиллагаа орно. Бидний хэтийн зорилго бол цаашид дэлхий даяар сүлжээ үүсгэн бясалгагчдад туслах өргөн хүрээний дэмжлэгт ажлыг бид өрнүүлэхэд оршино.

3. **Цагийн хүрдний уламжлалын их багш нарын ховор судар, бүтээлийг орчуулж хэвлэх.** Төвөдийн түүхийн урт хугацаанд Цагийн хүрдний сургаал тоолшгүй олон судар бүтээлийн сэдэв болсоор иржээ. Үүний зөвхөн өчүүхэн хэсэг л баруунд орчуулагдаж, уншигдаж боломжтой болоод байна. Онолын судар ном чухал учраас бид үнэнч бясалгагч нарыг энэхүү гүнзгий сургаалын гүнд хөтлөж чадах их багш нарын увдис зааварчилгаануудыг нийтийн хүртээл болгох тал дээр онцгой анхаарал хандуулан ажиллаж байна.

4. **Зохион байгуулалттай сургалтын программ хэрэгслийг хөгжүүлэх.** Дэлхий нийтээр орчин үеийн технологийг сургалтад нэвтрүүлсэн байгаа өнөө үед цахим сургалтыг хөгжүүлэн олон улсын бясалгагчиддаа хэрэглэхэд дөхөм, тэдний оролцоог дэмжсэн, сайн бүтэц, зохион байгуулалттай бөгөөд чанартай сургалтын хөтөлбөрт хамрагдах бололцоог олгоно.

Холын Зорилго

Бид бүхэн дотоод сэтгэлийн энх амгалан болон эв зохицолт байдалд тэмүүлэх зуурраа маш олон ургалч үзлээр дүүрэн агуу ертөнцөд амьдарч байгаагаа мартаж болохгүй. Хувь хүн янз бүрийн итгэл үнэмшил, дадалтай болж түүнээсээ шалтгаалан бусадтай харилцаанд ордог. Энэхүү шүтэн барилдлагат ертөнцөд илүүтэй хүндлэл, хүлээцтэй хандах аргыг олох амаргүй. Тийм ч учраас Ринбүчи дөрвөн тодорхой чиглэл хүрээг хамарсан үйл ажиллагааг санал болгож байгаа нь:

1. **Римэ гүн ухааныг бусад урсгалуудтай зөвшилцөн хөгжүүлэх.** Олон ургалч үзэл бүхий нийгмийн бүтээлч нэгэн гишүүний ёсоор бусад урсгалуудтай ялгаагаа зөвшилцөн найрамдахад суралцах хэрэгтэй. Ингэснээр бие

биесээ хүндэтгэж, шинэ санаа бодолд нээлттэй хандах, мунхаг сэтгэлийг ялан гарах хүслийг өдөөх ашигтай чанаруудыг хөгжүүлэхэд зорих болно.

2. **Чин зүтгэлтэй бясалгагч нарт санхүүгийн дэмжлэг үзүүлэн ухамсарлахуйн гүнзгий түвшинд хүрсэн үлгэр жишээ болох хүмүүсийг бэлтгэх.** Бидний урсгал үнэн гэдгийг батлан харуулах үүднээс хүмүүсийг үнэхээр ухамсарлахуйн дээд түвшинд хүргэх чухал ач холбогдолтой байна. Тиймээс чин сүсэгт тууштай бясалгагч нарт ямар системийн бясалгал хийж байгаагаас нь үл хамааран санхүүгийн тэтгэлэгт хөтөлбөр үүсгэхэд бид зорьж байна. Сурснаа дадлага болгон амжилт гаргахад нь тусалснаар тэд орчин тойрондоо жинхэнэ амьд жишээ болон үлгэрлэж дараачийн шинэ үеийн итгэл үнэмшил нэгт нөхдийнхөө бишрэл хүндлэлийг хүлээн араасаа дагуулах болно.

3. **Тусгай дадлагын хөтөлбөрөөр ирээдүйтэй, чадвартай эмэгтэй бясалгагч нарыг бэлтгэх.** Төвөдийн соёлд ирээдүйтэй гэж танигдсан нэгнийг эрчимтэйгээр сурган гэгээрэл, ухамсарлахуйн дээд түвшинд хүргэсэн түүх олон бий ч харамсалтай нь голдуу эрэгтэй хүмүүс байдаг. Манай дэлхий дээр тэнцвэртэй байдлыг авчирч чадах ухамсарлахуйн дээд түвшинд хүрсэн, хүчирхэг үлгэр жишээ эмэгтэйчүүдийг бэлтгэх нь маш чухал гэдэгт Ринбүчи итгэлтэй байгаа юм. Тиймээс бид тэдэнд зориулсан өвөрмөц онцлогтой дадлагын хөтөлбөр боловсруулахад анхааран ажиллаж байна. Бидний зорилго тэдний сүсэг бишрэлийн боловсрол дахь бүх талуудад дэмжлэг болох санхүүгийн дэд бүтэц хийгээд тусгай сургалтын хөтөлбөр бий болгох явдал билээ.

4. **Чөлөөтэй уян хатан сэтгэж өнөөгийн сургалтын хөтөлбөрийн дагуу үнэнийг илүү уужим байдлаар харах ба ойлгох тал дээр дэмжих.** Бүх зүйл асар хурдацтай хөгжин буй өнөө цагт үр хүүхдүүдээ сурган хүмүүжүүлэх чадвараа хэр байгааг дахин нэг бодож үзэх хэрэгтэй юм. Өнгөрсөн үеийн нийгмийн систем голдуу сурагч оюутнуудыг амьдралдаа тулгарсан сорилтуудыг хэрхэн давж гарахад бэлтгэхэд чиглэсэн буруу хандлага баримталдаг байсан бол бид тэднийг нөхцөл байдалдаа дадах илүү уян хатан болгох сургалтын програмд илүүтэй анхаарч байгаа юм. Энэ сургалтын давуу тал нь тэдний өдөр тутмын амьдралд сэтгэл хэрхэн нөлөөлж байдгийг илүүтэй ухамсарлуулж сургах явдал билээ. Мөн шашны боловсрол өнөөгийн нийгэмтэй илүү зохицох талаас нь харж өөрчлөлт хийх зорилготой байгаа юм.

ТА ХЭРХЭН ТУСАЛЖ ЧАДАХ ВЭ?

Таны тус дэмжлэггүйгээр эдгээрийн аль нь ч хэрэгжих боломжгүй юм. Бидний энэ зорилго сүсэгтэн олон та бүхний олон жилийн турш өргөсөн өглөг, хураасан буяны асар их нөлөө, дэмжлэгээр биеллээ олох болно. Хэрэв та туслахыг хүсвэл эргэлзэх хэрэггүй бидэнтэй холбогдоорой.

Зогдэн

Dzokden

3436 Divisadero Street
San Francisco, CA 94123
United States of America

publications@dzokden.org
office@dzokden.org

www.ingramcontent.com/pod-product-compliance
Lightning Source LLC
Chambersburg PA
CBHW081325120626
46546CB00011B/3224